CLEONICE CAPECE

FASHION BY CHANCE
1960–1974

A VISUAL AUTOBIOGRAPHY

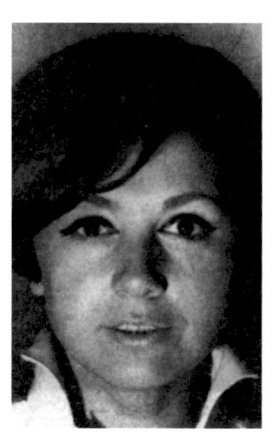

CONTENTS

Acknowledgements	5
Introduction by Dr Ivan Paris	7
The Discovery of Fashion	10
Via Gregoriana, Rome	24
The Early 1960s Collections	38
'Made in Italy' in the Making	90
The Pitti Collections	124
Fashion as Happiness	168
CC Lookbook	180
Back to London	218
Awards	222
Iconographic Sources	224
Italian Translation	226

© Cleonice Capece 2014
World copyright reserved

ISBN 978 185149 767 6

The right of Cleonice Capece to be identified as author
of this work has been asserted by her in accordance with the
Copyright, Designs and Patents Act 1988

All rights reserved. No part of this publication may be reproduced,
stored in a retrieval system or transmitted in any form or by any means
electronic, mechanical, photocopying, recording or otherwise, without
the prior permission of the publisher

British Library Cataloguing-in-Publication Data
A catalogue record for this book is available from the British Library

Every effort has been made to obtain the copyrights for the
illustrations featured in this book. If a copyright holder feels their
material has not been properly acknowledged please contact ACC,
who will rectify the credits in the next edition.

Frontispiece: Cleonice Capece at the age of 30, in her atelier in Via
Gregoriana, Roma, where she created her collections which captured
the world markets as 'Luxury Ready to Wear'.

Printed in China
for ACC Editions, an imprint of the Antique Collectors' Club Ltd.,
Woodbridge, Suffolk, UK

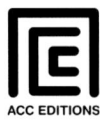

ACKNOWLEDGEMENTS

Many beautiful books tell the story of 'Made in Italy' and describe the historical events and famous names that have determined its success. They narrate the history of an extraordinary phenomenon, which enhanced the international fame of Italy, while dramatically promoting its post-war economic development.

Creativity, entrepreneurial courage, and institutional support are some of the key factors that explain the success of 'Made in Italy'. It was the product of the work of thousands of small and medium-sized fashion houses, some of which were established, as in my case, a bit by chance.

It is to this history that my book hopes to contribute, by offering the testimony of someone who worked with passion, enthusiasm, and professionalism from my Roman atelier at 56 Via Gregoriana, during the key years of Italian fashion between 1960 and 1974.

My experience in fashion did not stop there, but continued in London, where I moved in 1974 to open a showroom at 28 Conduit Street. All the collections and production were still made in Italy, while showroom and offices were established in London.

Since the '90s, I have been working as a fashion designer and production consultant for many Italian and British manufacturers.

Early in 2009, at the insistence of many friends and thinking back to my Roman years, I began to entertain the idea of writing this book. Such a challenging, fascinating, but very difficult task would have been impossible without the help of the dear friends who supported me during these years.

I am particularly grateful to Allegra Morelli, who has persistently motivated me and taught me how to scan all my photographic archive. I am also indebted to Federico Muller, without whose determination this book would never have been finished. A warm thank you to Paola Pomponi, who has followed me in this project day after day, and to my friend Marta Egri Richardson and my stepdaughter Louisa Egri Griffith, who have given me the strength to carry on especially after the dire time of the sudden loss of my adored husband Tibor in September 2011. My sincerest gratitude to ICE (Italian Trade Centre), and especially to Fortunato Celi Zullo, Director of the London office, for his kind interest in this book project. Thank you to Pia Rossi Moroni, Silvana and Marina Camilletti and to the many friends who have helped and encouraged me all these years.

INTRODUCTION

Dr Ivan Paris, University of Brescia

Italy's burgeoning fashion industry came of age in the 1960s. This assertion is not born of the almost subconscious associations with the decade. It is due to specific factors that were instrumental to the role this era played in shaping it. If the '50s were the genesis of Italy's new fashion industry and the '70s its consecration, the '60s saw its true metamorphosis. Changes in technology and production, as well as profound shifts in the economic, social and cultural climate, led to the anointing of 'Made in Italy' to the top of the world market. Made in Italy became synonymous with taste, elegance, style and quality, identifiable not only with the products made under its label, but with a lifestyle. In order to understand the mechanisms underlying this process – Cleonice Capece being one of its protagonists – it is useful to identify the uniqueness of the 'Made in Italy' model, which provides a possible key to unlocking our understanding of the characters and the context in which Italy's social transformation occurred after World War Two.

The new production model that emerged in the 1960s was the result of a process guided not by haute couture, the sector that historically was placed at the apex of the hierarchy of taste, but by the industrial sector. This sector was capable of a fast turnaround, placing it at the head of the supply chain, overtaking the two main obstacles which had until that point been obstructing it. It took dominion over Taste (the first step in the industrial process), and over handling of the so-called "fashion risk" (working with restrictions alongside fluctuating variations in trends). Although technological advances aided this new speed in production, it was more fundamentally the decade's economic, cultural and social changes that accelerated the process. The structure of demand changed profoundly; new consumers and new models of consumption were fundamental in supporting the birth of a typically Italian prêt-à-porter, as much as the radical transformation of the fashion industry.

First of all, a significant number of tuned-in consumers with an increased disposable income began to choose goods based on their worth in terms of status; consumer choices had become a source of identity for those who until that point had used other factors on which to base their social identity. Increasing numbers of consumers were beginning to value the non-material characteristics of a product, and the essence of a product was no longer to be found merely in its appearance (good relationship between quality and price and adherence to current fashion notwithstanding) but in its deeper identity, in a 'style' which was the reflection of a personal cultural choice. It was women, especially younger ones, who were more participant in these changes, both qualitatively and quantitatively. The most significant consequences were the emergence of a new demand in terms of taste and price, and the reversal of an ingrained cultural model. Fashion's reference point was no longer a high-society woman, but a young and dynamic one.

In this new scenario haute couture and boutique fashion, as well as mass production – the trinity that in the previous decade had prospered without any need for external collaboration – found themselves ever more on the sidelines. Younger generations were calling into question not only high fashion's prices, but also the rigid societal norms it represented. Mass production, on the other hand, afforded an excellent relationship between price and quality, but a label from a well-known brand, whilst still a guarantee of quality, was not as appealing as that of an important couturier. Essentially, Italy in the

1960s had no intermediate level of production capable of marrying the value of a brand (with its clearly defined style) with a competitive pricing strategy. As if that weren't enough, high fashion's dictatorship was heading toward crisis. The time necessary to produce a collection was by now longer than the time it took for a new fashion to take hold. Trends were born and died in timeframes far shorter than previously. It was difficult for designers to constantly renew their output. The industry, which needed to forecast production with a lot of notice before the forthcoming season, could not therefore follow haute-couture fashion shows. Prêt-à-porter, this intermediate form of fashion, was at the same time becoming increasingly popular. Fashion's chain of production had been turned on its head. Haute couture no longer dictated trends, ready-to-wear had taken on that role.

Industries had to focus on flexibility. A flexibility which in particular needed to adopt the strategy used in more youth-oriented shops, where output was changed almost weekly. To produce a successful collection, production restrictions had to be navigated whilst still following public taste, and fashion fluctuations. New solutions began to emerge. In particular, certain companies began collaborations with external designers to create cutting-edge sample collections. These were branded with new names, and promoted with targeted campaigns. Expert on market demand and the entire production process (from choosing the initial fabrics to defining strategies for promoting the final product), and creator of fashion and lifestyle trends: this was to be the essence of a fashion designer. In the following decade, the role would reach its apex of success thanks to this very plurality, the glue that bound the reorganisation of Italy's fashion industry.

Cleonice Capece's professional experience, which came into being at so intensely momentous a decade as the '60s, could be considered a forerunner of that complicated journey which led to Italy's international success. It was literally amongst the shelves of London's small boutiques that the seed of fashion took root in Cleonice Capece's heart. She took her first steps in the industry there, using her contacts in a few Roman fashion houses to launch Italian fashion and accessories across the Channel. Working with important buyers, she came into contact with various suppliers and designers. It was this exposure that pushed her, despite her lack of experience or formal training, to produce her first summer collection. The high quality of Italian basic materials for production – especially fabric – made everything more simple. Cleonice Capece had understood that would be the path to follow: high quality materials, simple designs, competitive prices and quick turnaround, plus a wide range of choice that went beyond just an outfit. Indeed, she also designed fabric and accessories. She offered a total look, thus playing her part in changing the basis of how fashion was produced, which in the following decade would become the signature of Italian prêt-à-porter: uniformity of style, and new production models based on a new concept of the relationship between planning and production, based in the factory and leaving the atelier firmly behind.

I'd like to conclude with a brief personal comment. I was lucky enough to meet Cleonice and witness her working first-hand. I believe this book, as well as being the manuscript of a key player in one of Italian fashion's most vibrant moments, is above-all testament to this love for her craft.

THE DISCOVERY OF FASHION

LONDON
INDIACRAFT
HARRODS
ROME
FIRST COLLECTIONS

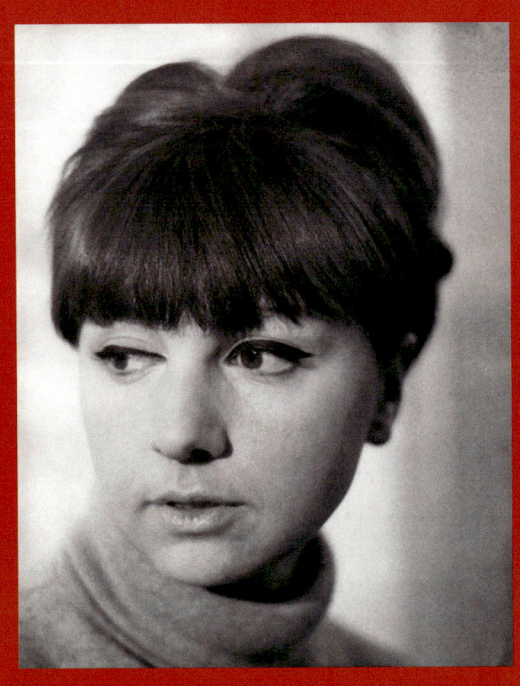

My name is Cleonice Capece. My first name comes from the Greek words kleos and nike, which means 'glorious victory'. My battle, which sometimes led to victory and other times to defeat, was to teach people how to pronounce my name correctly. Eventually I became resigned to being called simply 'Cleo'. I wonder if having to contend with such a name led me to develop and nurture my key qualities of creativity, improvisation, and resilience.

My family name, Capece, originated in Naples, but my family actually lived in the nearby town of Caserta, famous for its magnificent royal palace, designed by Luigi Vanvitelli, and built by the Kings of Naples as their country residence. I was preparing for a teaching career, but then decided to move to Rome and went to work for the Italian airline company Linee Aeree Italiane (LAI). I soon realised that knowing how to speak English was essential if I wanted to move up the ladder in the company, so I took a leave of absence and came to London, in 1957. I was in my twenties. I lived in a convent, but on Saturday nights would go out with two classmates to a swinging jazz club where I saw some of the best musicians of the time, like Ronnie Scott, perform. This club still exists, at 100 Oxford Street. One of the things from that time that made a lasting impression on me was the fog, its smell and its very colour, how it would literally cling to people. Nine o' clock in the morning could seem like the middle of the night – buildings hovered between grey and black, the sun was never visible.

London at that time was like two completely different cities in one. The Kings Road in Chelsea had been taken over by youth culture, by new ideas in art, music, and fashion. Once a small village full of impoverished artists, The Kings Road had become the place for young people to congregate, to see and be seen. Small boutiques started popping up, selling everything from military coats to clothes and accessories of every kind. Many of these boutiques didn't have furniture or even hangers – they were almost empty, with lots of enormous multi-coloured pillows on the

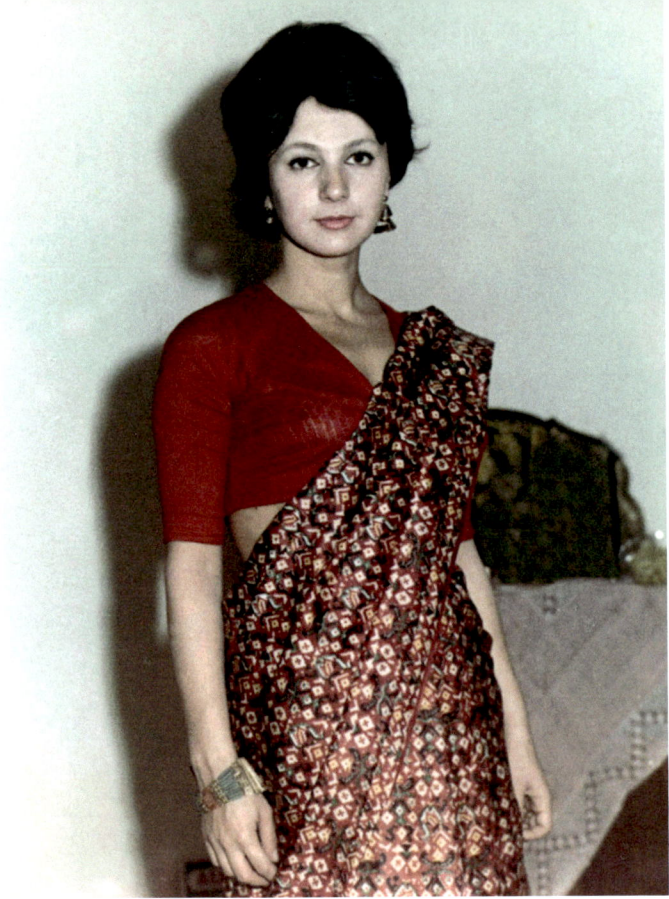

Above: Cleonice wearing an Indian sari.

Opposite page: Cleonice at Indiacraft.

p. 10: Cleonice photographed by Bruno Oliviero.

floor. Everything was hung from nails on the wall. You could find anything hanging up there – feather boas, wide-brimmed hats. You could buy a painting, a pair of tights, or a record. Girls on The Kings Road walked around in tiny dresses, sometimes transparent ones, despite the cold. The boys were more dishevelled, often wearing military jackets and coats.

But just a few streets away there was another London. Knightsbridge with Harrods, was the polar opposite of what was happening on The Kings Road. Who shopped at Harrods? Upper- and middle-class women, the aristocracy, and the Royal Family. These women would spend almost all day at Harrods; they could shop, go to the hairdressers there, meet their friends for lunch and high tea in the afternoon in the Georgian Restaurant, and watch fashion shows from silk chairs. French and English couturiers would show their collections there – Norman Hartnell and Hardy Amies, Balmain, Dior, and Balenciaga. As an avid observer of fashion, I couldn't help but notice the absence of Italian couturiers.

After three months, I loved London so much that I decided to stay. To earn my keep, I ended up working in a wonderful shop called Indiacraft, at 51 Oxford Street. Here my life started to take a different slant. It was a chain of Indian craft stores that sold objects in brass, candlesticks, plates, jewellery and best of all, a superb collection of saris, in printed silk and in cotton voile, beautifully hand-embossed in silver and gold. Working at this shop – where George Harrison would buy his first sitar in 1965 – I fell in love with those amazing saris, discovering Indian culture, art, colours and karma. I was inspired to create a new window dressing design and asked the owners for permission to put my ideas into practice. I was so excited that I entered a *Daily Telegraph* competition for best window dressing in Oxford Street, and my design won first prize.

Sadly this came to an end and I had to return to Rome. But despite my work at the airline in Rome, the seed of fashion was taking root in me. I missed London very much and came back at every opportunity. I missed the Victoria and Albert Museum; The Kings Road buzzing with small boutiques selling very original clothes and accessories, completely

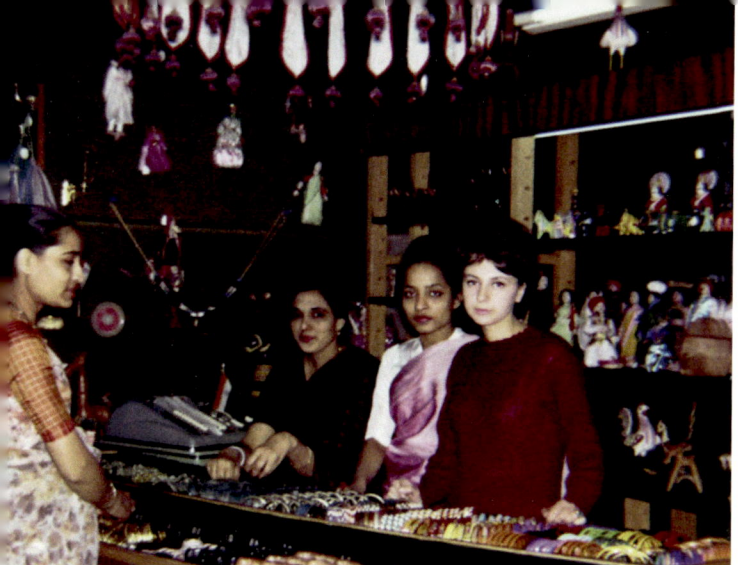
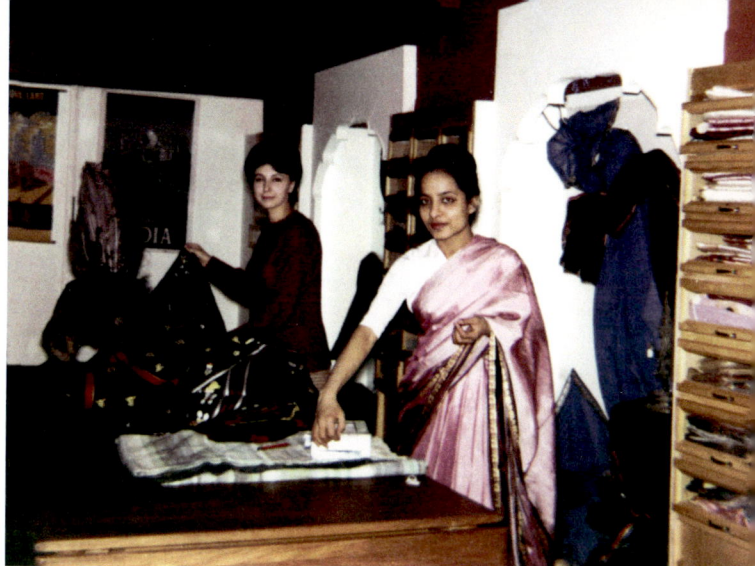

different from those in Rome; the girls with their bobbed hair and very skimpy dresses; and, above all, Harrods my favourite store.

During one of those visits something happened that changed my life. I was walking past Harrods one day with some friends who knew of my burgeoning love for fashion. Jokingly they taunted me, suggesting that I could sell Italian fashion to the store – why didn't I go inside and speak with the manager? I must have been mad, but that is exactly what I did. Harrods was very different from what is today, perhaps even more magnificent then, and rather daunting for me. Nevertheless I took the challenge. Arming myself with courage I wriggled through the labyrinth to reach the secretary of the managing director and shamelessly asked for a meeting, even though I did not have an appointment. Being in town just a few more hours, I claimed, I had an interesting proposition to make. In all honesty, I thought they were going to throw me out. Instead, to my surprise, the secretary came out and asked me to take a seat and said that Mr Anthony would see me shortly.

After a brief wait, I was ushered into Mr Anthony's office. He was a very handsome gentleman, very English, very courteous, who asked me what he could do for me. I started to stutter, of course, but then summoning my courage, I expressed my wish to sell Italian fashion clothes to Harrods. I told him that I had many connections with the fashion houses in Rome and that I felt their clothes would be perfect for Harrods. He smiled warmly, offered me a cup of tea, and explained that Harrods' purchasing went through its own system of buying and that in Italy they had their buying offices in Florence, namely the Associated Merchandising Corporation (AMC) and that their Italian purchases had to go through this organization. My dismay must have shown in my face – actually I had no idea how to go about doing what I was proposing – so that Mr Anthony took pity on me and informed me that their merchandise manager, Mrs Veronica Horsfield, would be in Rome soon and he would arrange for her to call me. I was to take it from

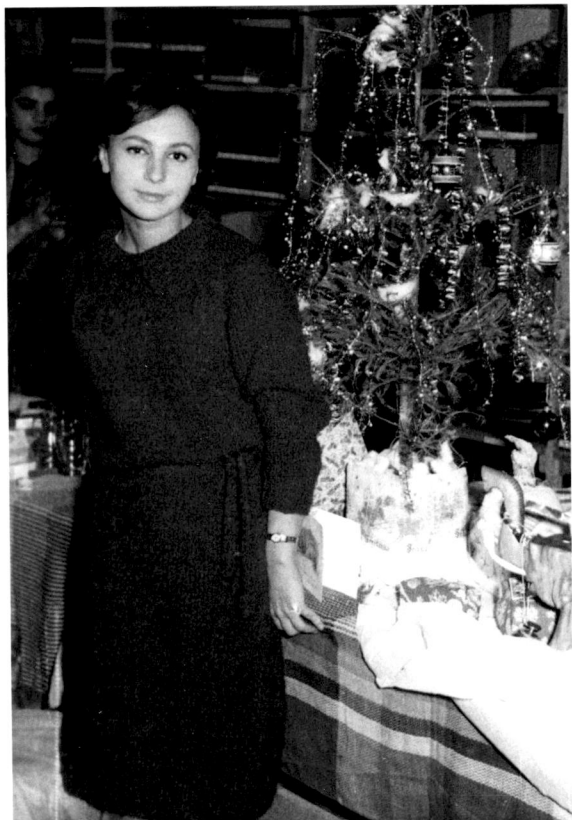 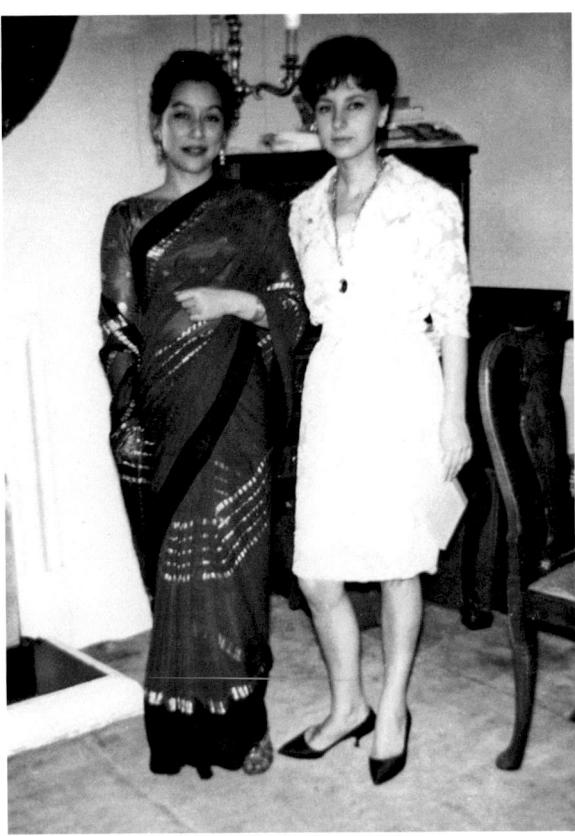

Above: Cleonice at Indiacraft; above right: with Indian actress Latiffa.

there. Thanking him, I took my leave and rejoined my friends, happy at this fortuitous contact. I resumed my Roman life, thinking that nothing would ever result from that encounter.

Back in Rome, a few weeks after my exploit with the big boss at Harrods and just as I was about to go to work, the phone rang with the most unexpected call. A nice voice said: 'Good morning, I am Mrs Horsfield from Harrods. I am in Rome with two of our buyers, the evening wear buyer and the ladies suit and coat buyer. We would like to see the collections you discussed with Mr Anthony'. After a moment of panic, and a few seconds of deep breathing to collect my thoughts and maintain my composure, I asked her to allow me to work out a program and said I would get back to her shortly. I had to call in sick at the office. Quickly I made a round of phone calls and set up appointments with two designers to view their collections: Tita Rossi and Renato Balestra, two emerging brands of the late '50s Italian high fashion scene that had its epicentre in Rome. On the suggestion of a friend of mine I also managed to arrange the viewing of yet another collection of suits and coats for later that afternoon.

Appearing calm, when, I confess, inside I was a total wreck, I went to Mrs Horsfield's hotel and picked her up, along with her two buyers, to see the first two collections. In each case they liked what they saw and did what buyers do; they took notes on the materials and prices of what they liked and said they would get back with the orders. I was pleased with the results of these first two visits and was praying for the afternoon visit to have a similar outcome. Well, I myself was in for a surprise. To this day, I remember the presentation of a collection of suits and coats made by a company in Reggio Emilia – the beauty and quality of the fabrics, the colours, the rails divided by colour and design. Mrs Horsfield and the coat and suit buyer, Mrs Jean MacKenzie, were as impressed as I. They made copious notes. Eventually they wanted to know if the company was already exporting to the UK. Receiving a negative answer, they asked if the company would be willing to sign an exclusive contract with Harrods. Indeed they were interested; of course they were. We left, telling them we would be back with the order. The company in question was Max Mara, which was going to become one of the icons of the 'Made in Italy' brand.

On the way back from the Max Mara viewing, I invited Mrs Horsfield and her buyers to dinner at Meo Patacca, a typical Roman restaurant in the very old borough of Trastevere. They thought it a great idea, and Mrs Horsfield asked me to call at her hotel a little earlier, as she wanted to speak to me. I liked her instinctively – she was very beautiful, a cross between Zsa Zsa Gabor and Doris Day. She was candid with me. She asked me point-blank what I gained from helping her, since they could not remunerate me directly because of their contract with AMC of Florence, the company through which they operated in Italy. I said I wasn't really sure what I was gaining, or hoped to gain, since I didn't know anything about trading procedures, commissions and other details of the fashion business.

Over a gin and tonic she told me Harrods could not accept the work I was doing for free, that I should go to the fashion houses where I had introduced them and request a five percent commission on the orders they would receive from Harrods. This wonderful lady went even further to protect my interests. She told me she would only place the orders once I showed her a company's commitment to me in writing. She said that from Max Mara she would place a large order with exclusive rights to Harrods, while from the other two she would place a limited order for their beautiful clothes as they were high fashion and thus more expensive. I was very grateful to her, and once I understood the importance of her gesture, even more grateful. I did what she suggested, not encountering any problem with the fashion houses in getting a written agreement. My new life had started, as had my lifelong friendship with Veronica Horsfield.

The arrangement with Harrods was a great success. The clothes sold well, and the merchandise was fresher and more original than that which the store acquired. At Harrods, they were delighted with my work, so much so that buyers from other departments connected with fashion, such as shoes, handbags, jewellery, gloves, and knitwear wanted me to introduce them to Italian suppliers. It was the absence of Italian couturiers that thrust me into the world of fashion in 1961. I managed, through various connections, to start working with Harrods on a free-lance basis, putting them in contact with Roman high fashion houses such as Renato Balestra, Tita Rossi, and Patrick de Barentzen, and the ready-to-wear company Max Mara.

Naturally, seeing this initial success and feeling good about the future, I quit my other job and dedicated myself exclusively to the export of Italian fashion and accessories, working with buyers and organising their visits to the various suppliers and designers. I obtained a list of individual artisans and manufacturers interested in exporting their goods from the Italian Institute for Foreign Trade (ICE), a public entity established in 1926 (reconstituted in 2011 as the Italian Trade Promotion Agency). ICE had the purpose of promoting foreign trade by providing information and counselling to Italian firms and helping them to gain market exposure abroad through conferences, seminars, trade fairs and exhibitions. Not only was I earning a living, but I was thoroughly enjoying this work. I proudly bought a new Fiat 600 in which I drove the buyers around – to Torre del Greco for corals, to Naples for gloves, to Umbria for knitwear and so forth.

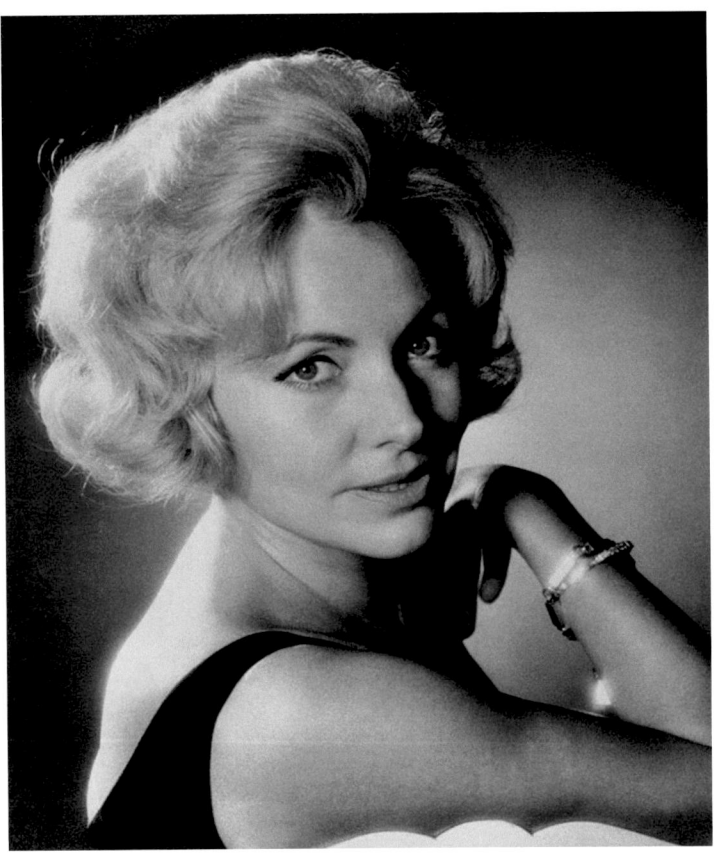

Veronica Horsfield, Harrods Merchandise Manager.

But of course not everything comes without problems. I learned that AMC was not happy that the Harrods' buyers preferred to buy through me rather than them, even though AMC still received their commission. The AMC head office in New York called Mr Anthony to remonstrate. Mr Anthony appreciated that I brought Harrods new ideas, new manufacturers, new designers and that I was unattached to any organisation. My primary concern was obtaining quality and style for Harrods. I became friendly with the buyers so we enjoyed spending some time together visiting museums and shopping for their personal needs. And so I continued regardless of AMC's complaints.

One day Harrods' buyer for handbags, Christina Bentinck, called me unexpectedly. She was in Rome and was looking for something different. She asked me if I could take her to see some handbag manufacturers. I knew a young woman artisan, Graziella, who made some really attractive handbags from strips of leather that she worked in a crisscross pattern. We went to her workshop but, sadly, she had only a few samples because she had just made a large delivery to a shop in Via Piave. Christina liked Graziella's work and suggested we go to that shop. We did just that. The owner, a charming lady, showed us all she had. Christina liked everything very much and placed a large order right there and then. The name of the shop was Fendi, and the owner was Mrs Adele Casagrande Fendi.

ICE was for me a constant font of information. I called them often for names of manufacturers of goods related to fashion, which I could then visit. One day they suggested I go to Salerno, near Naples, where an artisan was making very unusual hand-painted cotton dresses. The next day, full of expectation, I jumped in my Fiat 600 and drove to Salerno. When I arrived at the address provided, I entered the warehouse and could hardly believe my eyes. An incredibly long table was draped in white cotton, and along this table were buckets of paint in every imaginable hue: turquoise, pink, fuchsia, grey, red, and black – indeed a rainbow of colours. A man in overalls was dipping brushes of every size into these colours. He was painting that poplin almost as if it were a wall, except with multi-coloured streaks. I felt as though I were watching an abstract painter at an art happening. His overalls already looked like a Jackson Pollock painting.

I told him how amazed I was by the fabric and asked to see the actual clothes. He said that no clothes were made in the studio; he only painted fabric. With some disappointment I left to go back to Rome. About a quarter of the way, despite being exhausted by driving up and down a country with no express highways yet, I turned around and went back to Salerno. I had been so taken by the magnificence of the work produced by this man that I decided to buy as many rolls of the fabric as I could afford. I was not sure what I would do with them, but I was sure that I wanted them. The brushstrokes reminded me of the Art Informel, which was at the centre of the international art scene of those years and was met with particular enthusiasm in Italian fashion. Livio de Simone, in Naples, was among those who experimented with gestural painting on fabrics, and at the end of the '50s the Roman fashion house Fontana Sisters had asked artists Carla Accardi, Salvatore

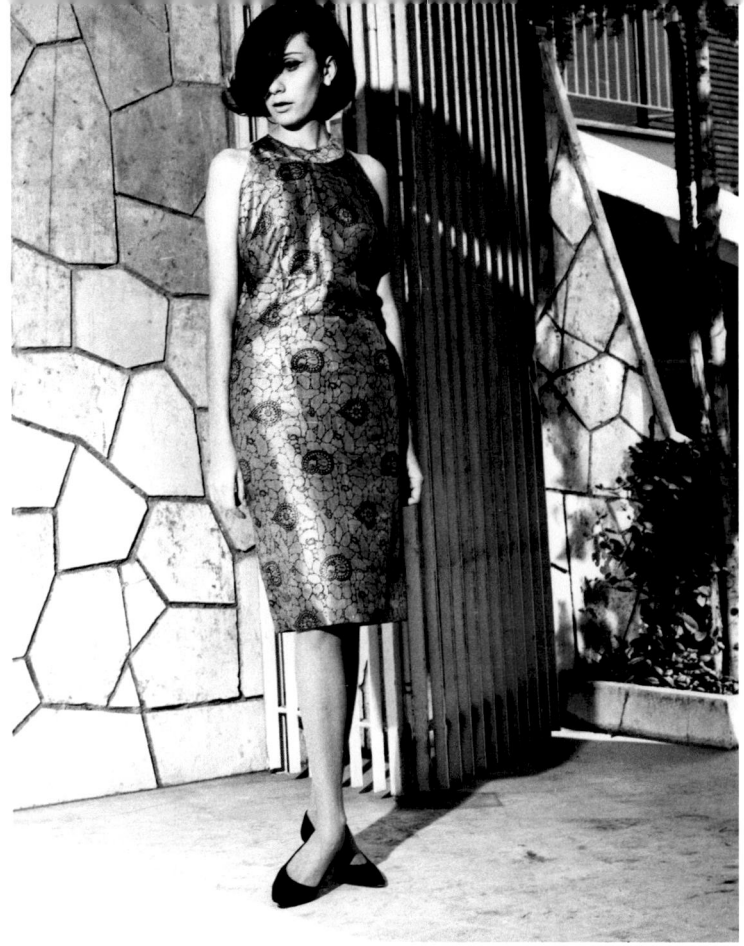

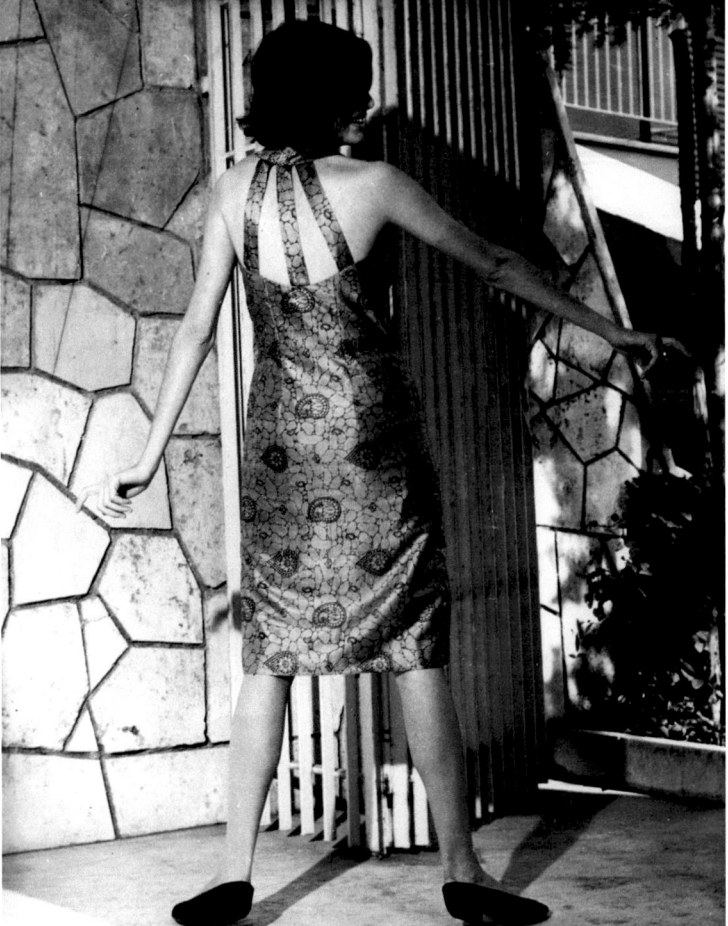

This page:
Punjab model,
Indian sari collection.

Opposite page: Harrods
advertisement, Vogue UK,
March 1963.

East inspires West—sumptuous silk saris are used with Italian genius to make the most versatile collection of dresses and two-pieces this Summer... exotic Oriental designs in fascinating colours... all absolutely exclusive to Harrods.

Sheath dress with halter front and an open back criss-crossed with straps... peacock blue predominates. Sizes 12, 14, 16, From **14 gns.**
  Dresses, first floor.

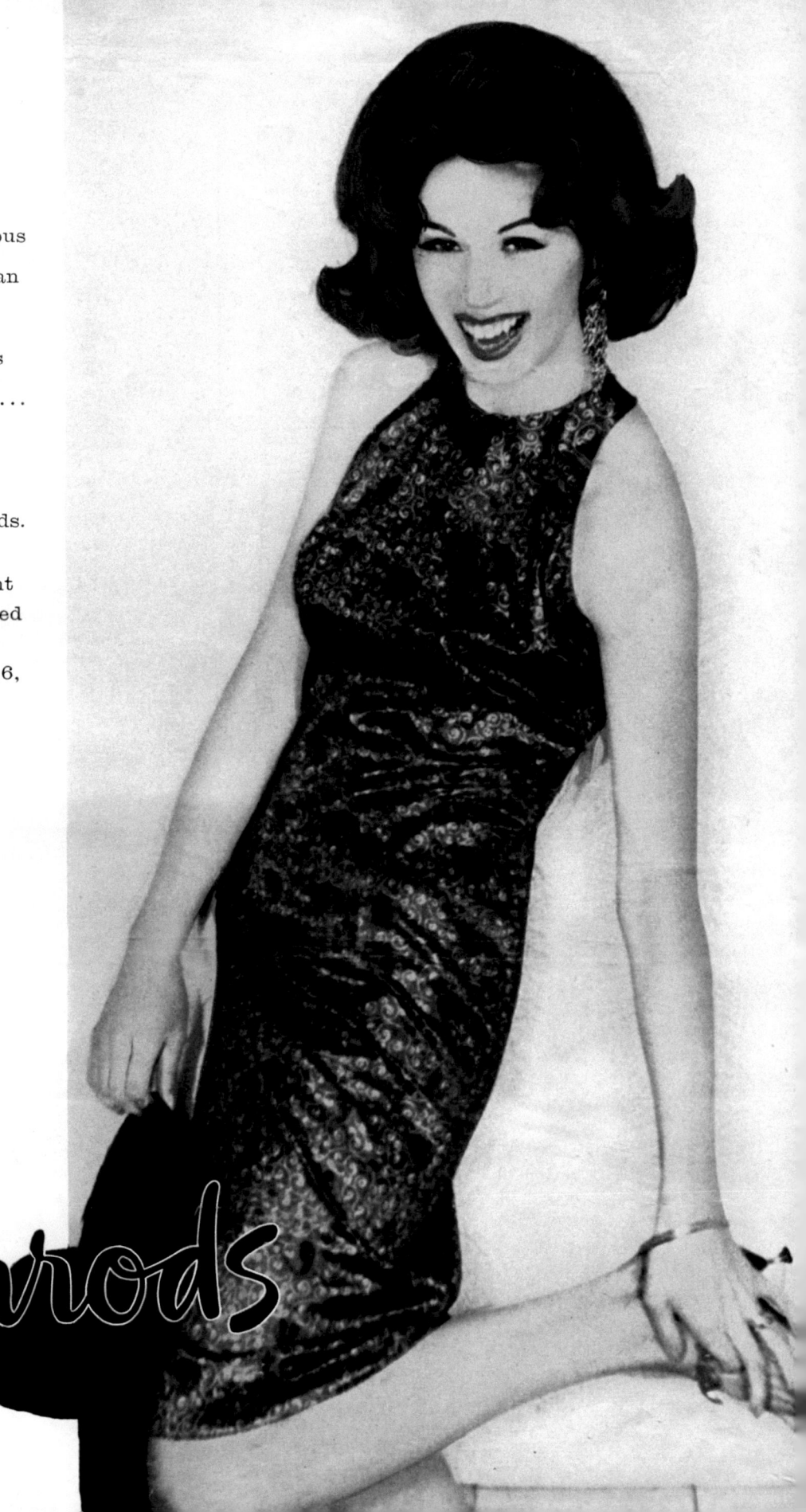

Harrods

Scarpitta, and Nuvolo to paint fabrics to be used for their designs. On the way back to Rome, with my little car loaded to the brim, I started to formulate some ideas on what to do. I got hold of the saris I had accumulated during my visits to London and using the fabric from them and the hand-painted cottons I had just purchased, I decided I would create a summer collection which I would present to Veronica Horsfield during her forthcoming visit to Rome. My very first collection!

Madness, perhaps, but very exciting. I had decided to enter a world about which I knew little and for which I had no training. But the beautiful Indian saris and the hand-painted fabrics, plus the experience I had gained in obtaining collections for Harrods, made me realise that fashion was what I wanted to do. I did not draw well, yet somehow I had to transmit my ideas into drawings. Millions of ideas kept coming, but I did not know how to translate my dream into reality. But I made a wise decision: I decamped to my dressmaker with my fabrics. I told her about my plan and of the very short time at my disposal. We got to work immediately to produce what I had in mind. It did not bother me that, if I succeeded in getting an order, I would need to know how to produce it to perfection, how to price each garment and how to deliver it within the contractual time limits – and do everything in a very short time indeed.

When Veronica Horsfield came to Rome on one of her usual buying trips, after having completed the visits to the fashion houses which I had prearranged, I asked if she would come to my apartment as I wanted to show her a small collection I had put together from my own designs and I valued her opinion. She accepted enthusiastically. I had arranged on one railing the dresses made from the Indian saris to which I had given an elegant look. I had also given a name to each model – Nepal, a short tunic with side slits; Mandalay, a mid-knee, high-neck dress; Patna, a bias-neck two-piece; Agra, a boat neck two-piece, with a big button on the front; Assam, a knee-length one-shoulder cocktail dress; Delhi, a short sleeve tie blouse with pleated skirt; Katni and Rampur, tie neck mid-knee dresses; and Punjab, a high-neck sheath dress, with an open back criss-crossed with three straps. Indian textiles and saris had been receiving growing attention since the '50s, appreciated for their fluid and easy design, particularly for resort collections and for young people. I think I was one of the first Italian designers who understood the enormous potential of that trend, which boomed in the '60s in a variety of manifestations – from the hippie culture to the Nehru jacket that The Beatles wore in 1965. On another railing were the city and beachwear clothing I had made from the cotton material from the artist painter in Salerno. Bikinis, tops, shorts, Bermudas, shirts, dresses, tunics and pareos that could all be combined with one another constituted the collection, and I emphasised the feminine character by giving the models Italian women's names beginning with f: Flavia, Franca, Fortuna, Fedora, Fabiola, Filomena. This design style became the trademark of my future collections. Beachwear design contributed to the growing international fame of the Italian style, having spread since the '50s from Positano and Capri with their small boutiques and artisanal shops, where you could have the so-called Capri pants or leather sandals made while you waited.

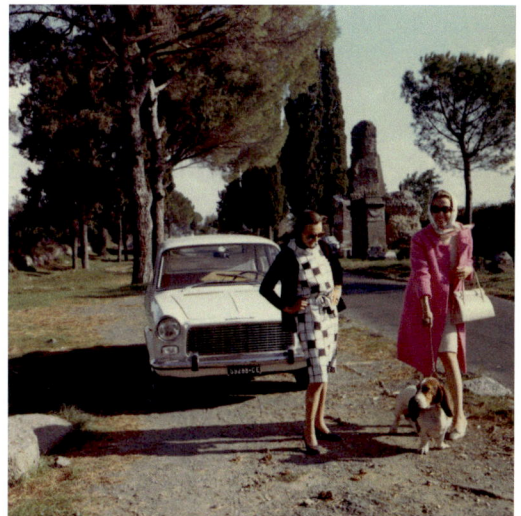

In silence, Veronica spent a long time examining every piece of the collection. Afterwards, as we were having tea, she told me she simply loved what I had created. She said 'Cleonice, this is a most beautiful original collection and worthy of Harrods, my compliments'. She added that she would place a good order, and she also said she was a little worried because, as she explained and wanted me to understand clearly, once she placed an order, I was on my own and had to respect the delivery dates, no matter what problems I might encounter, and the quality of the production must be perfect. I told her that I understood perfectly, even though inside me I did not have a clue how to meet the order, but, what the hell, I dove into this new venture, this exciting life I was making for myself. I was even more shocked when I received the order for 200 pieces. I hardly believed my initial success. I started immediately to organise myself and the dressmaker to get the right scale for the various sizes needed for the dresses and to prepare the accessories for this initial production. Not an easy task, as the sari silk dresses had to be paired with a very lightweight lining in the same shade of colour.

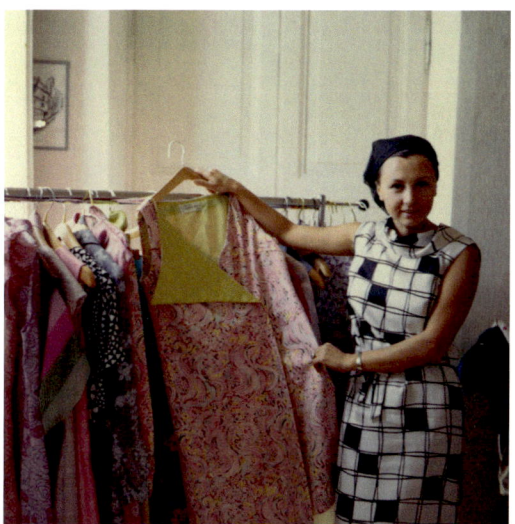

A few days later, after receiving my first order from Harrods, I received a call from a girlfriend, Antonella, who was working for an important fashion house, to tell me that the buyers from the famous department store, Lord & Taylor of New York, were at the Hotel Hassler. She suggested I contact them so that I could show them my

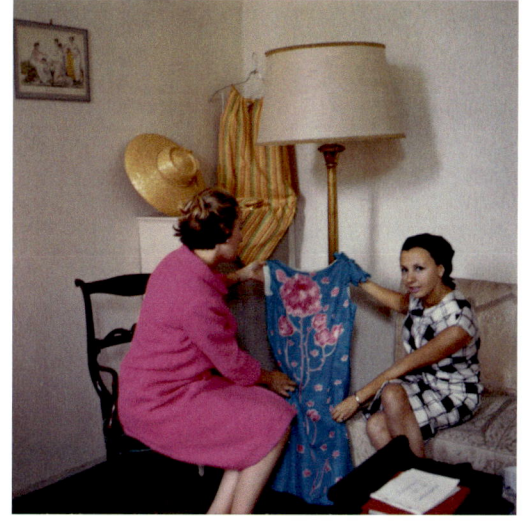

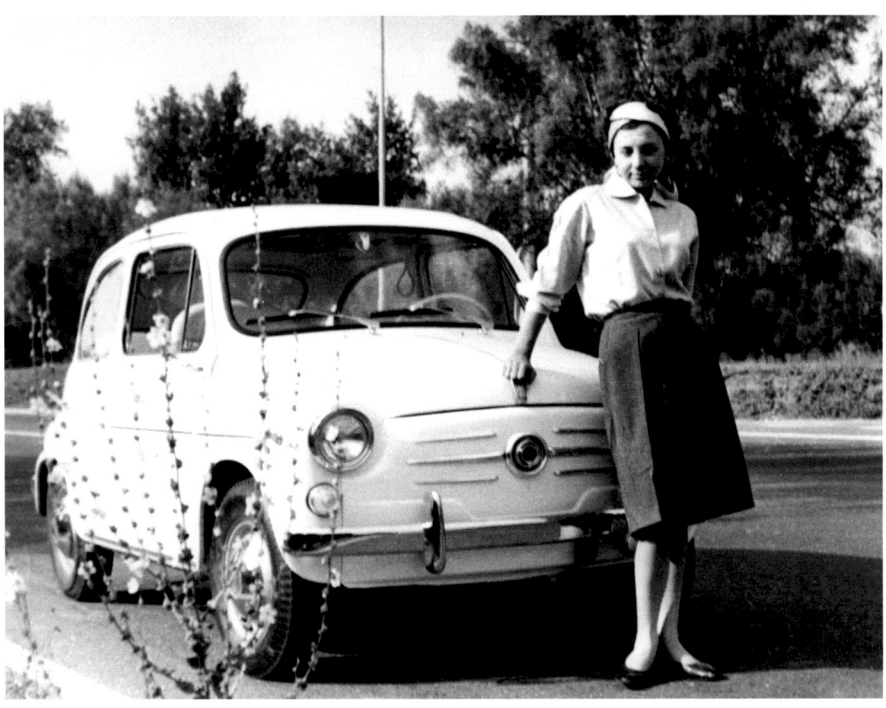

This page: Cleonice with her new Fiat 600.

Previous page: Cleonice with Christina Bentinck in Rome.

collection. I followed her advice, called them, and, even though they did not appear interested, I insisted they should see the collection before turning it down. Eventually they agreed, probably more to be rid of me than out of genuine interest.

I had not told them that it was to my flat that I was bringing them, nor that it was on the Via Cassia, away from the historic centre of Rome. Luckily, once they started to examine the collection, they fell in love with my creations, particularly the short and long kimonos, for which they placed a big order. In New York the store assigned a corner to the Cleonice Capece collection. I was under pressure to complete these two orders from Harrods and Lord & Taylor. Eventually I managed to get them done and delivered on time, thus establishing from the beginning a reputation for quality and punctuality. In March 1963 British *Vogue*, featured the above-mentioned Punjab sheath dress on a page titled 'East Inspires West' that was sponsored by Harrods, which also used some other models for one of their front windows.

The buyers liked the hand-painted cotton collection very much, which together with the silk sari collection created two different looks, so they had plenty to choose from. Besides the striking combination of colours and design, they loved the effect of the hand-painted brush strokes, which made the look new and special. I also found it very practical, because with one fabric and one design you could create a co-ordinated group of clothes, from beachwear to city wear. When using one colour, the brush painted the fabric from a very light shade to a greater brilliance of the colour, as in the case of the light powder pink to very deep rose pareo-style dress that was part of the collection.

For the 1965 summer collection I again used cotton voile saris, introducing the most amazing hand-printed saris, hand-embossed with silver and gold motifs. To create the beachwear collection, I had to find artisans who knew how to produce bikinis and shirts, these being specialised items. The artisans I found were very happy about working with beautiful fabrics that they had never seen before. Within the next six months I received additional orders from the department stores B. Altman in New York and Jordan Marsh in Palm Beach and Miami, Florida. My idea of using cotton voile saris, some hand-embossed with gold or silver, was a huge success. The collection provided a total look from beachwear to evening wear and included bikinis, shorts, short and maxi shirts, short and long chemisier dresses, and tunics to wear as mini dresses or with pyjama trousers, many of which were lined in a very fine cotton muslin.

VIA GREGORIANA ROME

DOLCE VITA

HIGH FASHION
ATELIER
BUYERS
BOUTIQUES

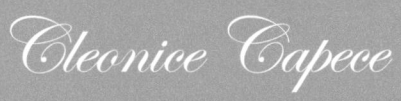

READY-TO-WEAR COUTURE

It became essential that I acquire a proper workroom, office, and showroom, not only to satisfy the existing orders but also to cater to my on-going desire to create new designs and new collections. I needed to be in the centre of Rome, near the Piazza di Spagna, where most of the other fashion houses were and where the buyers used to orbit. My preferred street was Via Gregoriana, which links the Trinità dei Monti Church with Via Capo le Case and the Spanish Steps with Via Condotti. Via Veneto, with its hotels, bars, restaurants, and nightclubs populated by screen sirens, was just around the corner, and at two in the morning as busy as if it were midday. Photographers – the original paparazzi – would chase after the movie stars, the princesses or anyone famous or not, who found themselves between Harry's Bar, Doney, Café de Paris and the Excelsior Hotel. Everyone drank whiskey and Coke, and the girls used long cigarette holders like in the '20s, or smoked small tobacco leaves from Switzerland that were rolled like a funnel. Fred Buscaglione was always performing live, and everybody danced the Cha-Cha-Cha at Rupe Tarpea with Abbe Lane and Xavier Cugat. The look was high fashion, and made-to-measure outfits conveyed the Italian image of style, elegance, and quality. This high quality came from a long tradition of tailors and artisans who played an important role in the development of the Italian economy.

In the early '60s, after the difficult post-World War II years, the quality of life in Rome was beginning to improve. In 1960 the city hosted the Olympics – a major force in modernising and improving the city. RAI was the first television station to broadcast the Olympics live, but at that time few Italians had televisions at home – important events were watched at the cinema. Meanwhile, Rome was becoming a favourite destination for academics, artists, directors, actors – whoever wanted to prove themselves in the literary or artistic fields. Important movies were beginning to be filmed at the Cinecittà Studios, starting with Fellini's *La Dolce Vita*. American productions such as *Roman Holiday*

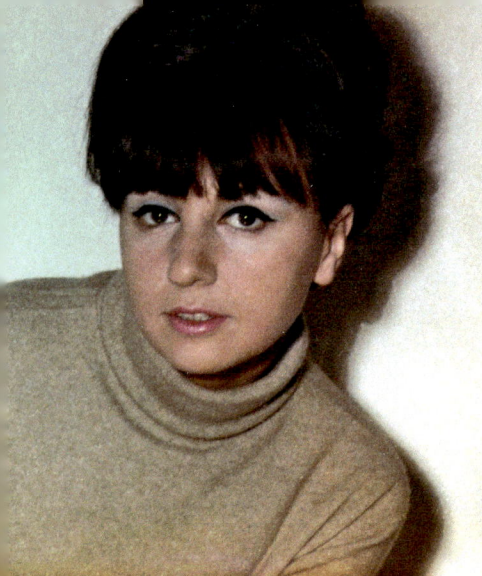
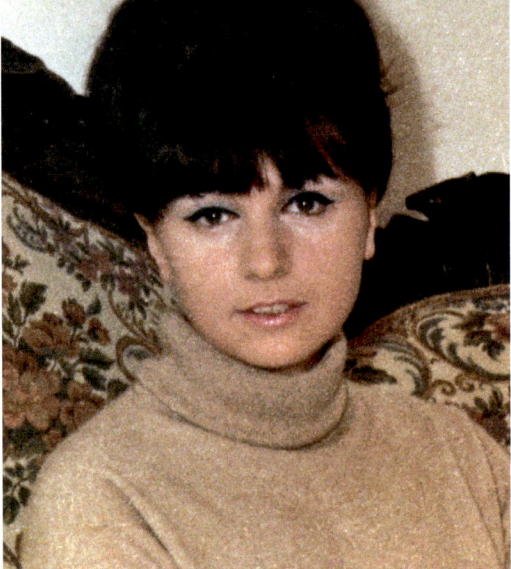
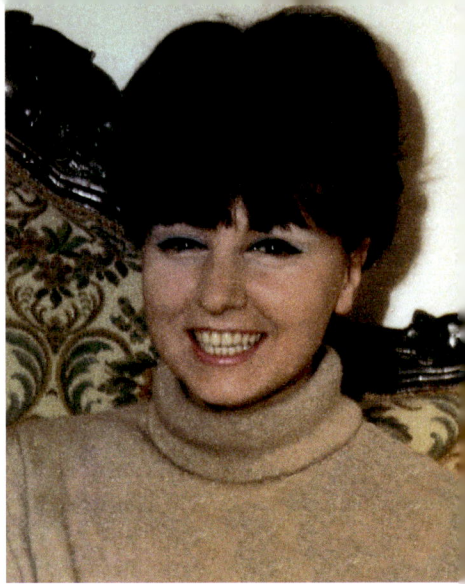

This page: Cleonice photographed by Bruno Oliviero.

and *Sabrina* and historical epics like *Spartacus* and *Cleopatra*, soon followed and brought employment and financial well-being such as Rome had never previously experienced.

Couturiers like Roberto Capucci, Tita Rossi, Renato Balestra, Patrick de Barentzen, Valentino, and Simonetta had their maisons on Via Gregoriana, which as a street came to represent Italian high fashion. On Via Gregoriana these houses would present their collections to divas, princesses, actresses and upper-class women, who were all necessarily rich. One of the things the high fashion houses bragged about was how many made-to-measure mannequins they had for their clients. The more individually modelled mannequins with the client's name on them, the more secure was the house's success.

At that time fashion shows took place in the actual fashion houses, whose opulent salons were richly decorated in velvet and silk, with grand mirrors and crystal lamps, satin sofas and gilt-edged frames. Each house rented delicate Rococo chairs, and audiences often found themselves sitting on the same chairs at different shows. Not every couturier came from the Koefia Academy of High Fashion and Costume in Rome. A few were originally tailors who had mastered the arts of cutting and stitching from within the family business or had gained a qualification in high fashion dressmaking. Others, like me, came to fashion by chance. This was the case, for example, with Emilio Pucci, who was a member of the Italian ski team. While training in Saint Moritz in 1947, a fashion photographer, Toni Frissell, took a picture of him wearing a ski suit that he had designed for himself and that led to his skiwear being featured in *Harper's Bazaar* the following year.

In addition to the fashion houses, Via Gregoriana also had various artisanal shops, which worked with millinery, gloves, feathers, trimmings, costume jewellery, and embroidery. High-quality shoemakers crafted their own designs, but principally collaborated with the fashion houses.

In my view Dal Co' was the most artful and original cobbler of the time. His shop was near Via Veneto and became a destination for celebrities from all over the world. The great couturiers of Via Gregoriana designed and produced the shoes and bags for their collections with him. Just around the corner, in Via Sistina, was Pancaldi, one of my favourite boutiques.

Since several of the high fashion houses were in Via Gregoriana I decided I must be there too. Luck was with me and between 1962 and 1963 I found what I wanted at number 12. I was not really interested in becoming a high-fashion establishment. My aim was not to produce made-to-measure clothes year-round, but to create a collection, twice a year, to present and sell in quantities to stores around the world. Thus, the sign on the door of 12 Via Gregoriana read: 'Cleonice Capece Ready-to-Wear Couture'. The first practical thing I did was to employ Gillian, an English model living in Rome, who not only modelled my clothes but also acted as my secretary. Since ninety percent of my correspondence needed to be in English, Gillian became a very important asset.

No sooner had I moved into the new showroom, got organised, and started recovering from both what I had achieved and what I had undertaken, than buyers started asking me when the autumn-winter 1963-64 collection was going to be ready to view. I could not believe what I was hearing. I had not even started thinking of another collection, let alone a winter one. I got to work with alacrity. It was obvious that I could not use the sari on its own, so after researching and viewing various fabric collections, I chose a knitted jersey wool fabric in plain colours together with some beautiful printed and plain velvets by Falconetto for the home wear and after-ski collection, thus widening the range of my leisurewear to a great extent. Falconetto textiles were very famous in the '60s and '70s for their amazing creation of designs and colour combinations imprinted on velvet. The collection also included lined jackets with printed silk saris and ruffles made of the borders of the same saris, with a thread of steel at the edge. Like many artisans who had their shops and workshops in Via Gregoriana, I experimented with new ways to accessorise some of the dresses of that winter collection. For example we used flower petals made of chiffon and attached them to dresses or to stoles. I frequently worked with Nucci, just next to our building. She made beautiful and colourful accessories, and I enhanced many of my subsequent collections with

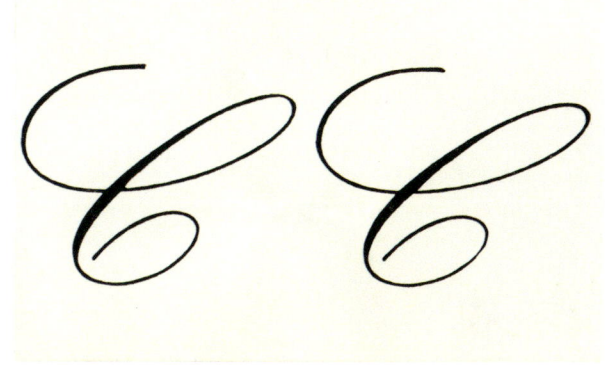

Cleonice's earliest visiting card. The CC logo remained all through the years.

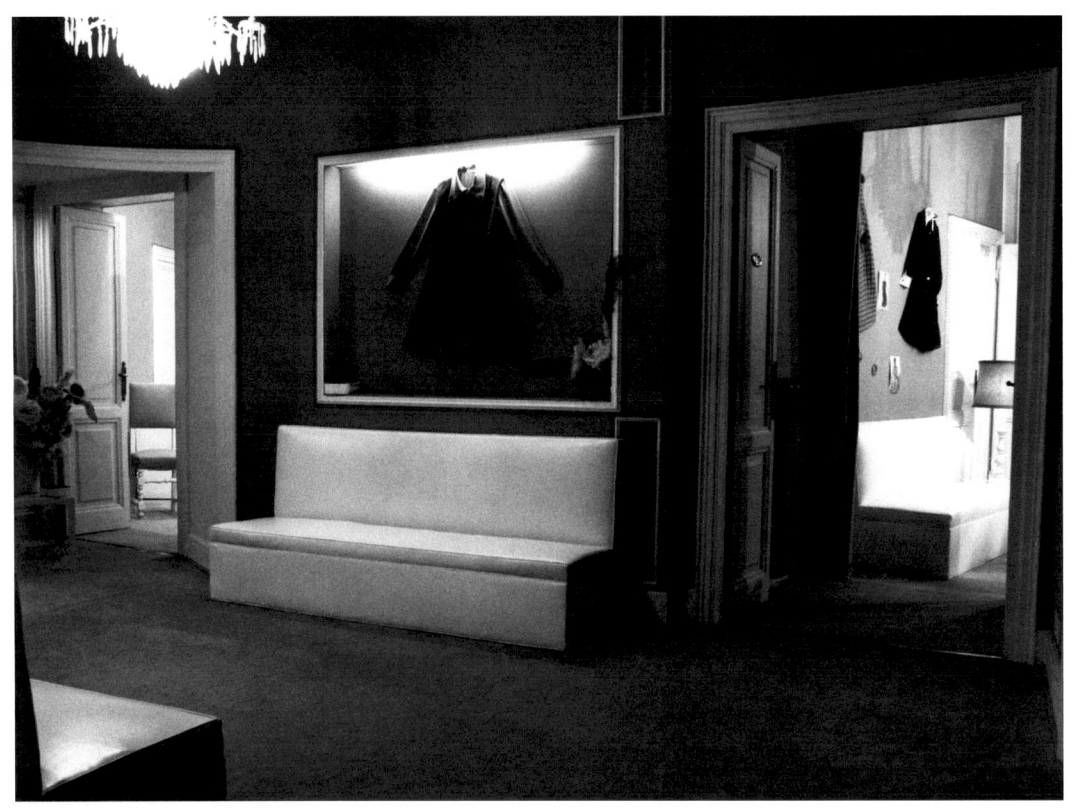
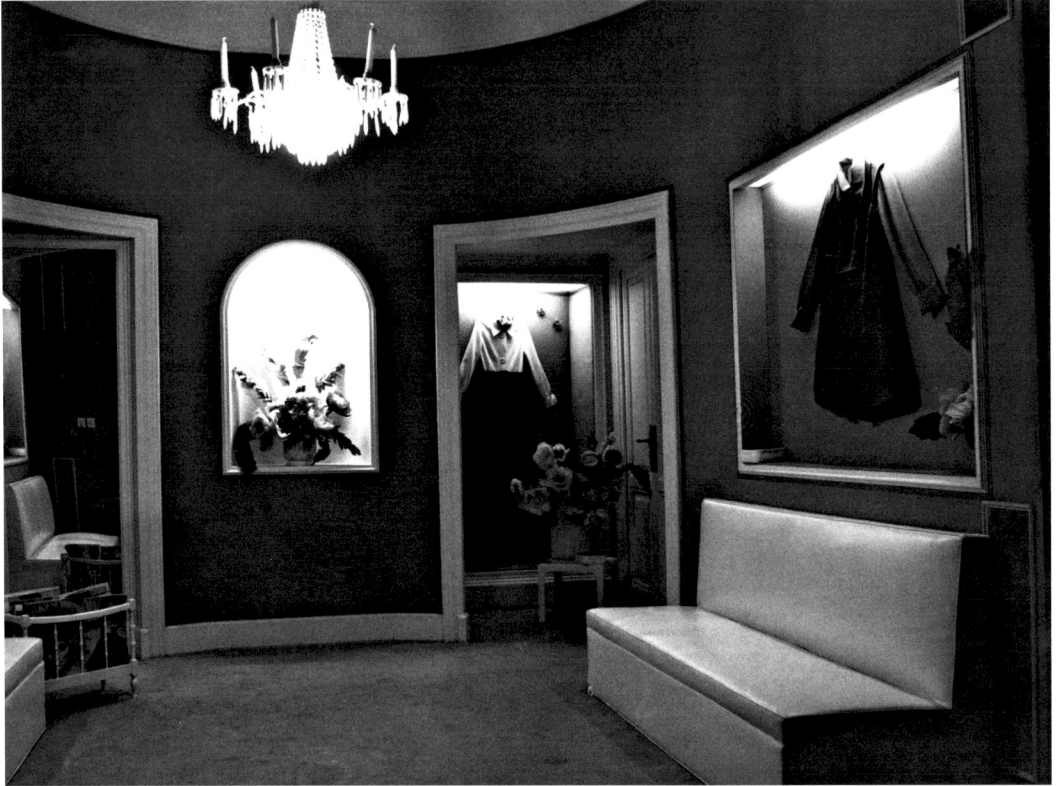

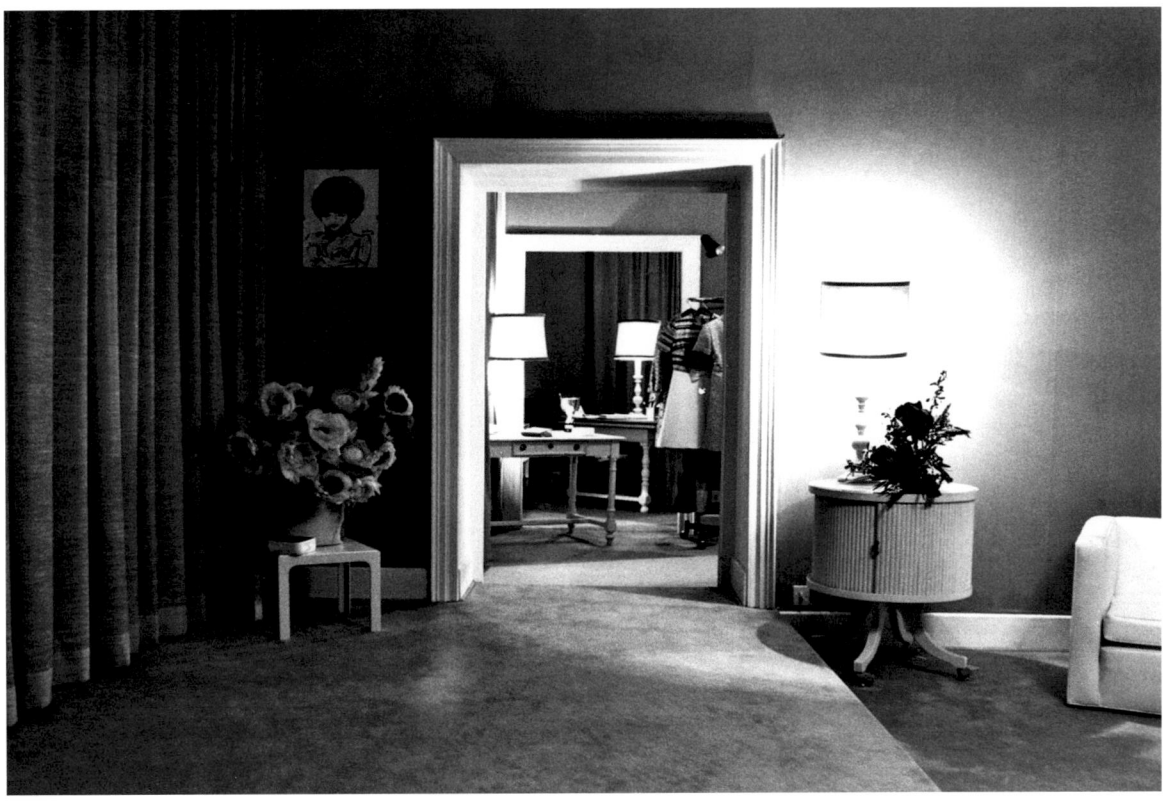

Above: view of grand salon, boutique and office.

Opposite page: small salon.

her specially designed jewellery buttons, elaborate belts, and amazing complementary earrings.

My life was exciting. Interestingly, I was, in most cases, the youngest person among my professional contacts and those who worked for me. Thanks to a list of international boutiques I received from the ICE, I decided to expand my circle of possible buyers, and I sent invitations to various concerns around the world, asking them to come and see my collections. As a consequence of these visits, my collections were then sold for the first time to important boutiques in Zurich (Modelia), Frankfurt (Wiener Moden), and London (Nora Bradley).

ICE had also started inviting me to show my collections at dedicated fashion shows and exhibitions they sponsored in several European capitals. I started to show my collections twice yearly, the spring-summer and autumn-winter, in London, Paris, Munich, and Dusseldorf. It was suggested to me that I should hire agents/distributors in several countries. I had no problem finding one for Germany, but I hesitated for the United Kingdom because the buyers there were friends and I enjoyed presenting my collections personally to them. However, as clients and orders increased, I realized that I needed local representation. After putting an add in *Drapers Record*, the trade paper

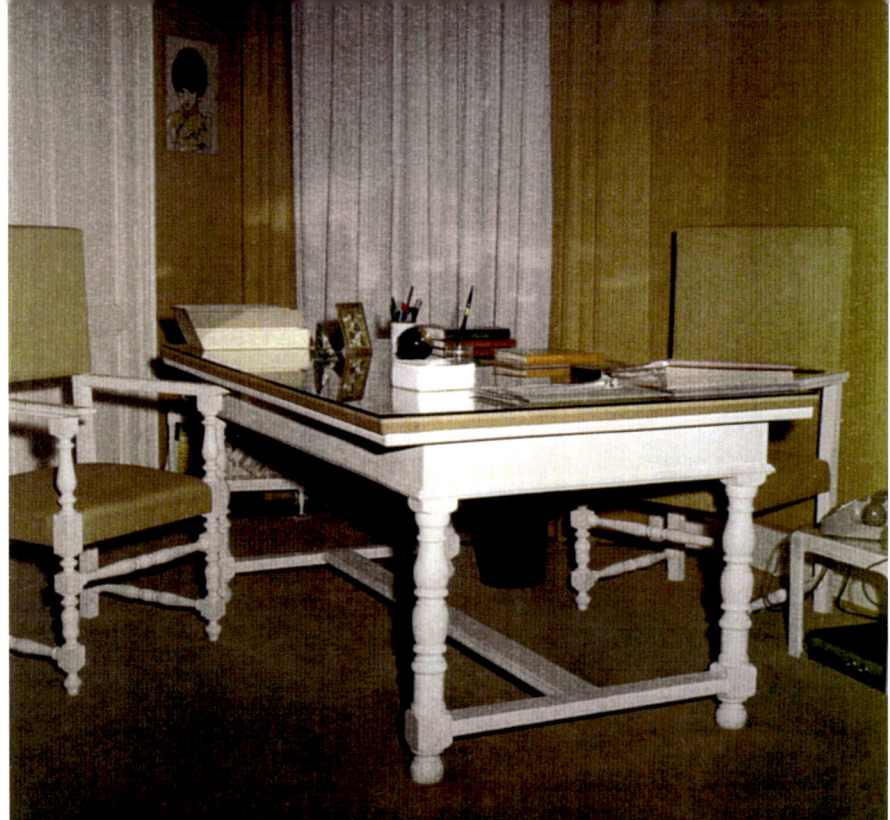

Above: Cleonice's private office at 56, with furniture from the Court Registry bought at an auction sale.

Opposite page: caricature illustration of Cleonice drawn by Prince Francesco Caracciolo at the inauguration of the showroom.

for fashion, I received many applications and finally decided on Mr and Mrs Damman, who had an attractive office and showroom in Grafton Street, which intersects with Bond Street, one of the most prestigious streets in the world for shopping. They remained my agents for several years and introduced my collections not only to department stores but also to several boutiques, and they opened up the markets of Scotland and Ireland to my work.

By now I had been at number 12 for sometime, and it was becoming too small to accommodate the manufacturing, storage, offices, showroom, etc. When an opportunity arose for much bigger premises at 56, also in Via Gregoriana, I really needed to move, and so I took a lease at 56 without hesitation. I was immediately seized by anxiety, as the new address included eight big rooms and three salons. It was so huge that it stretched along the length of the building on the adjacent streets from Via Gregoriana to Via Capo le Case and Via Francesco Crispi. Capucci fashion house was in the premises above mine. Fortunately I could stay on at 12 long enough for me to find the furniture I wanted for my new showrooms/offices and redecorate 56 to my taste. I wanted to create a very special space indeed. I was helped by a number of close friends with whom I went to auction houses. In one I was able to purchase a full set of Court Registry furniture: tall chairs with huge arms and leather seats. As I am rather petite I kept disappearing inside these chairs! The lot also included a huge, elegant desk with a leather top and enough chairs and other pieces to provide for everyone working

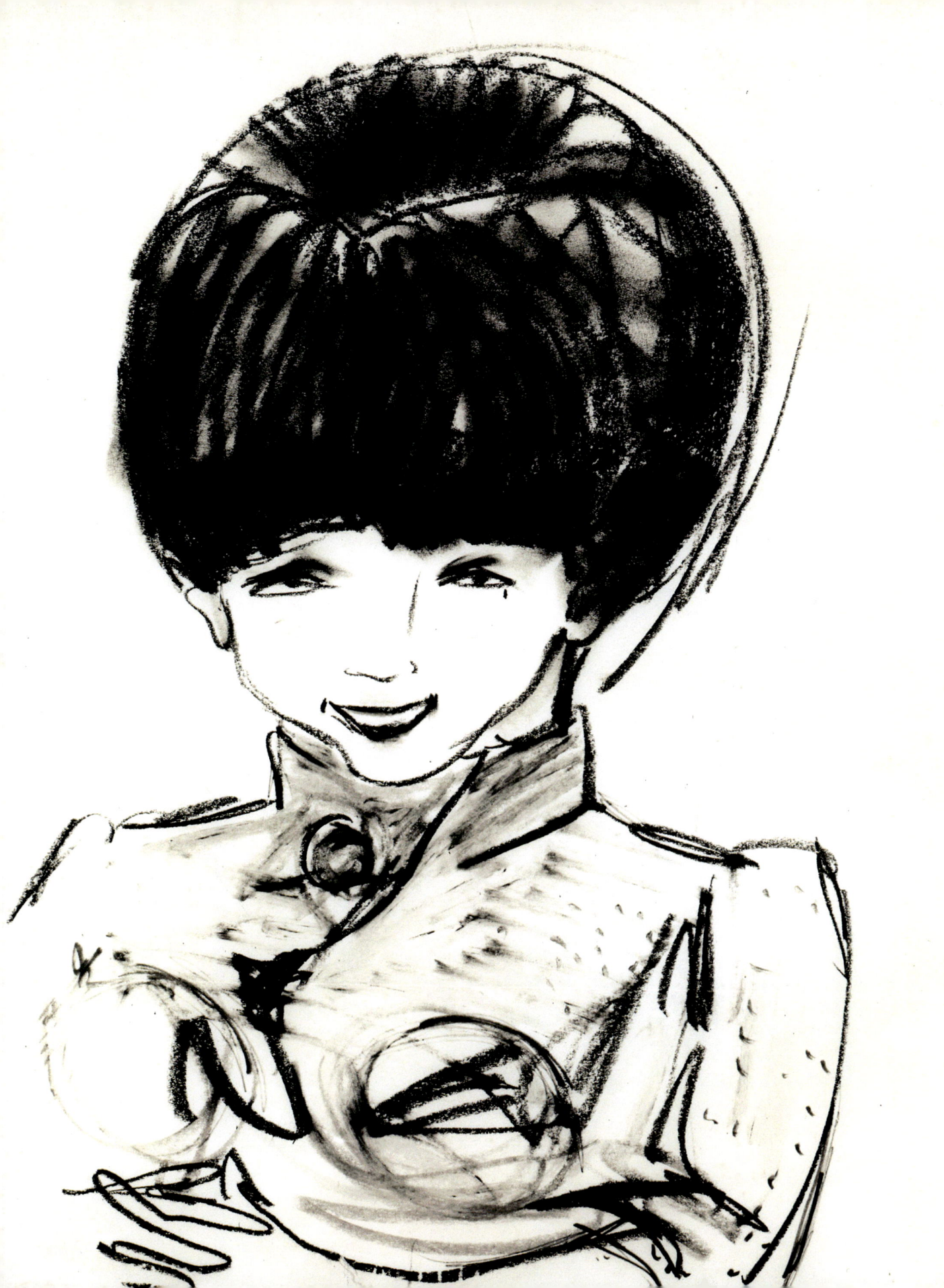

for my company. I had the sofas from 12, and I arranged for them to be reupholstered and sent on to get 56 shipshape. The sofas had a little history: I had bought them from Simonetta, after she closed her atelier to go to Paris first, and then India.

I covered the walls with hundreds of metres of ochre-coloured cotton. I had the fitted carpets dyed the same colour. I divided the main salon in two and created a semi-circular floor. I had a specially made, elongated semi-circular white leatherette sofa installed in the big salon to face the raised catwalk that had a matching asymmetrical shape. The old sofas from 12 had been re-covered in white leatherette, very much in fashion at the time, and the chairs re-covered with ochre material. Amusingly, I used the same leatherette material to make some miniskirts and boots for the salespersons to wear in the atelier, along with the brightly coloured shirts of printed silk. When I finished I was happy with the result. The whole place was ochre and white. Doors, windows, and wood furniture were white, and the top of my desk was upholstered with the same ochre material as that of the walls and topped with a heavy glass. In the office I hung a portrait of me sketched at the opening of the showroom by Prince Francesco Caracciolo, a dear friend of mine who helped me as a photographer. I had purchased some inexpensive brass and glass chandeliers that looked Venetian, and I had the brass painted white. The main chandelier was enormous, with thirty-six lights, which I replaced with white candles, and I used hidden spotlights from above to light the main showroom.

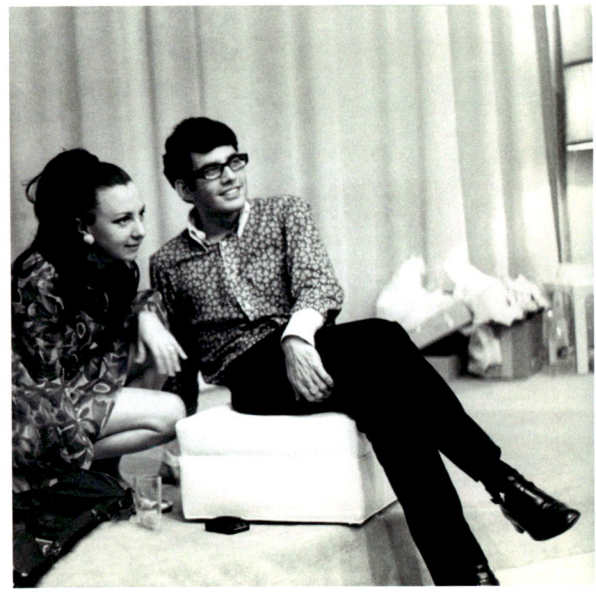

Above: Cleonice with Canadian fashion designer Hugh Garber. Cleonice is wearing a paper dress made for the Japanese market.

Opposite page: Cleonice with her staff at a Christmas party in the big salon.

I was happy and ready for the great adventure ahead, but absolutely not ready to confront the many problems and the accolades that follow success! I needed to employ more people within the company and arrange for many more outside workers in order to fill the orders and prepare the collections. After Gillian returned to London, I placed an ad in the *Daily American*, the English-language newspaper in Rome at the time, for a secretary. Many applied, and I chose Mavis Augusto, an Indian lady, who had perfect English and Italian, did not chatter away endlessly, and complemented with her natural grace the beautiful Indian fabrics I was using. The job description seemed tailor-made for her.

By now my work force was about thirty people in both Via Gregoriana and many small independent workshops in and around

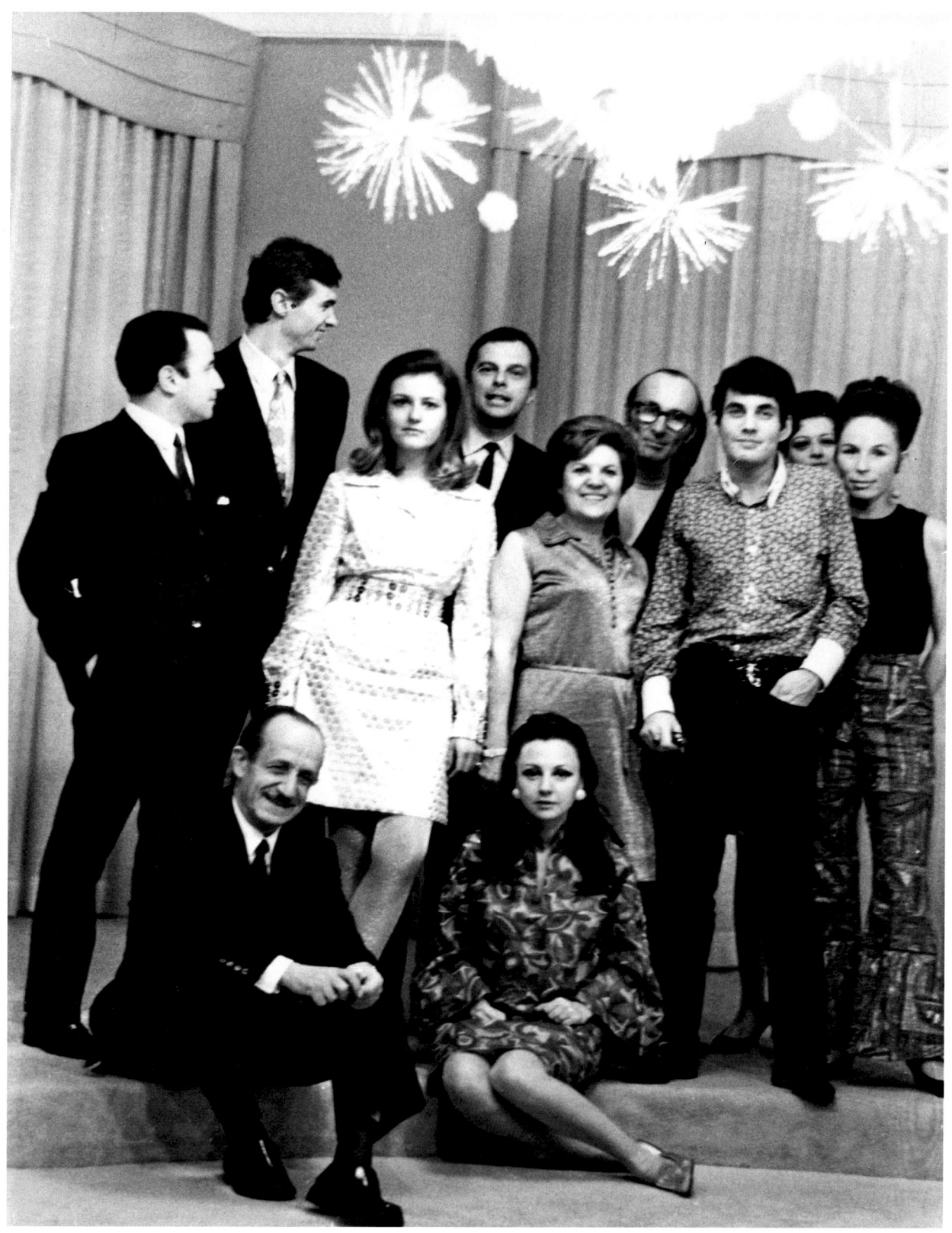

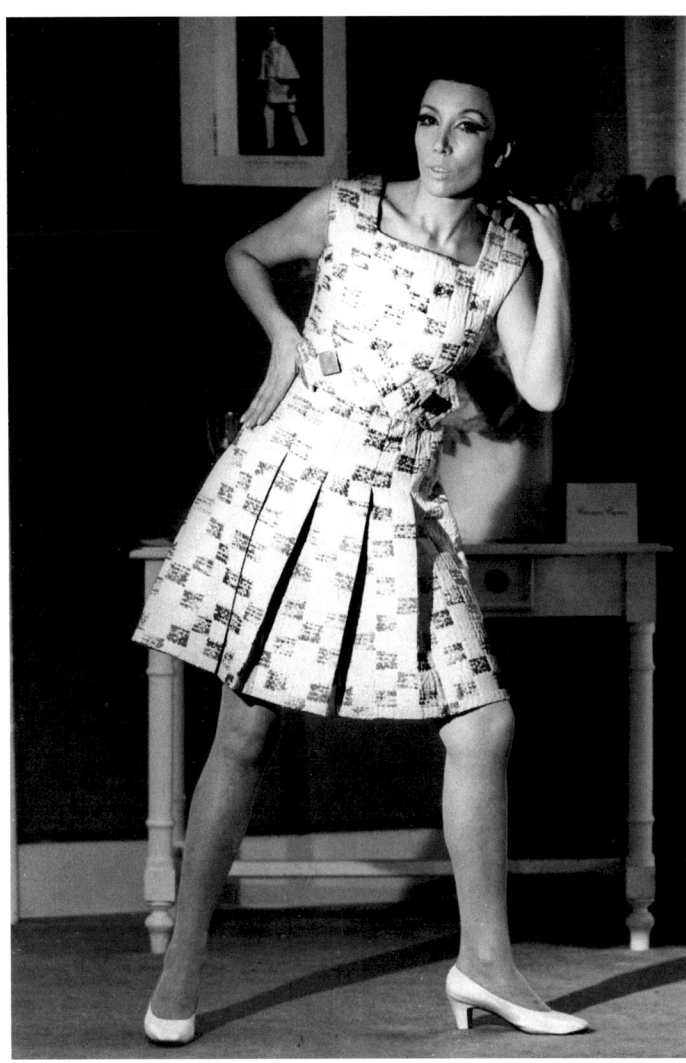

Above and opposite page: house model Roberta photographed in Cleonice's private office. On the wall, an advertisement of the Mikado collection.

Rome. I relied very much on two people: my Indian secretary, Mavis, who was very efficient and nothing escaped her; and Lina Saggese, who was in charge of production and was the head of control of fabrics, accessories, the preparation of the production to be distributed to the external seamstresses, and the control of the merchandise to make sure that it was perfect when it was ready to be shipped around the world. Tullia was the head cutter, and Paola ran the boutique inside the showroom. There were also a workshop with fifteen internal seamstresses and a large stockroom.

Money was always tight, I did not have capital invested in the company, and I was working with a gap of six to eight months before the merchandise was ready to be delivered and then paid for. Some clients paid within sixty days, but luckily, we also had many letters of credit, and on those the bank would advance us money on receipt of the initial invoices. You could work serenely even if financial resources did not abound, because it was easy in '60s Italy to get credit from the banks by using the purchase orders as a guarantee. And this is what our administrator, Mr Carfagna, did regularly.

More and more buyers came to see the collection in Rome. I had to take on extra models — in-house models, so called because they also did other jobs — typing, filing press clippings, and helping me in any way. Roberta, with an avant-garde Peggy Moffit makeup and modelling style, and Gabriella, a real Roman beauty, very nice, always smiling, both stayed with me a long time. But there was another key presence in my life at Via Gregoriana. The story of this sudden new love of mine began in London, on a foggy morning. I was walking across Hyde Park from my hotel to Harrods for a regular meeting with their buyers when a very typical English scene formed ahead of me: a nanny pushing the Rolls-Royce of prams with a baby in her care, but she also had a dog on

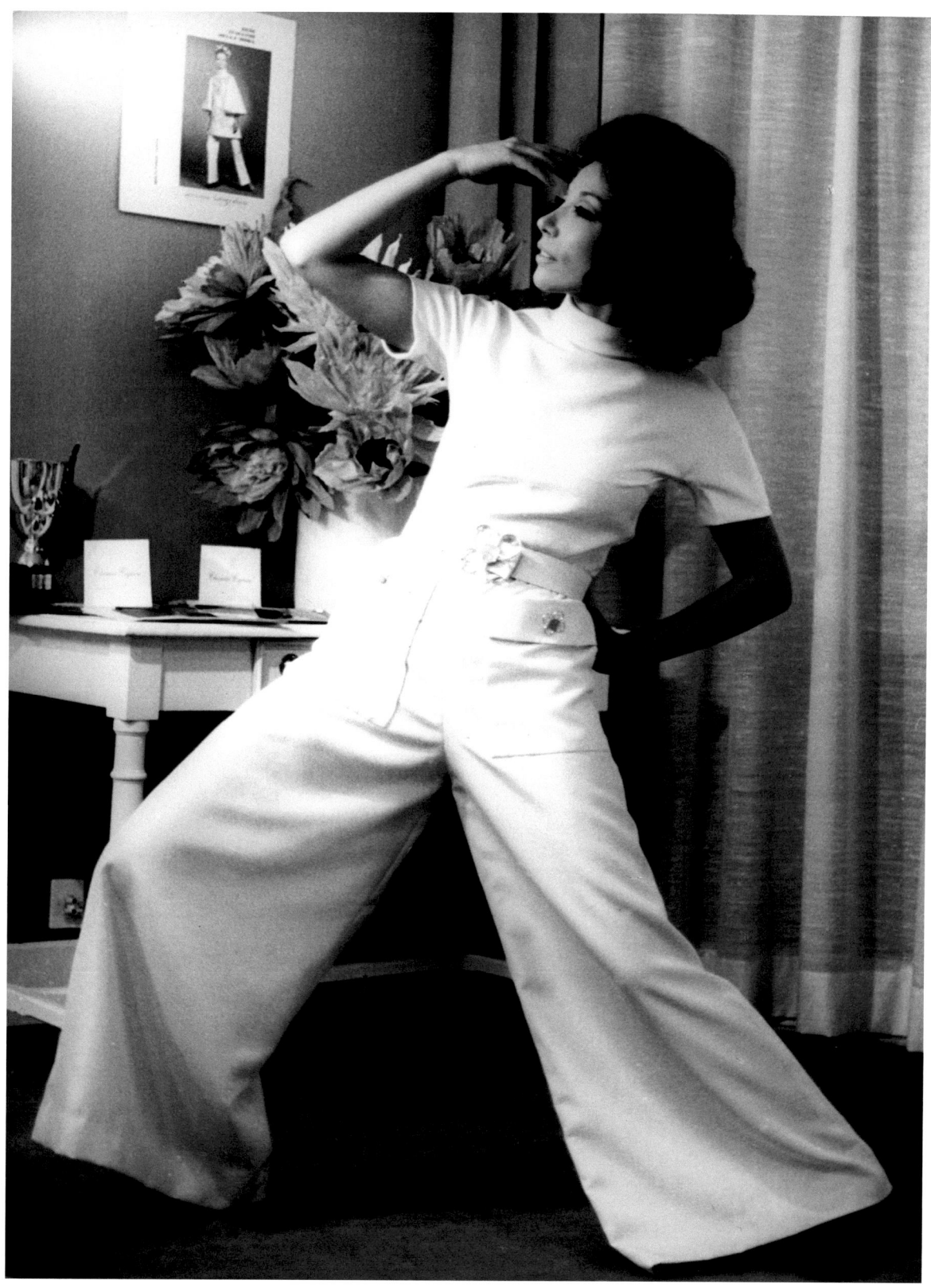

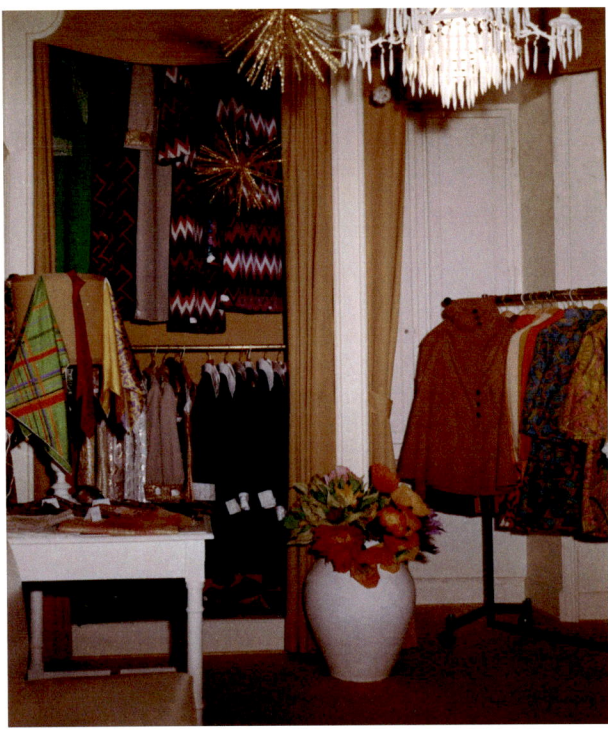 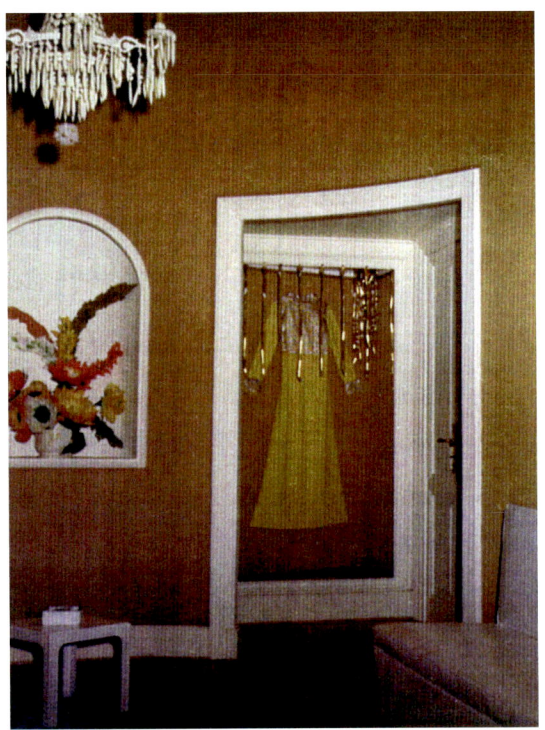

Above: boutique (left) and small salon (right).

Opposite page: Cleonice with Bea, and the offspring of Bea and Treno.

a leash. The dog was special, very long-bodied with very short legs, long ears, and languid eyes. I fell in love. I decided right there and then that I must have one of those animals at all costs.

As soon as I entered the chief buyer's office at Harrods I told Veronica Horsfield about the dog. Veronica recognized my passion and, before discussing my collections and their orders, she took me to the Pets Department where, in those days, you could find or order any kind of animal and buy everything for dogs and cats from cashmere body warmers to diamond-studded collars. After hearing my description of the dog, the gentleman in charge assured me that what I described could only be a Basset Hound, not often seen even in England. He said that although the Basset Hound is now considered an English breed, it had its origin in France. At that moment Harrods did not have any for sale but, if I wanted, they would obtain one for me.

Back in Rome, I had forgotten all about it when, some three months later, I received a call from the gentleman at Harrods to tell me they had the Basset Hound for me. They would send her to Rome by air and take care of the necessary documentation. The dog's name was Sweet Pea Sugarloaf. I went to the Rome airport to collect her from British European Airways, as it was known then. Sweet Pea immediately took over and ruled. Chaos ensued as everyone in the office wanted to play with this sweet animal that, at six months, weighed fifteen kilos. I

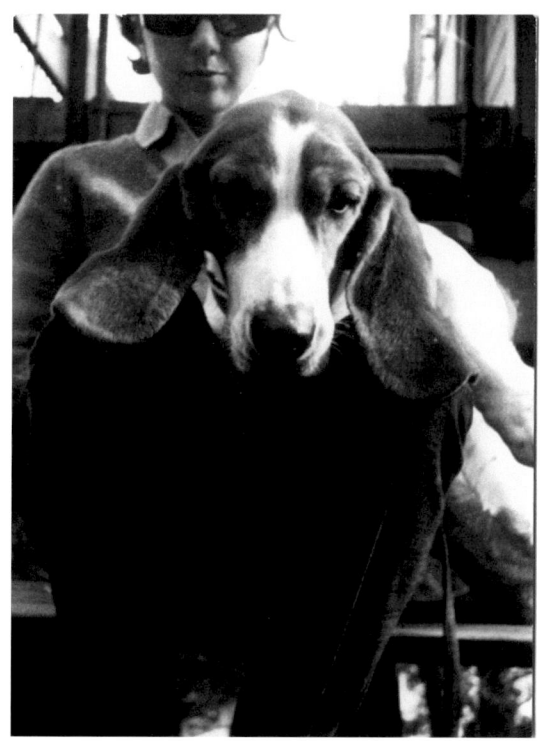
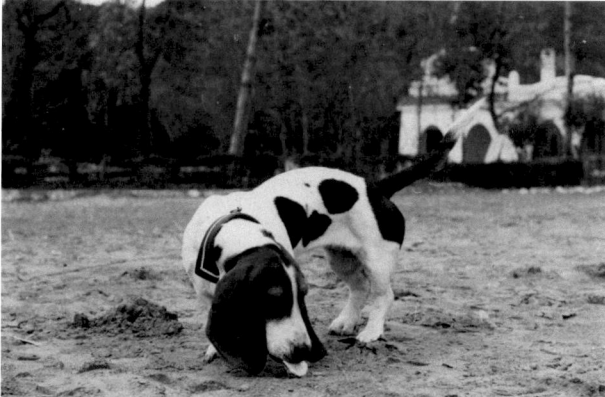
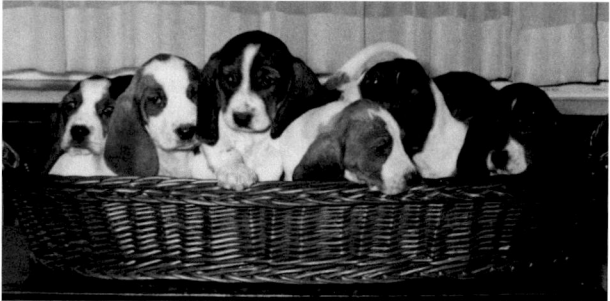

changed her name to Bea, a reminder of the carrier from London to Rome, and I often took her for walks down the steps to Piazza di Spagna or up to Trinità dei Monti. Six months later, I found her a suitable partner in Rome. His name was Treno (train) because of his length, and he had an impressive pedigree. From that union eventually came a total of thirteen beautiful puppies.

THE EARLY 1960s COLLECTIONS

INDIAN SILK SARIS

HAND-PAINTED COTTON

BEACHWEAR

WINTER 1963-64

WILLY WILLY WEAR

AFRICAN PRINTS

NET, FISHES AND BUTTERFLIES

CITY LOOK & CAPRI LOOK

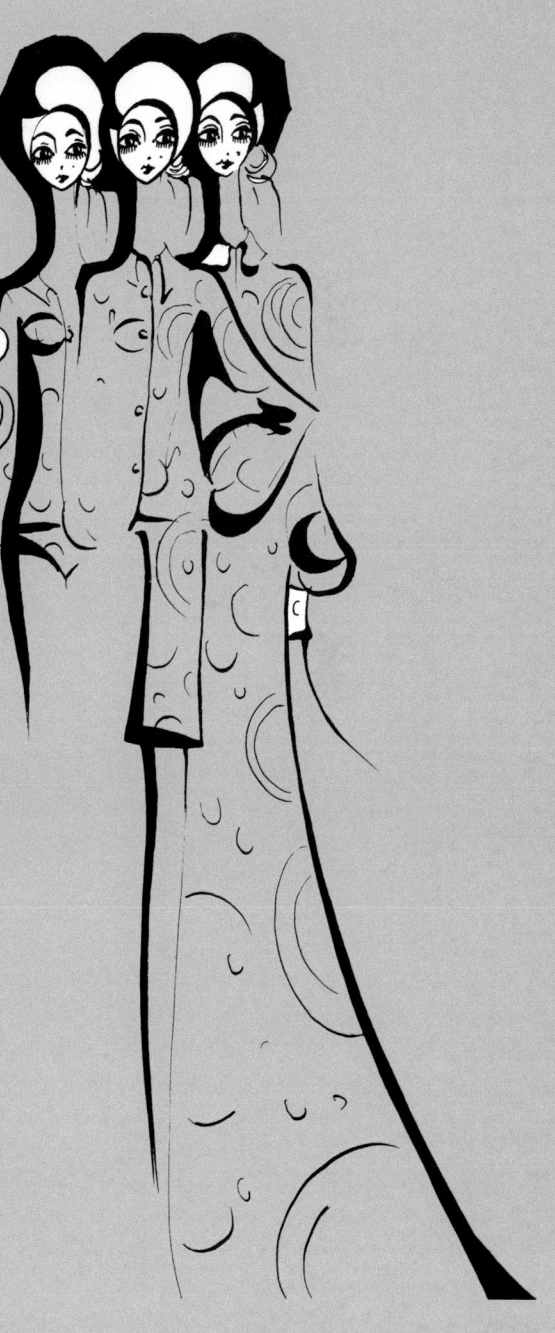

INDIAN SILK SARIS

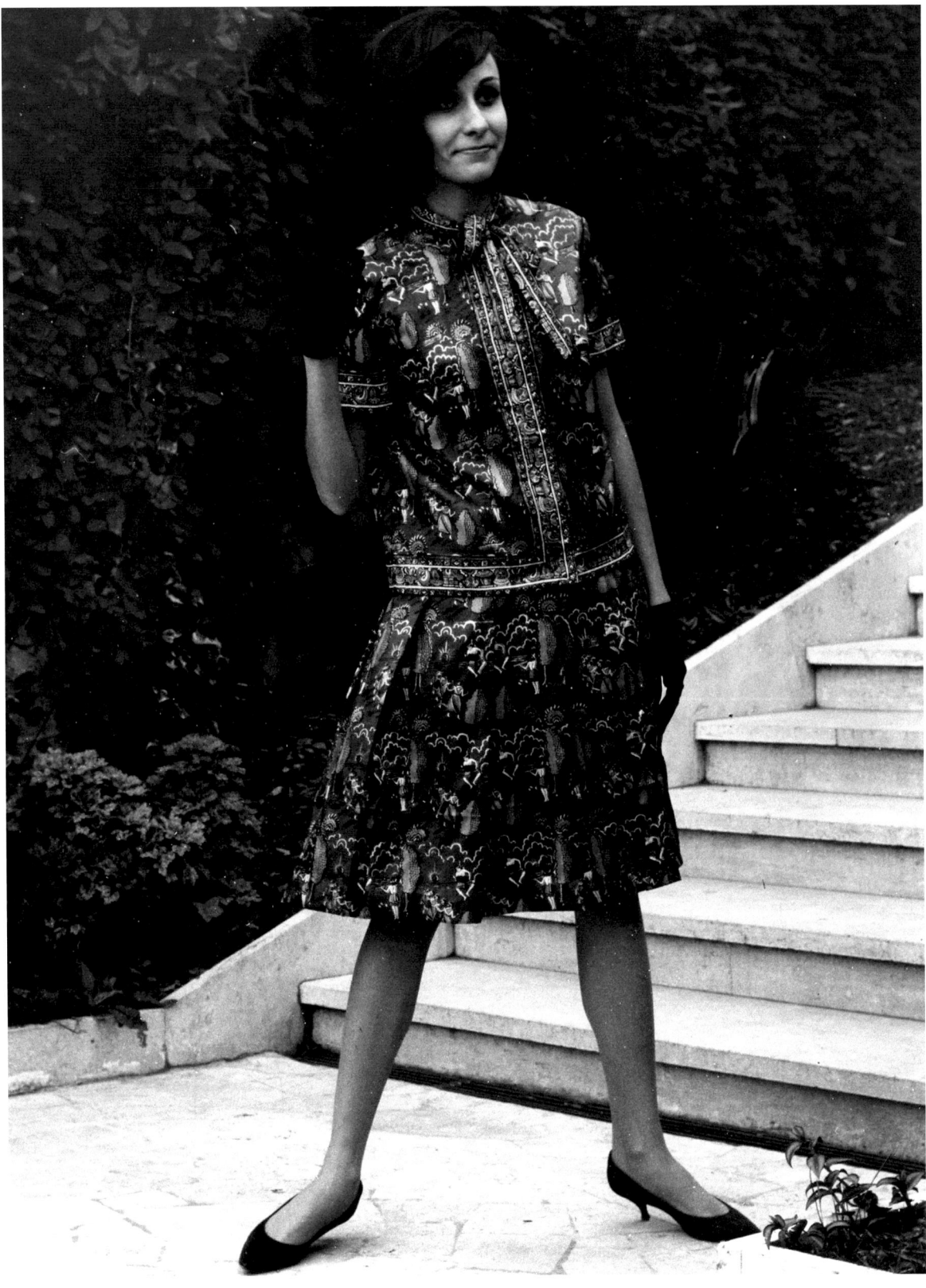

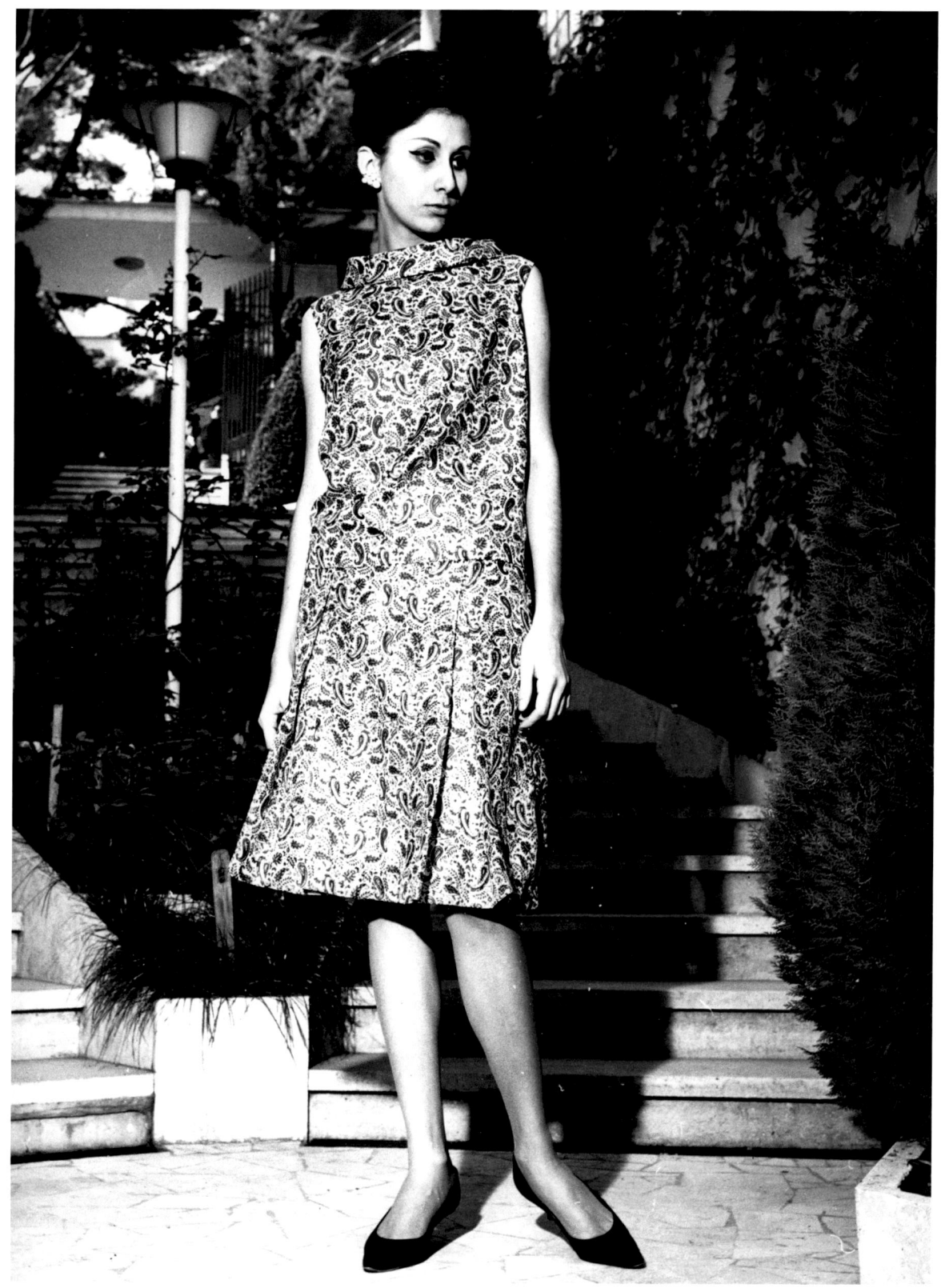

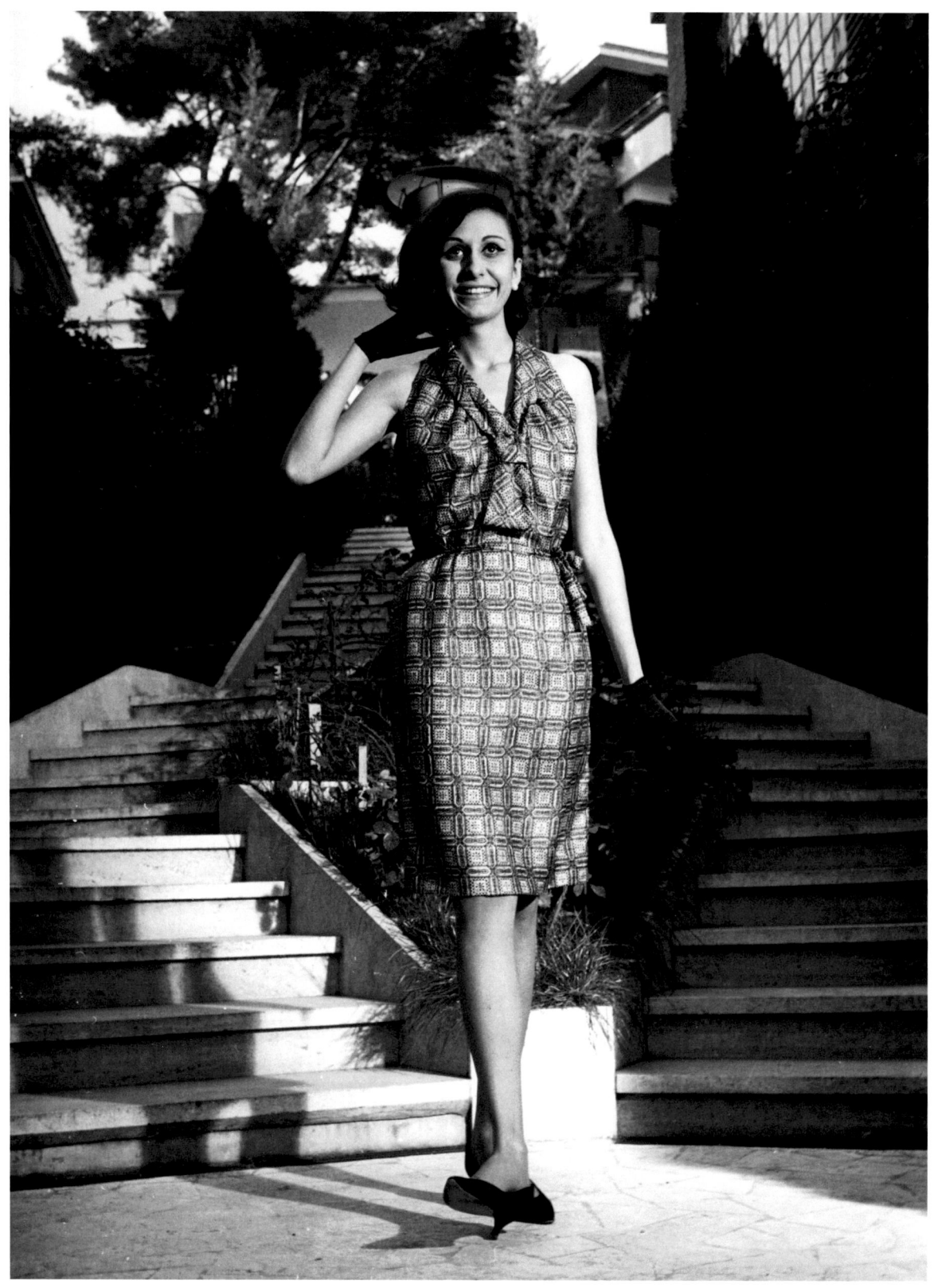

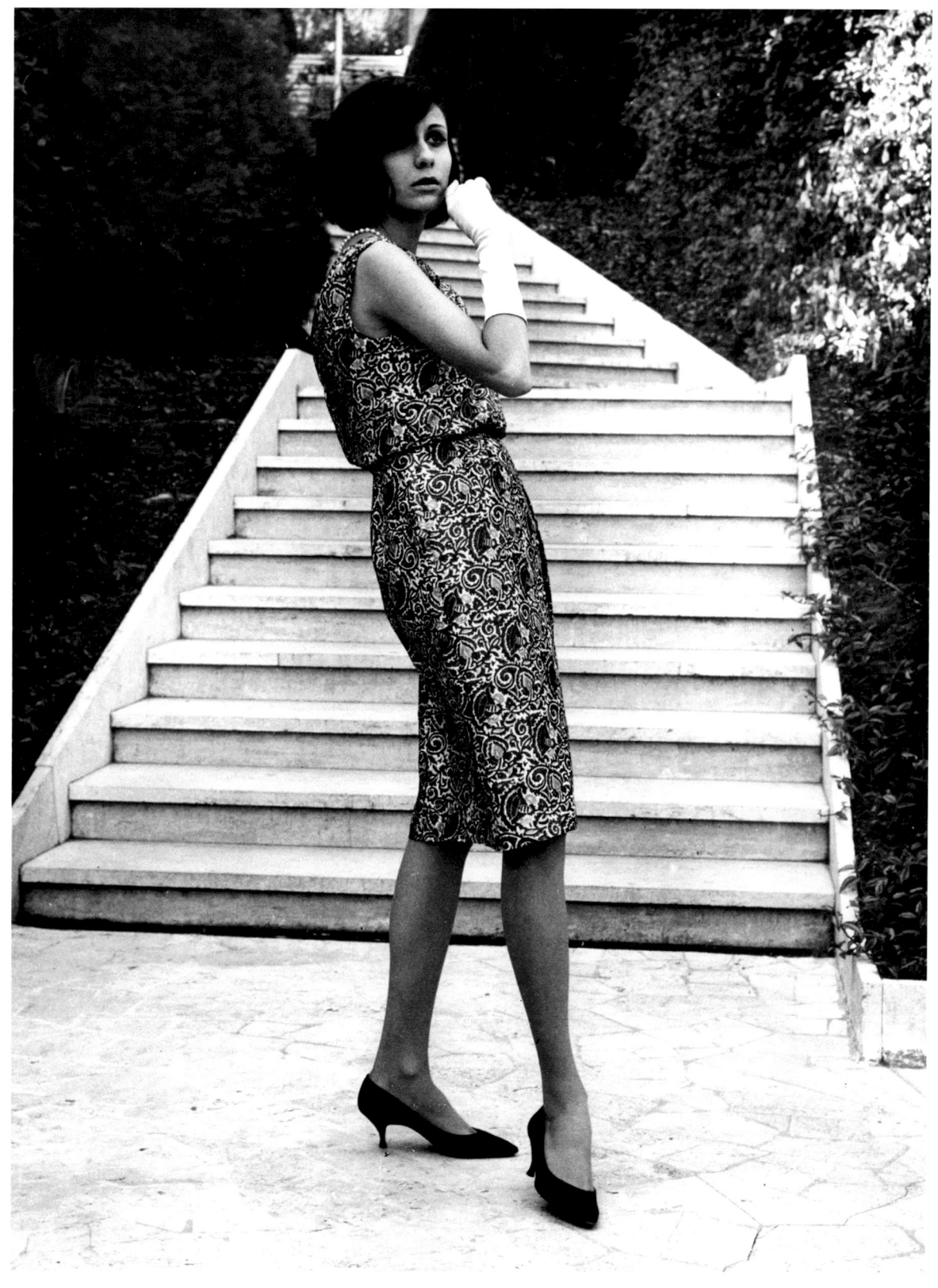

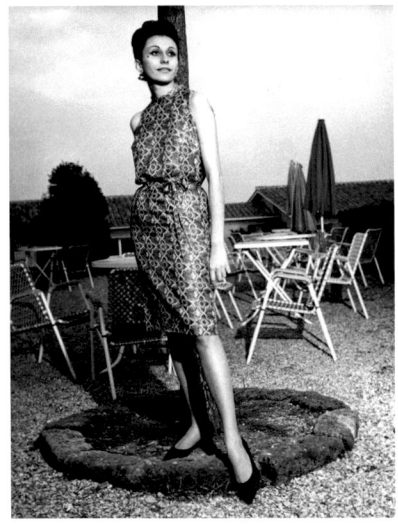
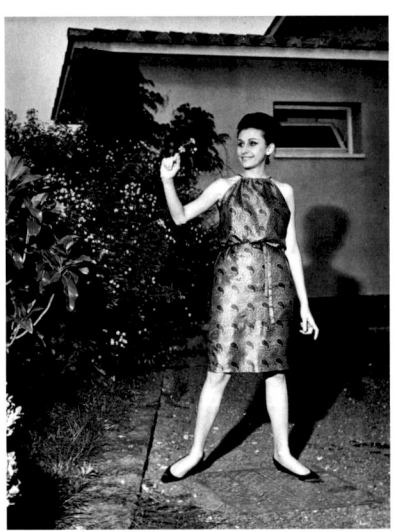
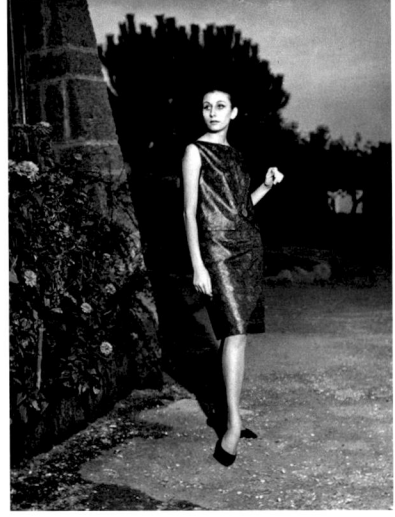
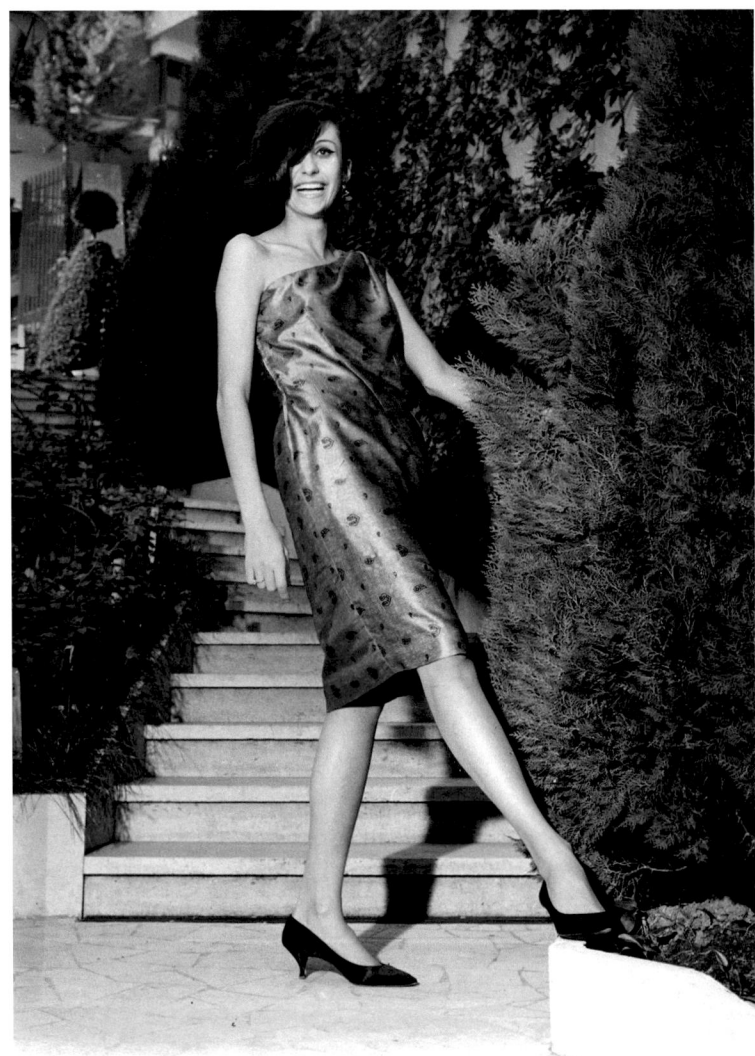

pp. 40-5: printed Indian silk saris collection; designs were given names such as Nepal, Mandalay, Patna, Agra, Assam, Delhi, Katni and Rampur.

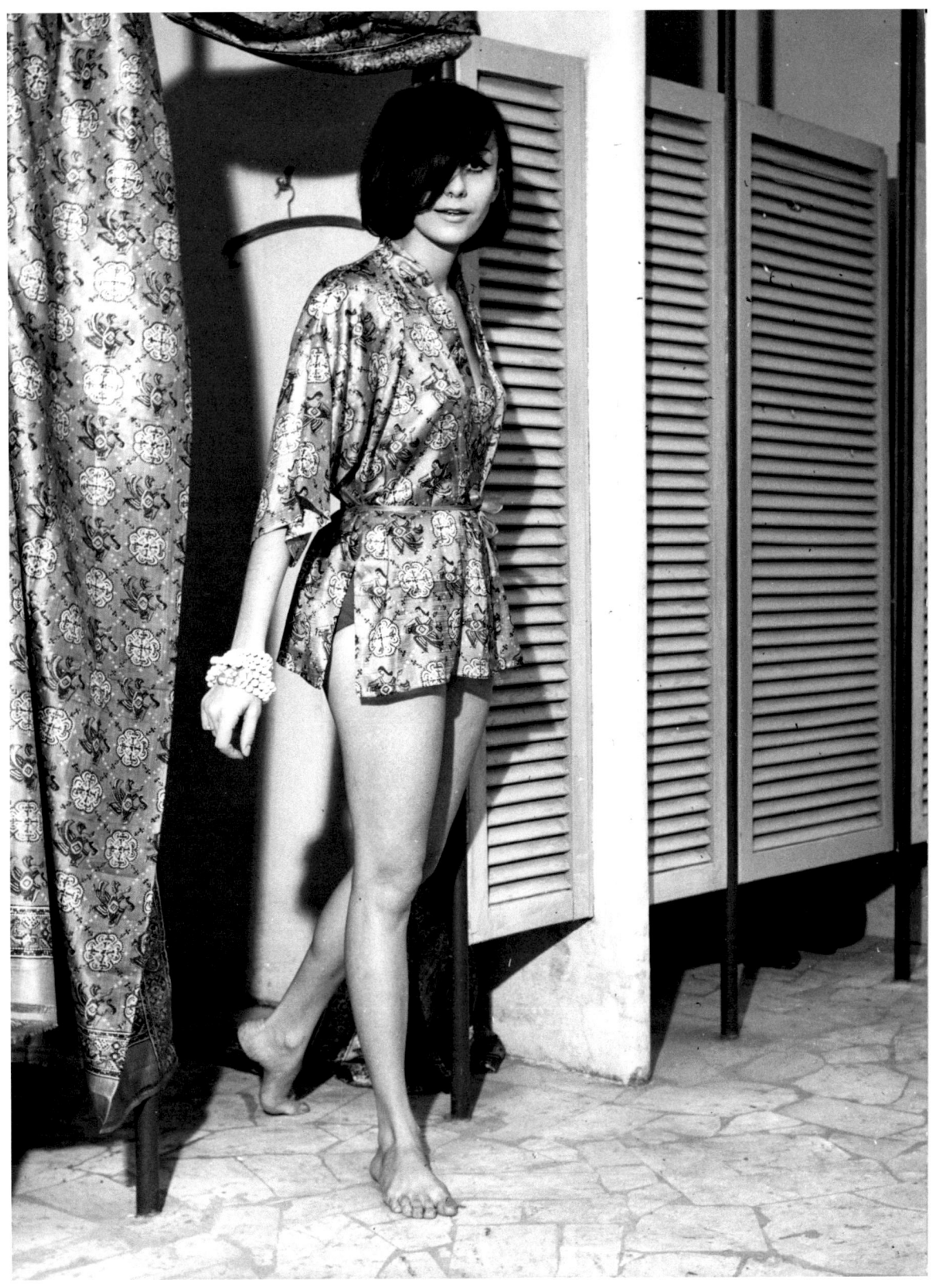

HAND-PAINTED COTTON

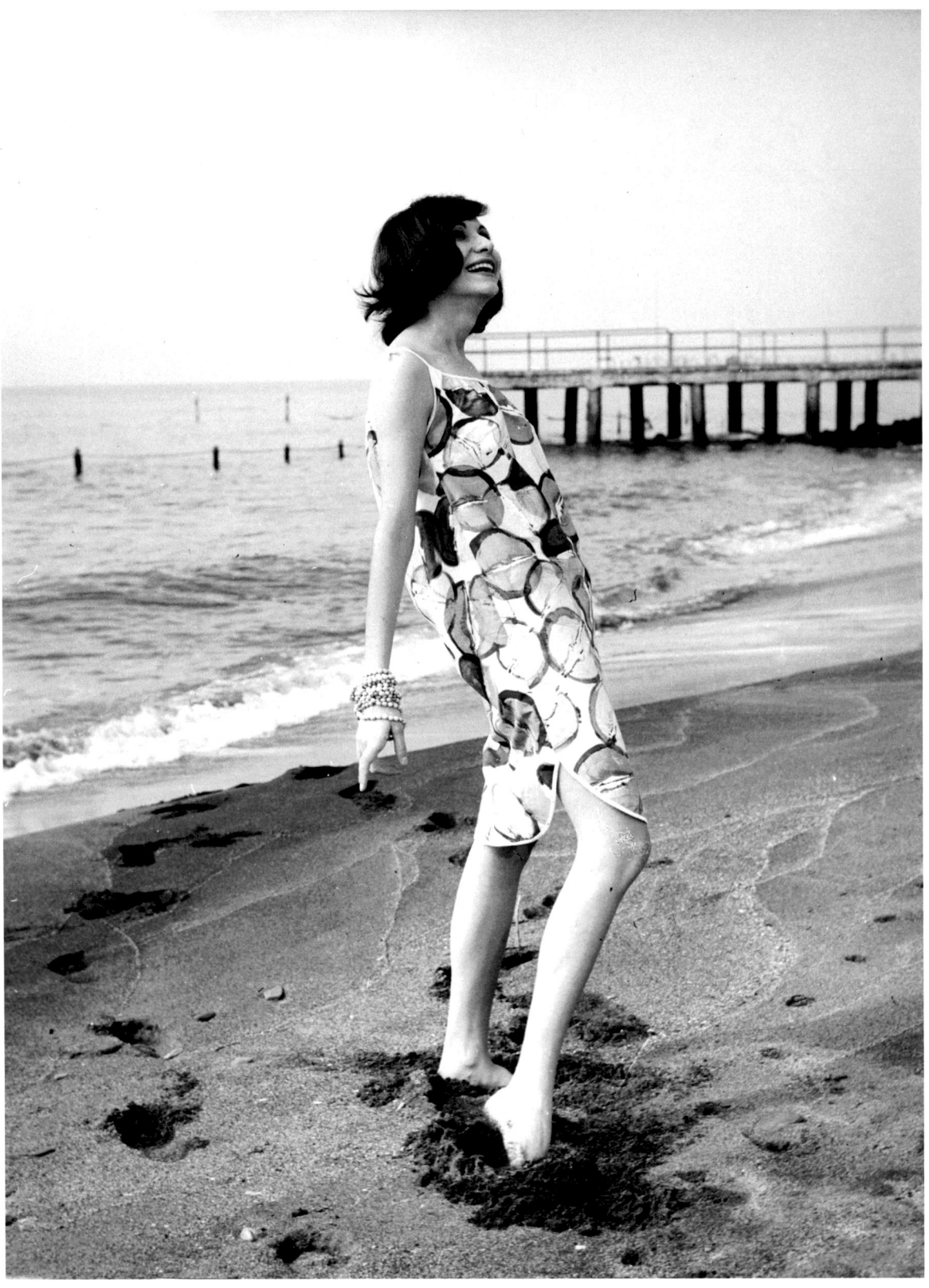

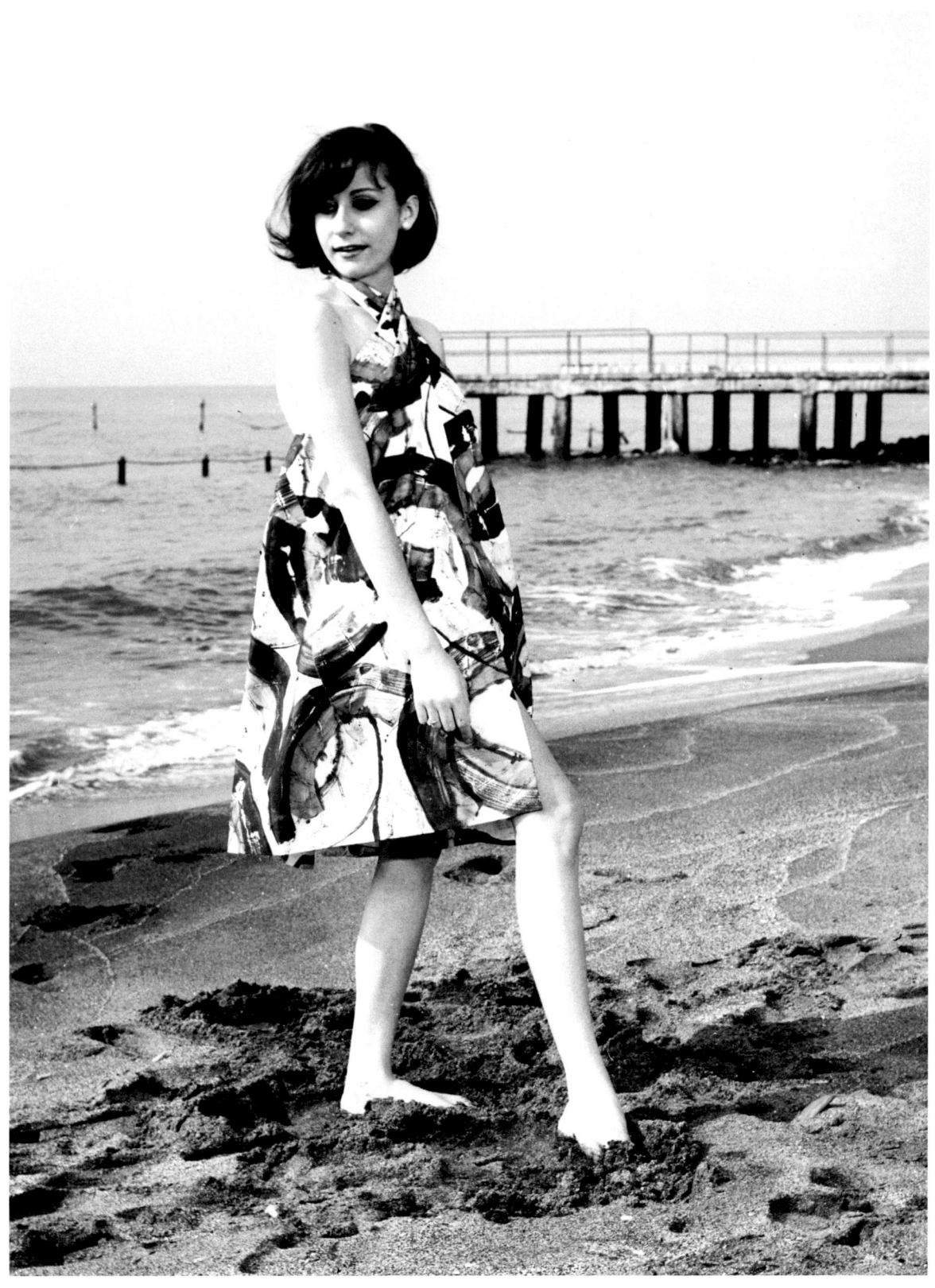

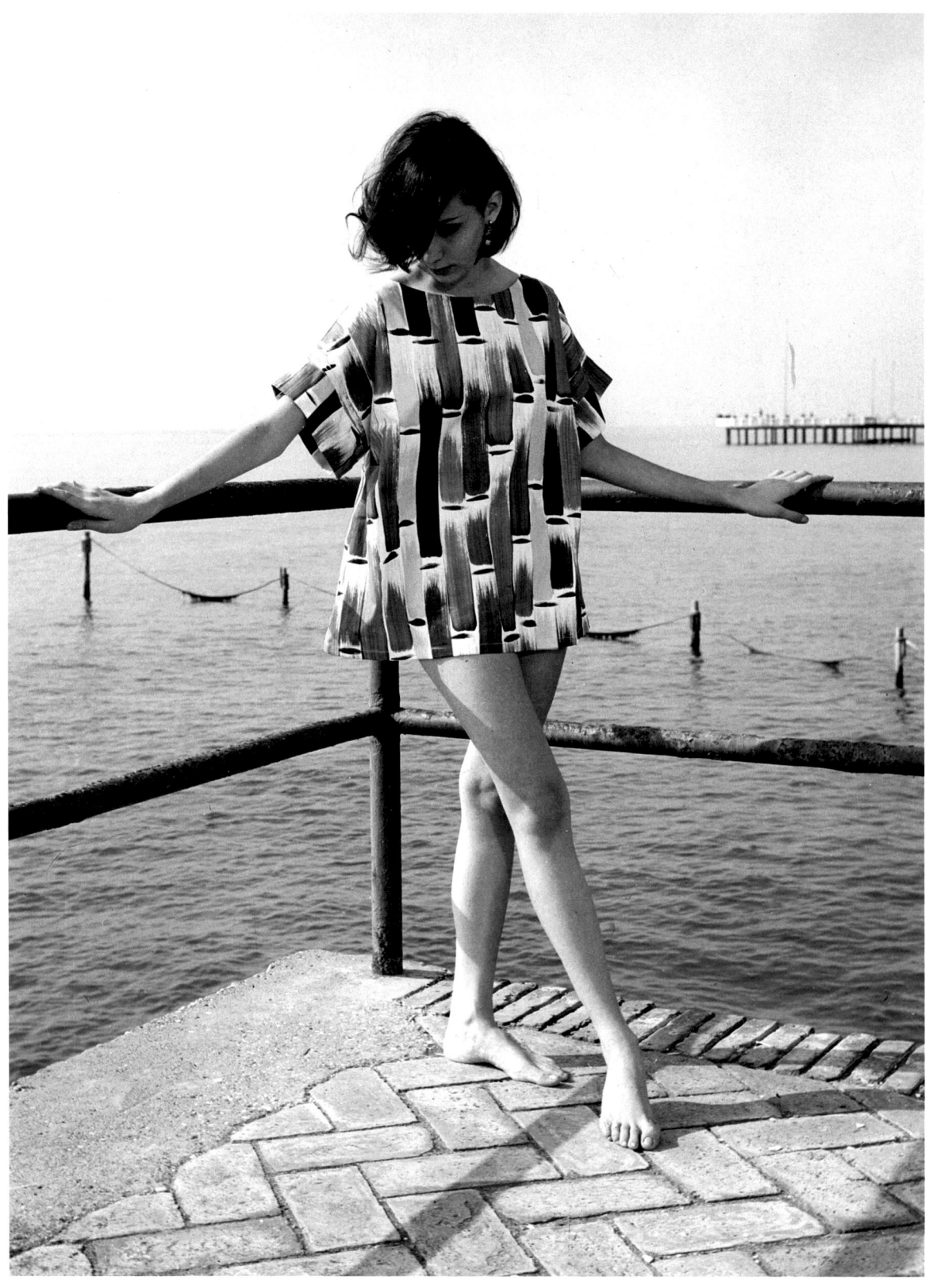

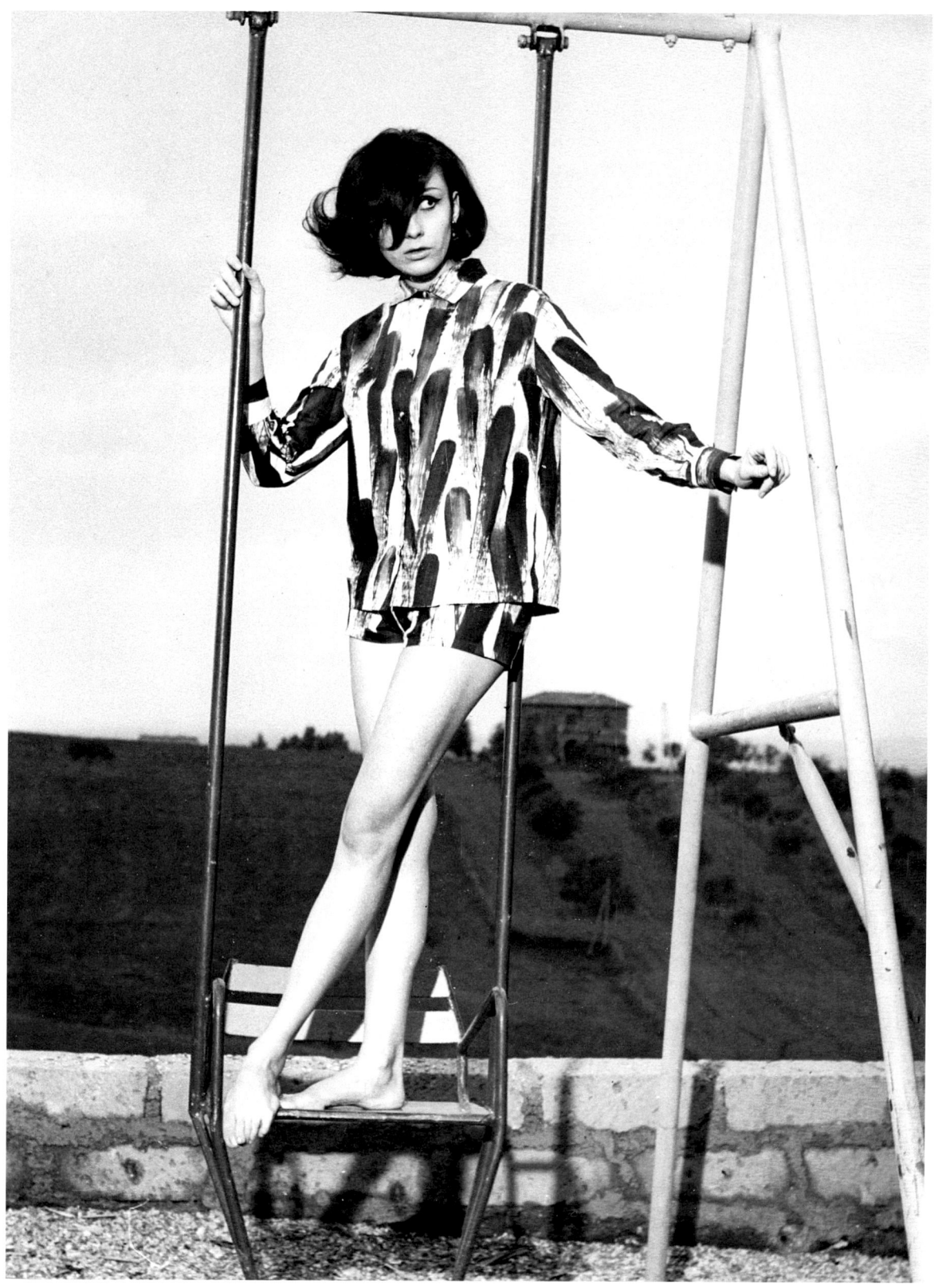

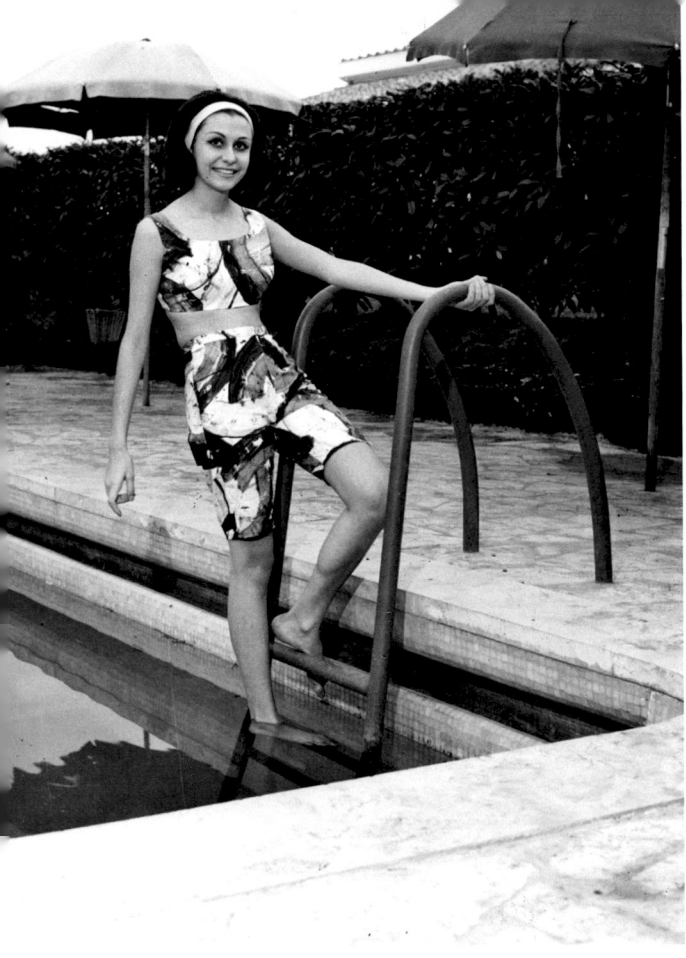
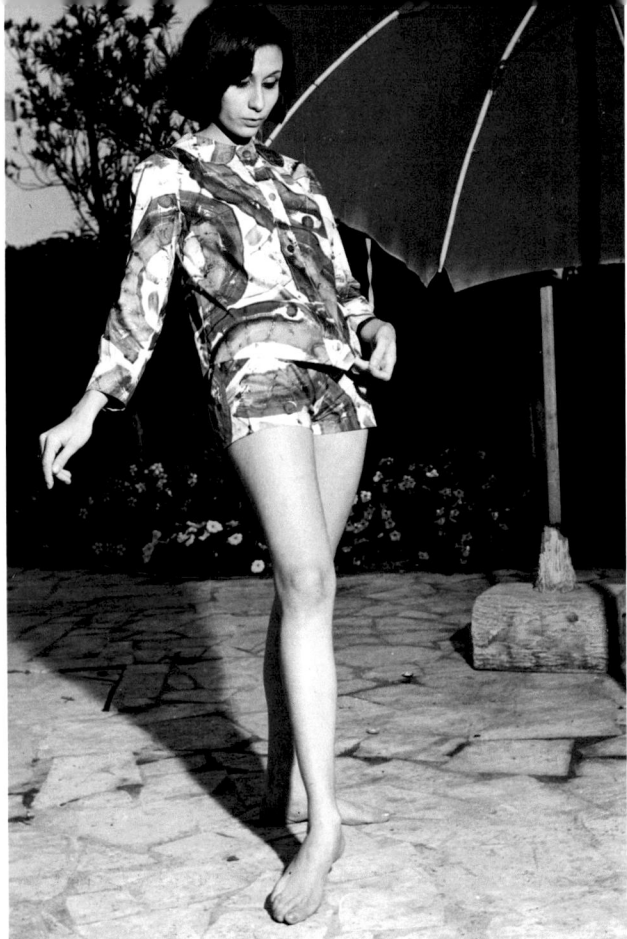
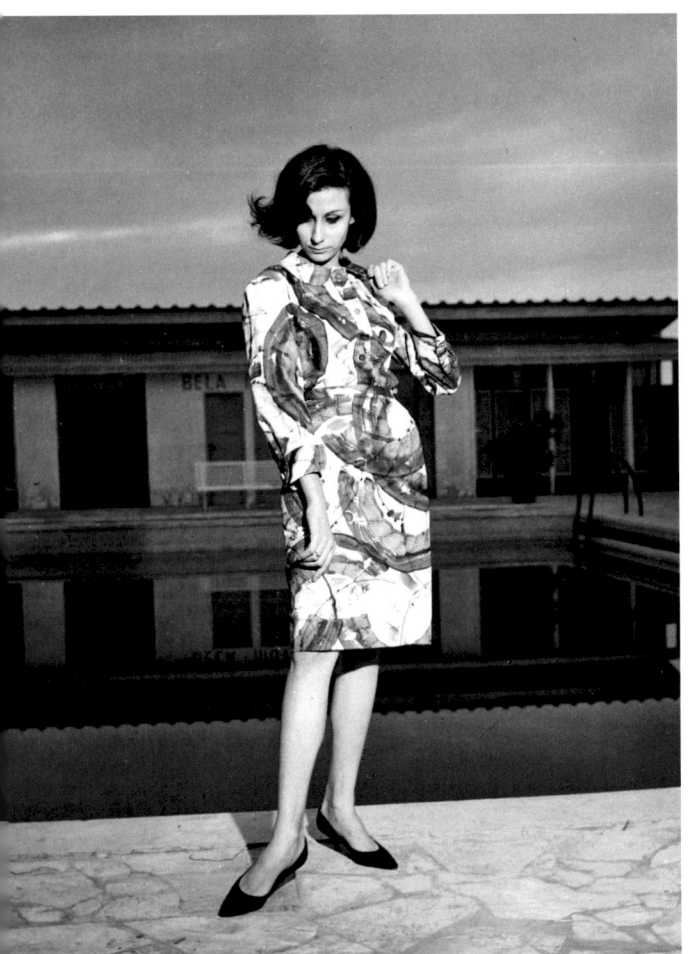

This page: beachwear to citywear designs, hand-painted with circular brush strokes in a rainbow of colours. Opposite page: hot pants jumpsuit abstractly painted in black, various shades of grey and touches of red.

p. 46: sundress hand painted with various forms of circles in vivid pink, red, grey and black.

p. 47: beach pareo with abstract hand-painted brush strokes in all shades of greys to black, with touches of red, yellow and green.

p. 48: tunic with aubergine, purple and pink brush strokes.

p. 49: shirt and shorts with black brush strokes.

p. 52: shift dress with small brush strokes in grey to black shades.

p. 53: house model Gillian wearing a single shoulder pareo dress.

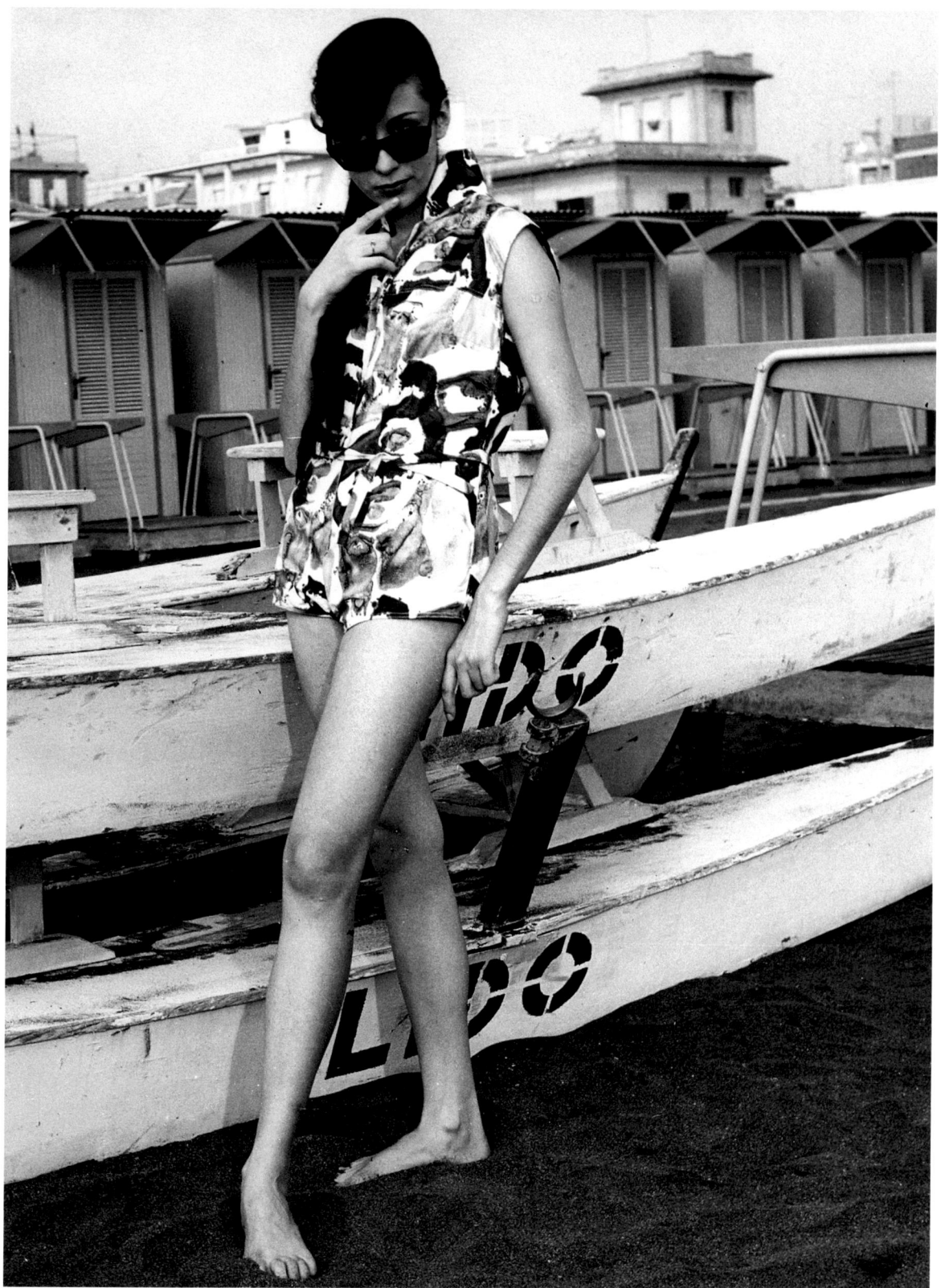

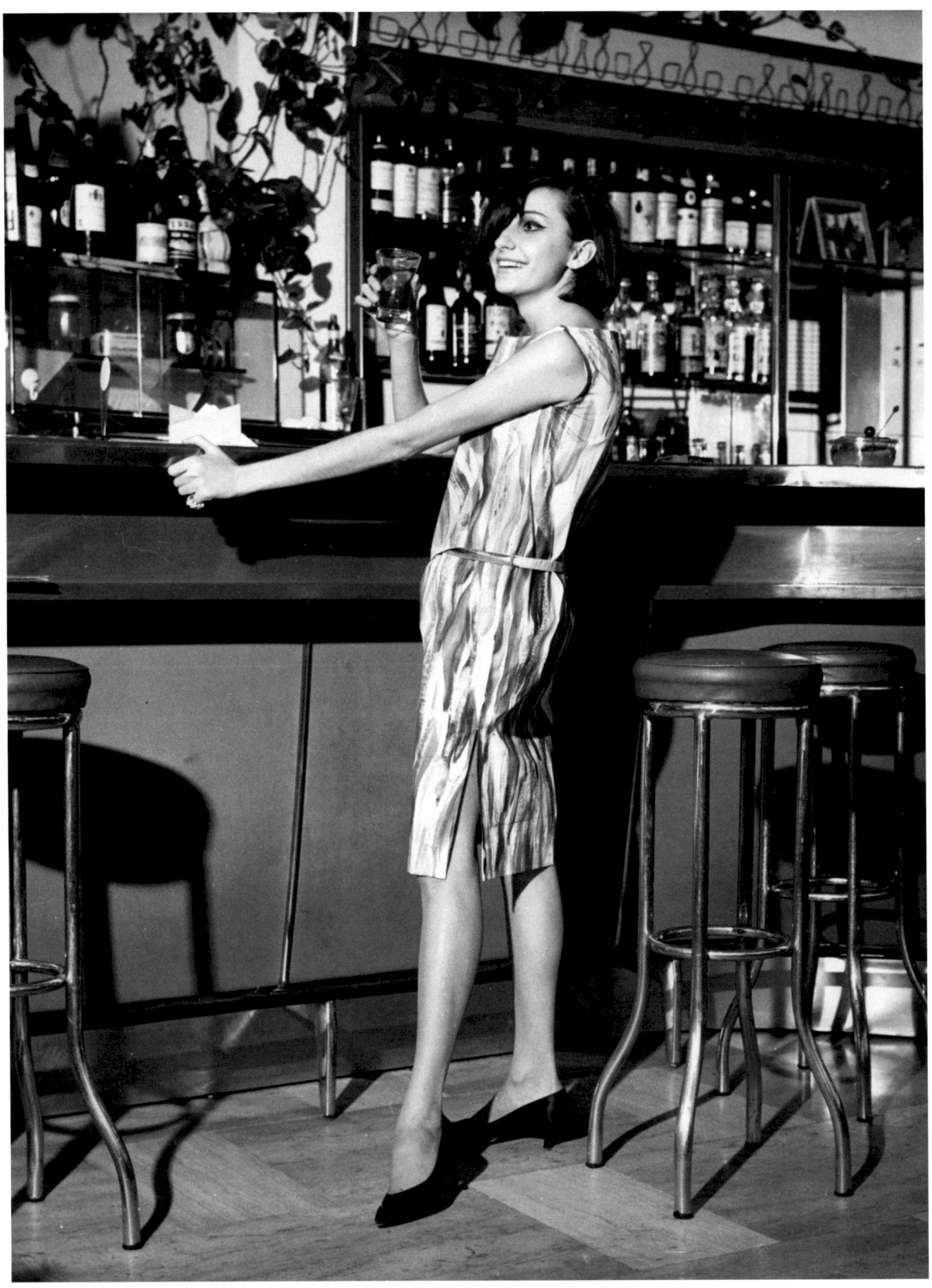

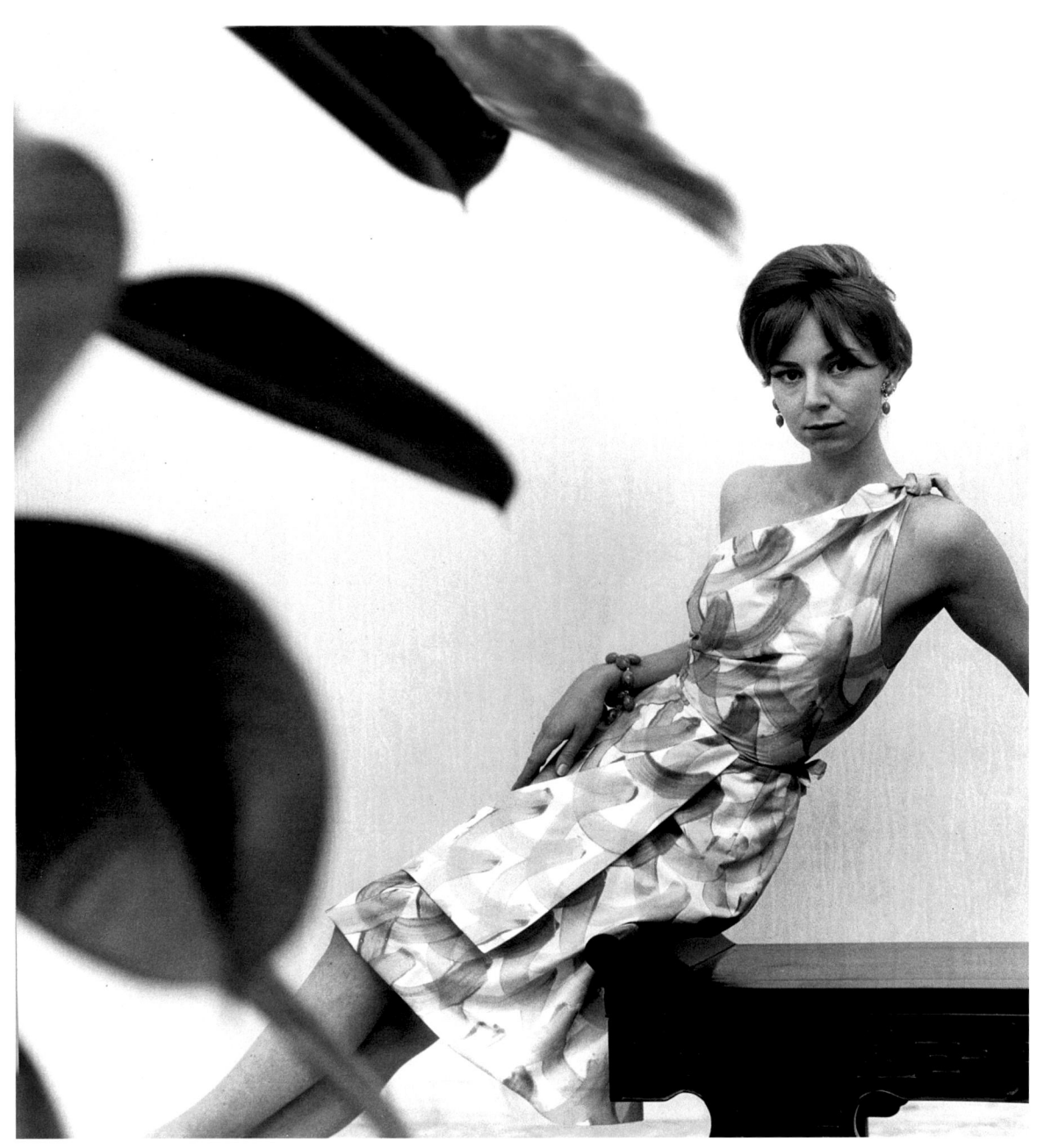

BEACHWEAR

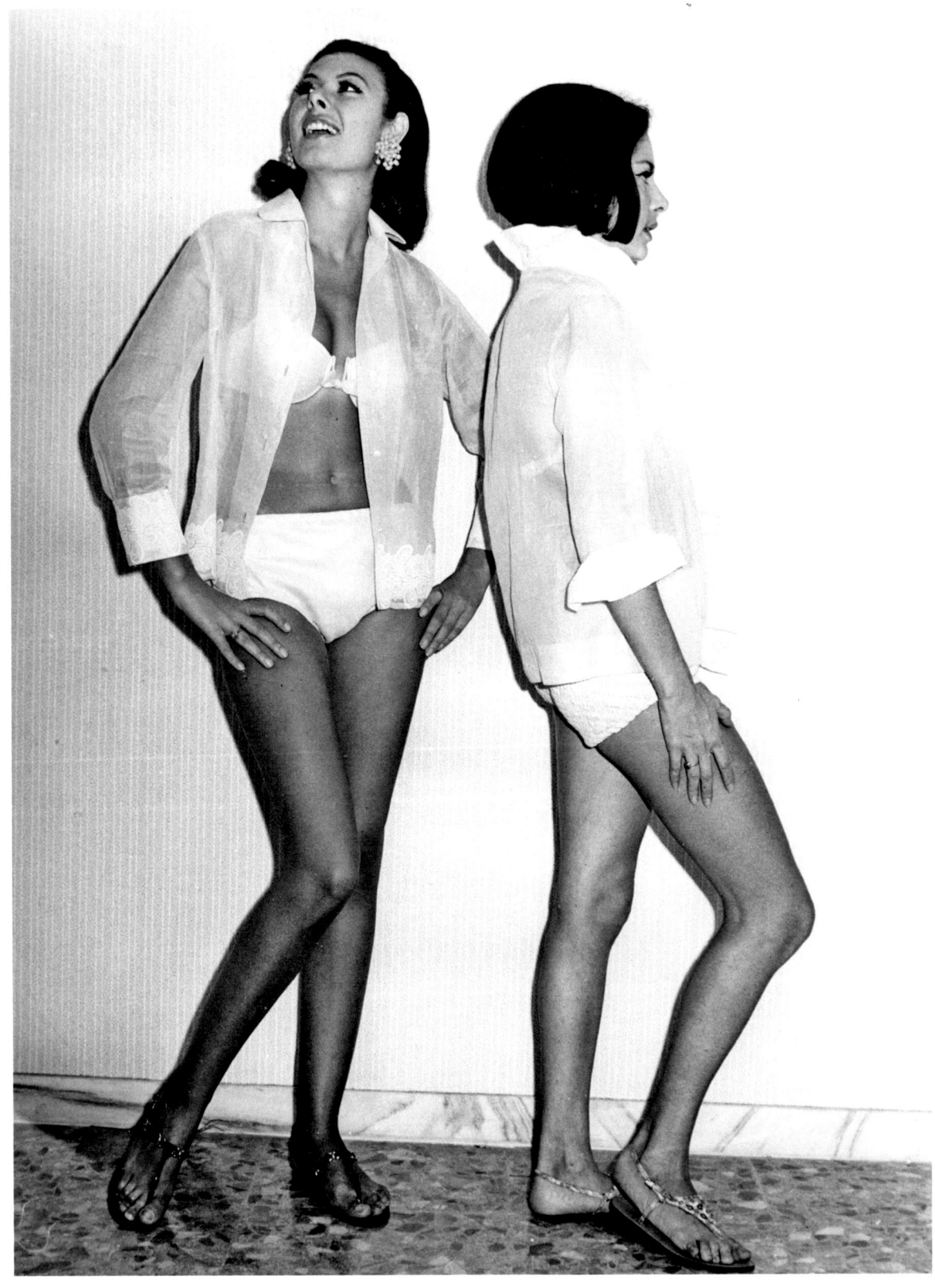

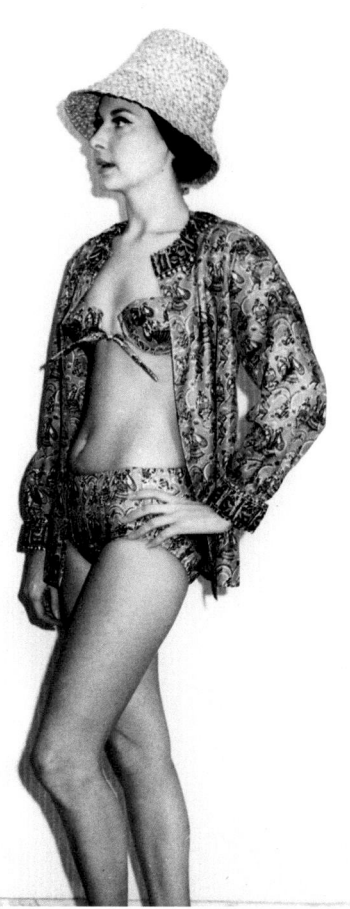

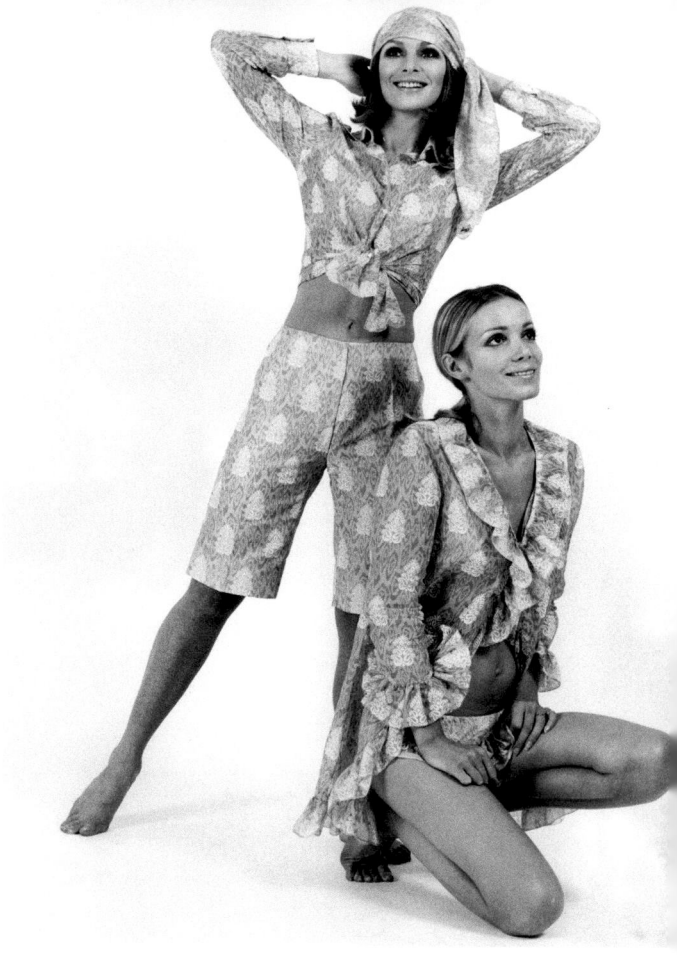

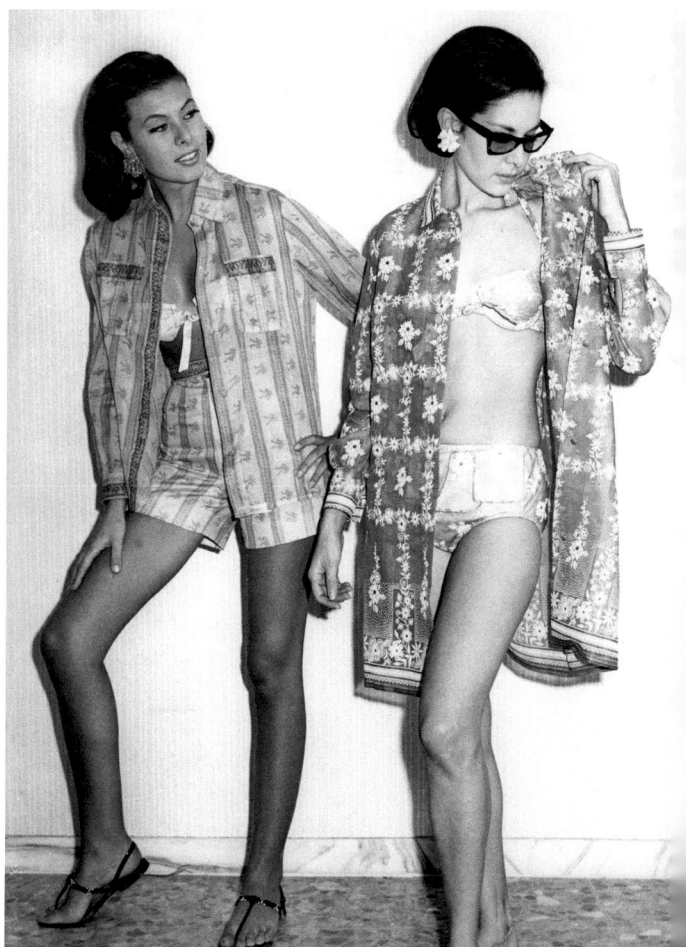

Above: bikini and shirt made in printed Indian silk saris; amber-gold colour with rust-brown-black printed motif; above right: Bermuda, shirt, bikini and maxishirt with ruffles; right: Indian cotton voile ensembles in various shades of green.

Opposite page: bikinis and shirts, one with ruffles; hand-embossed white lace motifs in ice colour.

pp. 56-7: beachwear coordinates on the covers of Italian magazines *Grazia* (1965) and *Rossana* (1966).

GRAZIA

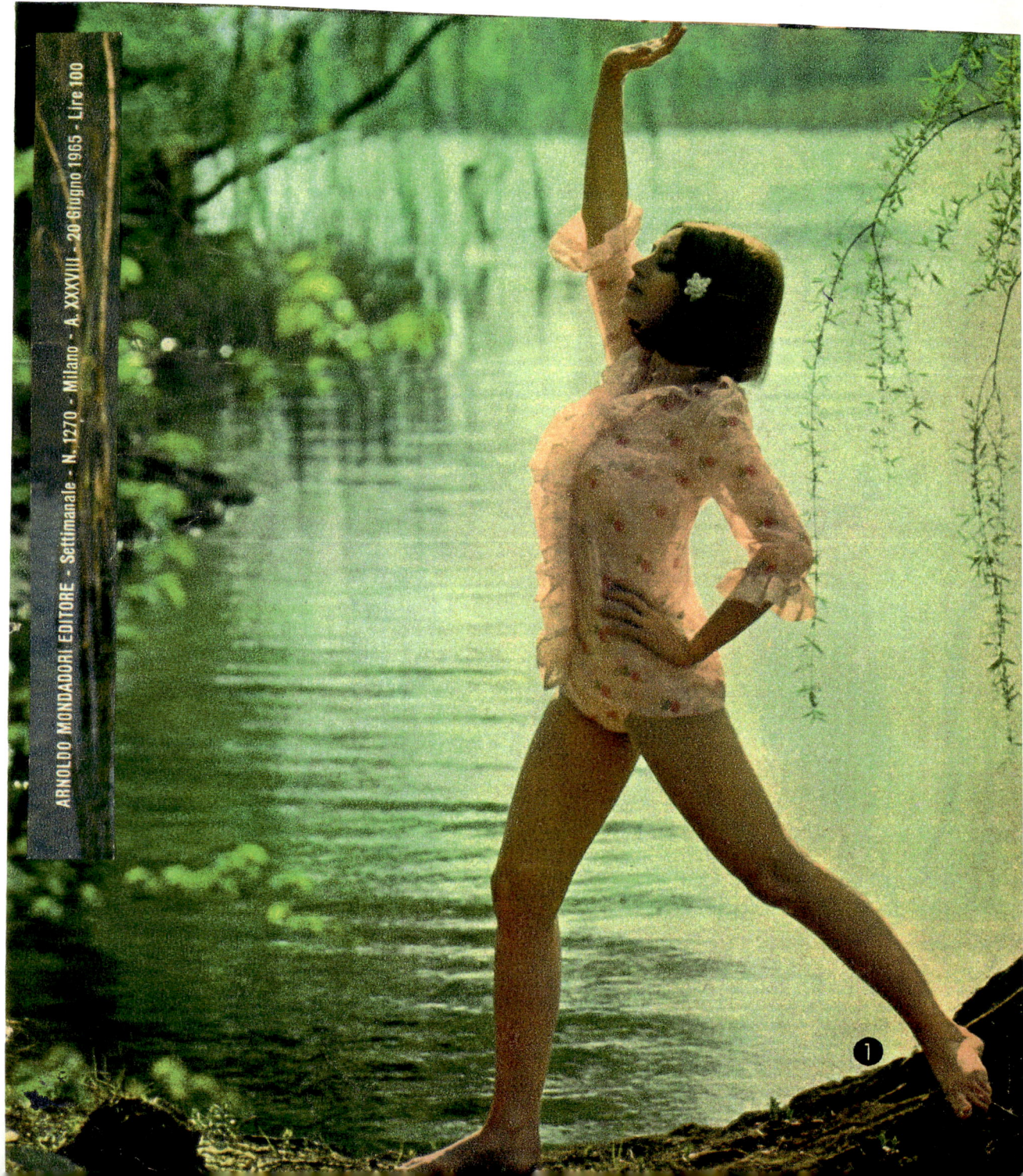

ARNOLDO MONDADORI EDITORE - Settimanale - N. 1270 - Milano - A. XXXVIII - 20 Giugno 1965 - Lire 100

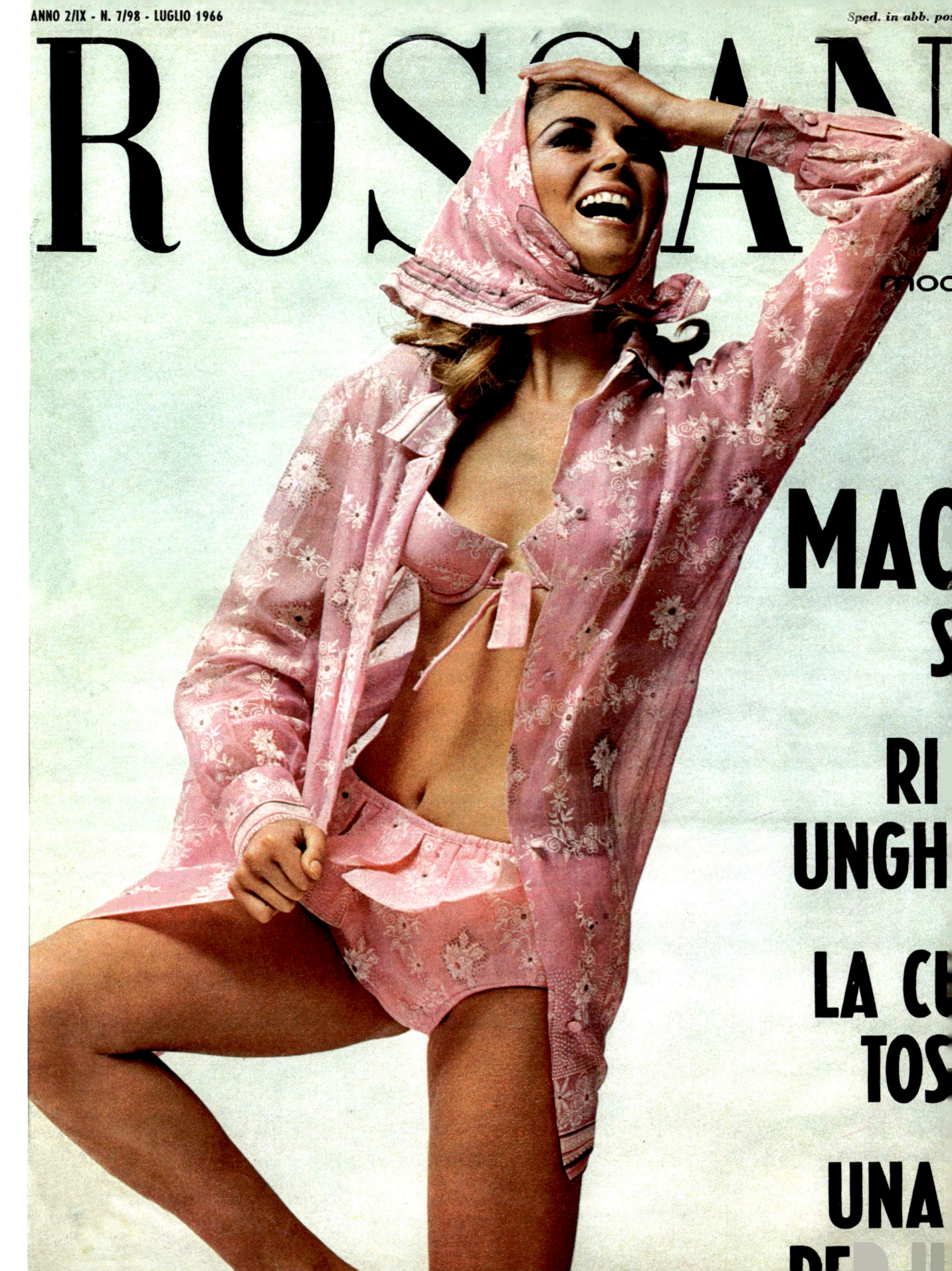

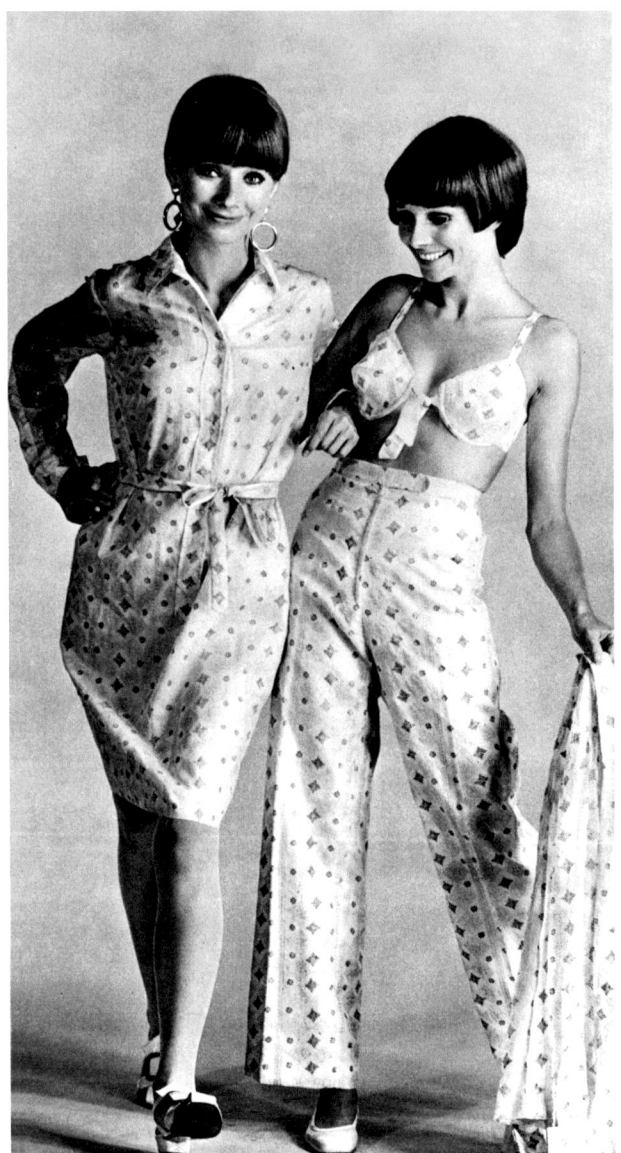

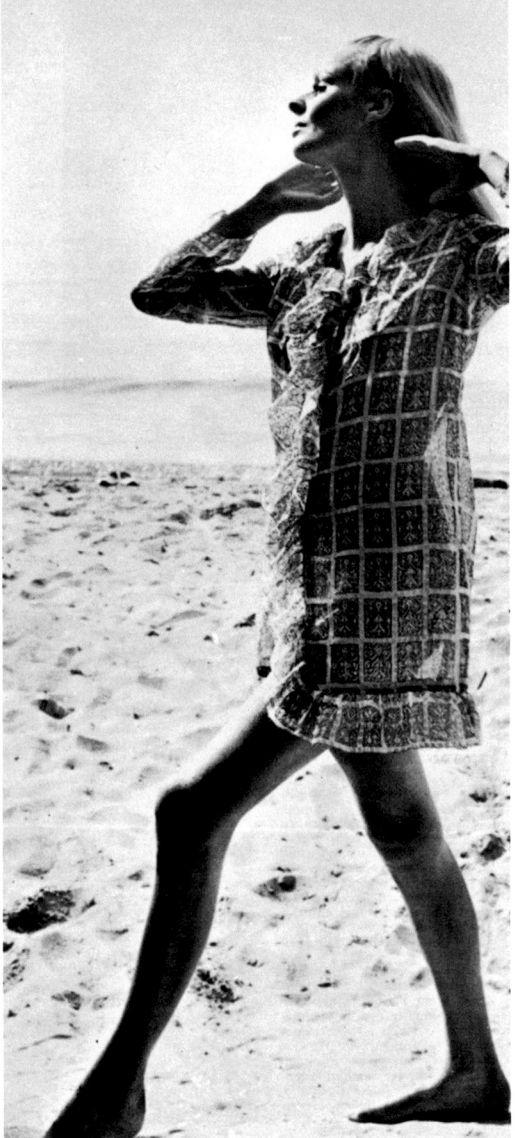

Top left: Indian cotton voile coordinates; left: beachwear collection advertisement; above: ruffled maxishirt with embossed silver pattern.

Opposite page: chemisier and bikini in beige and gold design.

Left: Floor-length, lined, cotton voile shirt-dress in exotic gold rose and block motive.
Right: Short sleeve man-tailored shirt and matching bikini in same voile print.

Cleonice Capece

VIA GREGORIANA 12
ROME

AGENTS REQUIRED IN THE UNITED KINGDOM

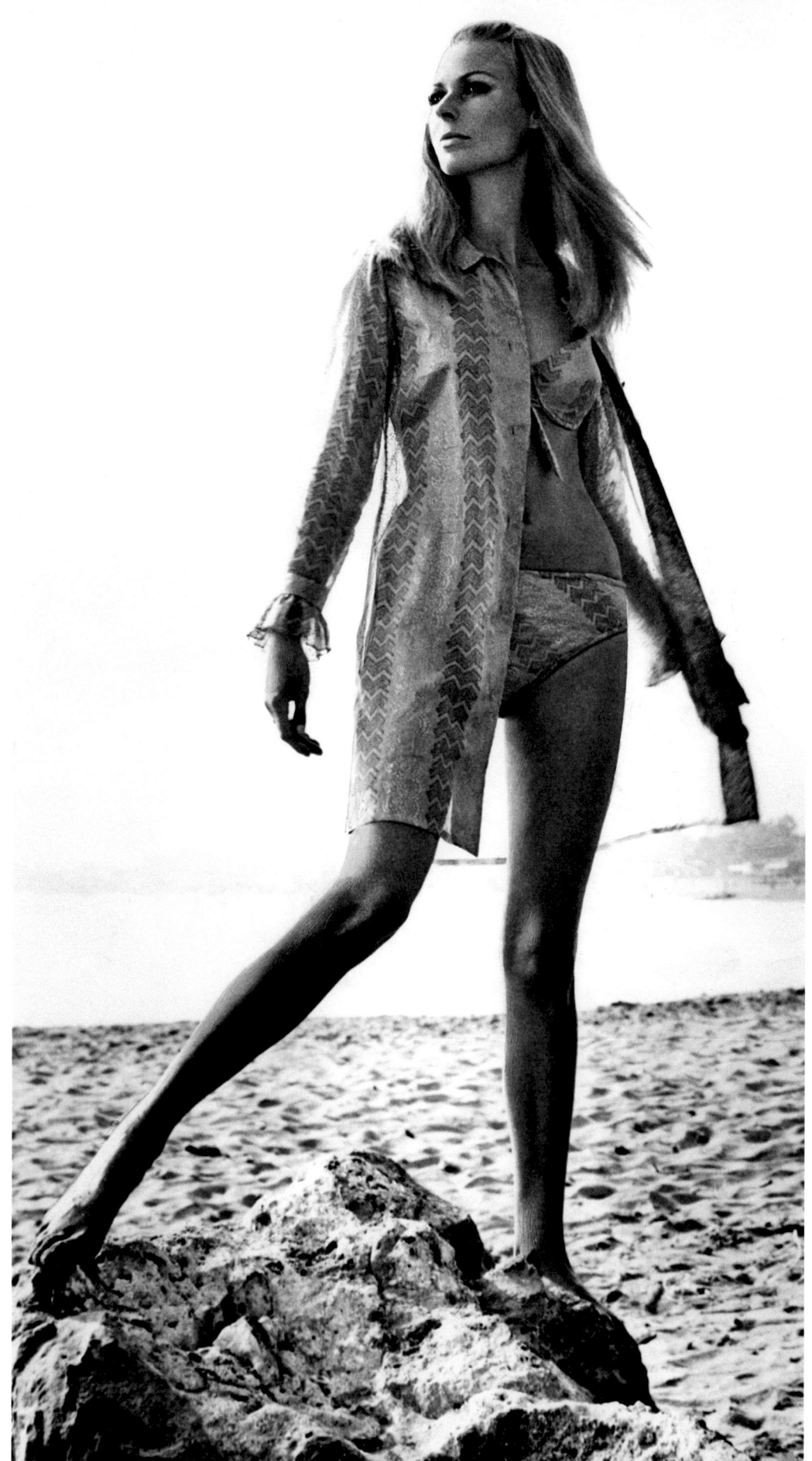

WINTER 1963-64

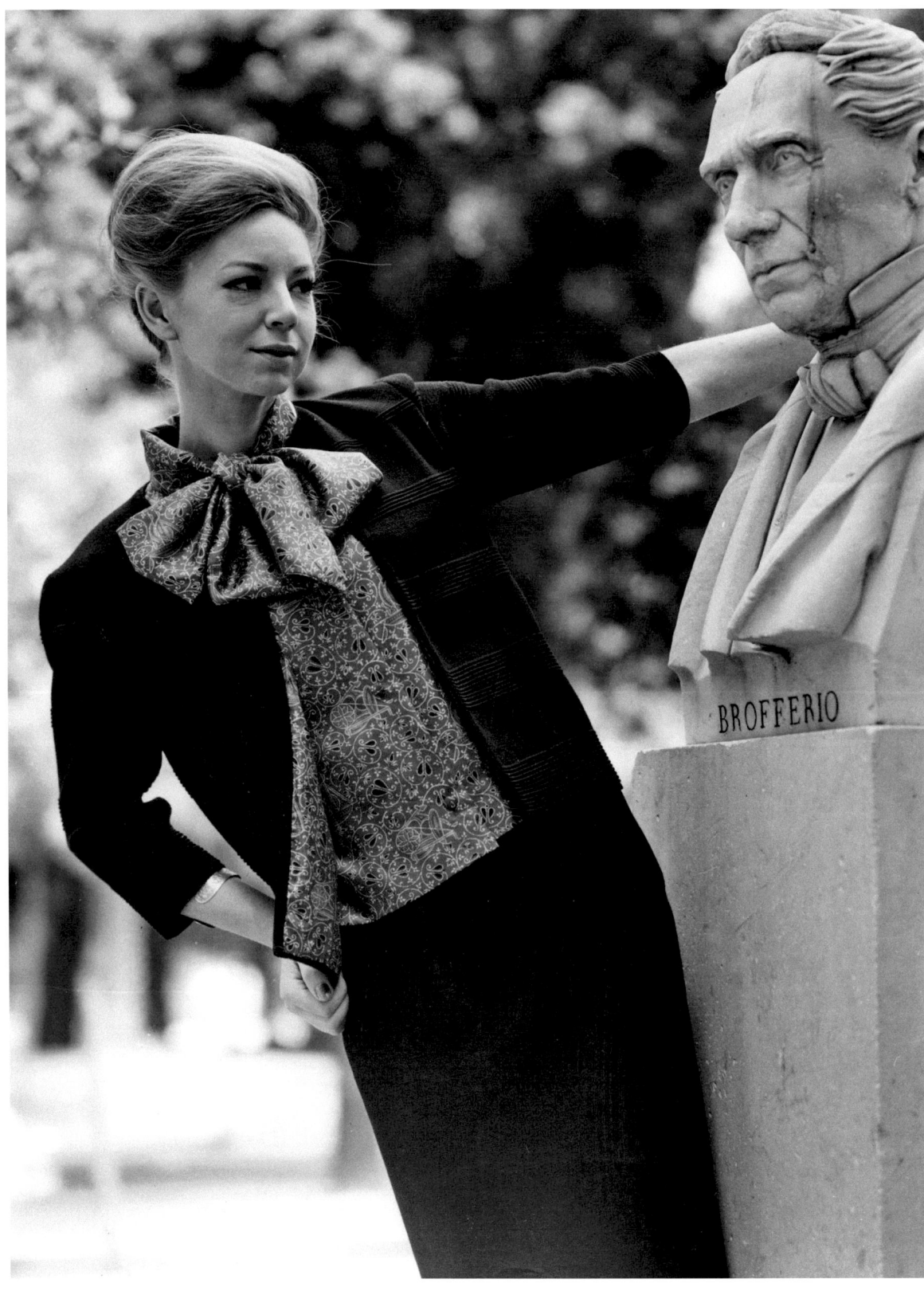

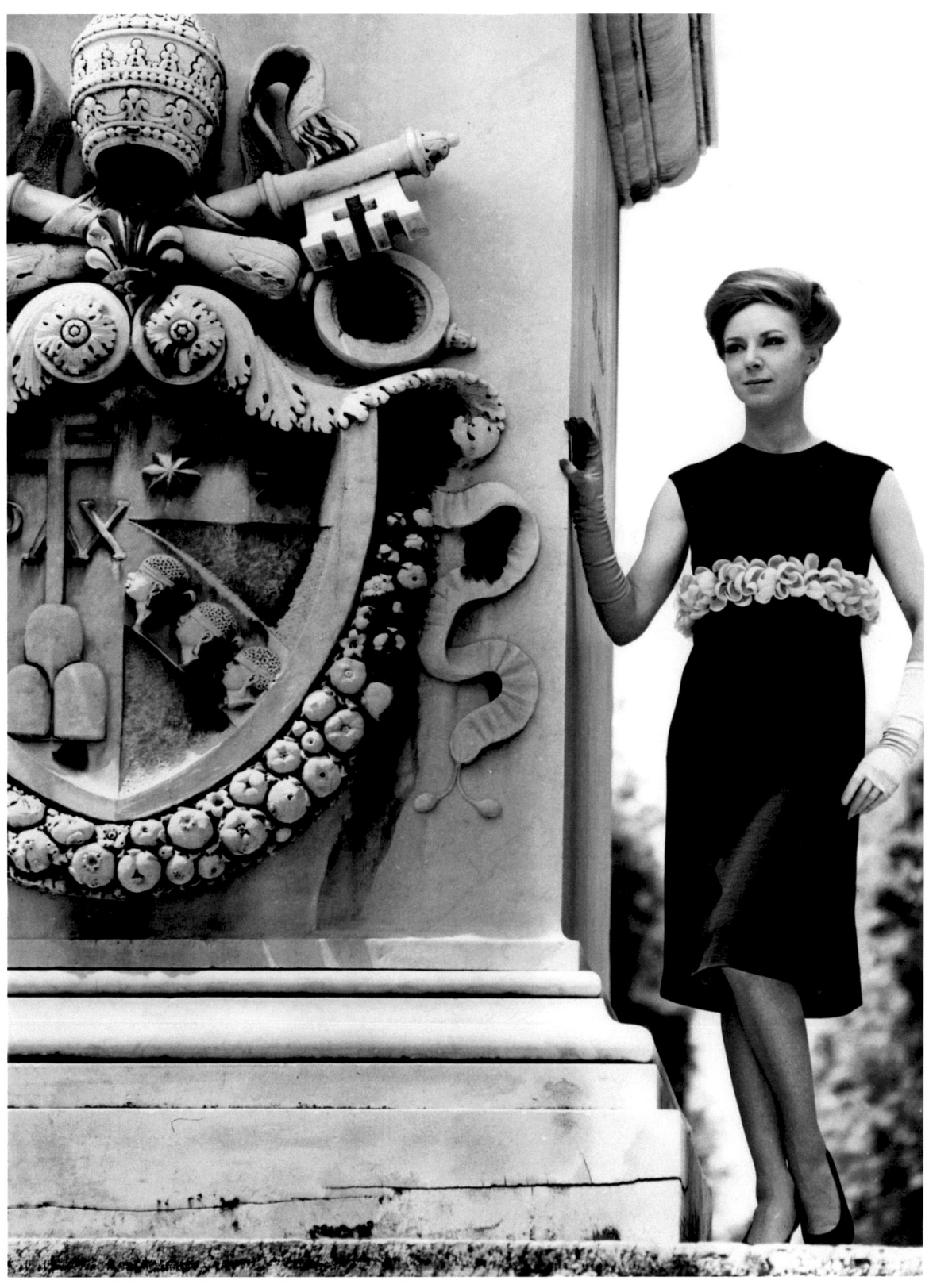

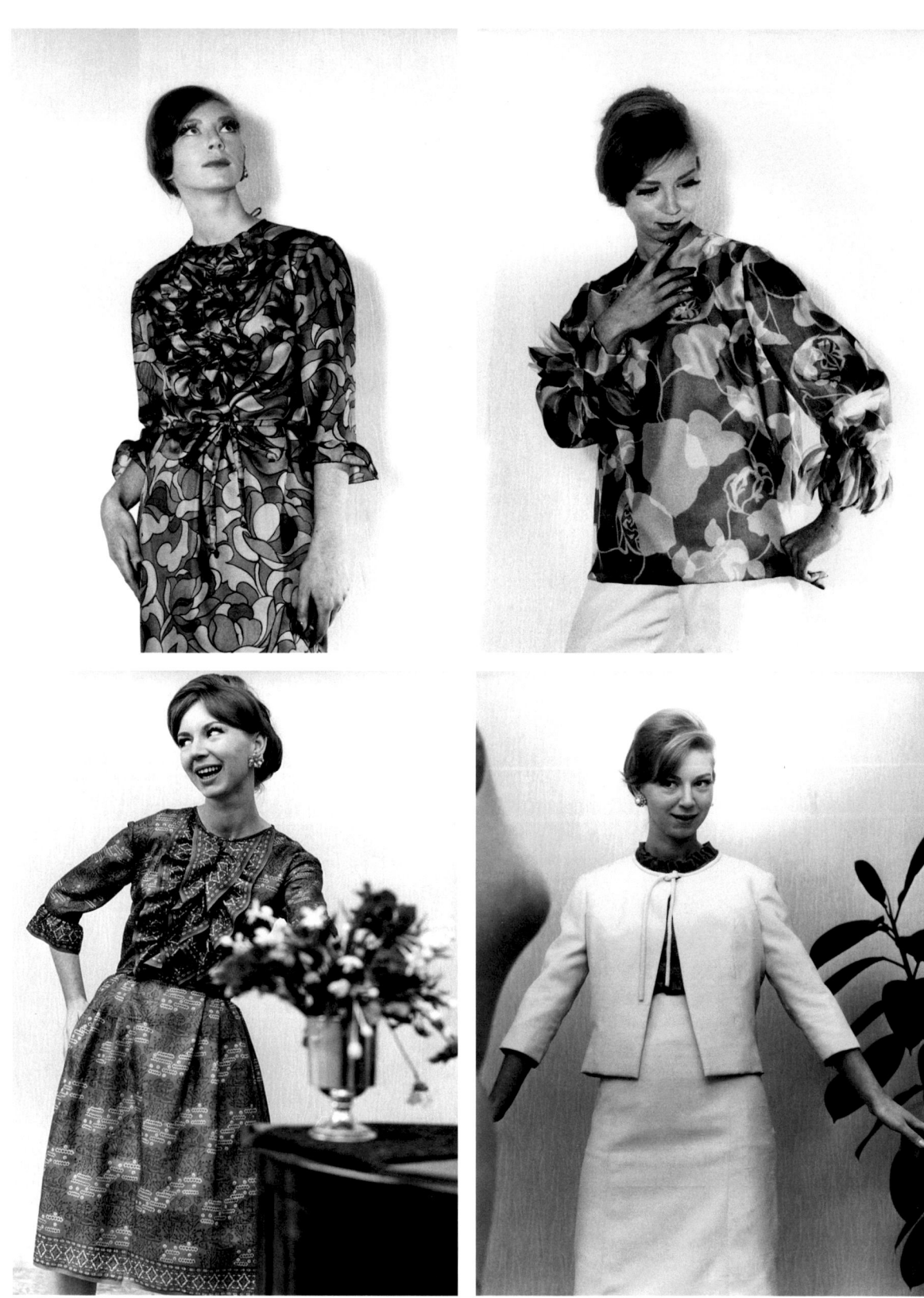

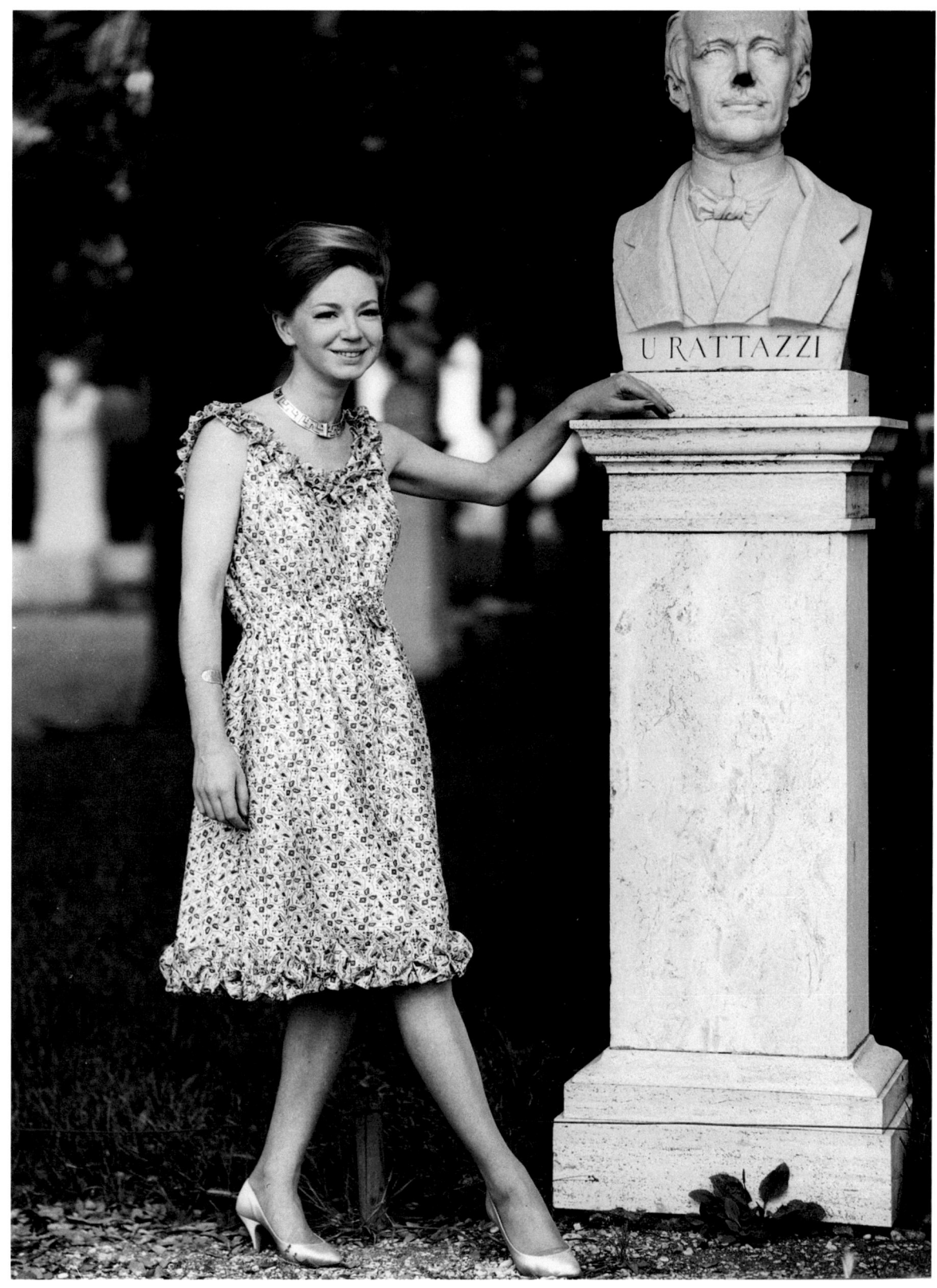

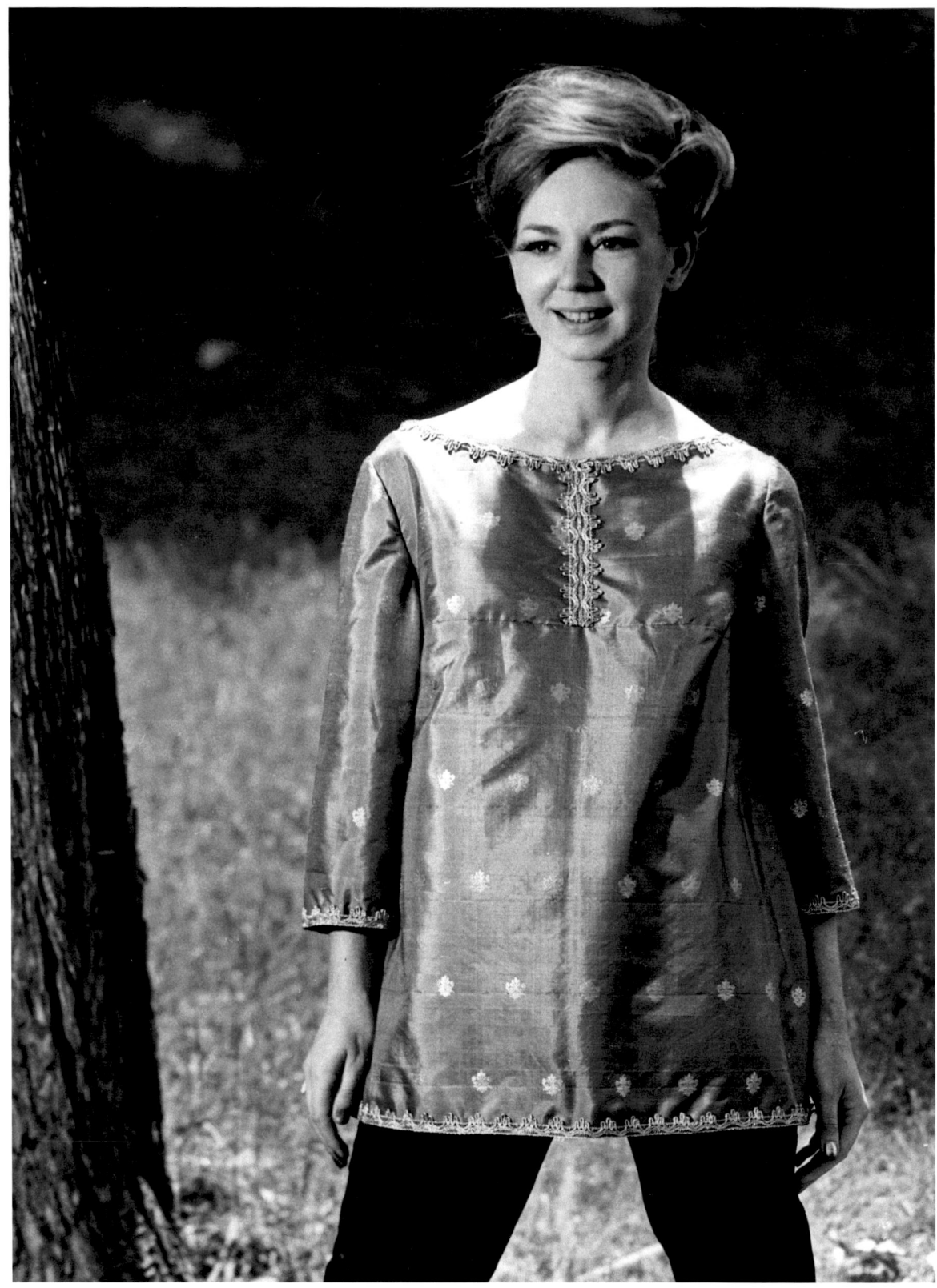

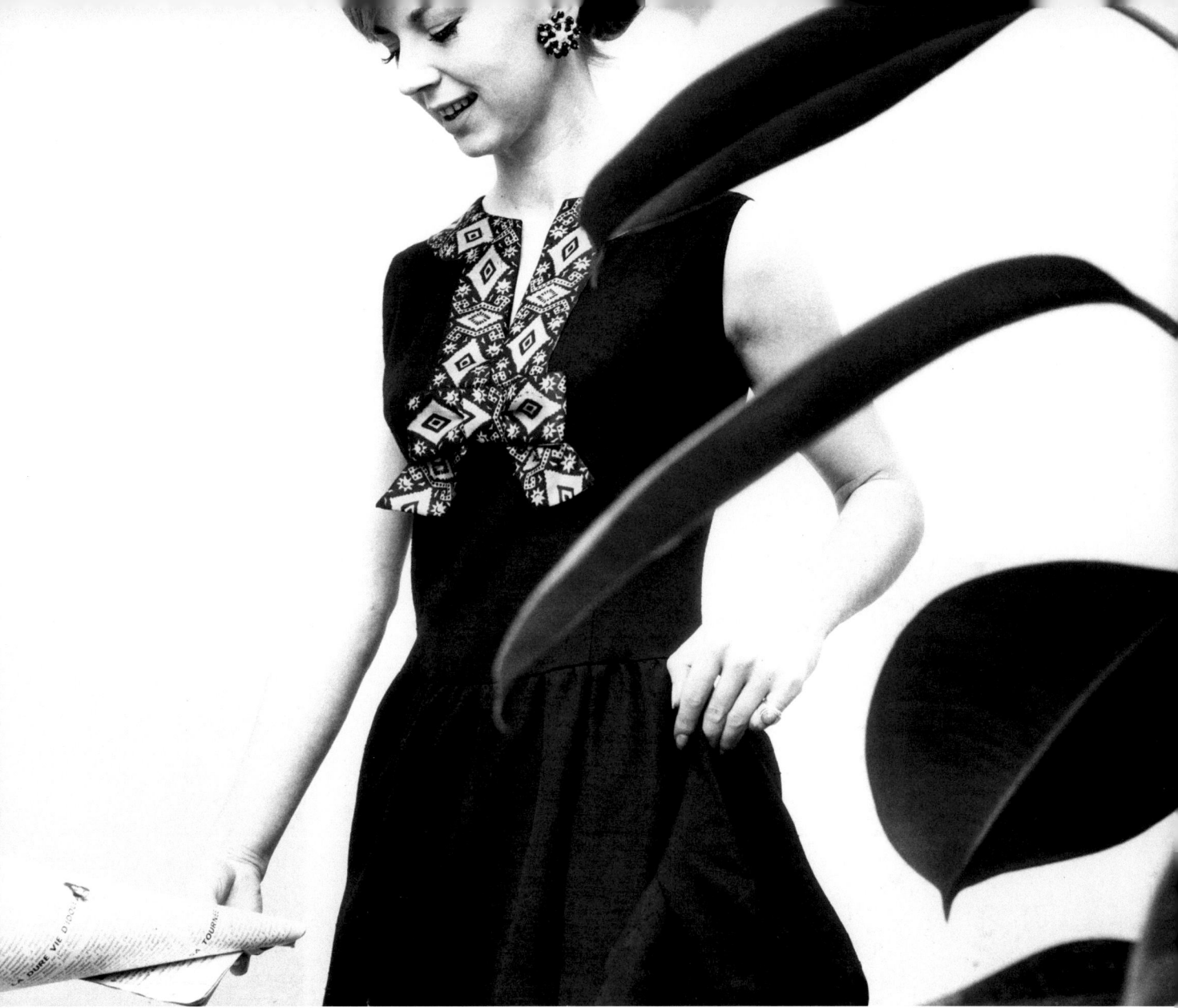

Above: black raw silk dress with jacket; inserted silk saris borders decorating the neckline. Opposite page: evening tunic in raw silk saris; emerald green with gold trimming.

p. 60: suit in black wool jersey; blouse and lining in printed silk saris.

p. 61: black jersey dress with a motif of pink chiffon petals.

p. 62 bottom right: white shantung silk suit; lining of jacket and blouse in silk; bottom left: Indian printed silk saris dress; top left: printed organza dress; top right: floral tunic with a motif of petals at sleeves.

p. 63: printed silk saris dress; ruffles had a steel thread at the edge for a "bombe" look.

pp. 66-67: après-ski outfit and jacket with black trousers; Falconetto printed velvet.

p. 68: Dralon jersey shift dress in bold zebra pattern.

p. 69: evening skirt with printed large roses; pochette to match; Falconetto velvet.

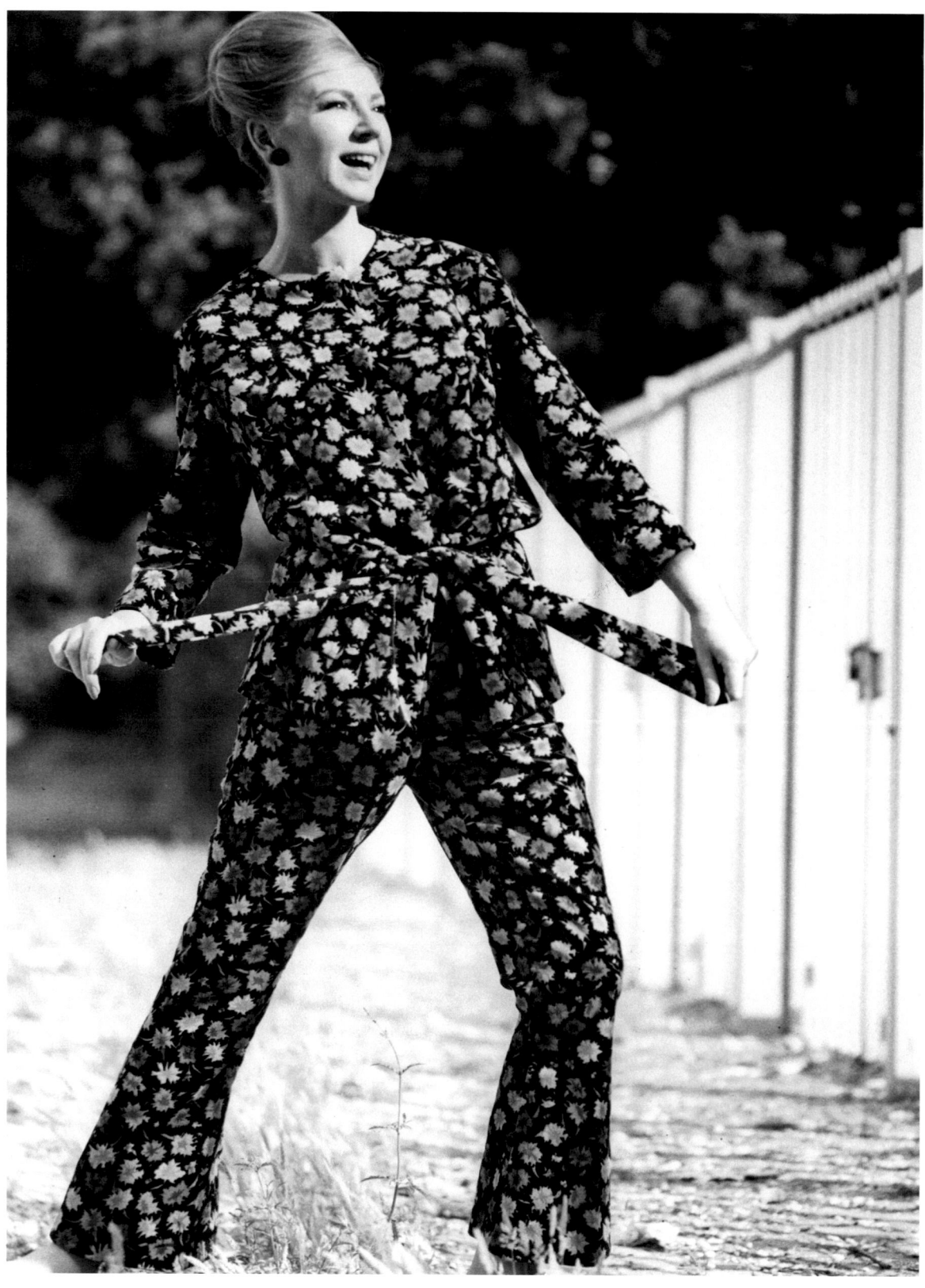

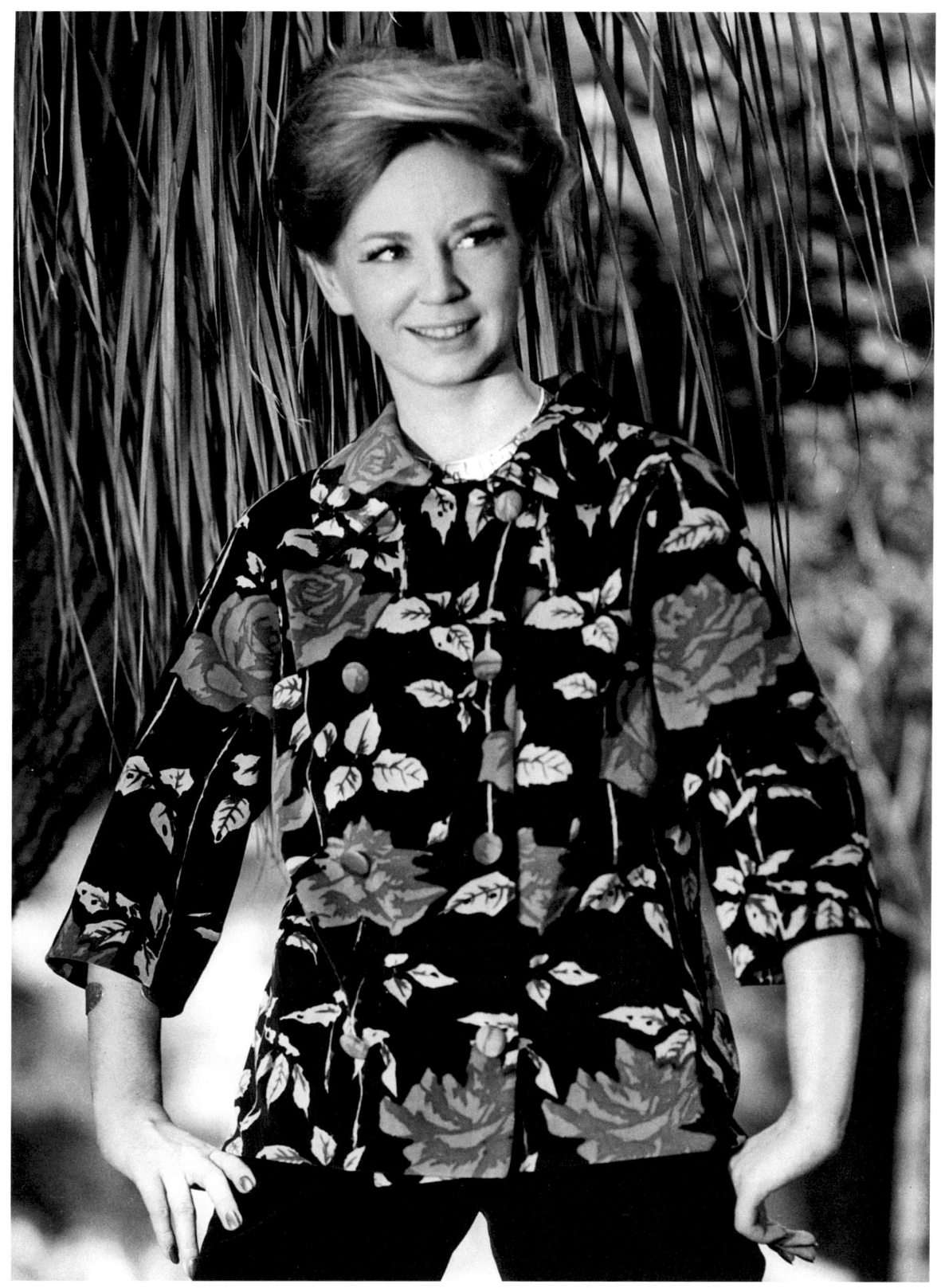

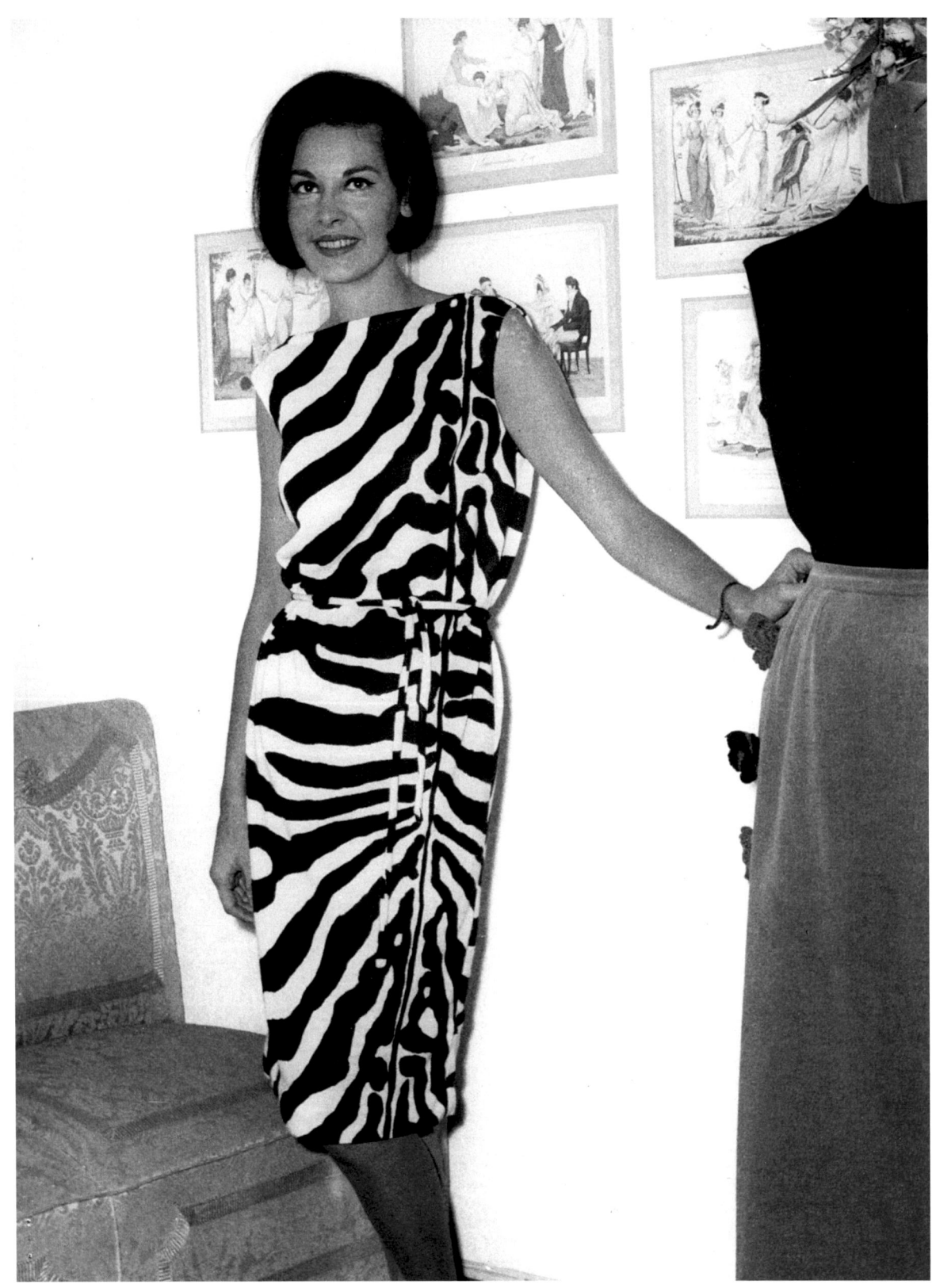

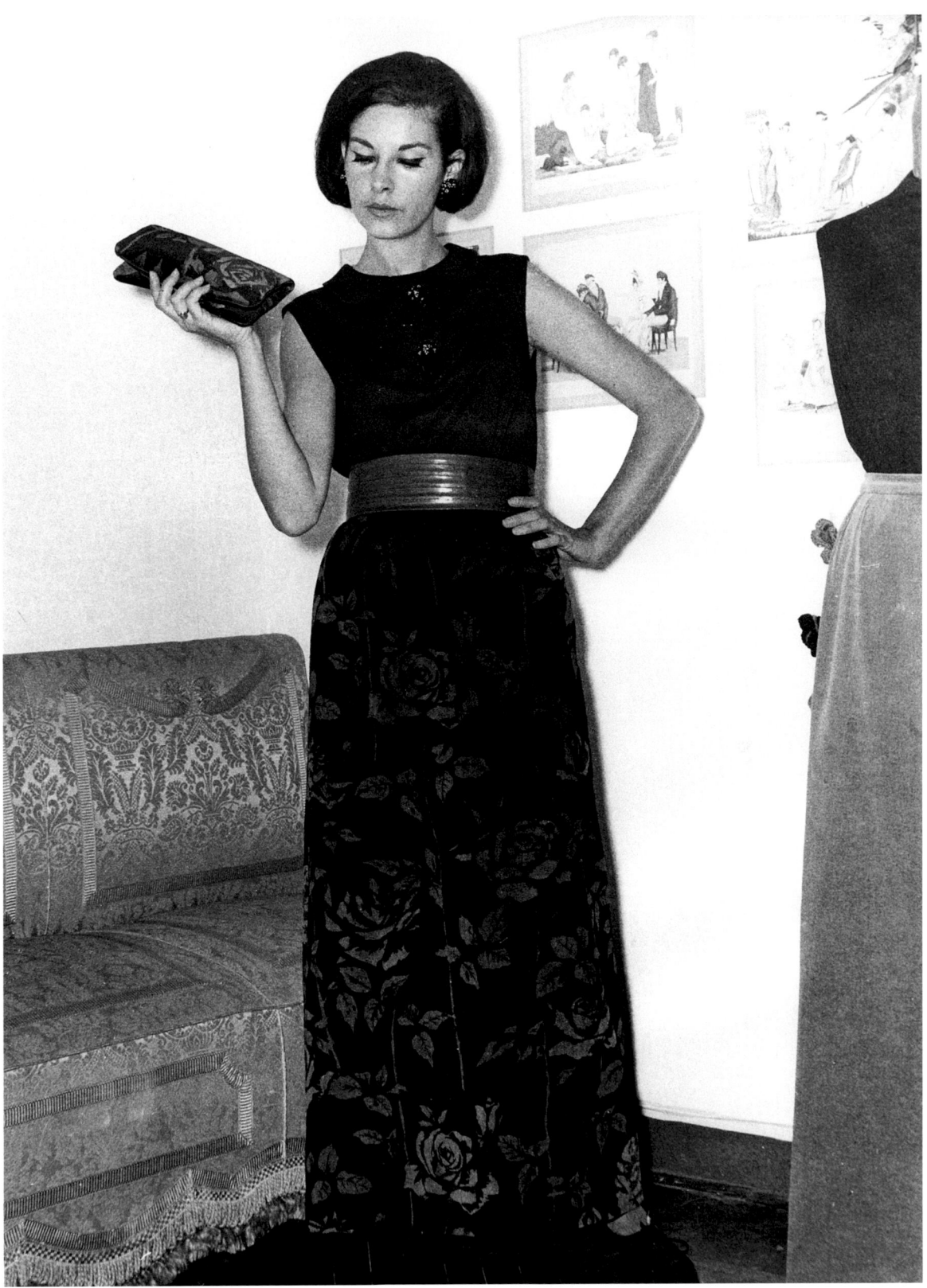

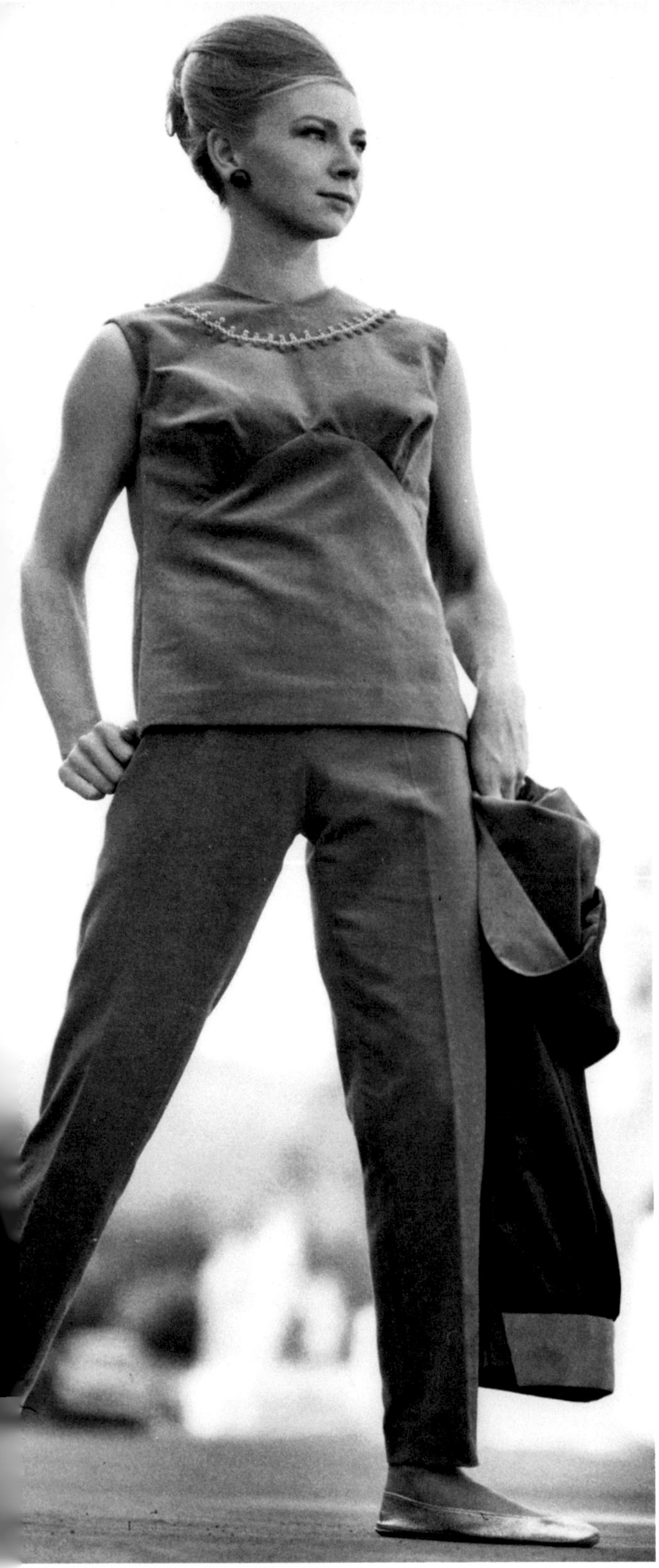

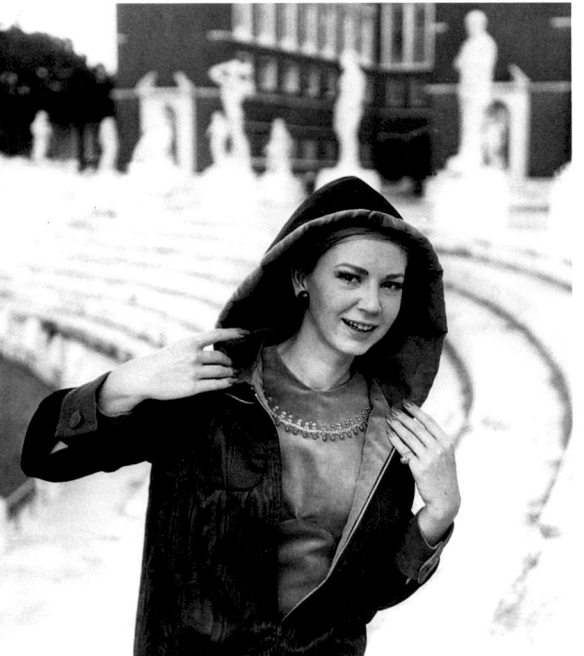

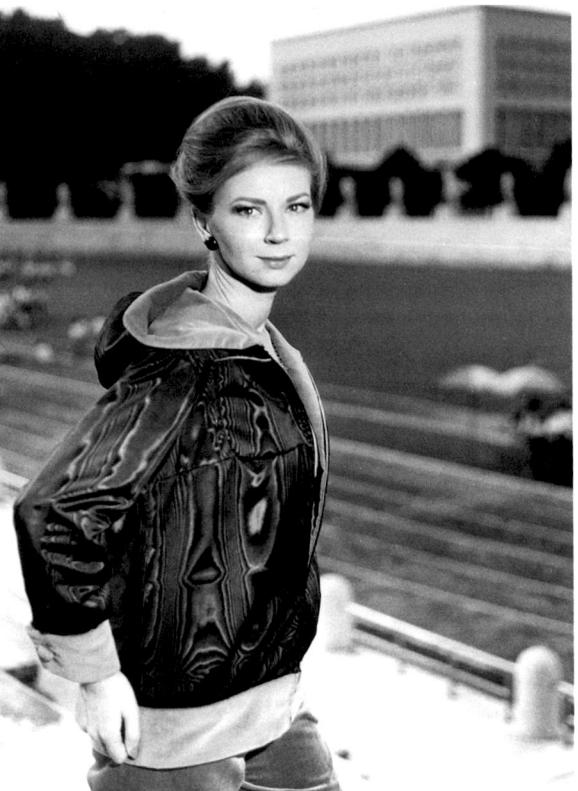

This page: après-ski collection in velvet and moiré, photographed at the Foro Italico in Rome.

Opposite page: hand-made quilted black chintz coat.

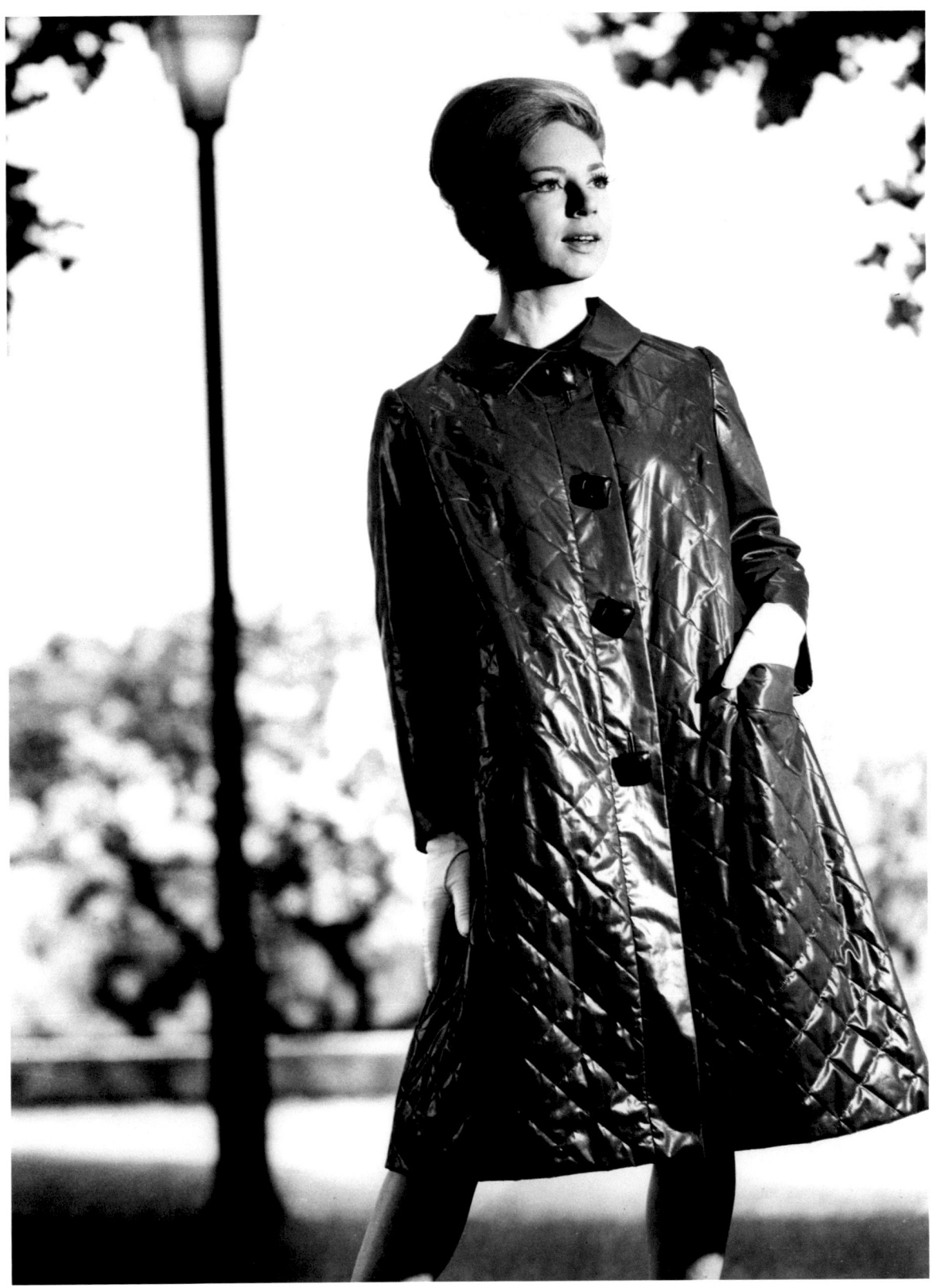

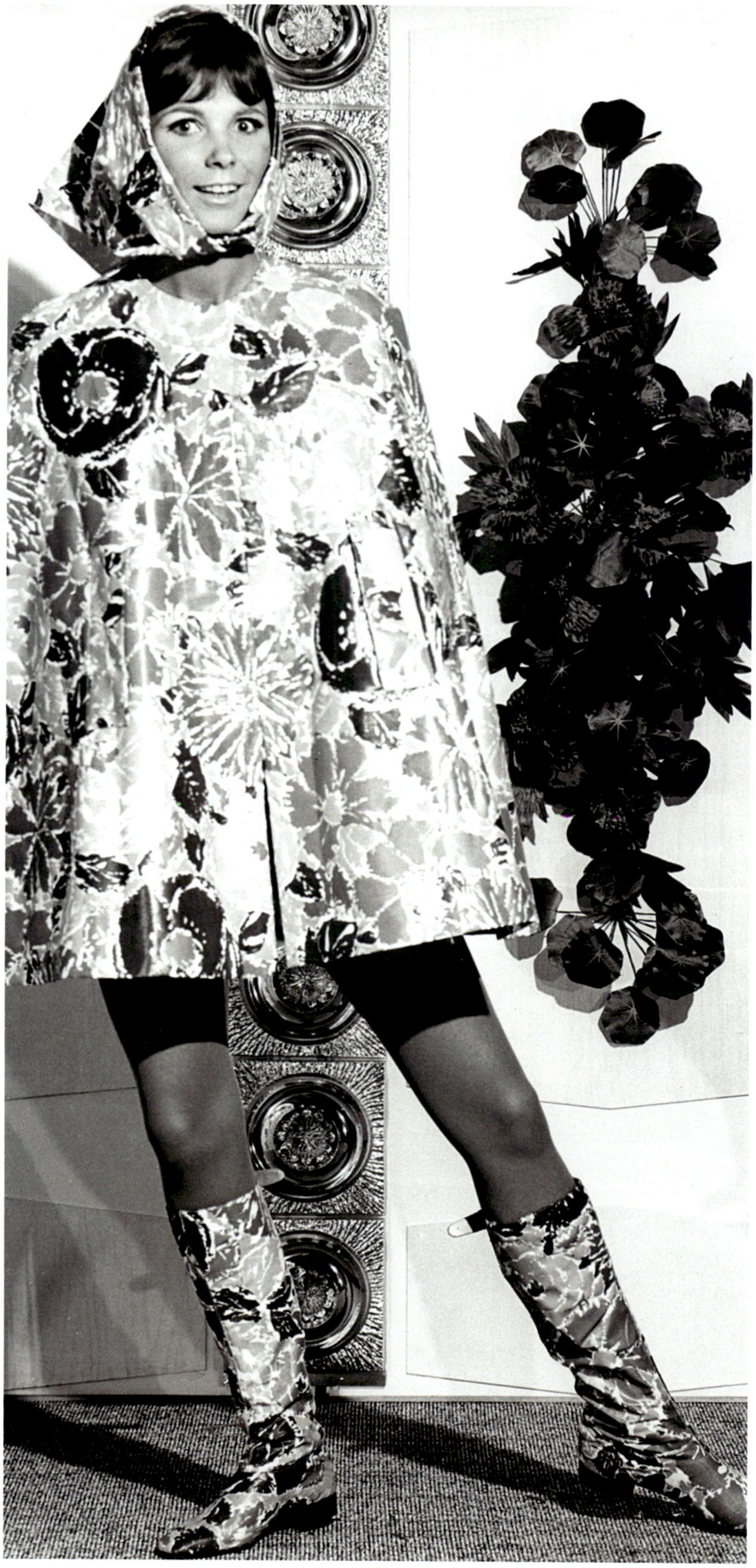

WILLY WILLY WEAR

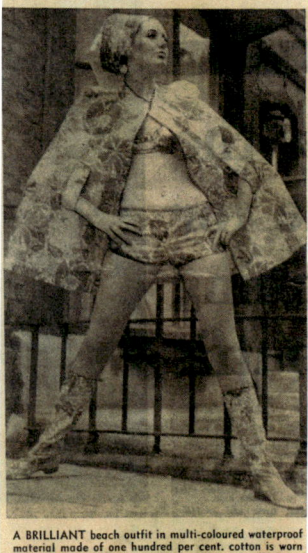

A BRILLIANT beach outfit in multi-coloured waterproof material made of one hundred per cent. cotton is worn here by Maureen Byrne. It was shown by Cleonice Capece at an exhibition of boutique and ready-to-wear fashions at the Italian Trade Centre, London, today.

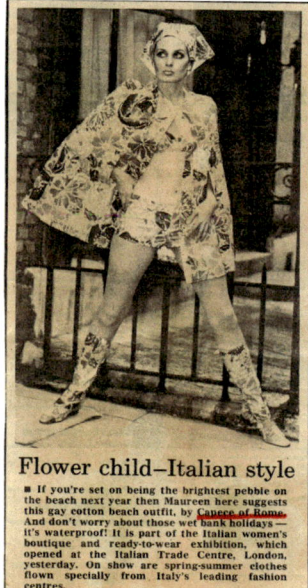

Flower child—Italian style

■ If you're set on being the brightest pebble on the beach next year then Maureen here suggests this gay cotton beach outfit, by Capece of Rome. And don't worry about those wet bank holidays — it's waterproof! It is part of the Italian women's boutique and ready-to-wear exhibition, which opened at the Italian Trade Centre, London, yesterday. On show are spring-summer clothes flown specially from Italy's leading fashion centres.

Left and opposite page right: printed PVC beach outfits, bikini, hot pants, cape and scarf with boots to match.

Top and above: clippings from *Newcastle Evening Chronicle* and *Evening Post* (1967).

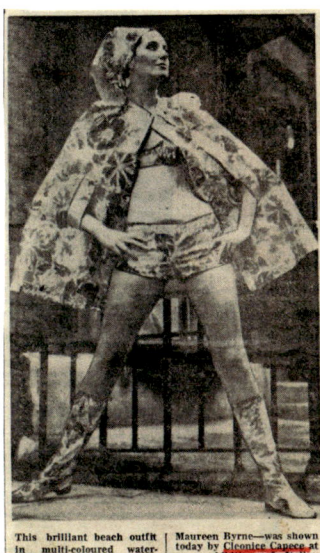

This brilliant beach outfit in multi-coloured waterproof material, made wholly of cotton—and modelled by Maureen Byrne—was shown today by Cleonice Capece at an exhibition of Italian fashions at the Italian Trade Centre, London.

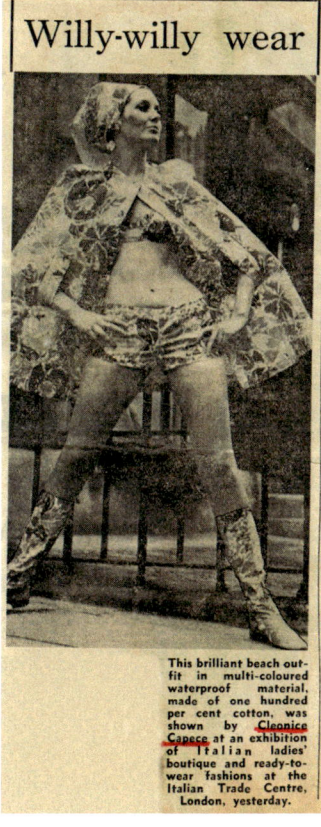

Willy-willy wear

This brilliant beach outfit in multi-coloured waterproof material, made of one hundred per cent cotton, was shown by Cleonice Capece at an exhibition of Italian ladies' boutique and ready-to-wear fashions at the Italian Trade Centre, London, yesterday.

Top and above: clippings from *Yorkshire Evening Post* and *Liverpool Daily Post* (1967).

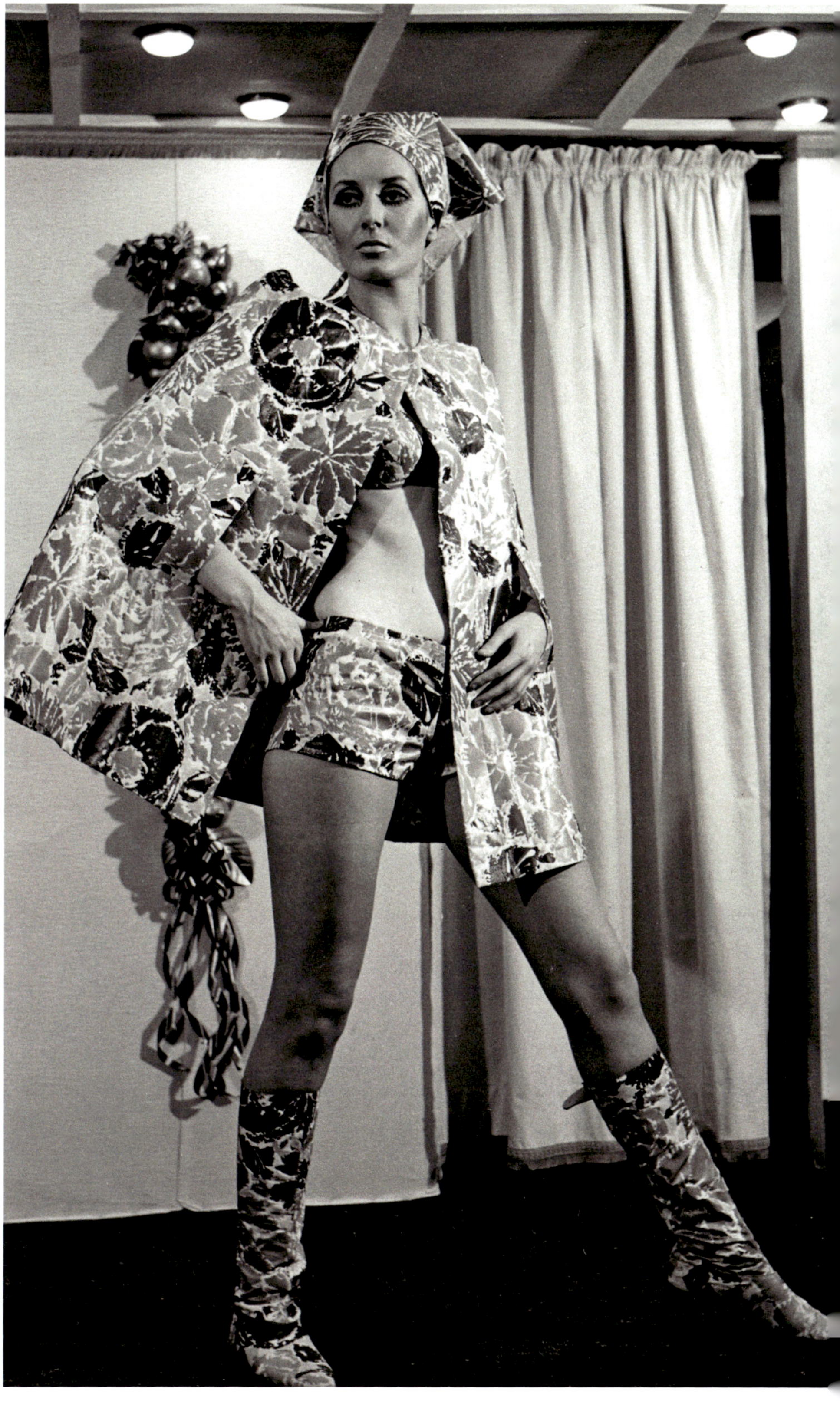

AFRICAN PRINTS

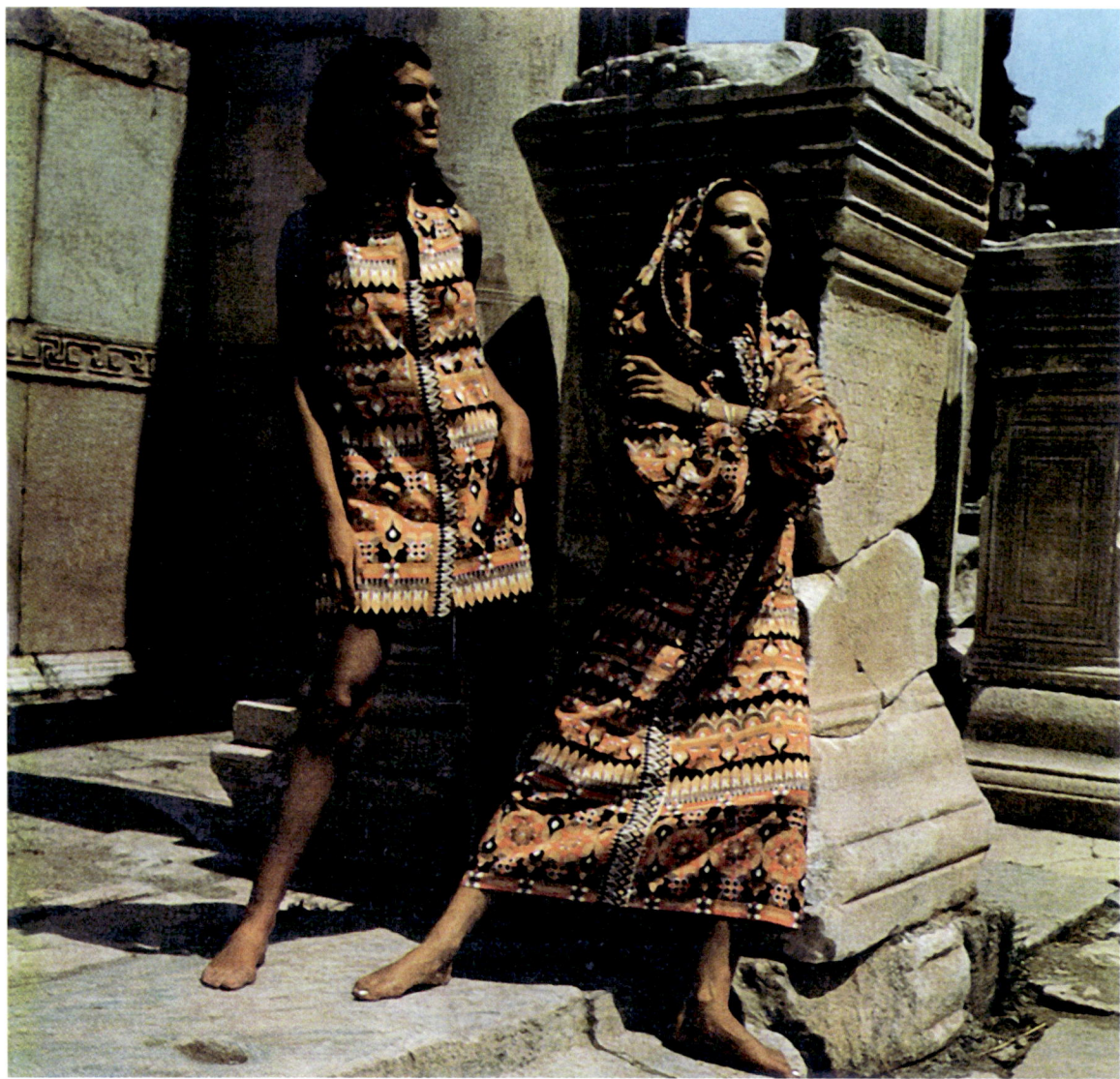

Above: minidress in cotton twill, kaftan and scarf to match in cotton voile.

Opposite page: kaftan, *Italia sul Mare* magazine (1969).

p. 76: African print bikini and wrap skirt (left); Bermuda and double-face wrap miniskirt (top right); top, Bermuda with black overskirt (bottom right).

p. 77. dresses (top and bottom left) and shirt (right) in plain and striped hand-loomed Indian fabric.

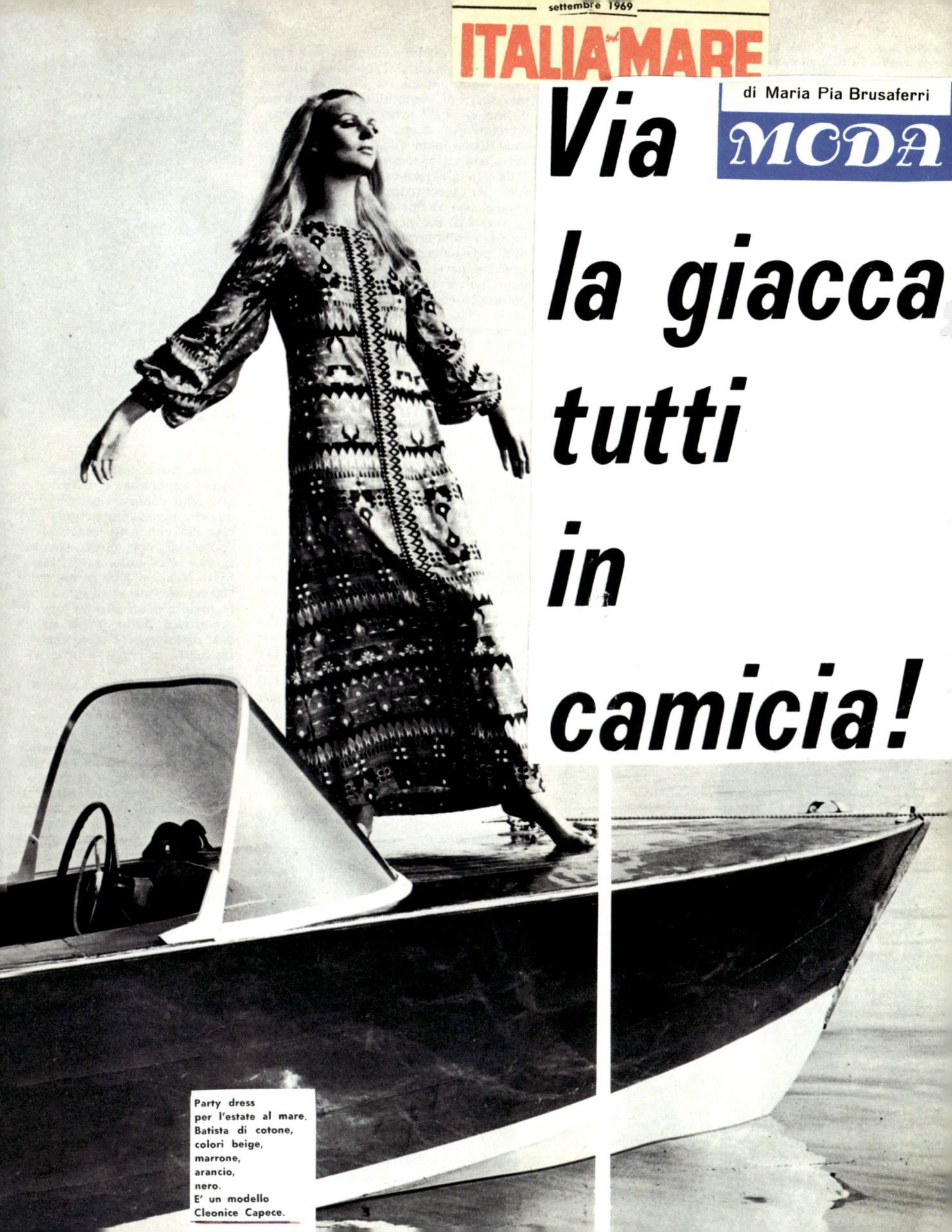

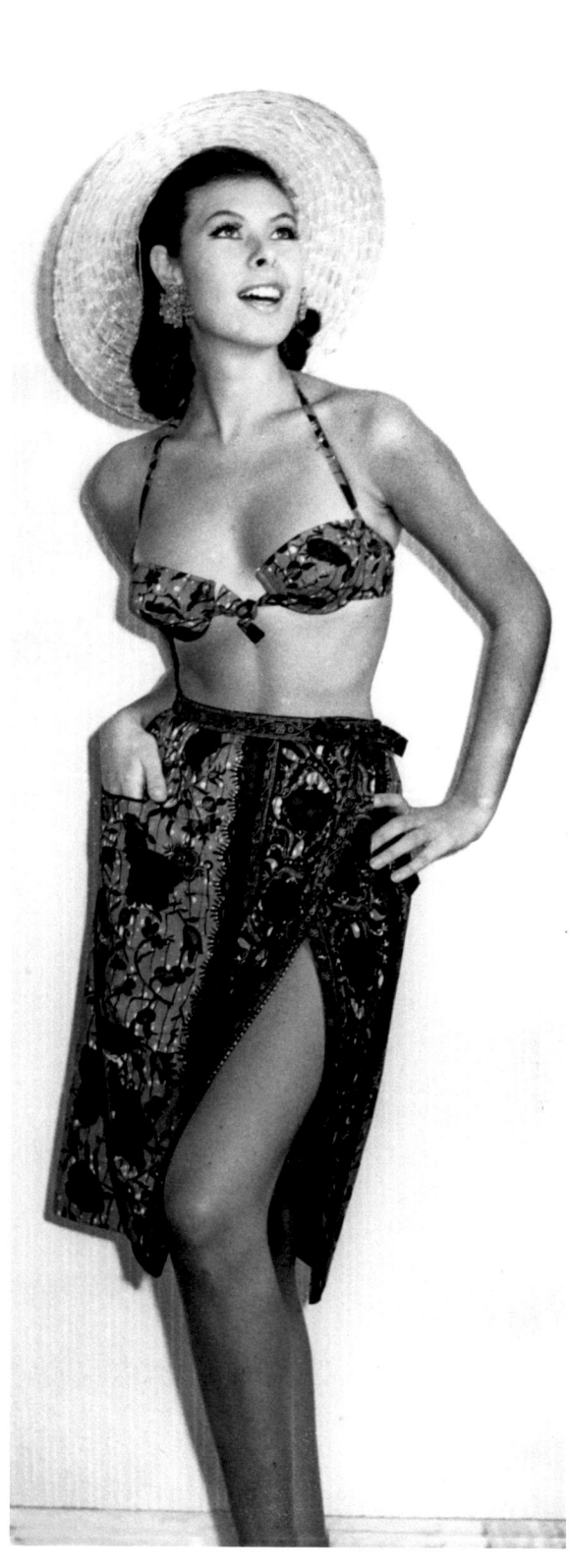
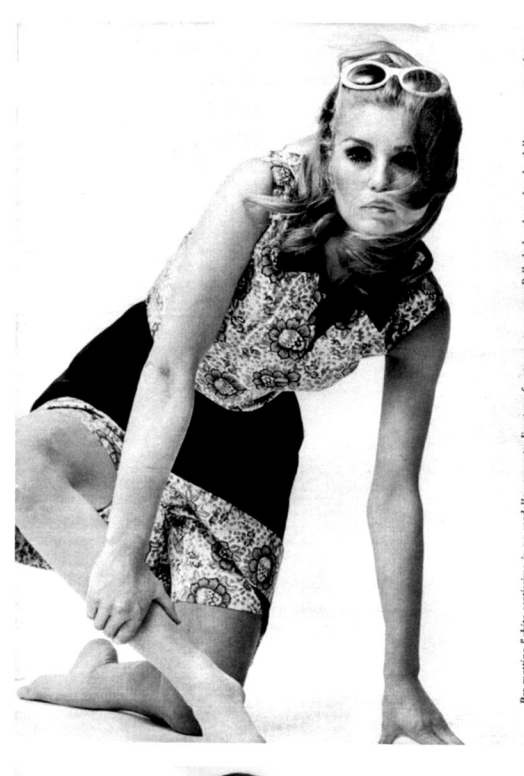
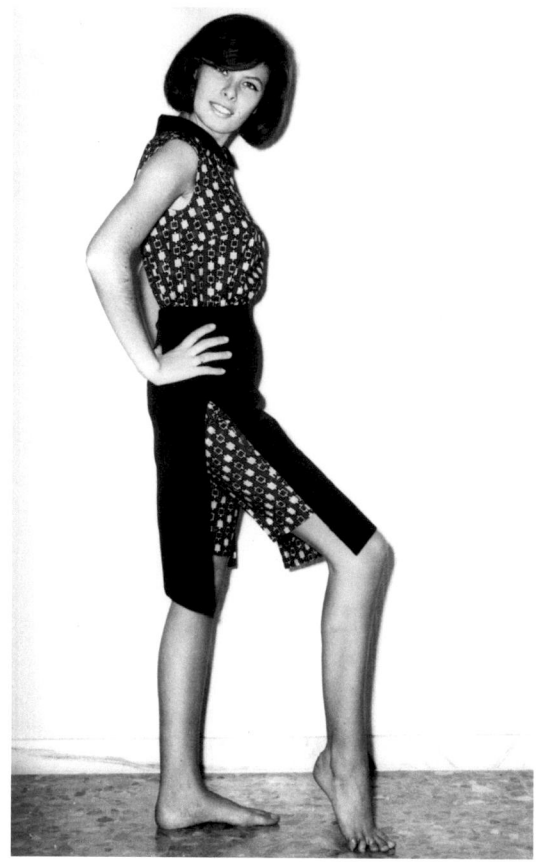

Per mattino l'abito cortissimo in un modello composto di cotone fiorato e cotone nero. Belle le braghette lunghe dello stesso cotone fiorato.

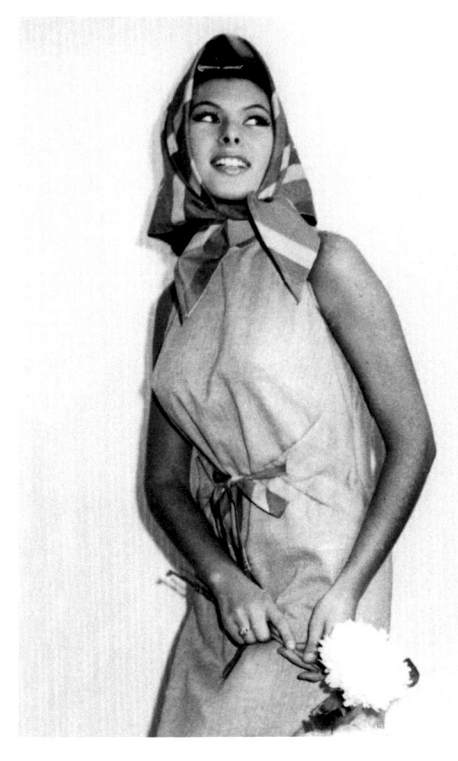
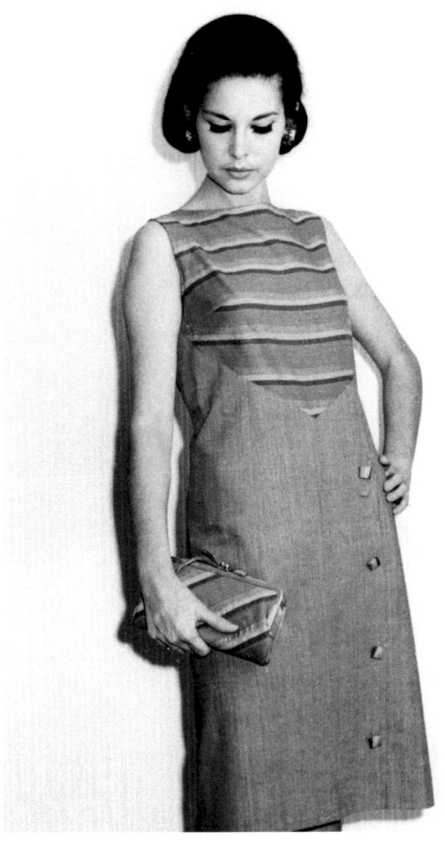
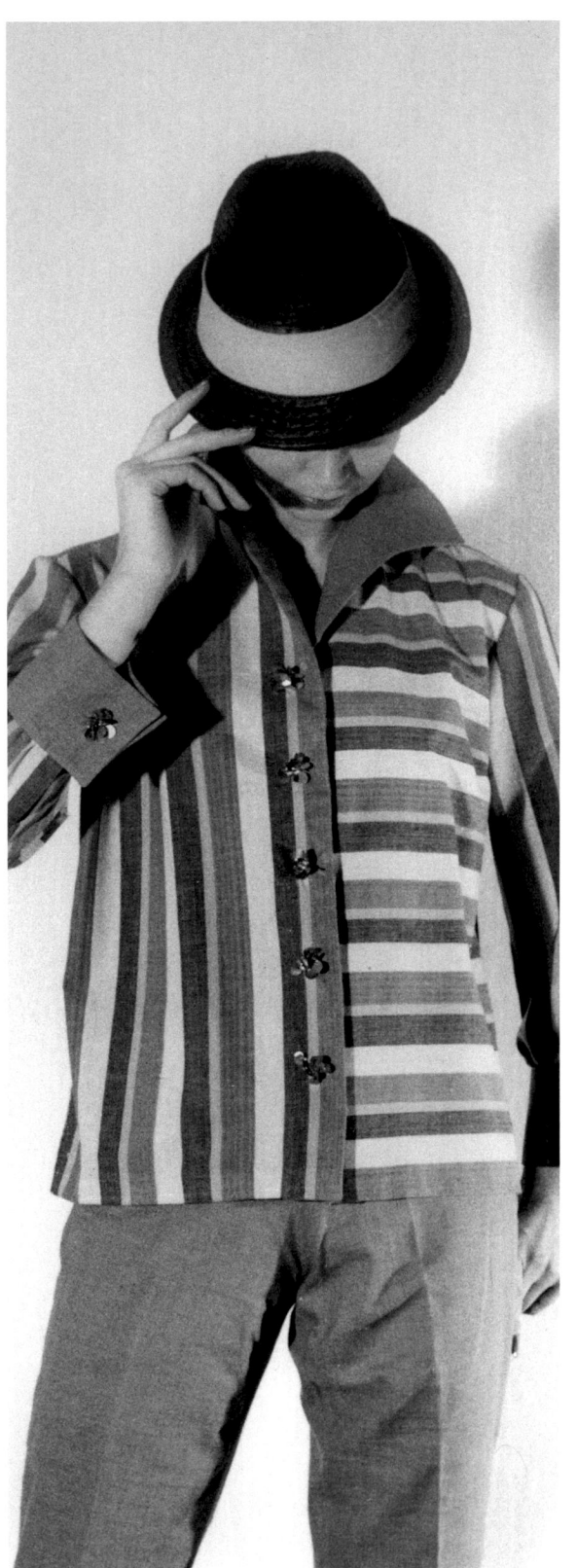

NET, FISHES AND BUTTERFLIES

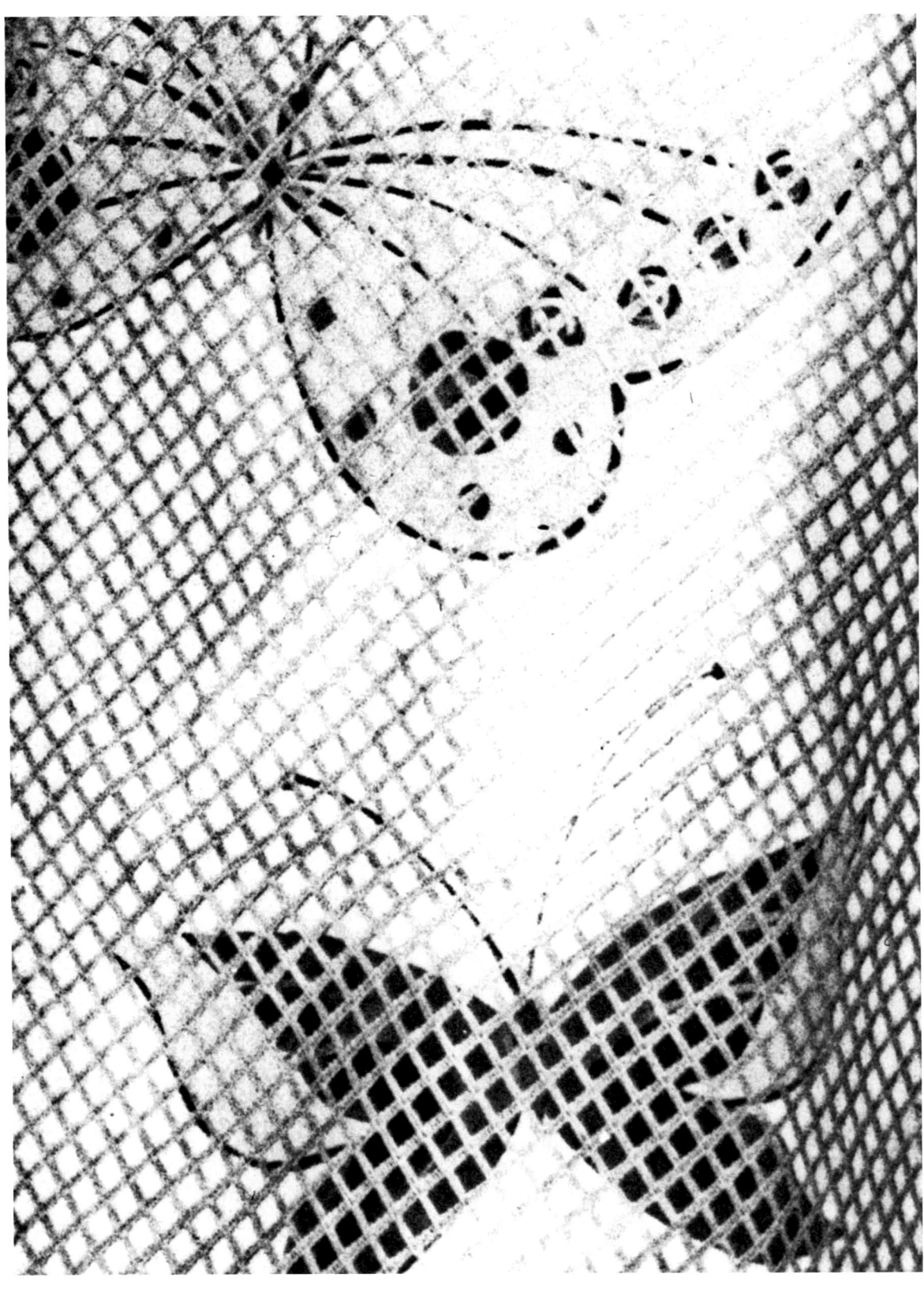

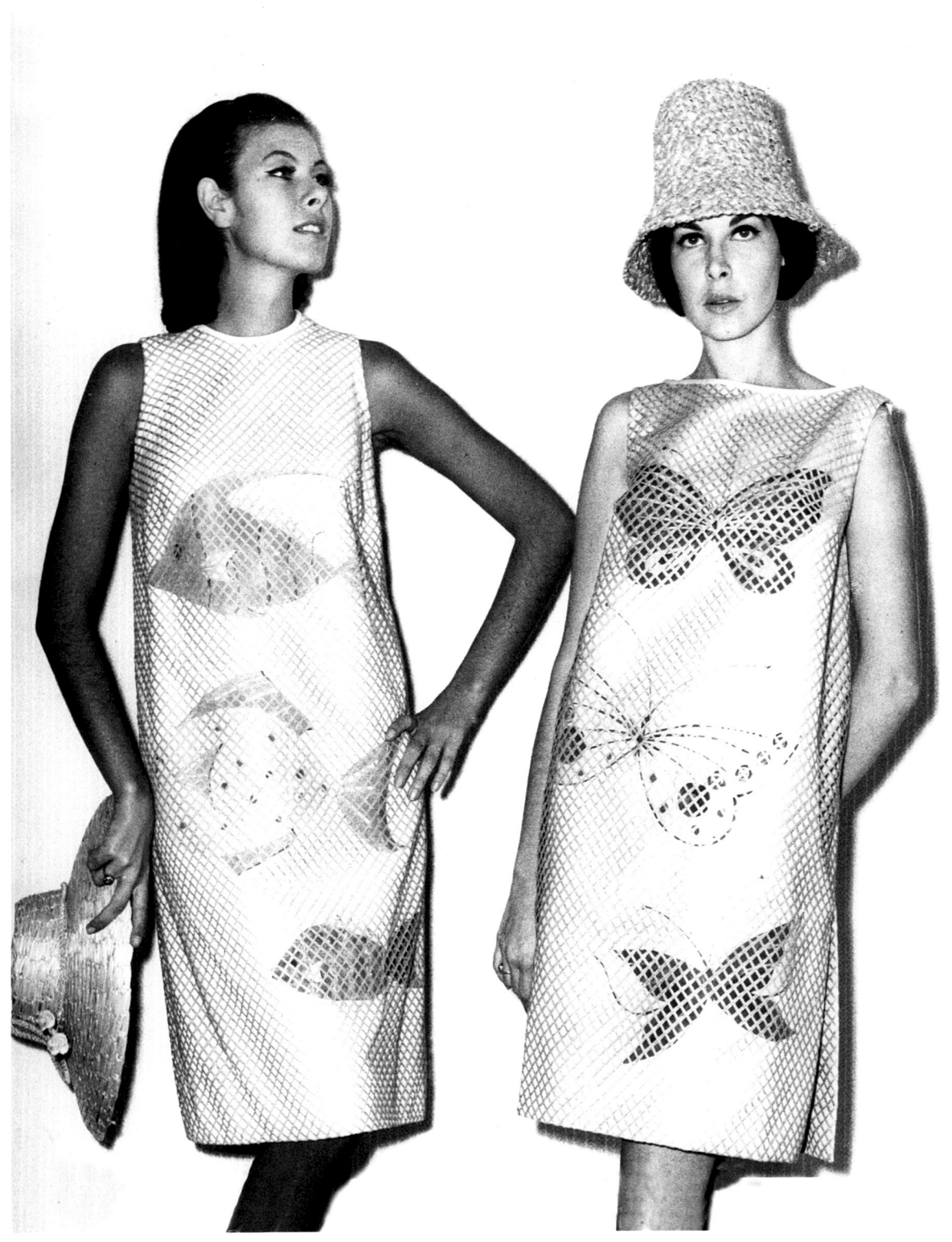

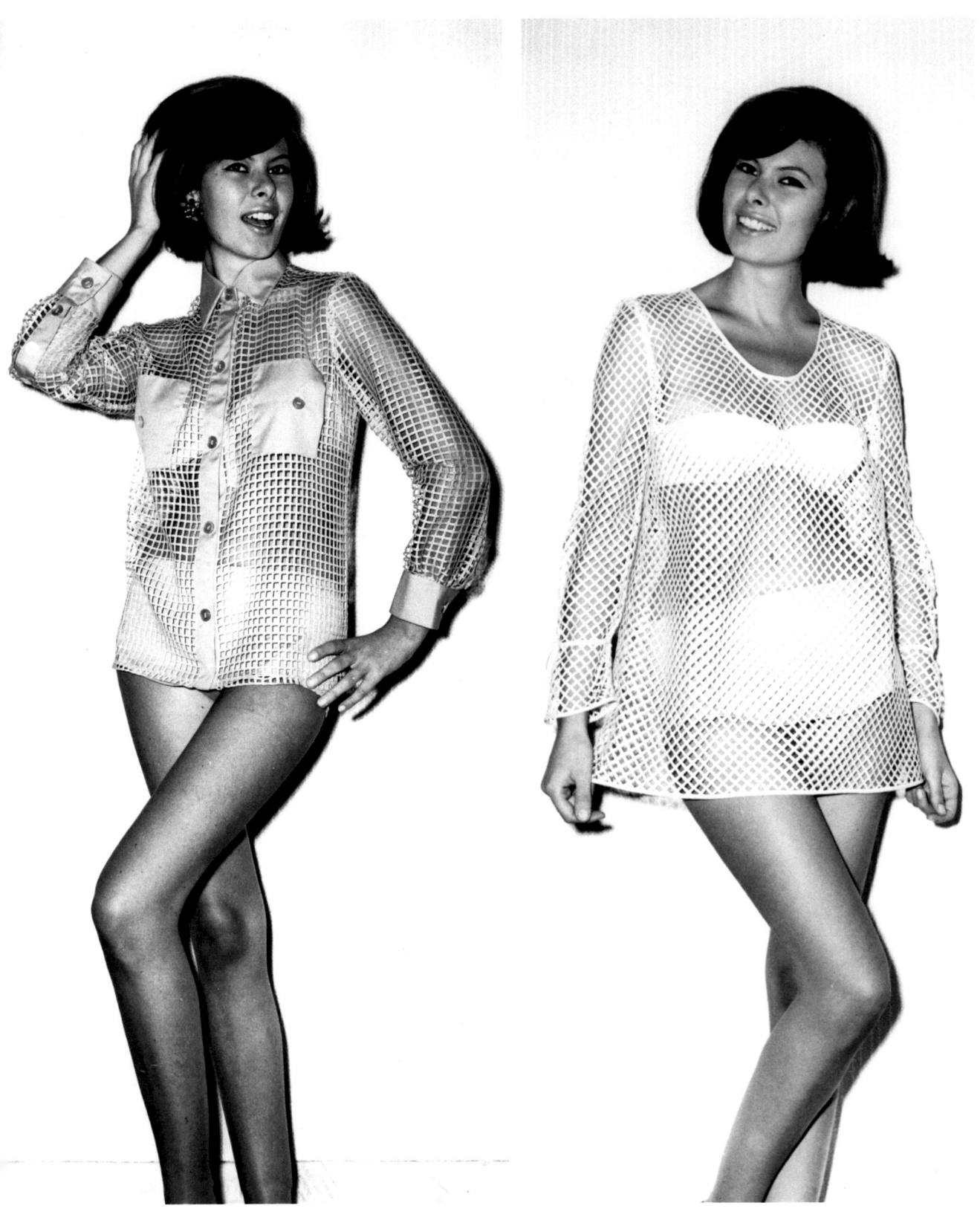

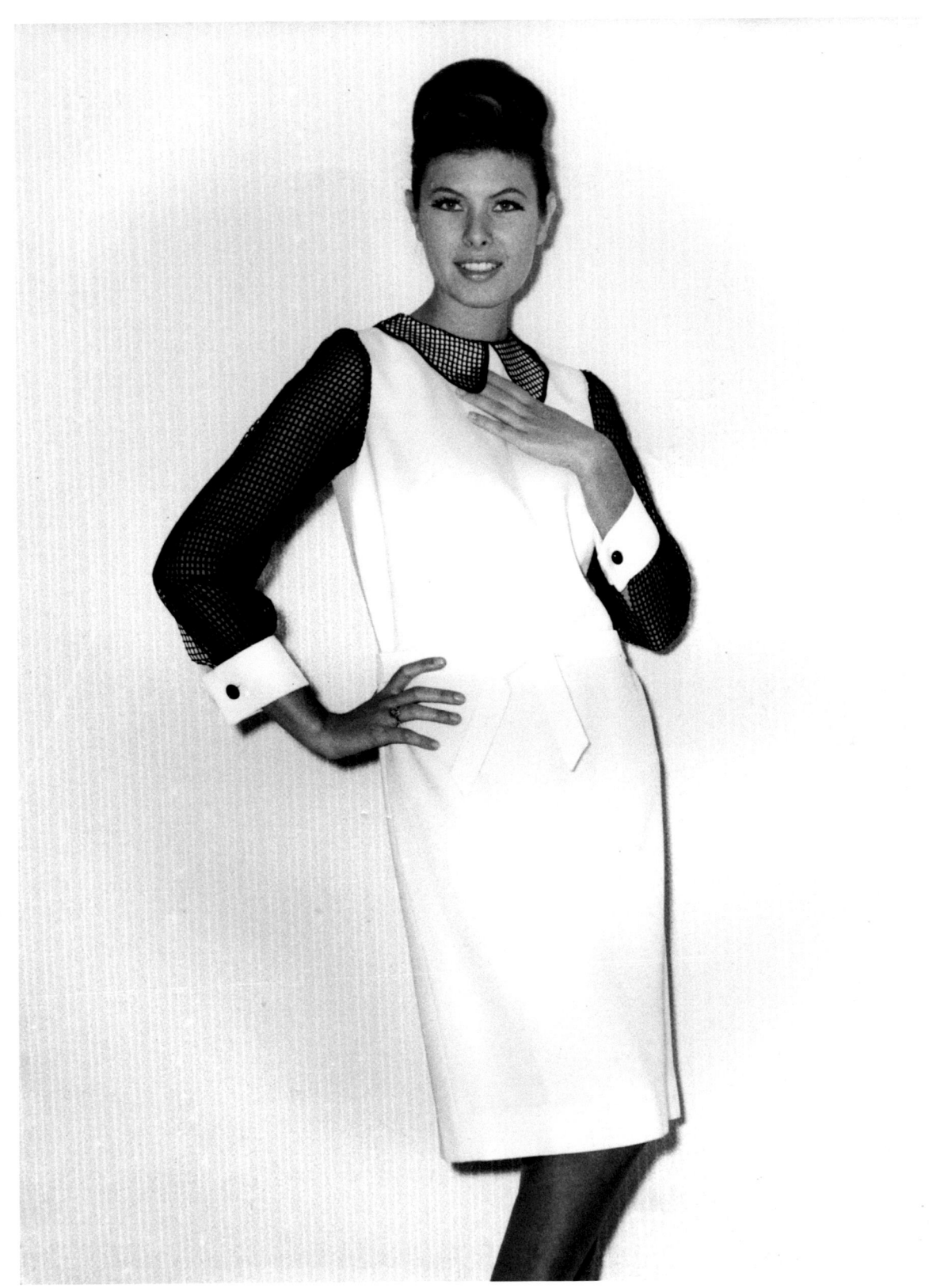

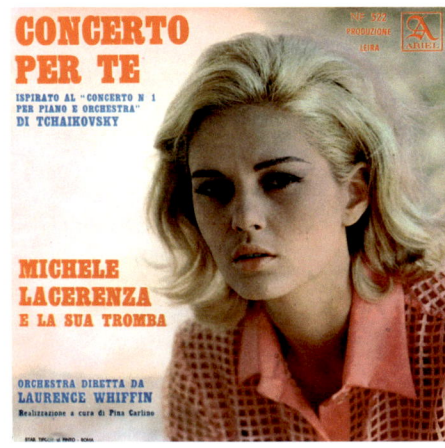

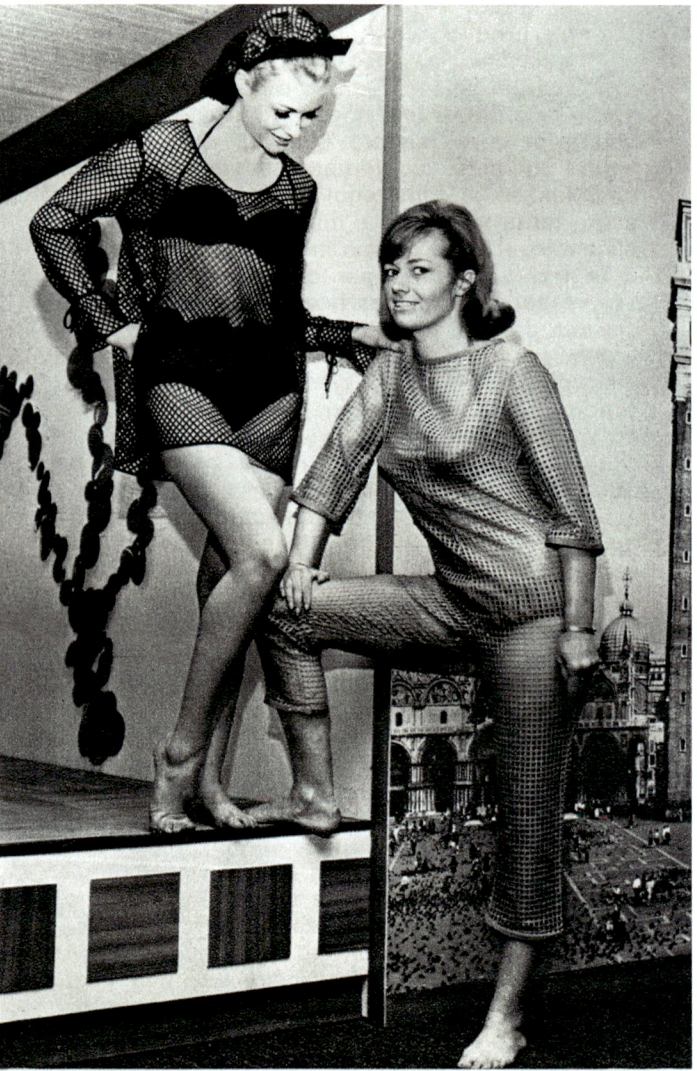

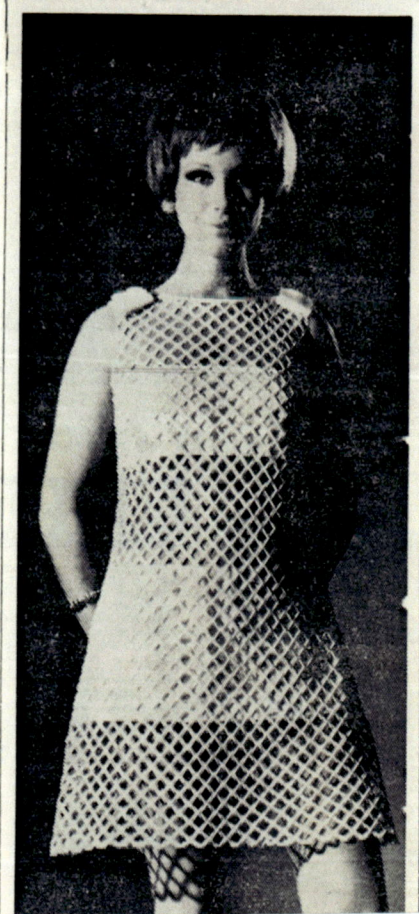

THE NUDE LOOK MAY be on its way out, but just think how cool and comfortable this dress will be during the long hot summer. Cleonice Capece has used a minimum amount of material leaving shoulders, midriff and thighs to catch the summers breeze

Bikini da esportazione

Si è tenuta recentemente a Londra, in uno dei più importanti hotel della città, una sfilata di modelli estivi italiani interamente realizzati in cotone ingualcibile.

La manifestazione, organizzata dall'Istituto Italiano per il Commercio con l'Estero, ha raggiunto il diapason dell'interesse quando sono uscite sulla passerella le indossatrici che presentavano i costumi da mare.

Above: bikini with bias overblouse and jumpsuit; left: net minidress; top left: record sleeve.

Opposite page: net jumpsuit modelled by Italian actress Giovanna Ralli, *Tempo* (1964).

p. 78-9: white cotton panama dresses with hand-painted fishes and butterflies overlaid by yellow and orange net.

p. 80: net bias tunic and shirt; bikini to match.

p. 81: panama shift dress, black net for sleeves and collar.

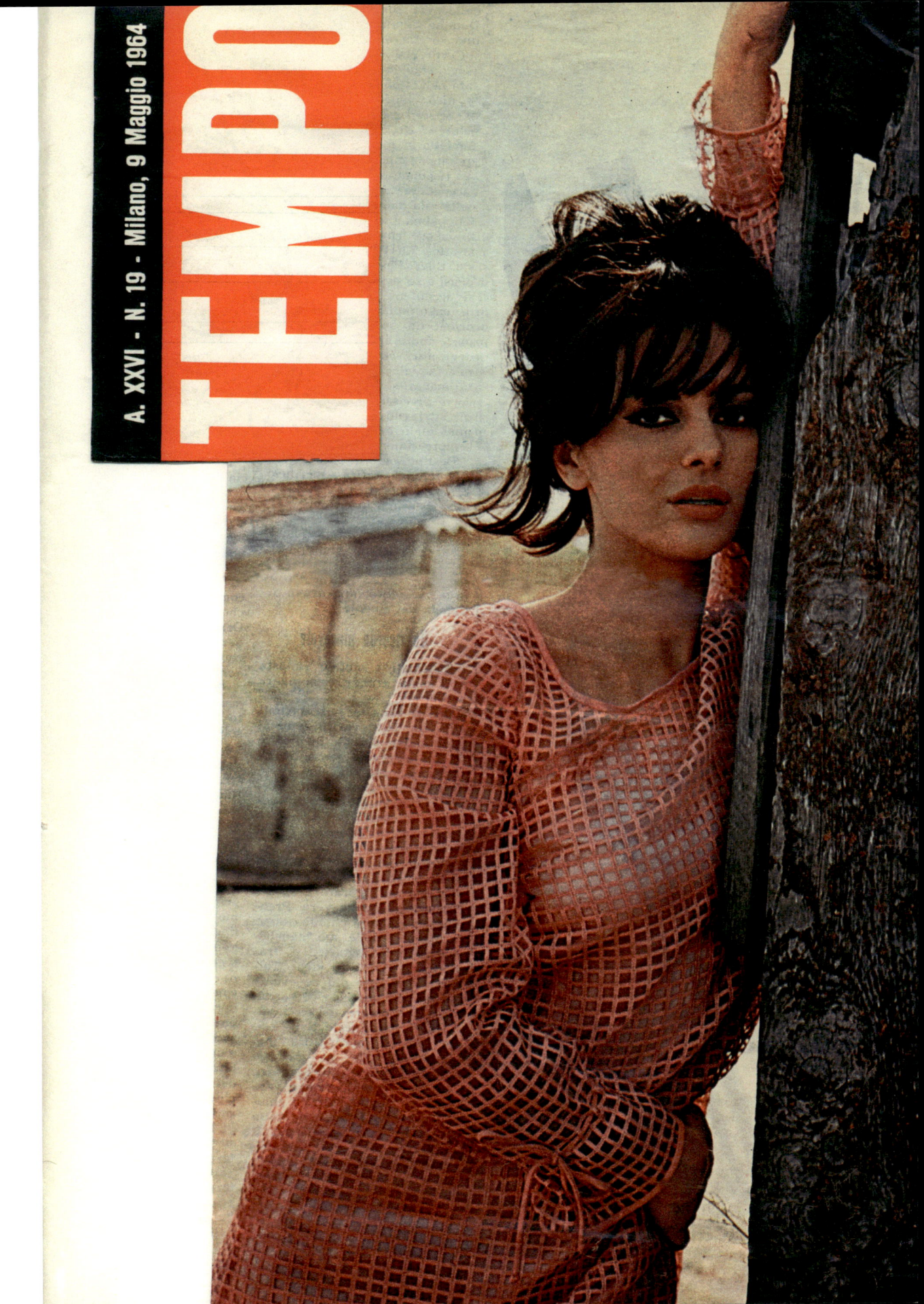

TEMPO

A. XXVI - N. 19 - Milano, 9 Maggio 1964

CITY LOOK & CAPRI LOOK

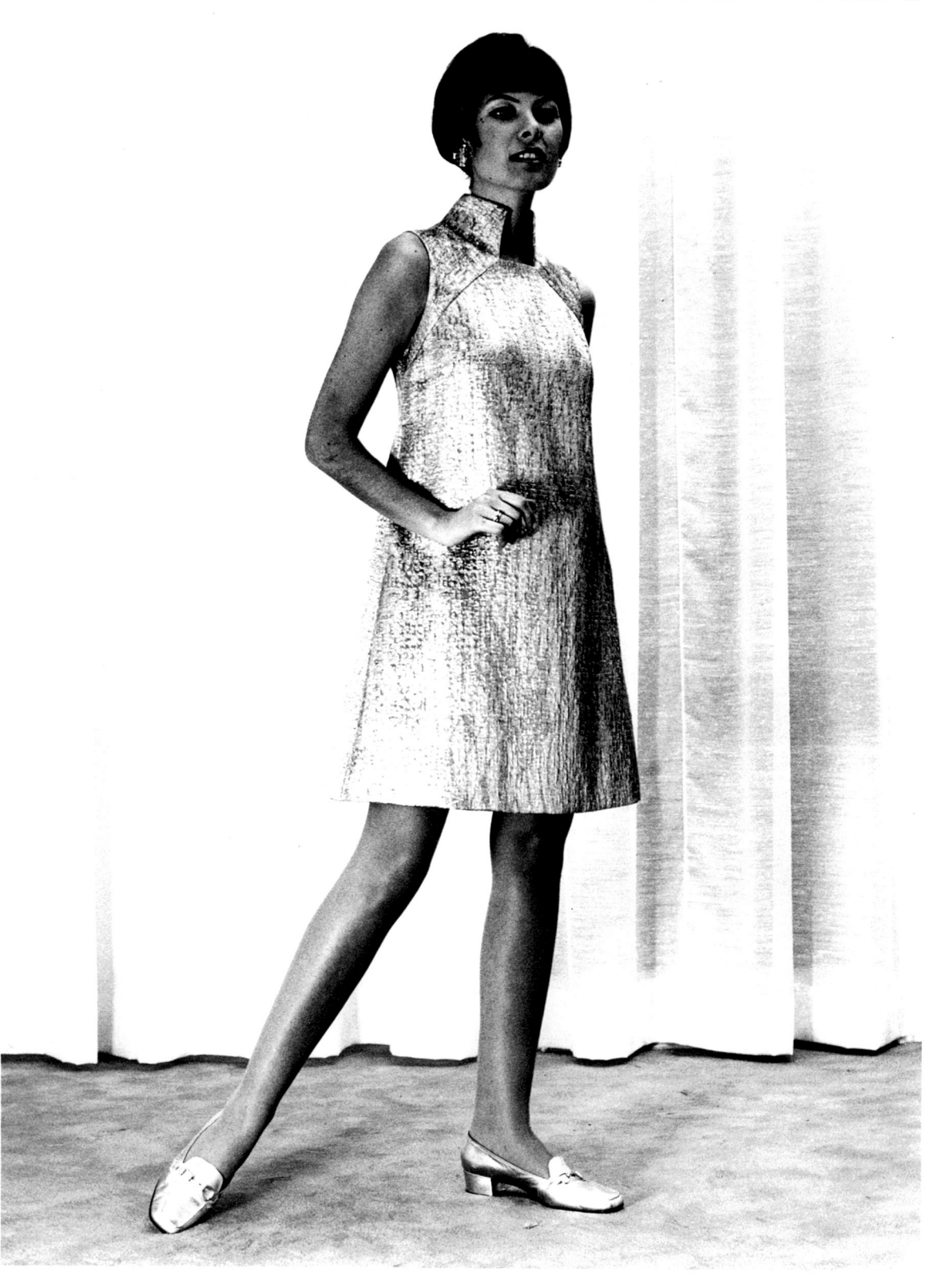

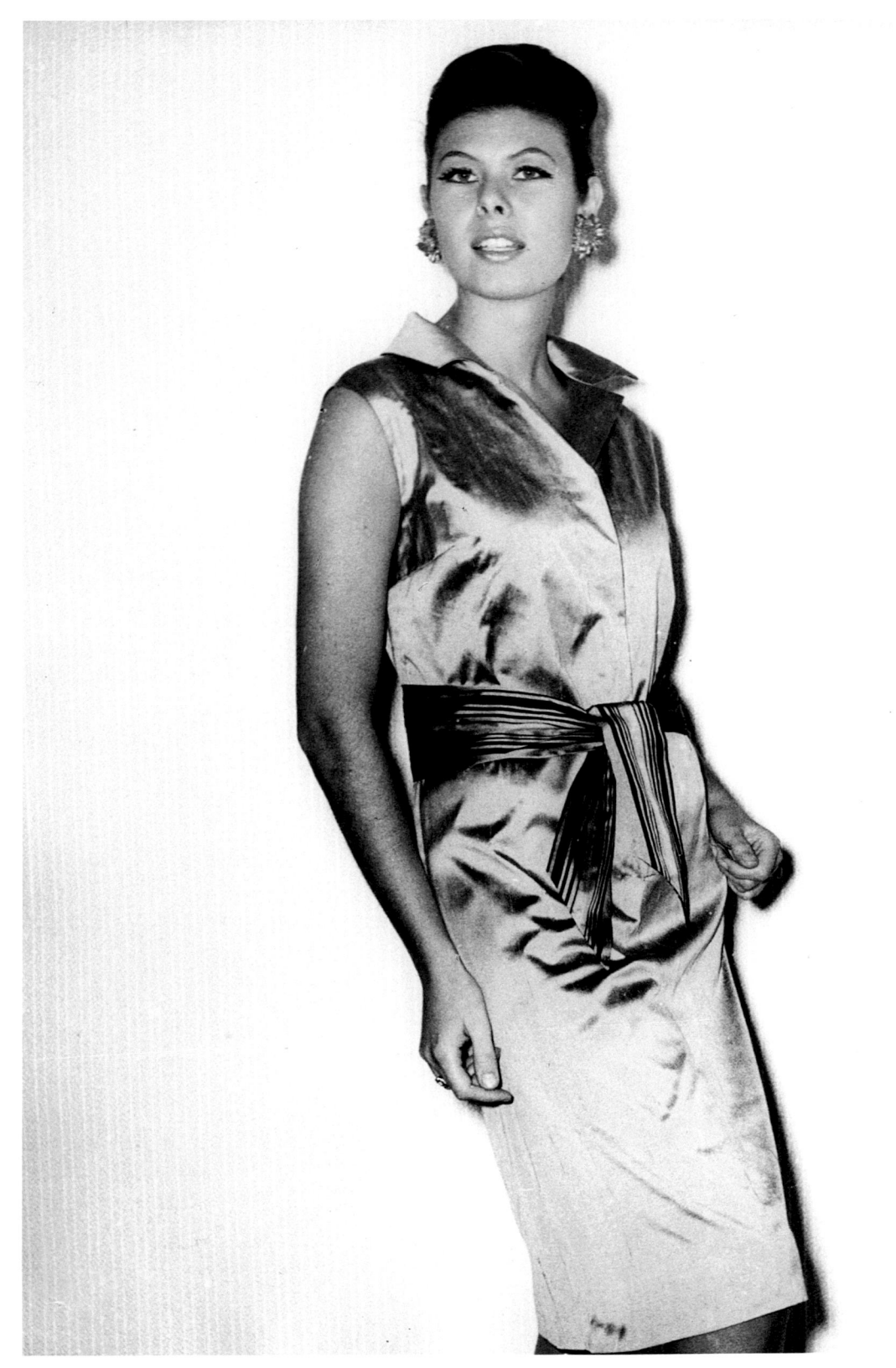

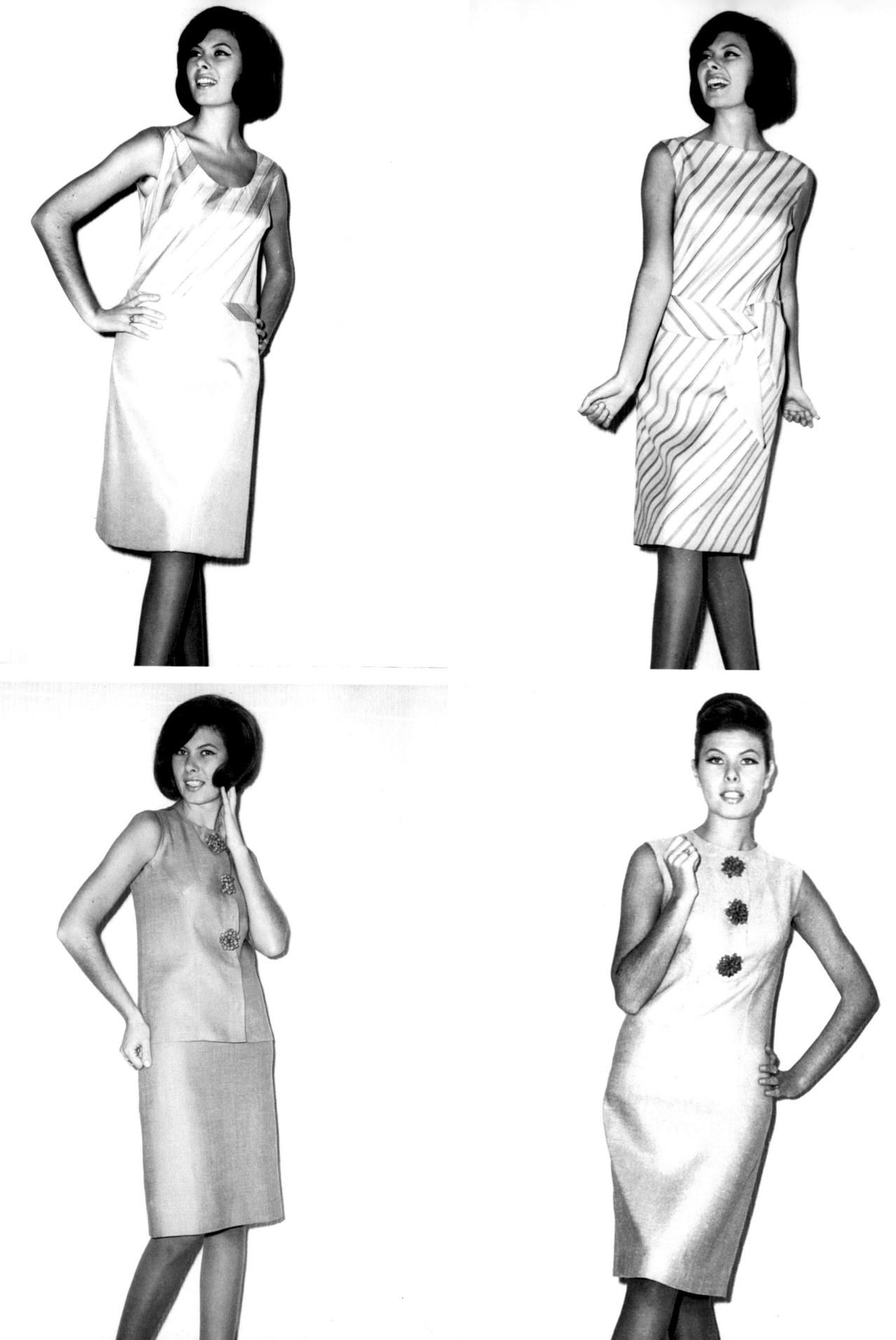

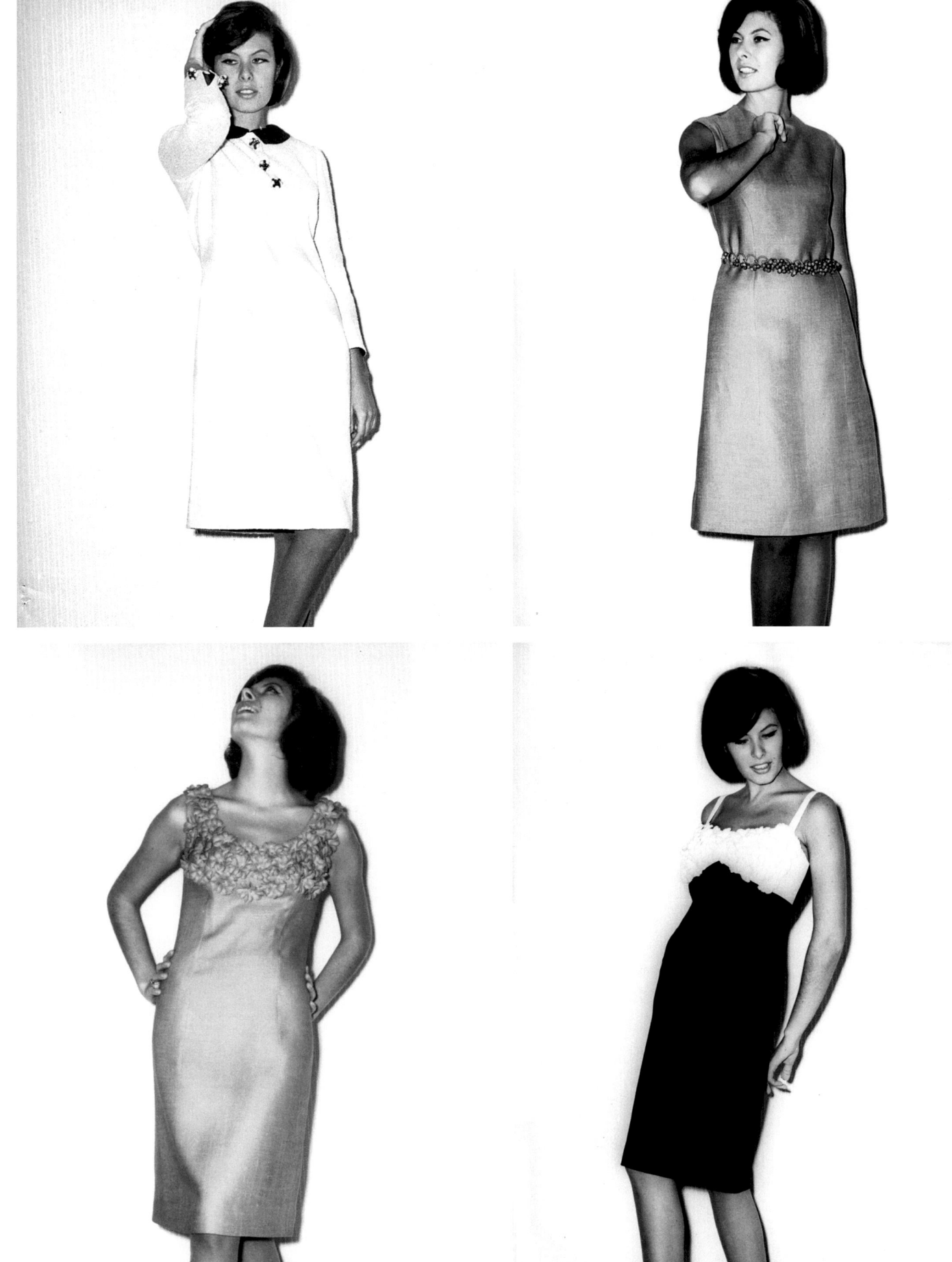

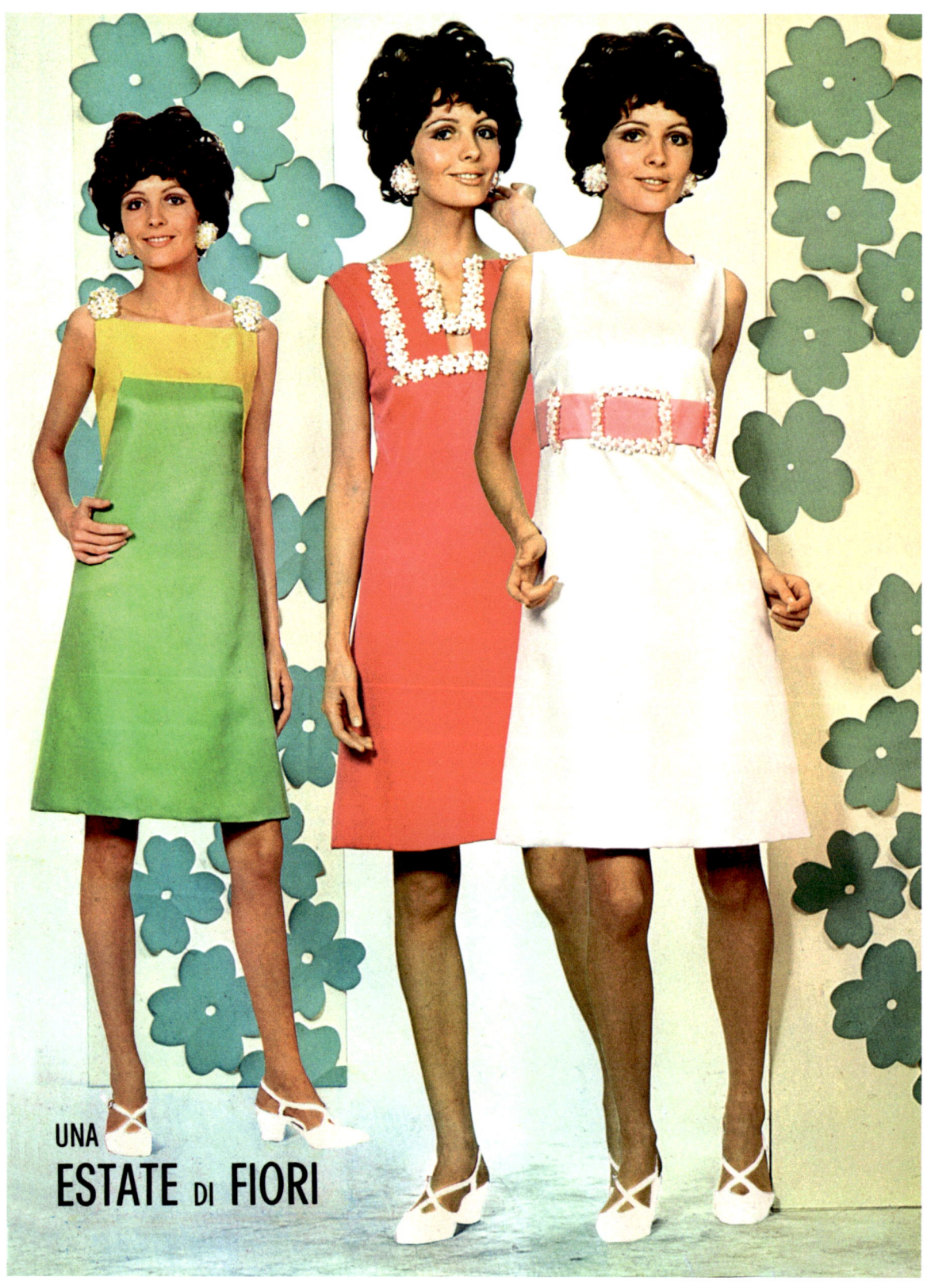

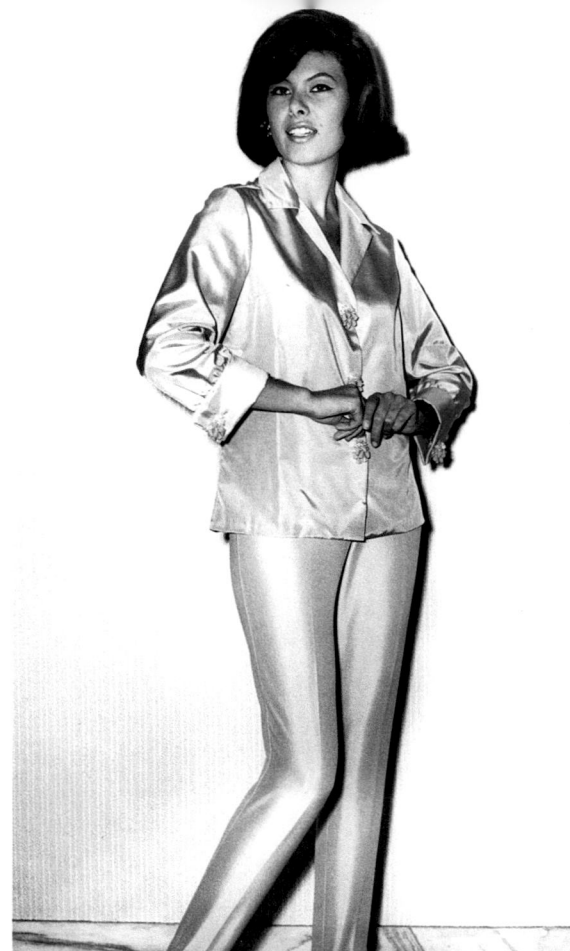

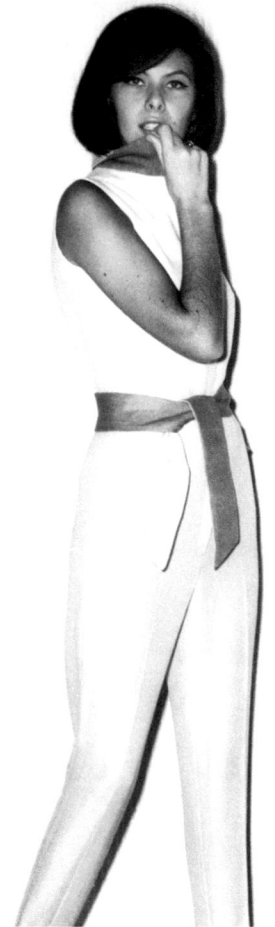

This page: Capri Look collection; powder pink silk shantung two pieces (above); lemon yellow elasticated linen jumpsuit with green belt and undercollar (top right); Capri pants with multicolour silk shirts (right).

p. 84: sleeveless dress in silver brocade.

p. 85: gold raw silk chemisier with gold, green and black sash.

pp. 86-7: shantung silk and linen dresses with jewellery buttons and hand-made tiny linen flowers.

p. 88: silk twill dresses with hand-made floral appliqué and matching earrings.

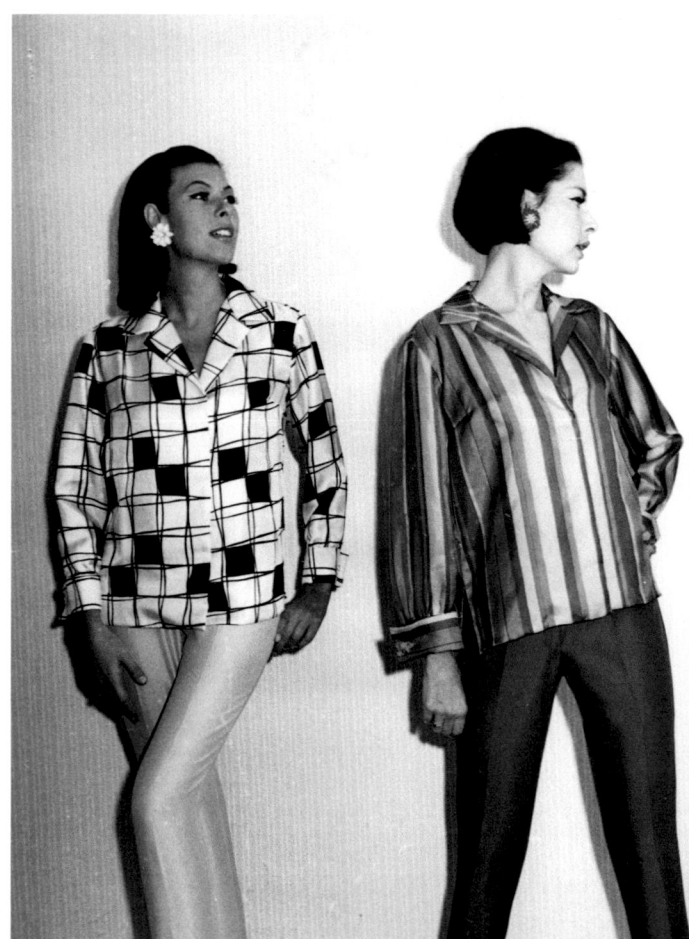

'MADE IN ITALY' IN THE MAKING

READY-TO-WEAR
FASHION SHOWS
ITALIAN TRADE CENTRE

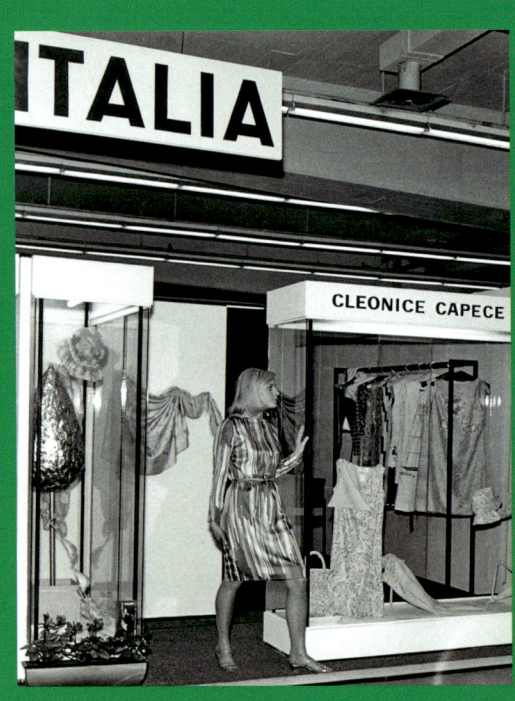

In the meantime my clientele was increasing and included many elegant boutiques from around the world. During the exhibitions sponsored by ICE throughout Europe – but especially the Salon Internationale du Prêt-à-Porter at Porte de Versailles in Paris – we were visited by many luxurious boutique buyers from France, Spain, Belgium, Holland, and South American countries, who were often accompanied by our agents for those countries. The collections also became more elegant, with more of a city look. As I gained experience, I also acquired an eye for more expensive materials, mainly plain fabric, a contrast to the Indian prints. I decided to work more on the choice of fabrics, the cut, and the accessories. I used raw silks, both striped and plain, as well as linen, stretch linen, silk, stretch silk, and Shantung silk.

In October 1966 I was in London for the Italian Boutique and Ready-to-Wear Exhibition at the Italian Trade Centre and for the Italian Festival of Fashion Show organised by ICE. The collection that I brought for the catwalk included beach sets, shift and cruise dresses, beach pyjamas, and a multicolour, pure silk, long dress to be worn with a shawl. I had just come back from Munich, Düsseldorf, and Paris, having participated in various exhibitions, but I adored going to London. By now I had many friends, and I always made sure I had some time to go to the Royal Academy for an exhibition and to my favourite museum, the Victoria and Albert, and to at least one evening at the theatre.

In September 1967, I participated at the Boutique and Ready-to-Wear Exhibition that the Italian Trade Centre had organised in Stockholm, where I showed a collection of dresses made of Bayadere silk, striped either in turquoise, beige and white, or in pink, brown and white. The success of the Bayadere stripes in the summer 1968 collection was replicated in October and November of the same year in London and Paris respectively. At the latter show, I had my first order from a Japanese group of buyers. I had made giant progress in the world of luxury boutiques, and my showroom at Via Gregoriana

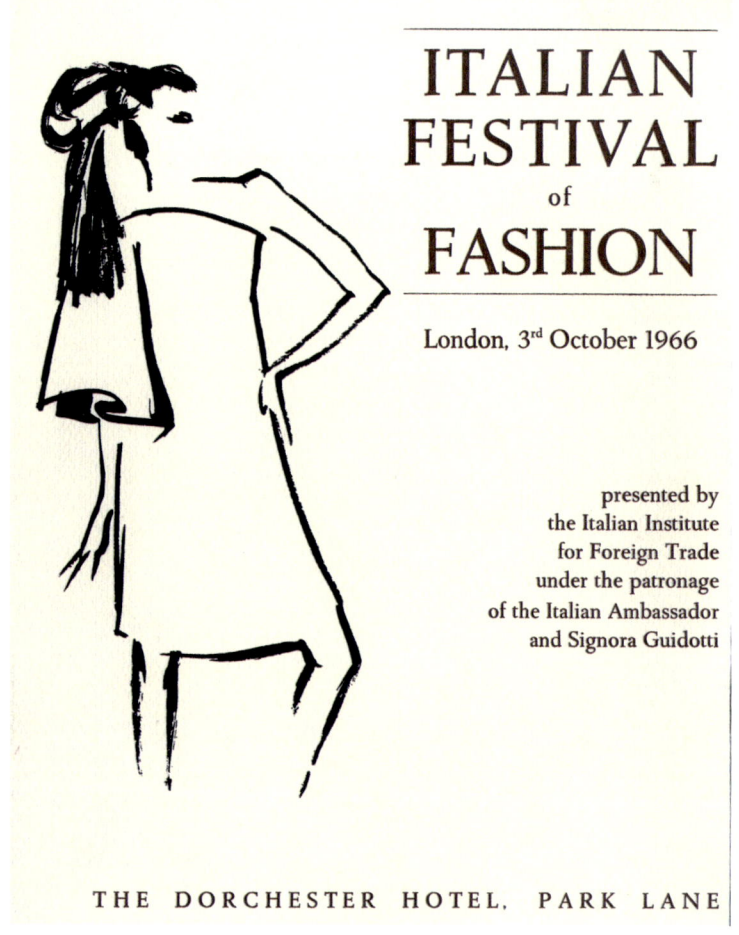

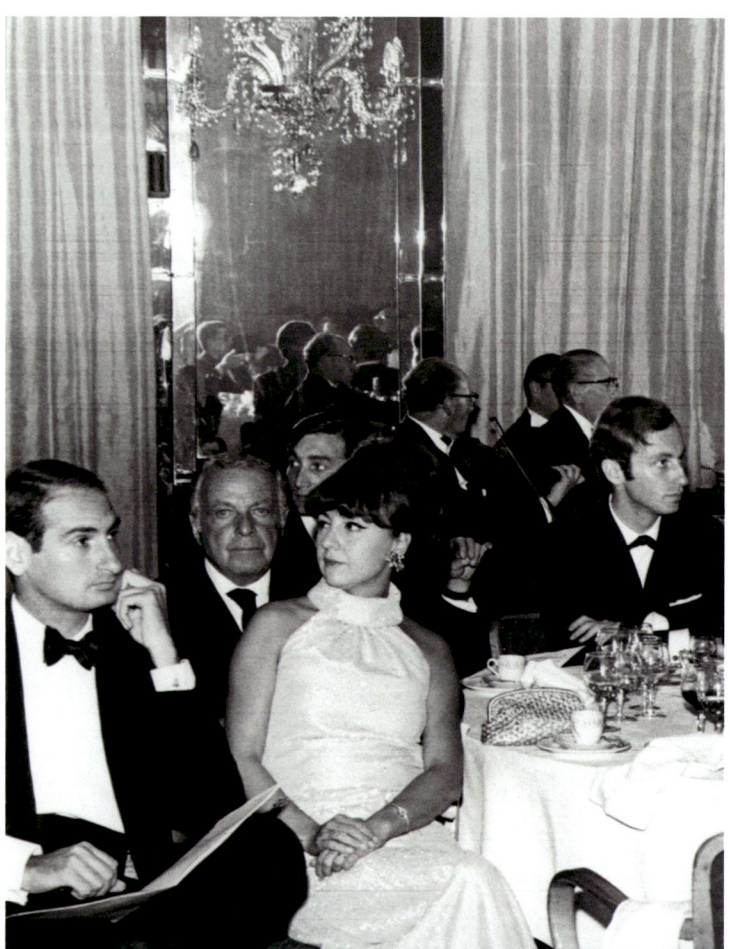

Top: invitation to the ICE fashion show at the Dorchester Hotel, London, 1966;
left: Cleonice at the Dorchester Hotel with Luciano Rossi and Johnny Strauss.

Opposite page top: the Indian saris beachwear/cruisewear collection at the Dorchester Hotel; bottom: evening dress in printed turquoise, yellow, green, purple and cornflower blue silk; shawl with long purple fringes.

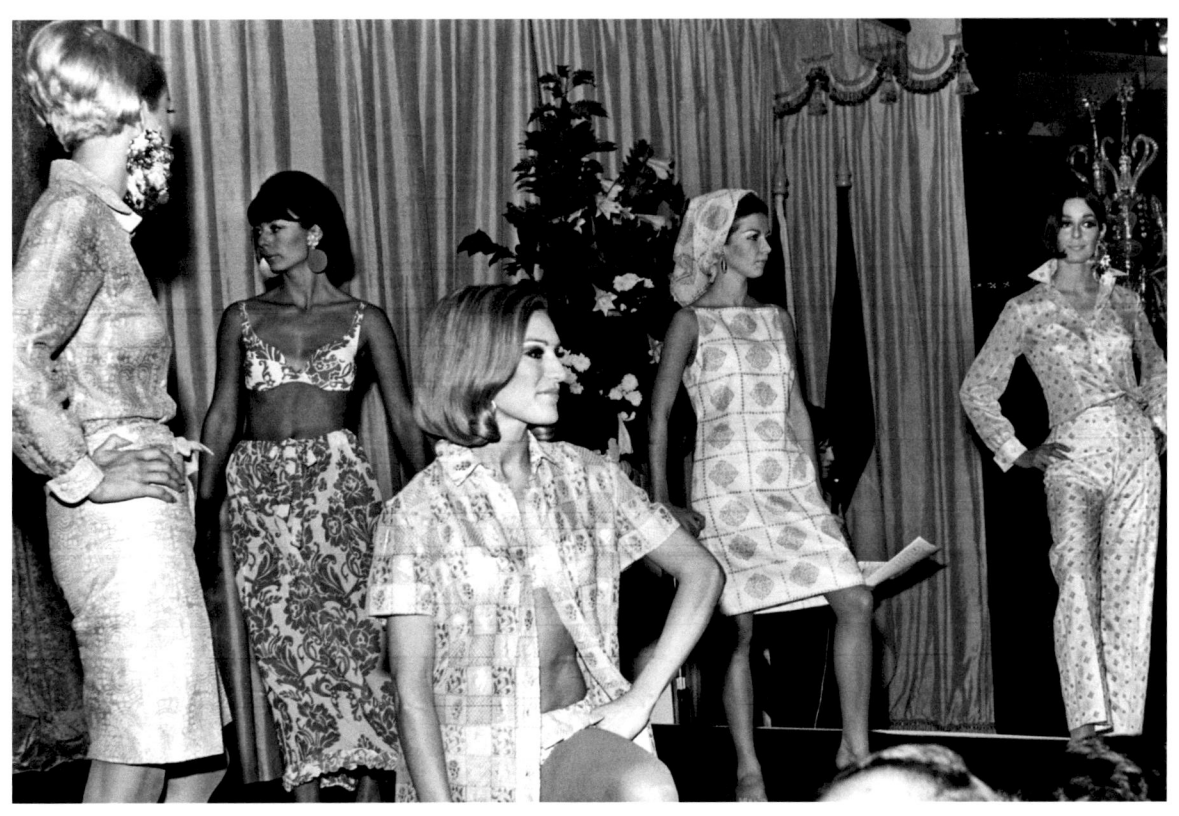
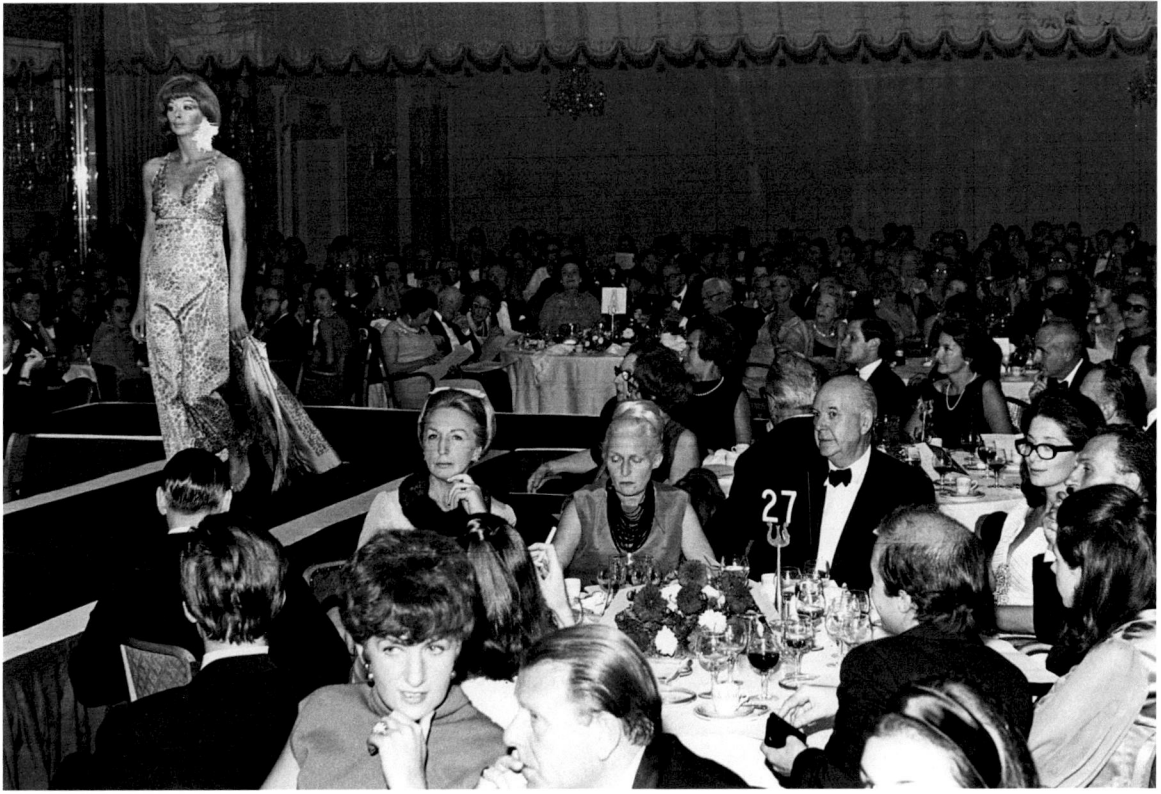

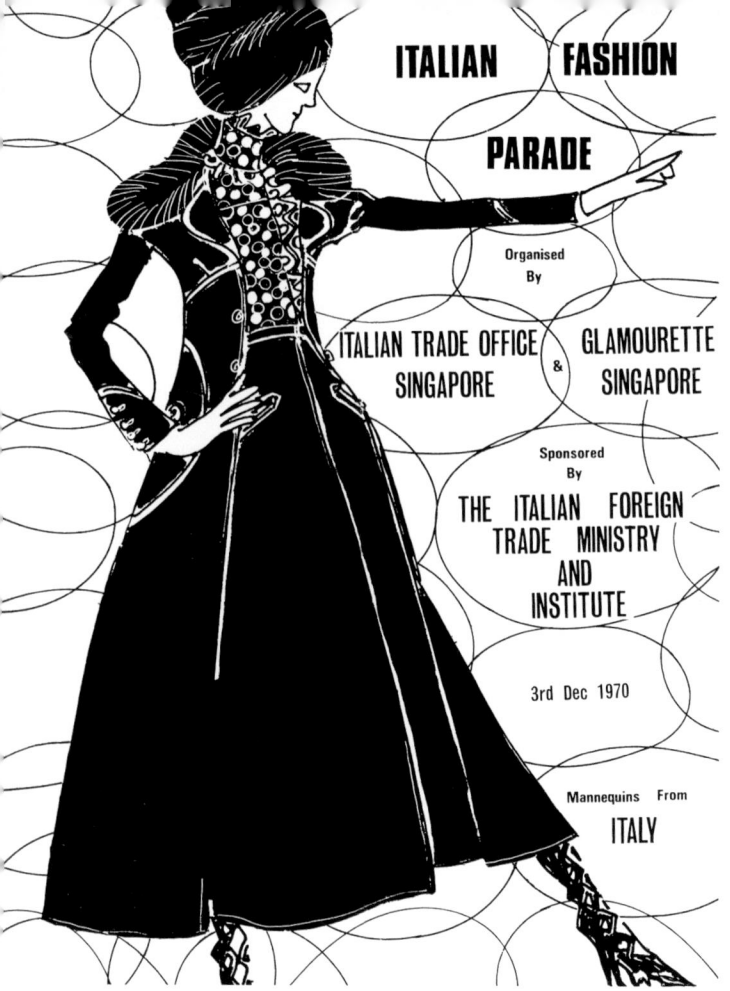

Above and opposite page: invitations to international fashion shows, 1970 and 1972.

pp. 96-98: invitations to international fashion shows and to the Paris Salon International du Prêt-à-Porter, 1965-71.

p. 99: Cleonice Capece stands at international fashion exhibitions, 1971 and 1972.

was visited by noblewomen, such as Princess Maria Beatrice of Savoy at the time of her affair with the Italian actor Maurizio Arena, and the actresses Carroll Baker and Giovanna Ralli wore my designs. In Italy, my collections were on sale in a few boutiques, among which was the Indian handicrafts and textiles shop that Sonali Dasgupta, partner of the Italian film director Roberto Rossellini, had opened in Via della Vite and that became popular among celebrities.

While in Rome, I was always very, very busy, with collections to get ready and decisions to make, from the choice of fabrics, to accessories, production, administration, the press, the photo shoots, the employees – it was endless. I remember one day we had three major appointments: with Holt Renfrew from Montreal, Canada; Martha, which had beautiful shops in New York and Palm Beach; and Wiener Moden from Frankfurt.

I had come a long way in a very short time. In the second half of the '60s, my agents for the USA became Feder Fashions, the same as that of the Rome-based couturiers Irene Galitzine and Alberto Fabiani. Feder Fashions' showroom was in New York in its most famous area for fashion (the American term is rag trade), the garment district. As they acted as my agents, my sales increased. Among my clients were important department stores like I. Magnin, Bergdorf Goodman, and Saks; whilst through my Canadian agent Johnny Strauss we were selling to many boutiques and department stores like Holt Renfrew in Montreal.

Since the beginning of my career I had worked with various buying offices in Florence, which represented department stores and speciality stores from around the world for the purchase of Italian merchandise. For those buyers who could not come to my Roman atelier, my collections became available – around the mid-'60s – at Maria Teresa Ghini's Florentine showroom, 11 Via Santo Spirito, so that orders could be placed through the various buyers who visited it. The most important buying office was Giovan Battista Giorgini, with whom I had been working when I began my activity in the fashion sector.

I remember in particular the autumn of 1966 in Florence. It was raining all over Italy, but uninterruptedly in Tuscany, and everybody was very worried that the Arno River that crosses the city of Florence might flood. Early on the morning of 4 November, I heard the terrible news that the river had overflowed its banks. The entire historic centre of Florence was flooded. Many people were killed and thousands of masterpieces of art were destroyed. Of course, shows were cancelled, and everyone from the buyers to the press joined the volunteers who came from all over the world to help and try to save as much as possible of the historical heritage. We managed to show our collections to the buyers in bedrooms at the Hotel Baglioni, next to the railway station, one of the very few places where it was possible to arrive as they had cleaned up the station to allow the trains to arrive and depart, though there were great delays.

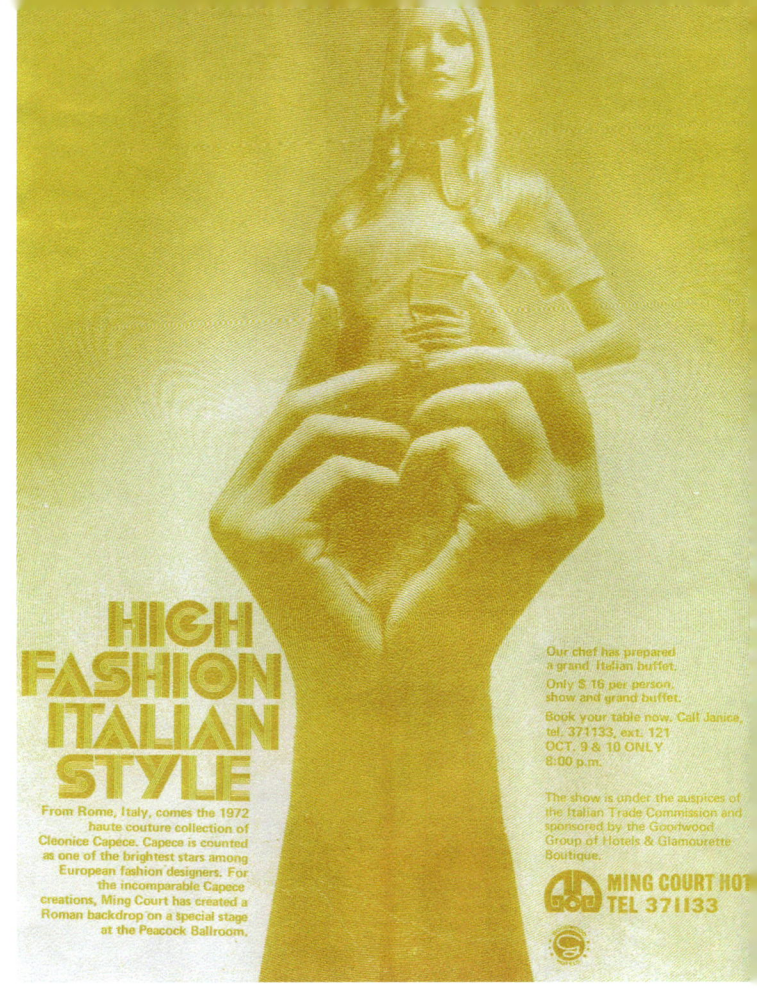

That year, 1966, was also a crucial time in the history of Italian fashion, with Florence catwalks beginning to be specifically designated for boutique ready-to-wear and high-standard knitting, whereas haute couture was shown in the Roman fashion houses' ateliers. When I was invited by the Camera Nazionale della Moda Italiana, which at that time was based in Rome, to participate in the Palazzo Pitti fashion shows in Florence, it was a great surprise and joy and a huge privilege for me to show the collection in the Sala Bianca of Palazzo Pitti, in front of buyers and press from all over the world. After the shows, the designers would transfer to Palazzo Strozzi for two days, in rooms that had been allocated to them so that the buyers could look at the collections again and place their orders and also so that the press could view the fashions. I had been invited to present my collection as moda-boutique. It meant that the collection had to be fresh, original, and, at the same time, practical and easy to sell – not expensive compared to haute couture. It needed to be interesting for both buyers and press.

The stakes were high, I could not risk any false moves, and the collection had to be different from the earlier collections of Indian saris, African materials, the nets and painted fabrics, even though these collections had been very successful exactly because of their originality and for the high standard of the workmanship and production. After a lot of research, I opted for a collection that was going to be white or with a white background at the beginning and at the end, but with

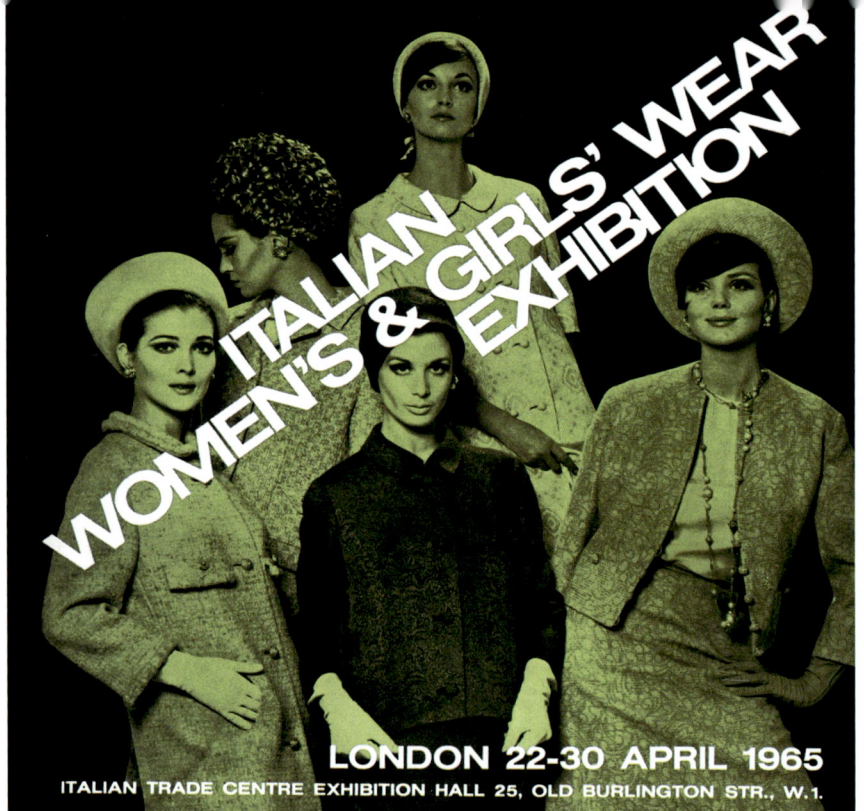

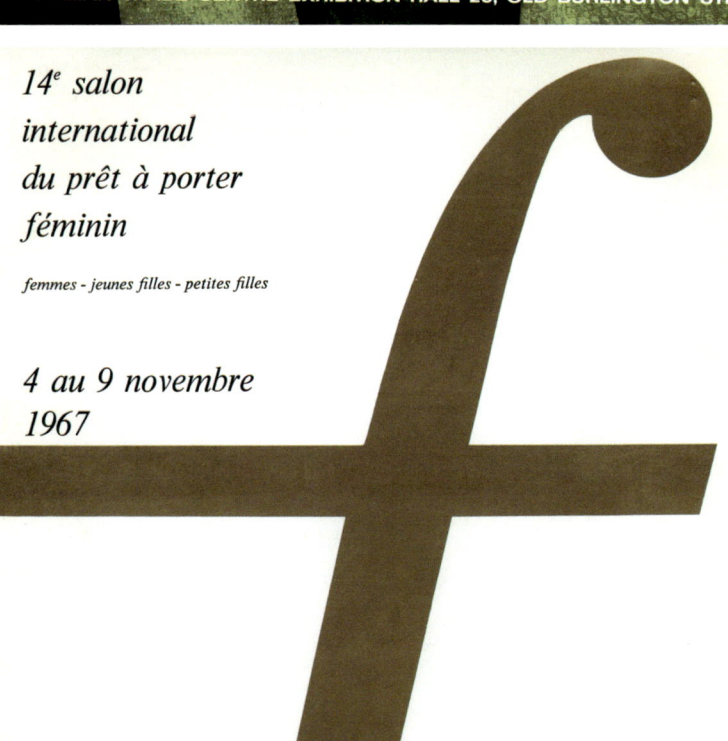

*14ᵉ salon
international
du prêt à porter
féminin*

femmes - jeunes filles - petites filles

4 au 9 novembre
1967

vf

offert par

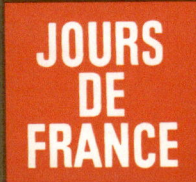

organisé par le comité
de la foire de paris sous l'égide de
la fédération française
des industries du vêtement féminin

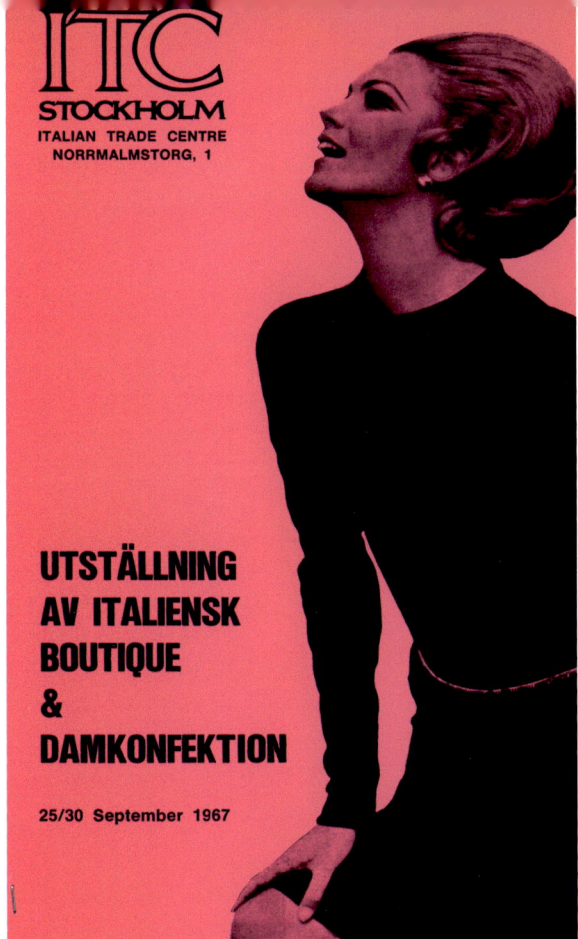
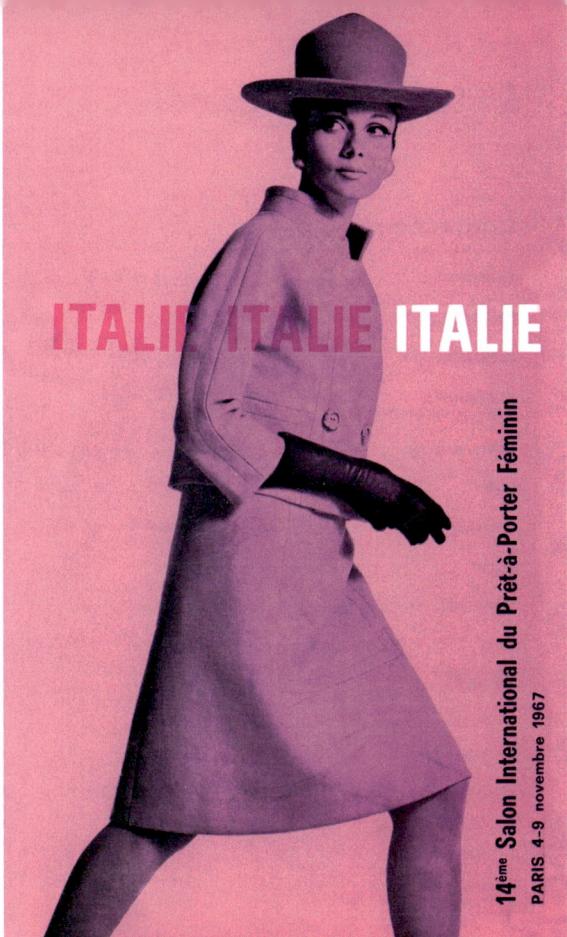
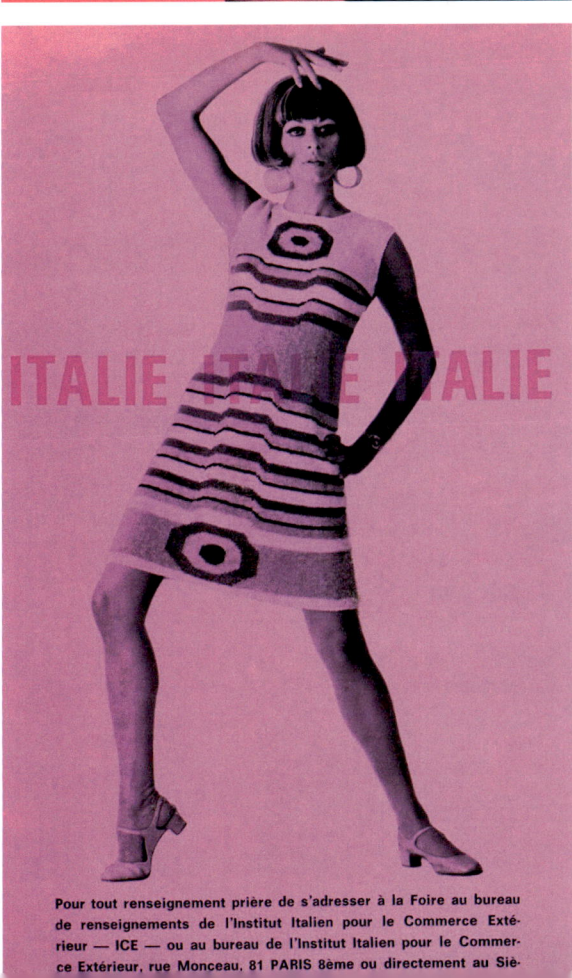
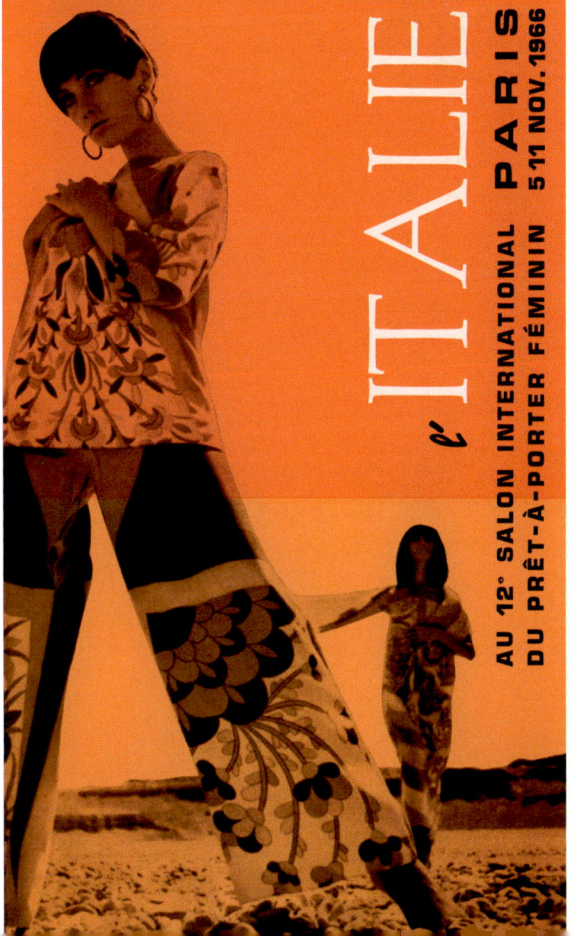

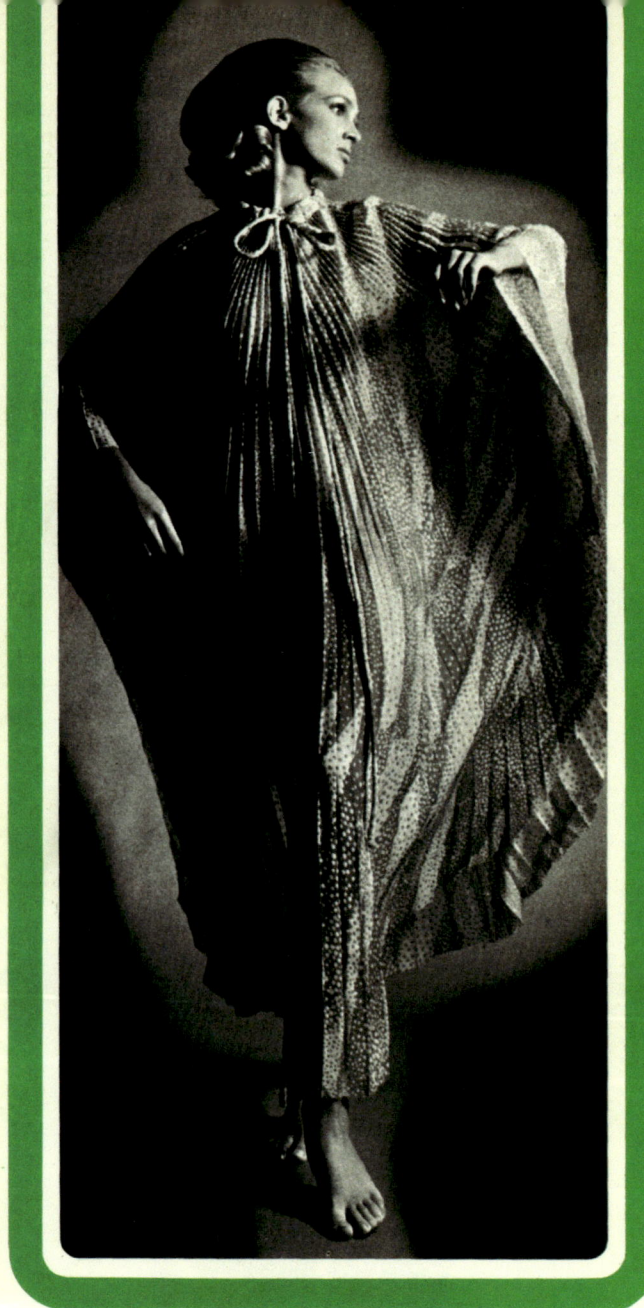
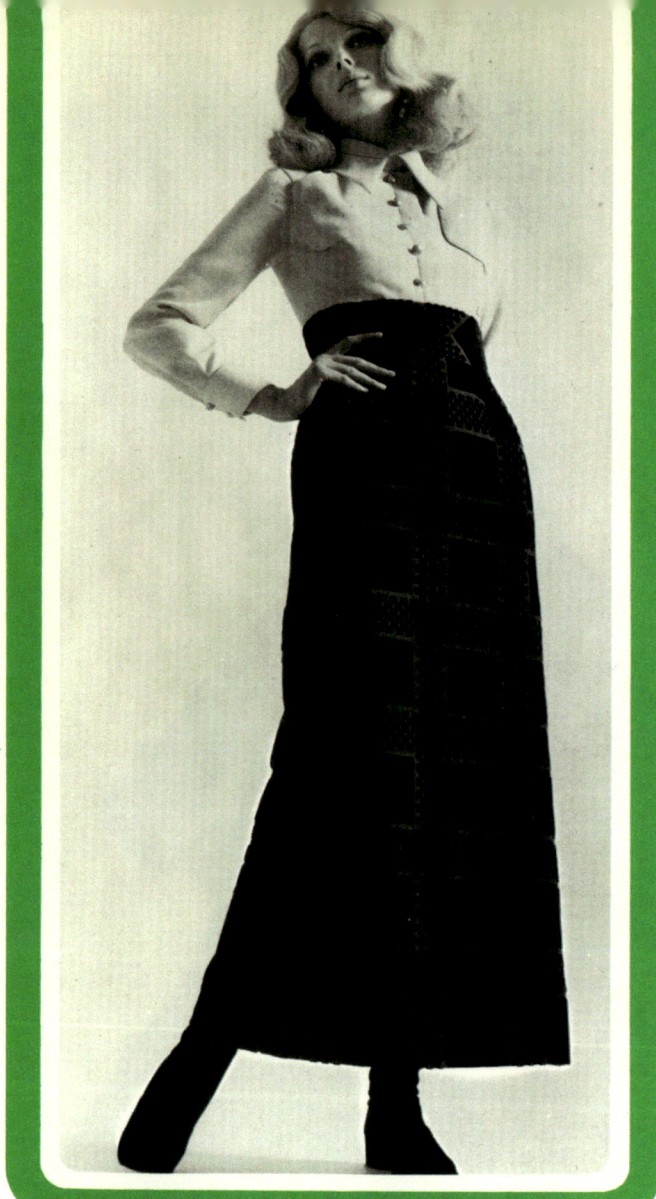

SALON DU PRÊT-À-PORTER FÉMININ

PARIS
23 - 28 OCTOBRE

Italia 71

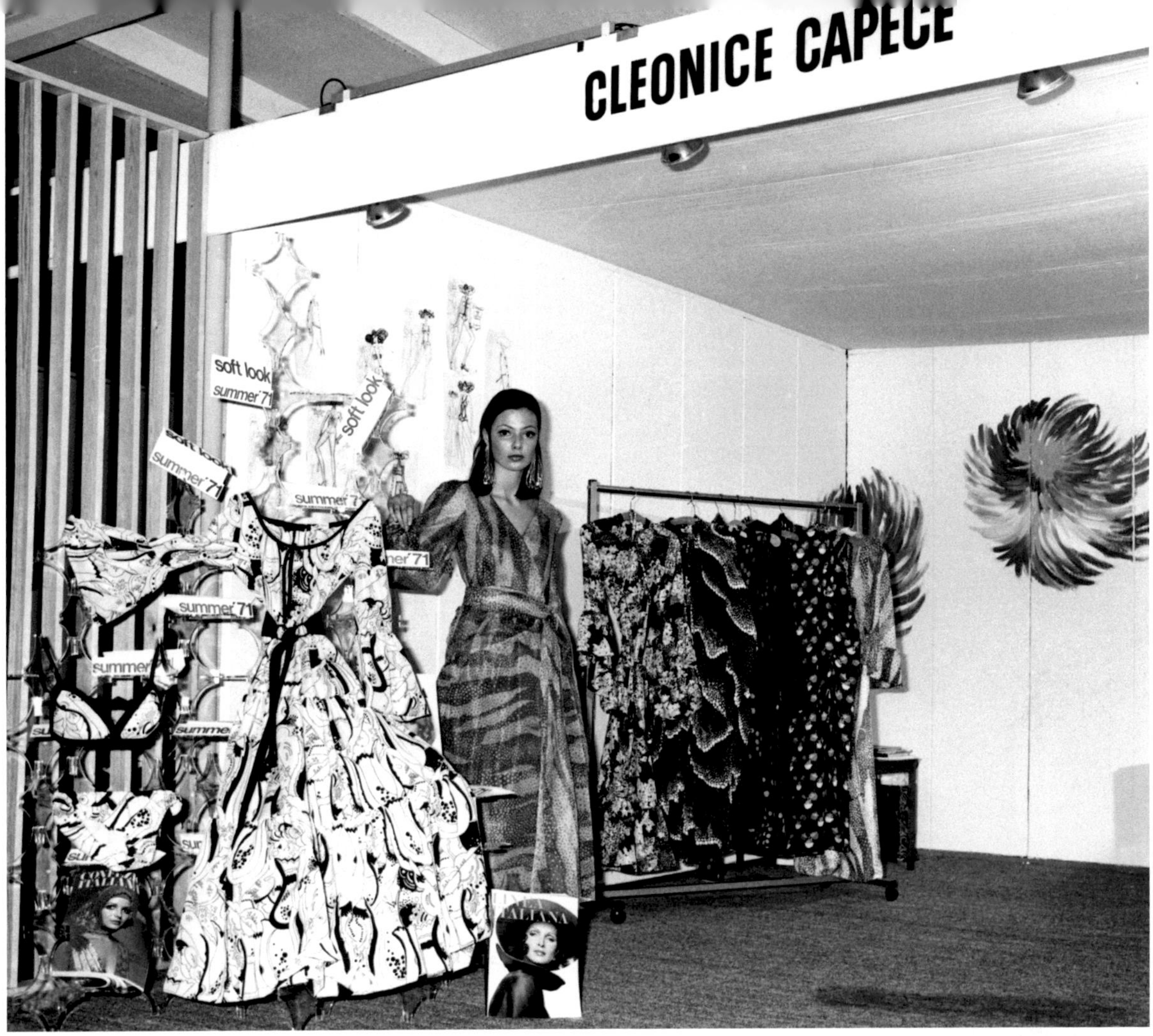

CLEONICE CAPECE

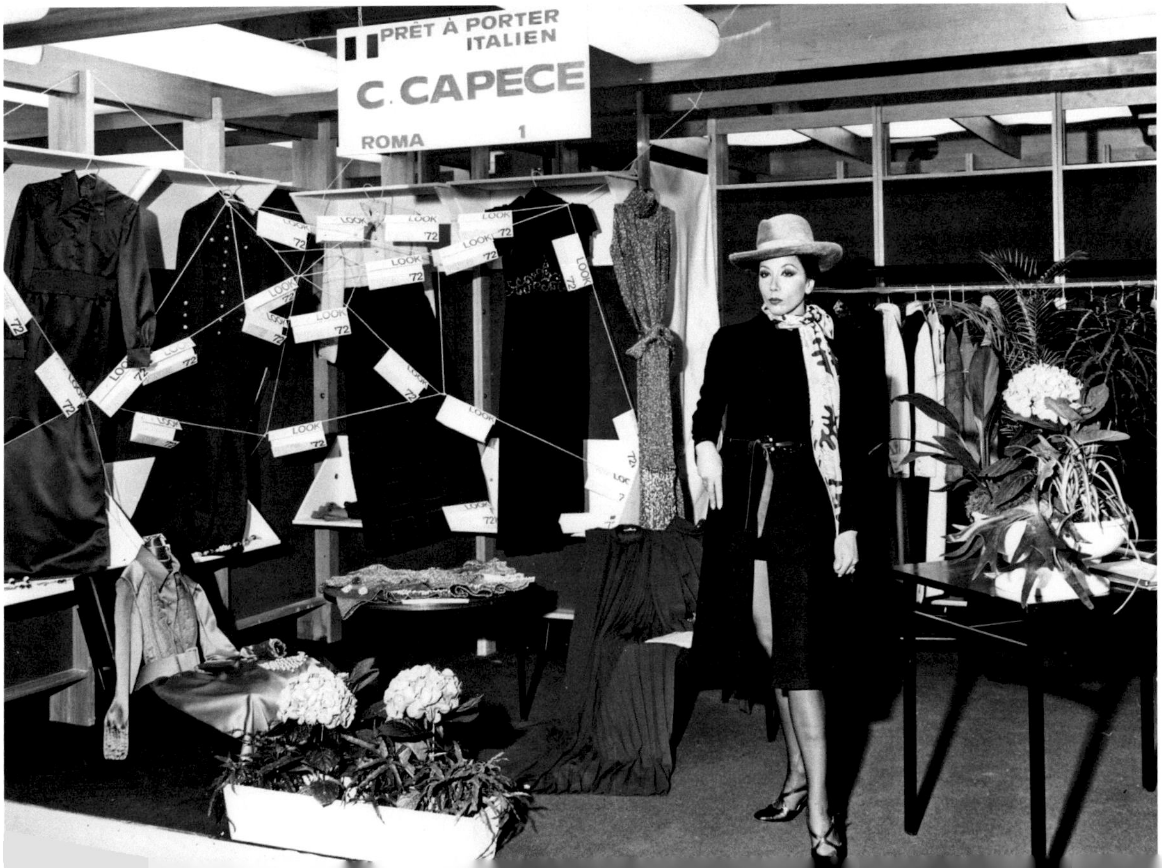

PRÊT À PORTER ITALIEN
C. CAPECE
ROMA

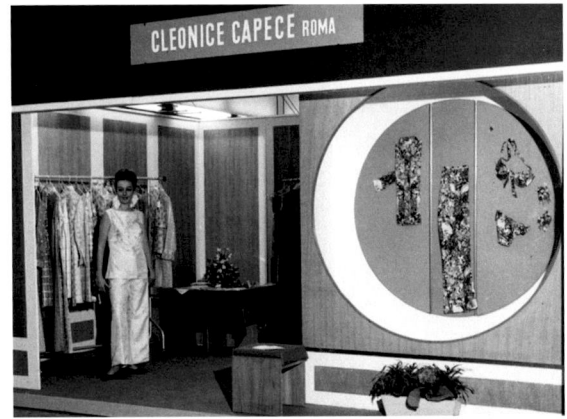
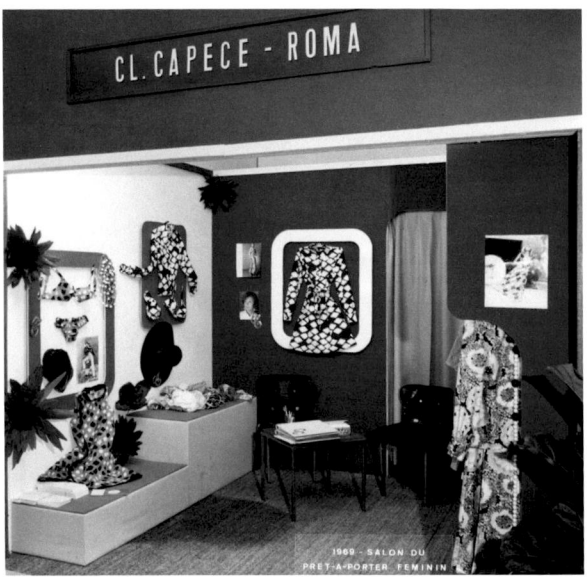

Above and left: Cleonice Capece stands at the Paris Salon International du Prêt-à-Porter, 1966 and 1969.

Opposite page: Cleonice Capece stand window showing silk and Bayadere dresses.

a rainbow of strong colour in the middle. That became my summer 1969 collection. I chose a beautiful embossed white cotton piqué and a splendid pure Shantung silk called Mikado, also in white, and various prints of silk organza with floral patterns that seemed inspired by a painting of a garden party by an impressionist artist. I got down to work right away, but I could not proceed. I could only think about the effect that the show had to produce. I had a maximum of sixteen models and ten minutes per show and in these ten minutes I needed to capture the attention of buyers and the press. Once the collection started to take shape and the models came for the last fittings, I decided on the order of the show – first would come the white cotton piqué series, followed by a number of little dresses in the various plain colours matching the floral long dresses, and at the end would be the Mikado silk. The piqué series had a special detail. In a hardware store where I had gone for other reasons, I had seen some interesting rings of gilded metal forged by hand. They caught my eye, so I bought a few, and decided to insert them as an ornament in front of the cut-out piqué. I designed each style with a different cut, thus creating nude areas with the inserts of rings. Metal was emerging in the late '60s European fashion, especially due to the provocative use of it by Paco Rabanne.

For the production, the dresses were made in black and in some very beautiful prints, and they sold in great quantity everywhere in the world, with very positive publicity in the press. Obviously, for the collection shown at Palazzo Pitti, I used only the white piqué. I could not decide what shoes the models should wear for the show, so with those gilded rings I created some gladiator sandals. I still remember

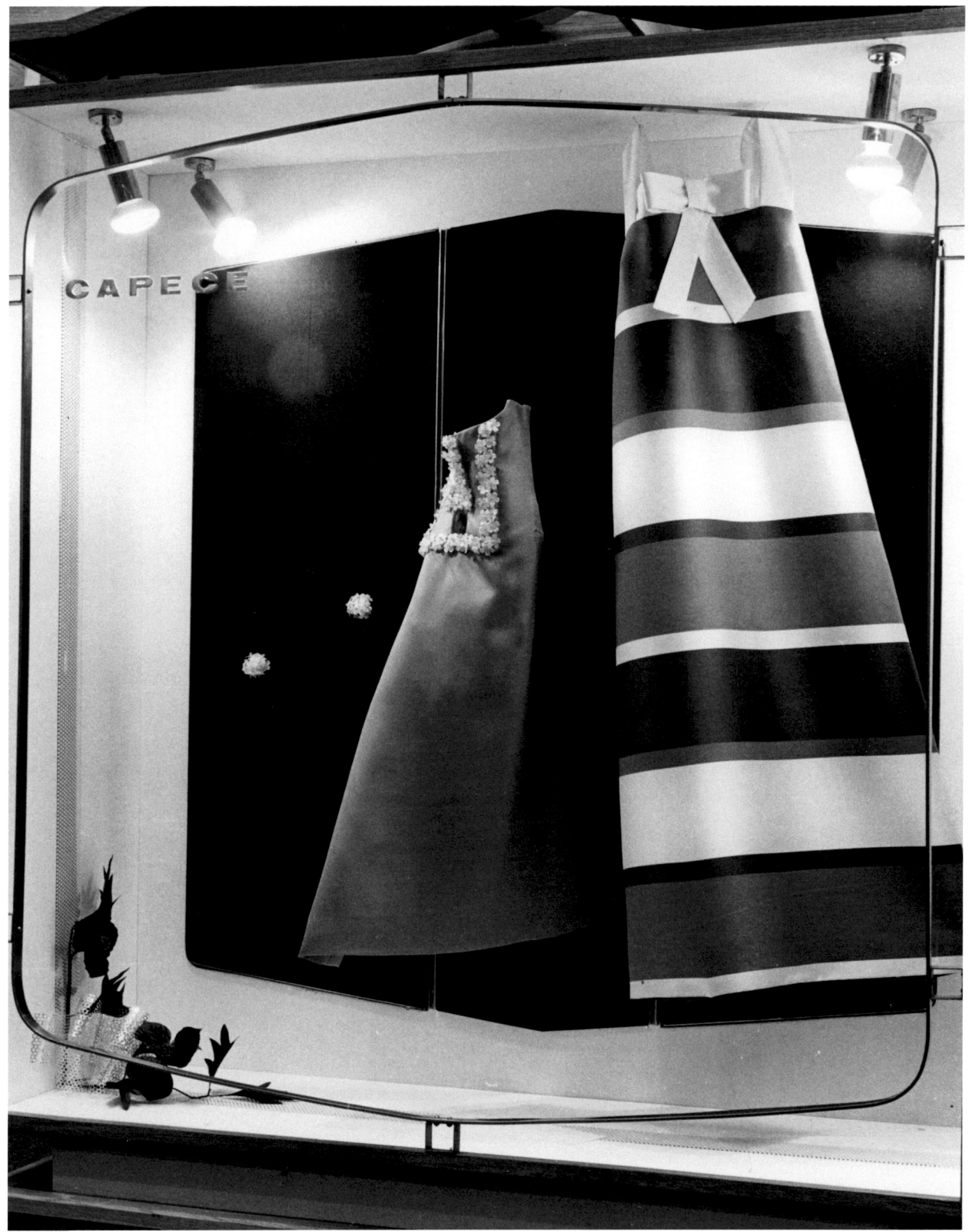

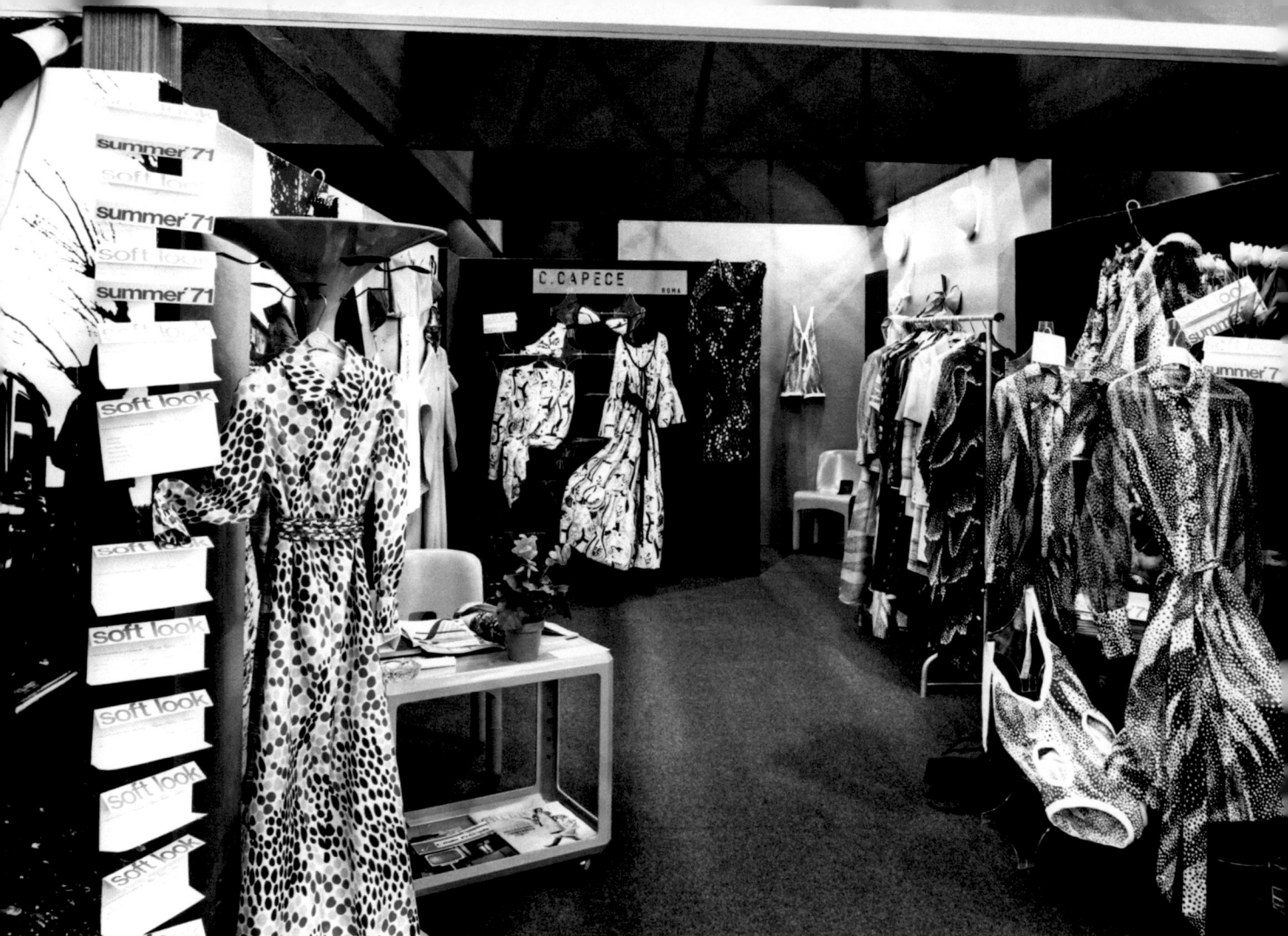

Above and opposite page: Cleonice Capece stands, 1971.

p. 104 top left: Cleonice wears the hand-painted dress with peace doves sold at the charity auction after the fashion show; Hong Kong Hyatt Regency, October 1972.

p. 105: invitations to fashion exhibitions; top right, Cleonice at her stand in late 1960s.

how hard we had to work to prepare them for the show, as I needed to buy various types of pliers in order to secure the rings to the hooks. The idea had a great impact, and some press referred to the collection as the 'Chain Bondage'. The chain mail suggested a new idea of sensual luxury, either when inserted in the embossed piqué sheer waist dresses, or when functioning as a belt for trousers with wide side openings to expose bare hips, or, finally, when shining on tanned legs. The Mikado series featured stylized small flowers with tiny pearls sewn in the middle which were used on short and long tunics, some with butterfly sleeves to be worn with trousers, all extremely elegant with a very clean cut. The flowers were hand painted by the same lady who had made the butterflies and the fishes for the fishnet summer 1964 collection. I decided to give the Mikado series a slight oriental look to compliment my new Japanese buyers. Thus, we painted a large quantity of those flowers on the material and we cut them out, starched them and used them to set the hair of the models for the Florence fashion show.

We were ready for our entrance in the Sala Bianca of Palazzo Pitti.

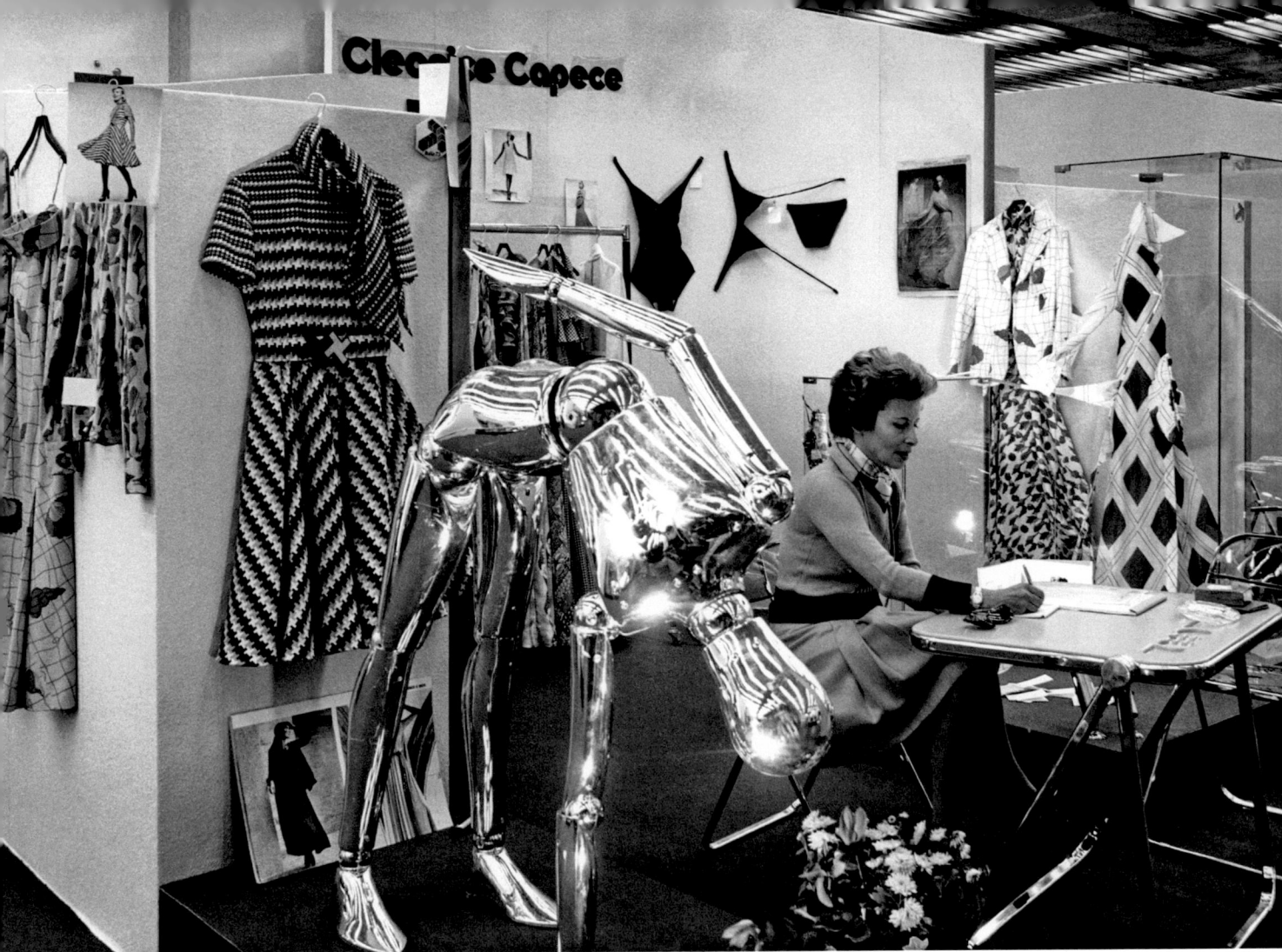

The fashion show started, and there was total silence, not even slight applause, which at the time was an important sign, and I thought: 'Oh my god, this is the end, the collection is a flop!' I could not have been more wrong, for the reception was amazing. One of the models told me that everyone was busy making notes, and that was the reason why there was no applause. Next morning in Palazzo Strozzi to meet buyers and press, I found an incredible scene – there was a queue, many were already clients. At the time the buyers had to pay a deposit of $800 in order to attend the shows. That deposit was then used as part payment for their orders. At the end of the two days I had received many such deposits, and I was very enthusiastic because I needed a great deal of money to pay the high running expenses.

Japanese buyers were coming to Florence to see the show and to discuss the purchase of some of my designs. They loved the collection and, besides writing big orders, they chose three styles to be reproduced and distributed in Japan. Of the chosen ones, I had to make the prototype and the paper pattern in Japanese sizes to be manufactured

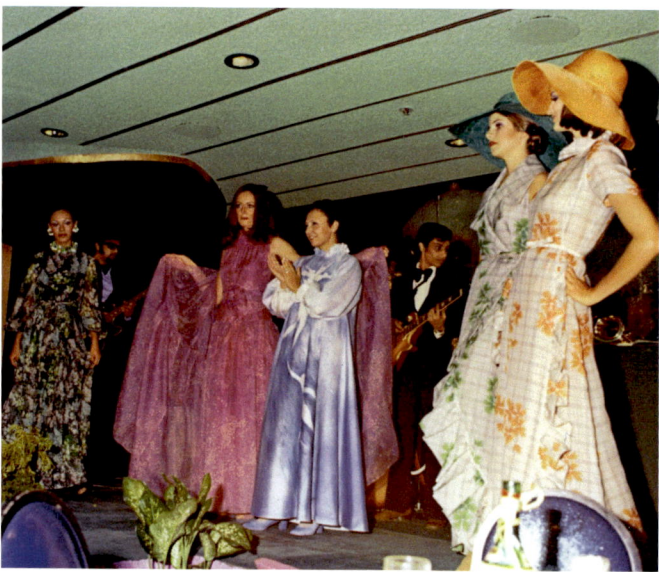

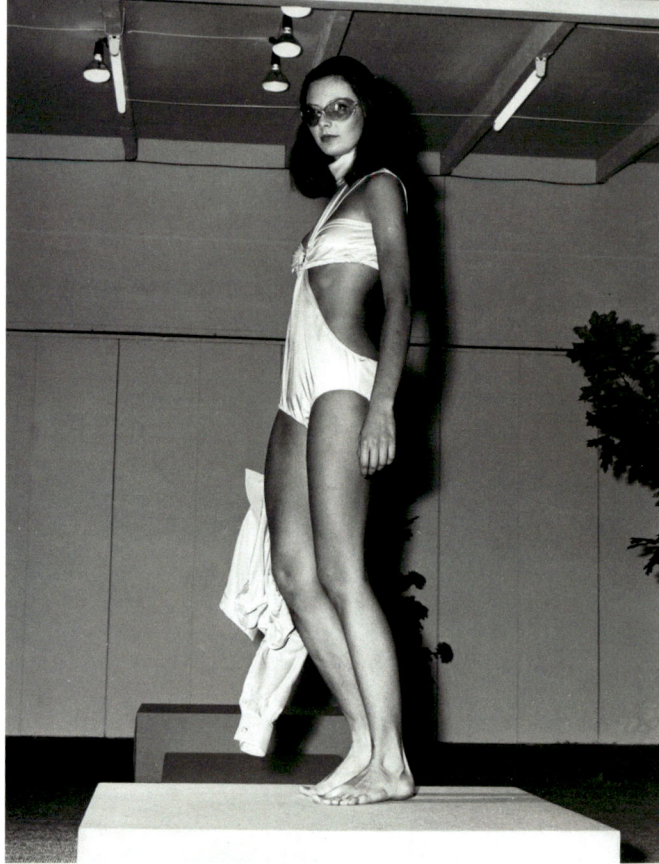

COPENHAGEN

FASHION FAIR 26-29 SETTEMBRE 1970

STRAITS TIMES — SETTEMBRE 30, 1972

TWO SHOWS BY ITALIAN DESIGNER

ITALIAN designer Cleonice Capece will fly in on Friday to present her 1973 haute couture collection at Ming Court Hotel.

Her two fashion shows, at the Ming Court Peacock Ballroom on Oct. 9 and 10, will emphasise the latest fashion trends in Europe.

Miss Capece, whose trip out here is organised by the Italian High Commission here, also deals in ready-to-wear clothes.

The Italian ex-teacher turned to fashion designing full time, after she created a new collection of hand-painted designs on Indian silks which won rave notices in London and New York.

ITALIAN FASHION AND ACCESSORIES EXHIBITION

イタリアファッション展示会

24th–29th SEPTEMBER
IMPERIAL HOTEL · SKY ROOM
TOKYO

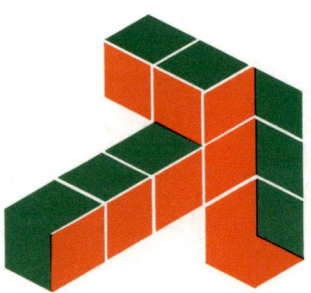

Italia 73

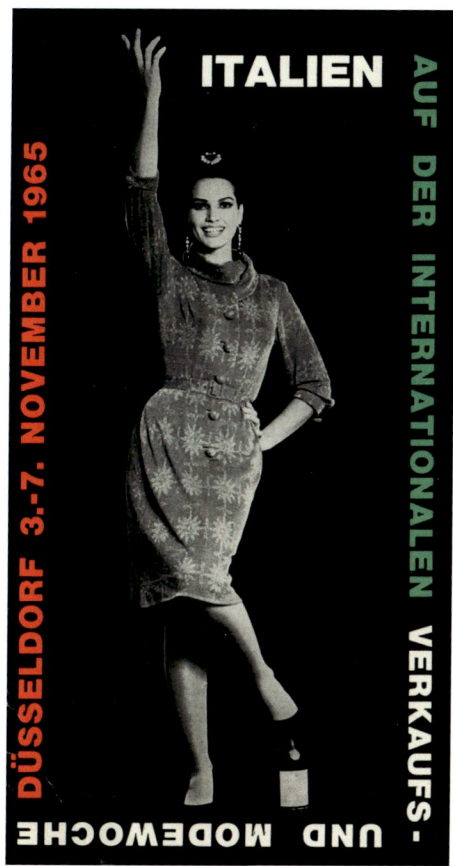

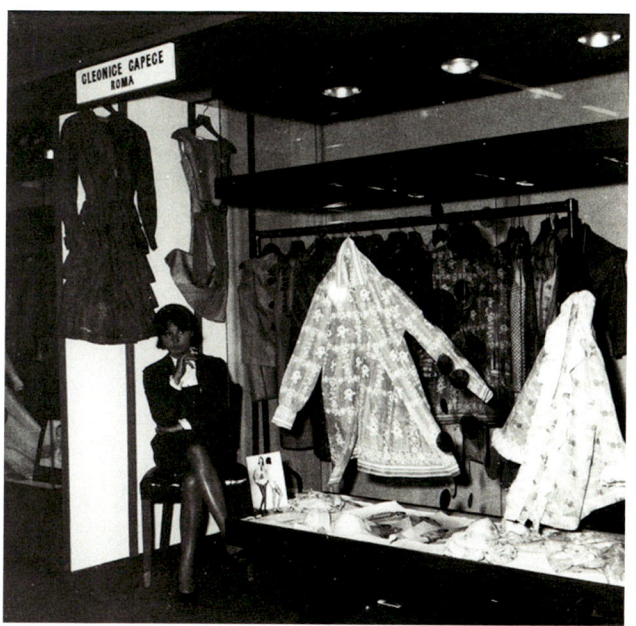

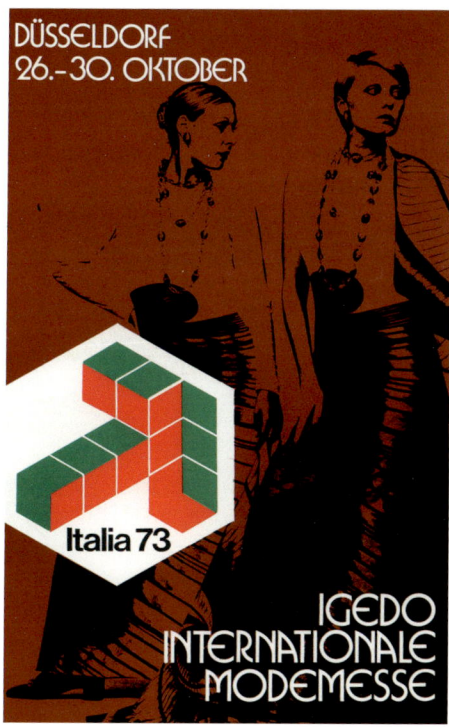

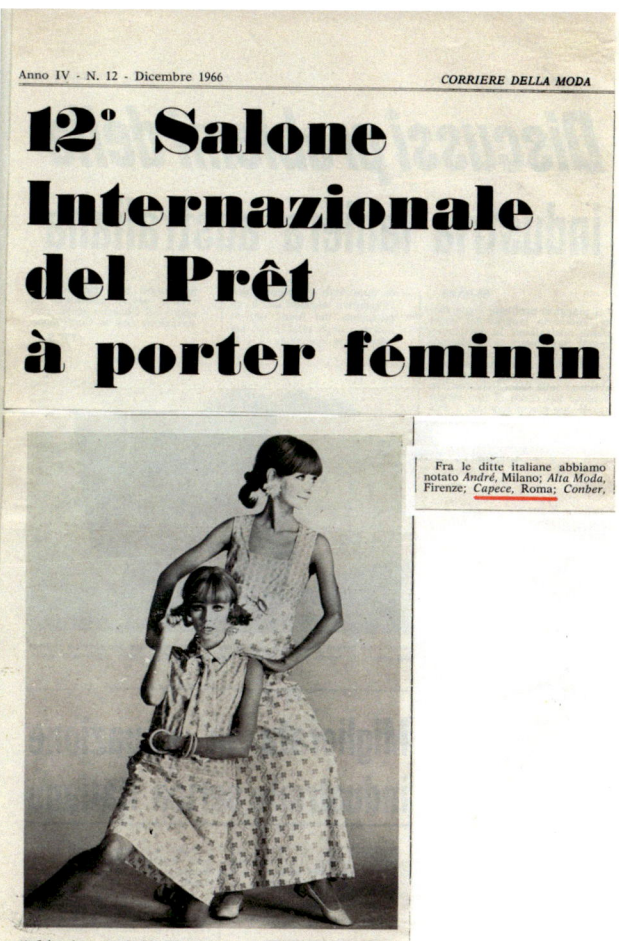

12° Salone Internazionale del « Prêt à porter » — Due completi da mare realizzati in cotone a fiori con corpino a vita alta in tessuto scozzese. (Modello CAPECE)

Confección Española

Diciembre/1970 — 30 ptas

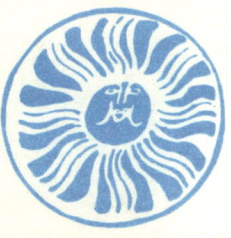

COLECCION ORIENTAL

«Cleonice Capece», de Roma, sigue inspirando sus colecciones de verano, en los estilos orientales y también japoneses. Vestidos largos y fluctuantes. Los playeros-kimono, realizados en esponja de colores exóticos con aplicaciones de frutas, flores, etc. Estampados y pintados a mano, que recuerdan a los jardines japoneses. Emplea los tejidos de seda y los diversos algodones. Túnica en puro algodón bicolor; motivo frutal pintado a mano.

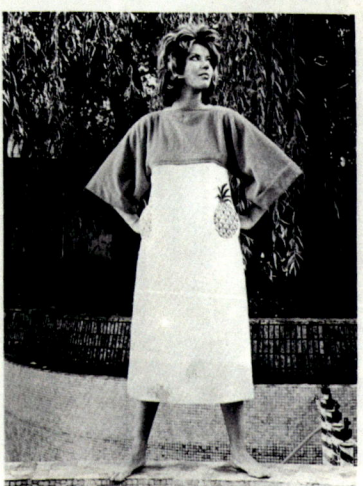

Open luik op de lente
+ Rome +
Parijs
Amsterdam

Rome

Een zwaluw maakt nog geen lente. Maar de sfeer van het voorjaarsseizoen, die uit de vele kollekties naar buiten springt, herinnert ons er aan dat de nieuwe mode de zon vooraf-gaat. Lente- en zomerkleding door de beste fabrikanten in Europa gelanceerd, hangen reeds in de kasten van de modehuizen, wanneer we nog heel wat weken vriesweer, wind, regen, sneeuw voor de boeg hebben. Onder de vele nieuwe kollekties heb ik een Romeinse er uit gepikt die weliswaar zeer "voorzichtig" is maar tevens elegant. Cleonice uit Rome, die vaak haar eigen modellen ontwerpt, brengt een serie die ook wat afwerking betreft tot de beste behoort. Cleonice Capece is een signatuur die onder de specialisten al langer bekend is. Ze toont ons diverse categorieën waarvan we er een voor de lens halen.

Foto links: sportief tweedelig pak. Prince-de-galles, weefsel van linnen-en-zijde. Tunica en pantalon zitten erg soepel rond de lichaamsvormen. Dit Italiaanse modehuis is vertegenwoordigd in tal. van landen en vooral in jongerenboetieken die niet van hippiestijl houden.

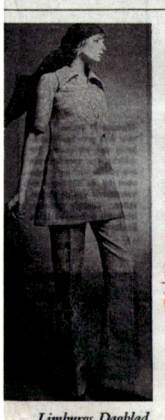

Limburgs Dagblad — Zaterdag 17 januari 1970 • Pagina 13

Allgemeine Volks-Zeitung

Italien spricht über Cleonice

Der Nachwuchs unter der jungen italienischen Modegarde ist nicht zu verachten. Als eins der interessantesten Beispiele dient Cleonice Capece. Sie hat ihr Atelier in der Via Gregoriana, einer der exklusivsten Strassen Roms.

Italien spricht über Cleo

Ein „schwarzes Schaf" wurde Modeschöpferin

Der Nachwuchs unter der jungen italienischen Modegarde ist nicht zu verachten. Als eins der interessantesten Beispiele dient Cleonice Capece, die sich bereits sowohl auf dem einheimischen als auch auf dem internationalen Markt einen Namen geschaffen hat.

Sie hat ihr Atelier in der Via Gregoriana, einer der exklusivsten Straßen Roms. An einer Glastür liest man die beiden Buchstaben C. C., und dort klingelt man. Eine junge Person in rotem Pullover und blauem Minirock öffnet. Die Antwort auf die Frage nach der Signora Capece:

„Das bin ich. Womit kann ich dienen?"

Weiße Ledermöbel in modernem Design unter einem antiken Kronleuchter aus Murano-Glas empfangen den Besucher. Das Interview kann beginnen.

C. C., aus einer neapolitanischen Familie stammend, wurde vor knapp 35 Jahren in Salerno geboren. Schon als junges Mädchen bewies sie ihre Individualität und gleichzeitig einen eisernen Willen, ihren eigenen Weg zu gehen. Sie bestand ihr Lehrerinnen-Examen, eine der wenigen zu Gebote stehenden Berufsmöglichkeiten. Denn es ist in ihrer Familie nicht üblich, daß sich junge Mädchen den Lebensunterhalt selber verdienen. In Süditalien warten heute noch alle „besseren" Töchter auf den Mann, der sie zeitlebens versorgt.

Ein Jahr im Dienst der Alitalia war der nächste Schritt in die Unabhängigkeit. Und nach einer aufgelösten Ehe, aus der ein heute 12jähriger Sohn stammt, kehrte Cleonice für einige Zeit der Heimat den Rücken. England hieß das Ziel.

Gleichzeitig während sie in London die „English School" besuchte, um die Sprache zu erlernen, begann sie sich für Mode zu interessieren. Wenn italienische Einkäufer nach London kamen, war sie ihnen mit ihren Sprach- und Sachkenntnissen behilflich und führte sie zu englischen Modehäusern.

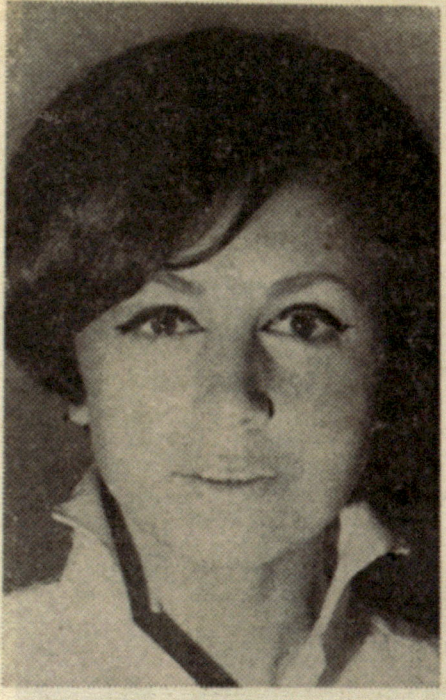

Cleonice Capece. Die zierliche 35jährige erobert den italienischen Modemarkt. (Foto: Feldmann)

hört man ihren trachtet erstau Frau — als hä Lilliput-Reich derland in uns verirrt.

„Und welche Sie, um Ihre Pl und Ihre Ziele

„Meine einz Arbeit. Und w lich habe ich bin selber Chef wenn es sein und vor allem um C. C. ist die ihres Unterneh

„Was sagt Ih Erfolg?"

Ein Lächeln sicht. „Ich sagt daß ich aus e Familie stamm mich als das Sippe. Sehen Schwester heira Tagen in Sale um ihr hier e robe zu kreier

modereport

Cleonice Capece:
Eine Wahl-Super-Preußin

tr. Rom
Seit zwei Jahren spricht man in italienischen Fachkreisen von den frischen, aparten Boutique-Modellen der Cleonice Capece. Sie ist nicht nur in Rom, sondern auch im europäischen Ausland und in den USA erfolgreich. Die tsr Korrespondentin besuchte sie in ihrem römischen Atelier.
tsr: Wie verfielen Sie der Mode?
C. Capece: Auf dem Luftwege. Gegen den Willen meiner konservativen Eltern ging ich zur Alitalia-Fluggesellschaft. So gelangte ich nach London, um Englisch zu lernen. Und dabei verfiel ich dem Charme indischer Saris. Ich verarbeitete

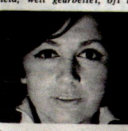

sie und sie schlugen ein wie ein Blitz.
tsr: Man bezeichnet Sie oft als Wahl-Super-Preußin. Warum?
C. Capece: Weil ich, was hier unten nicht selbstverständlich ist, morgens die erste im Atelier bin und abends die letzte.
tsr: Ihre Kreationen für 1970?
C. Capece: Maschenstoffe rangieren vor allen anderen, besonders für Strandensembles. Bikinis werde ich mit Stoffröschen garnieren, dazu gehört das nicht mehr wegzudenkende Minikleid, weit gearbeitet, oft im Herrenhemdschnitt. Wichtig sind dafür Muster in kräftigen Pastelltönen auf nesselfarbigem Grund. Strickkleider, allerdings handgearbeitet, sind zur Zeit von der Jet-Society stark gefragt, der Boom dürfte erst 1970 seinen Höhepunkt erreichen. Ich entwerfe sie mit langen Herrenhemdärmeln auch für Parties und mit Schnurgürteln an denen Pompons baumeln.
tsr: Ihre Mäntel 1970?
C. Capece: Waden- oder auch knöchellang aus imprägniertem, bedrucktem Cotton-Velours für den Vormittag auf dem Weg zum Strand. Die gleichen Modelle können ab 18 Uhr als ideale Ergänzung des ebenso langen Partykleides dienen, das wiederum aus Organza besteht, den Druck des Mantels aufweist.
tsr: Wie erklären Sie sich den Erfolg der süditalienischen Modeschöpfer in den letzten Jahren?
C. Capece: Sehr einfach. Die Mailänder Couturiers machen sehr schöne Entwürfe, für die Stadt von der Stadt inspiriert. Wir hier unten spüren das Meer und den Himmel, den Strand, die Pinien. Das inspiriert zu einem rustikalen Look, die nicht sophisticated wirken soll…

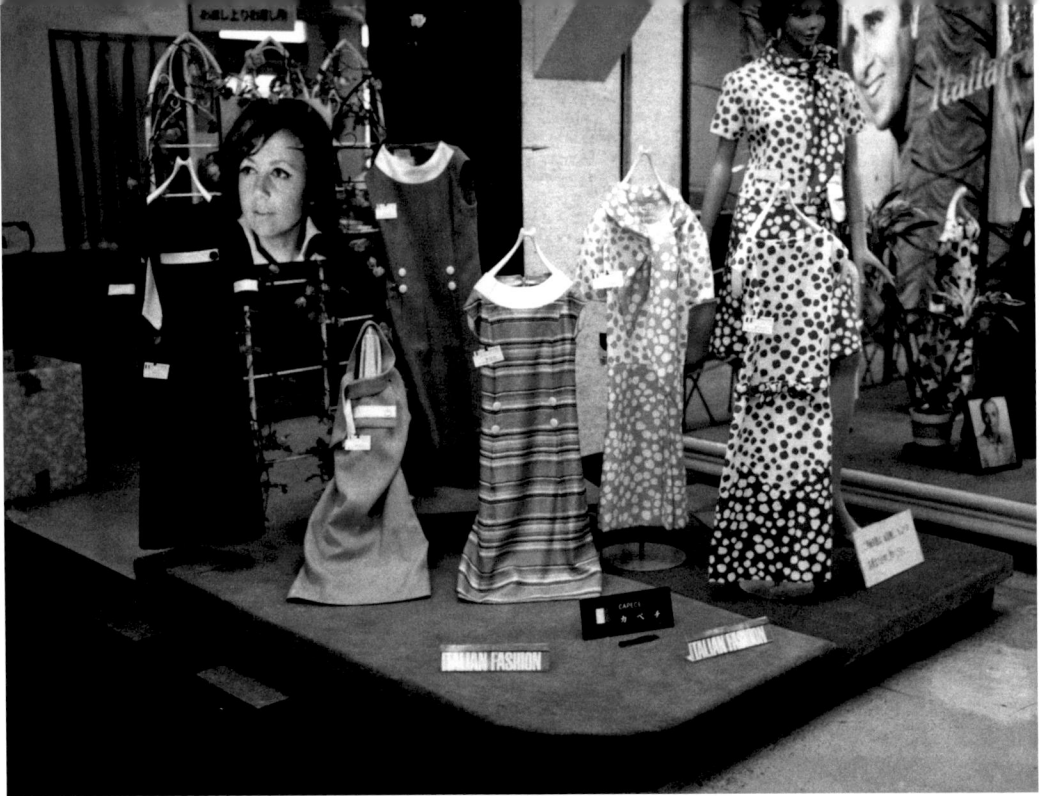

Above: Cleonice Capece corner, Matsuya department store, Tokyo, 1967.

Opposite page: Cleonice Capece stand at the Internationale Verkaufs und Modewoche, Düsseldorf, November 1965.

p. 106: paper clippings describing The Collections in different languages.

pp. 110-11: Cleonice Capece stands at the 12th Salon International du Prêt-à-Porter, Paris, 1969.

in Japan for the national market. I was asked to go to Japan to supervise and approve the prototypes before they were sent into production. It was incredible how they managed to reproduce these pieces. Some of them had beautiful handmade jewel-buttons, which they were able to replicate so well that one couldn't tell the difference from the originals. This Cleonice Capece Made in Japan production was distributed with great success by Intermode, part of the Toray Industries Corporation, and through the large department stores Isetan and Matsuya. Advertising was very important to the brand identity in Japan, and photographs of me appeared in shop windows alongside the clothes and my name.

The buyers of the Swiss company Juvena Cosmetics also loved the Mikado collection and the piqué dresses with chain inserts. They decided to place a very big order and to advertise the styles in their cosmetics catalogues. They did a very beautiful photo shoot with their product and my models. Production was delivered and distributed in the Juvena stores in Baden-Baden, Berlin, Hamburg, and Vienna, and I appeared in many fashion magazines.

I was travelling throughout Europe, visiting agents and presenting my fashions at various exhibitions. In the meantime orders and production had tripled, and I had employed more labourers. In the late '60s, I was contacted by the organisers of Salone Mercato Internazionale dell'Abbigliamento (SAMIA) in Turin who were planning a new exhibition specifically dedicated to ready-to-wear with a high fashion content. Moda Selezione (this was the name of the exhibition) was to be

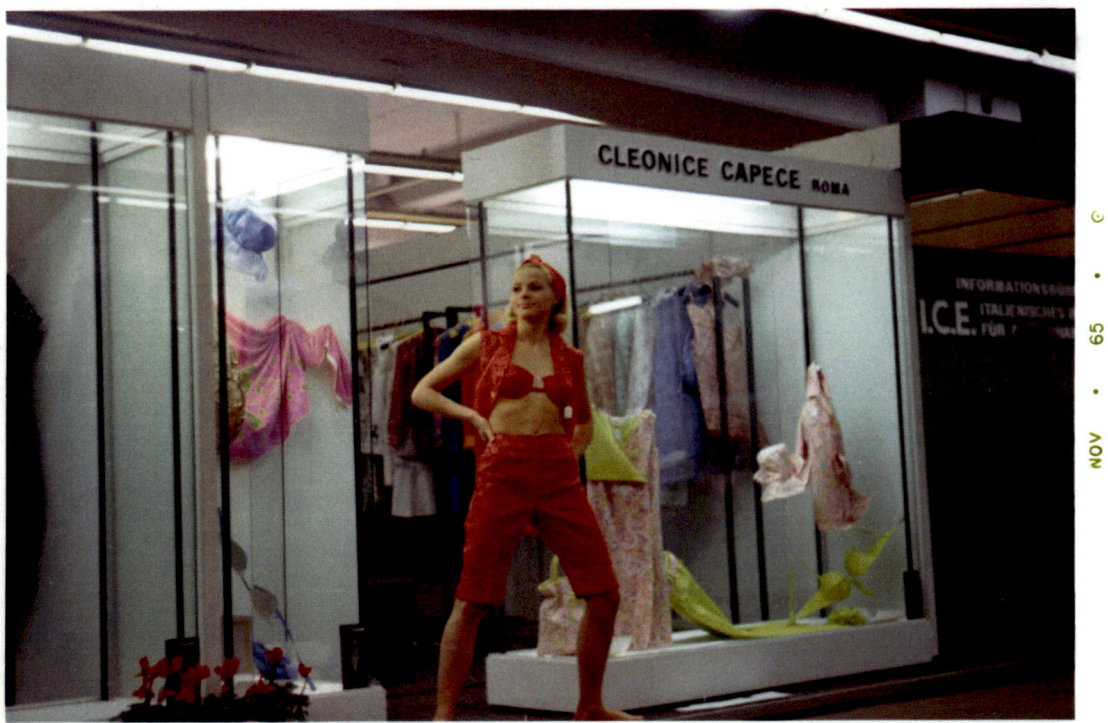

inaugurated in Turin on 18 April 1969, a week after the Florentine Pitti shows. There was a great deal of talk between various fashion houses and the press on a rivalry that was emerging between Florence and Turin. There were whispers of the participation of big names, but the organisers also let the small fashion houses know that their participation was important to the success of the Turin exhibition. After much hesitation, I decided to participate and to make a different collection, slightly more commercial in style and price, but maintaining the same look. I called the collection 'Capecissimo'. With Capecissimo I was, without being aware of it, doing something that would emerge in early '80s fashion design, when such a brand differentiation became known as the 'second line'. Moda Selezione turned out to be a great success for me; the buyers were different from those in Florence, and there were more luxury department chain stores. Most importantly, the show opened the Italian market to me, as at the time I was not selling my clothing in Italy.

At the beginning of the '70s individuality and self-expression emerged as themes. Fashion adopted many different looks. Skirts became longer and were called midi or maxi. Women started wearing a look of their own making. Shorts became hot pants worn with maxi gilets instead of coats, mini became maxi, and catsuits, trouser suits, kaftans, Afghan coats, and ponchos established themselves on the fashion scene, together with a sophisticated gipsy look with pleats and ruffles. Full-length maxi chemisier dresses with long pointed collars were all the rave for the evening, as were the jumpsuits. So I brought

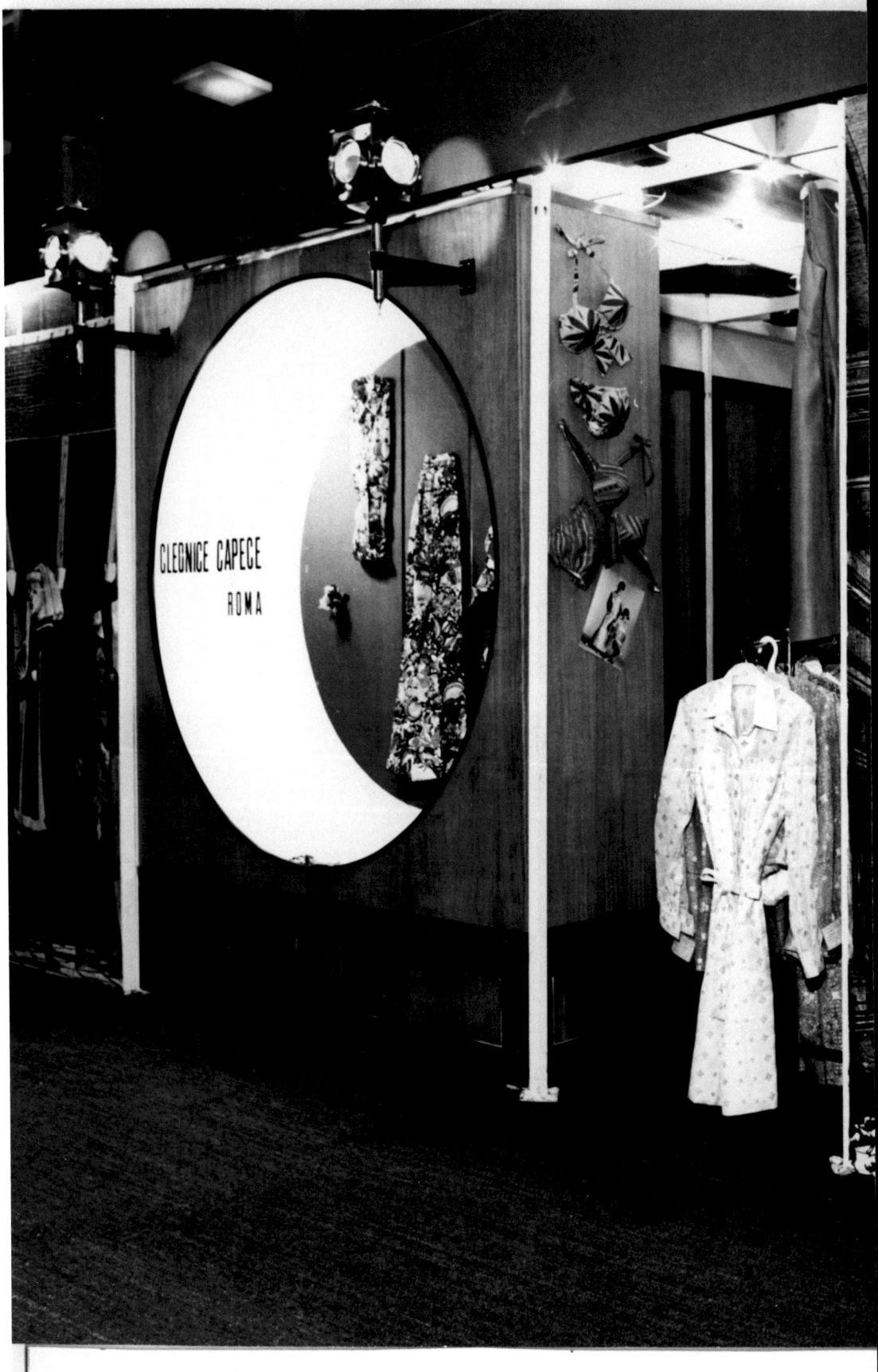

CAPECE — Via Gregoriana, 12 - Roma (I

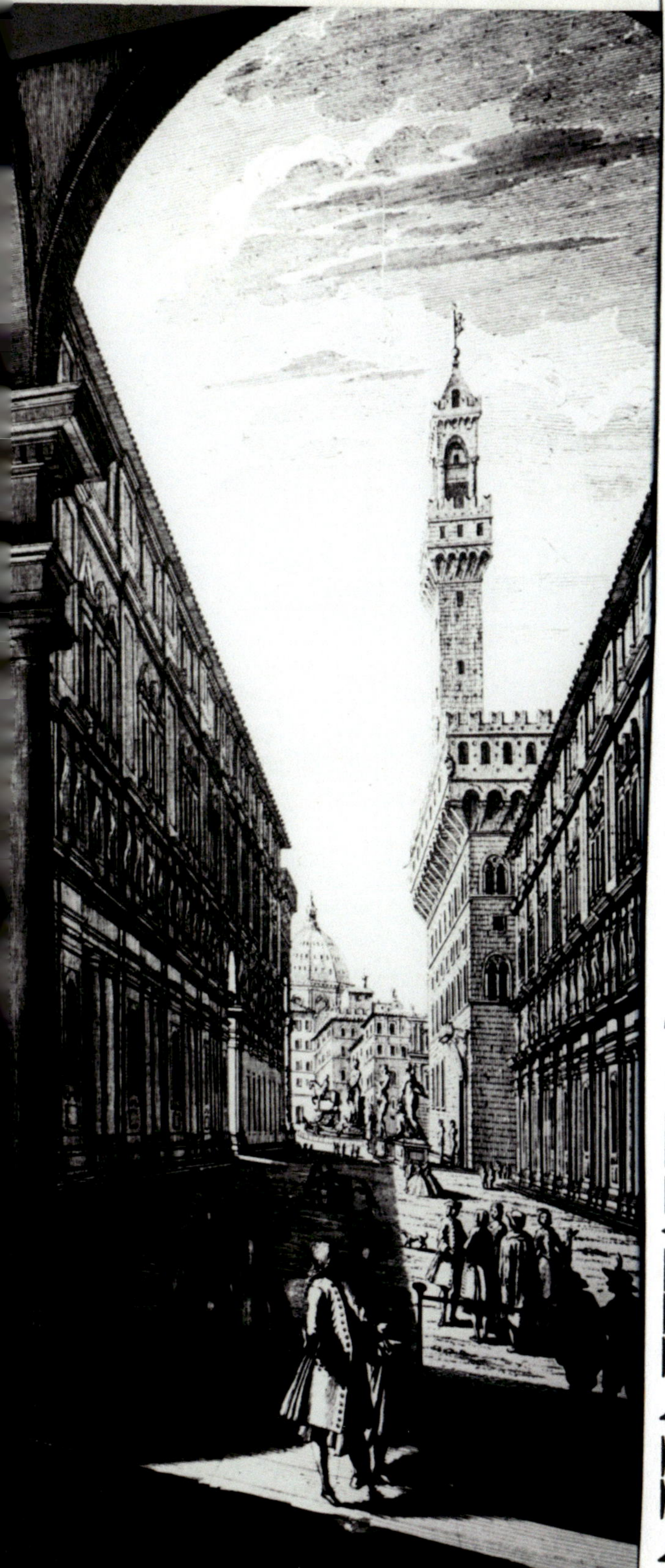

12ᵉ SALON INTERNATIONAL DU PRÊT À PORTER FÉMININ

10 bis - J

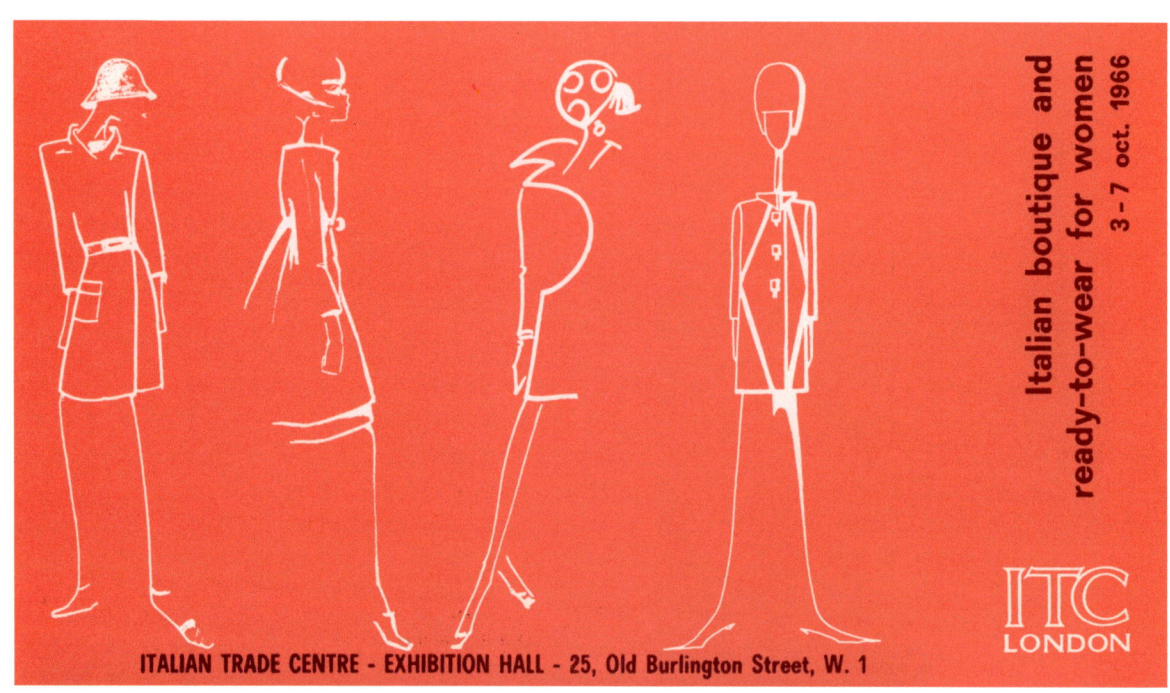

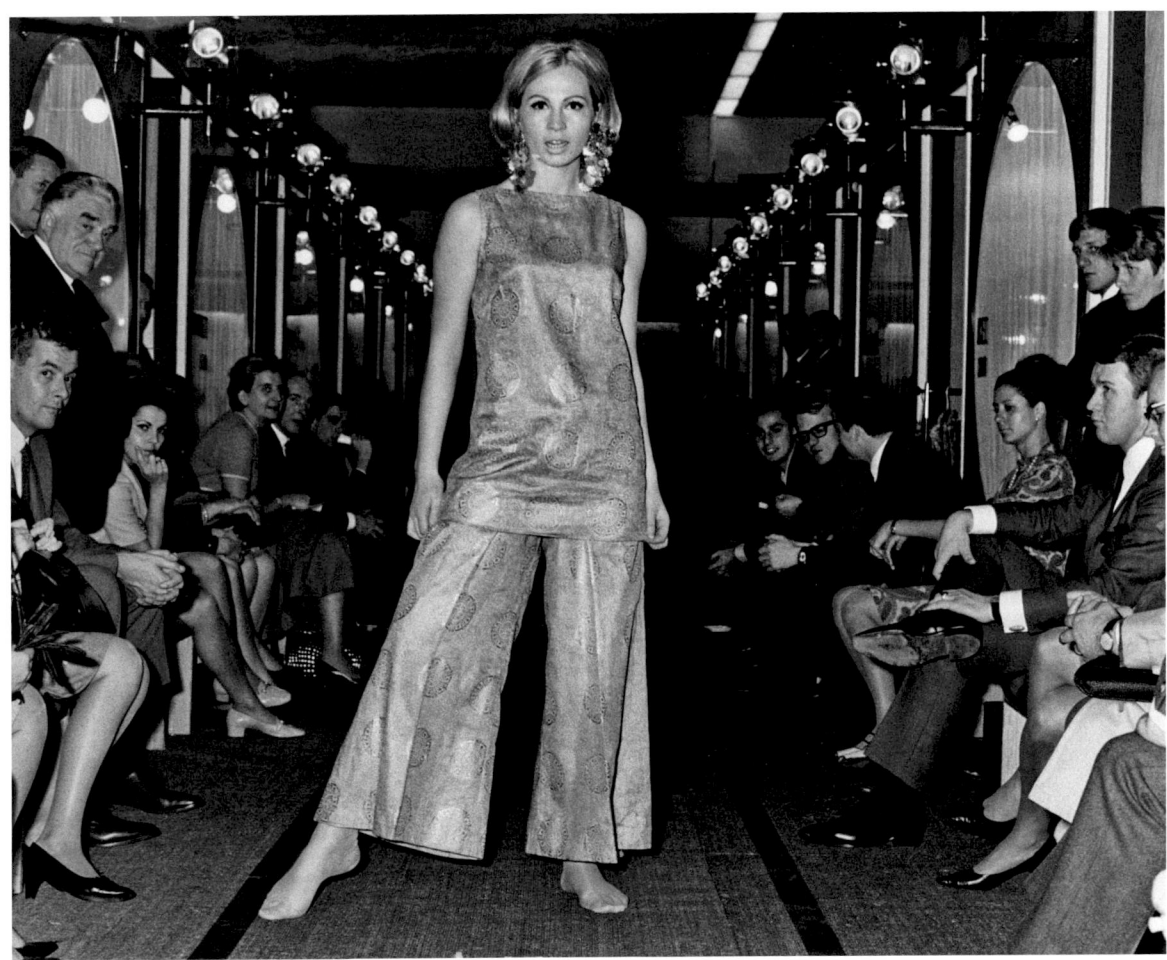

to Turin both Capecissimo and the Cleonice Capece collection that had been shown in Florence, whereas many of the other designers participated only with what they had shown in Florence. Capecissimo was presented as luxury ready-to-wear.

The image I chose for the launch of the spring-summer 1970 Capecissimo collection featured a fresh and joyful exotic set of coordinates, with Bermudas, bikinis, and pirate-style kerchiefs. Capecissimo for autumn-winter 1970-71 included two leading designs: a brown, silk chiffon gown with a richly pleated skirt and kimono-like sleeves; and an orange and gold brocade evening gown with a Japanese obi-inspired bodice. But I was getting frantic. The agents were asking for the collections to be shown earlier and earlier. I was getting more and more orders from Japan. The quantities of their orders were bigger than those of European boutiques and department stores and so were the reproductions of the models needed for the Japanese market. I was being invited to fashion shows in Japan, Hong Kong, Singapore, Lebanon, and the Philippines.

Above: Palazzo pyjama and tunic with bronze and gold circles in Indian saris; Salon International du Prêt-à-Porter, Paris, late 1960s.

p. 112: invitation to Fashion Exhibitions in Düsseldorf and London (Italian Trade Centre).

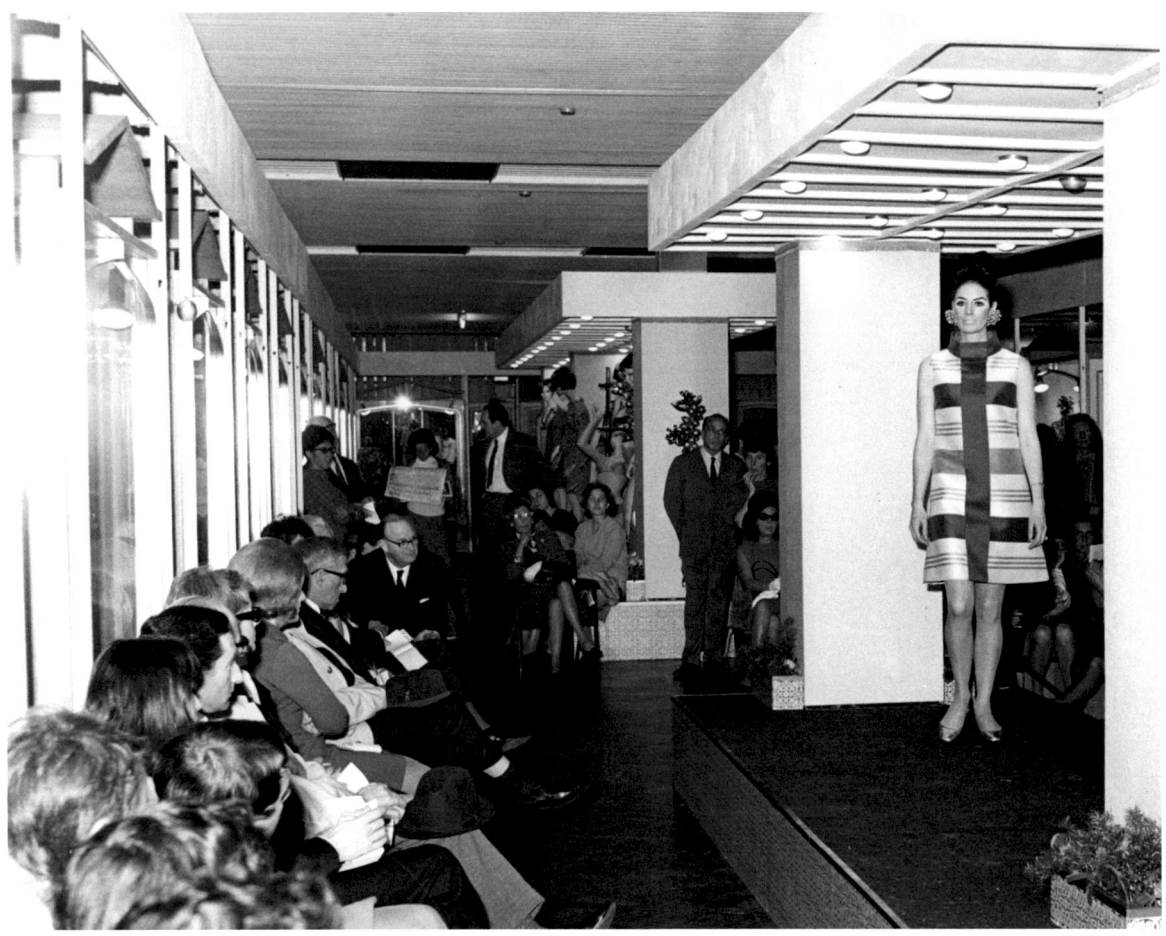

Above: London ICE fashion exhibition; silk cocktail dress with beige and chocolate stripes, late 1960s.

Opposite page: bikini and maxishirt in hand-printed cotton voile saris; Cleonice Capece fashion show, Rome, 1972.

pp. 116-21: clippings from Asian press, 1970-72.

In 1972, ICE organised exhibitions and fashion shows with six fashion houses in Hong Kong, Tokyo, and Manila. We travelled together to the Far East, along with our models. After the success of Hong Kong and Tokyo, Manila was next. When we landed in Manila, to our surprise, we were herded by the military, with drawn weapons, to a waiting bus that took us to our hotel. There the police informed us that we could not leave the premises, that we could not hold the exhibition, and that we should be ready to leave whenever they decided. The reason for this news was that the day we landed Ferdinand Marcos, the dictator of the Philippines, had declared martial law to counter an uprising against his rule. A chaotic situation kept us grounded for three days. Sadly, in that chaos I lost part of the collection and all the professional photos from Tokyo and Hong Kong, leaving me with only the few Polaroids taken privately.

Between 1968 and 1972, invited by ICE, I took part, along with other fashion houses, in many exhibitions and fashion shows, not only in Europe, but also in Australia and Japan. By combining design and entrepreneurship, I managed to export to more than thirty countries.

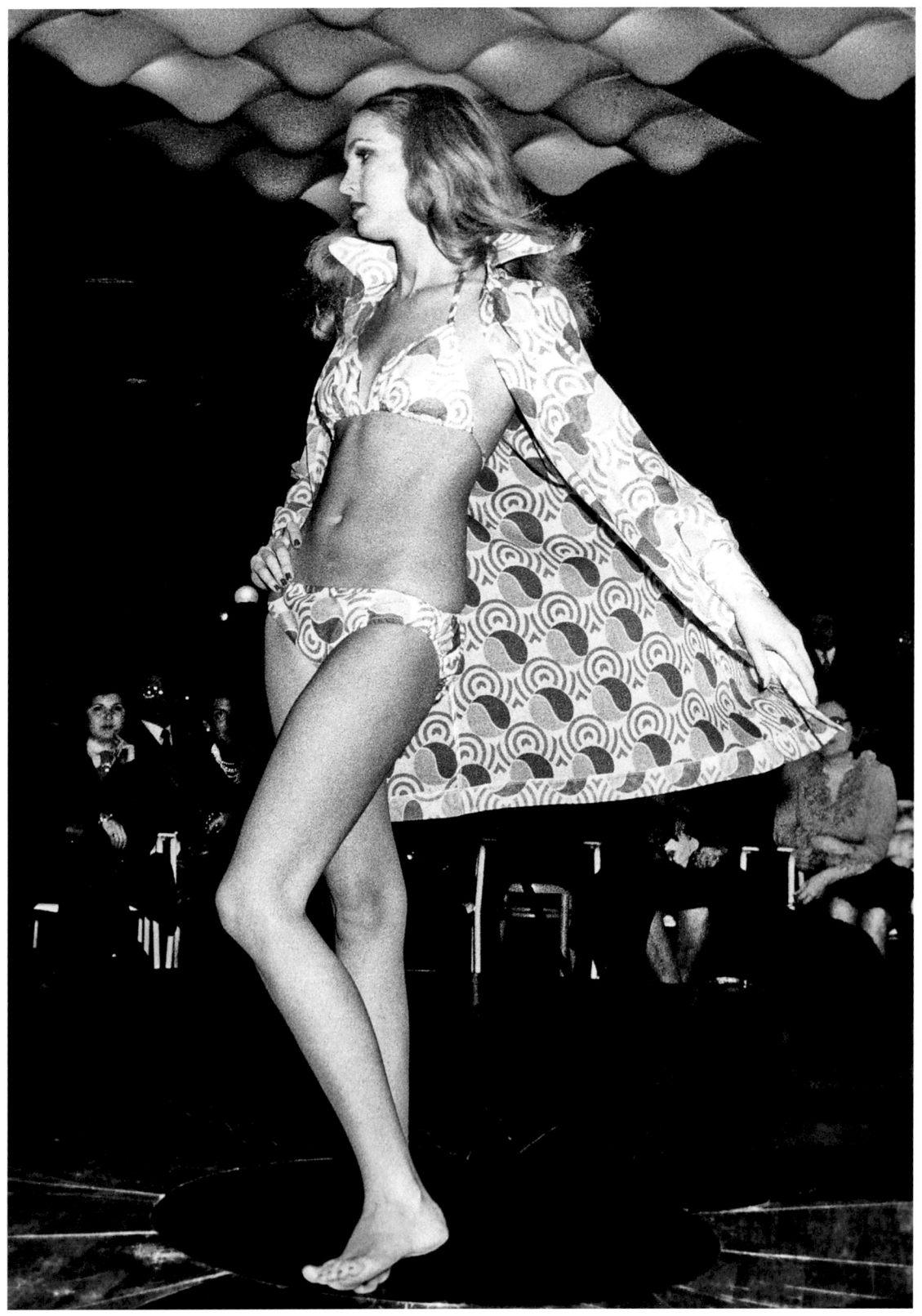

NANYANG SIANG PAU SINGAPORE

NANYANG SIANG PAU SINGAPORE

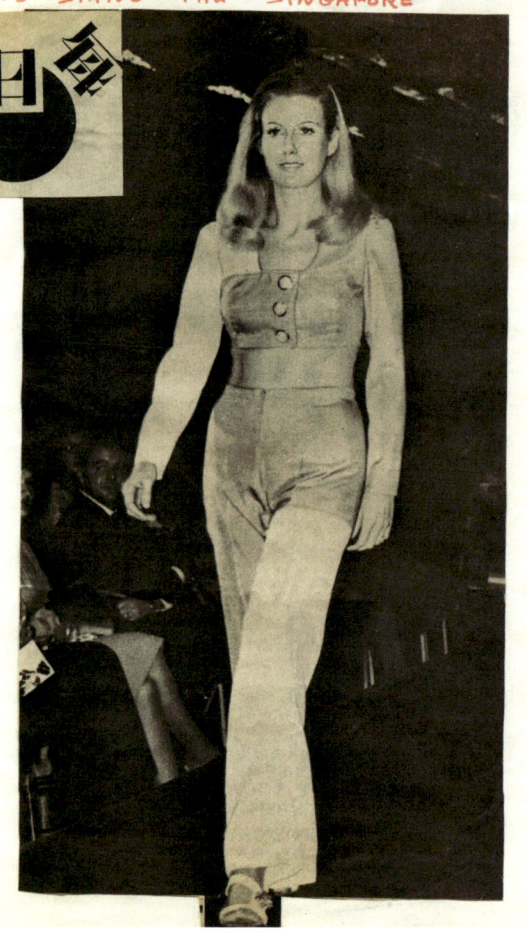

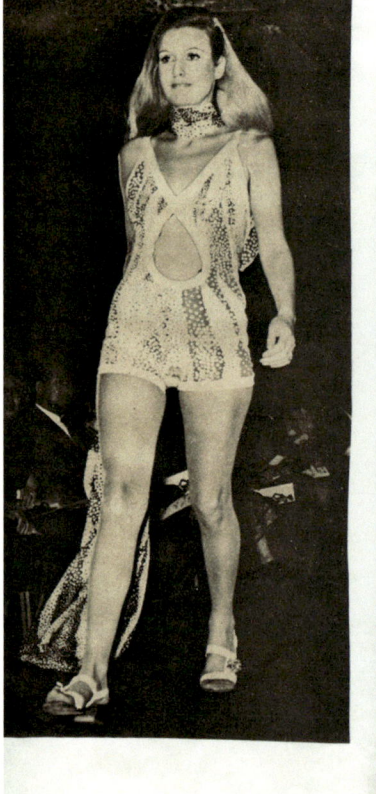

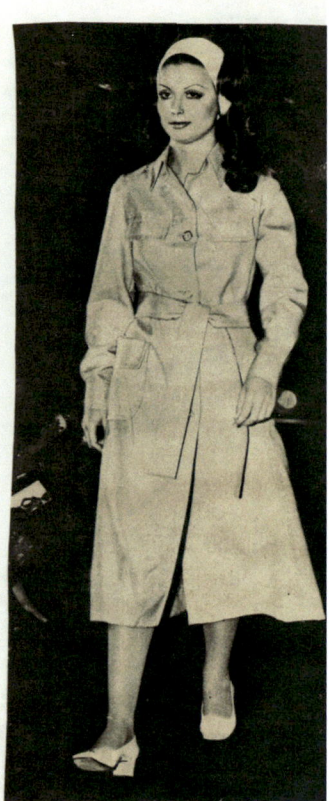

NANYANG SIANG PAU
FRI 4 DEC 70

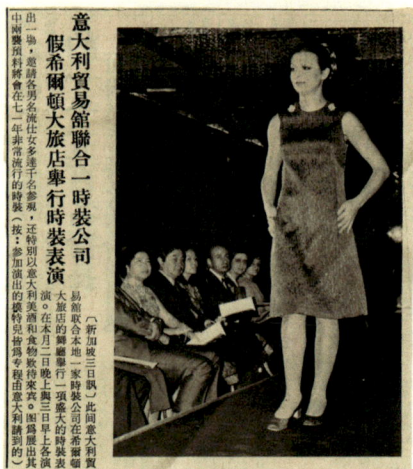

The Italian Trade Office and a local fashion house jointly held a fashion show at the Singapore Hilton Hotel.

The Italian Trade Office and a local fashion house jointly held a big fashion show at the Ballroom of the Singapore Hilton Hotel. The shows were held on the night of the 2nd and the morning of the 3rd. About 1,000 guests were invited to the fashion shows. Italian wine and confectionery were served. The picture above shows a new fashion for the year of 1971. All the mannequins arrived direct from Italy.

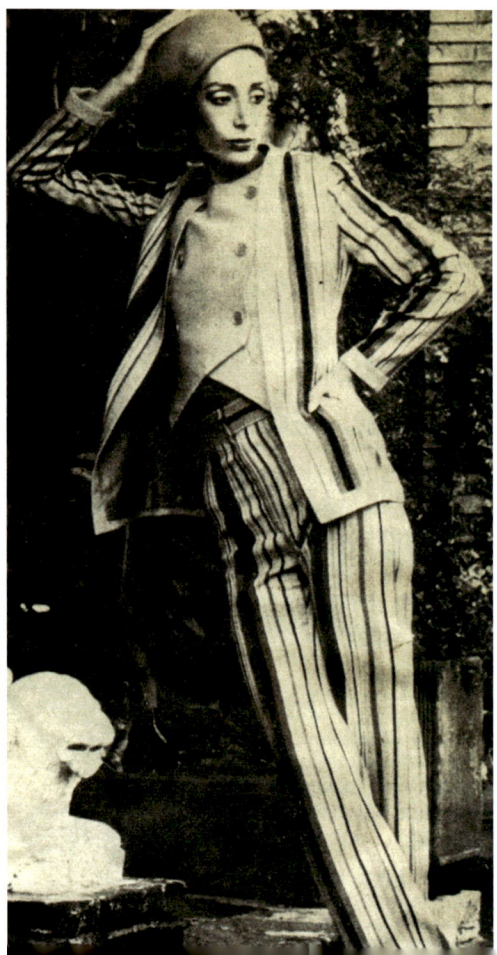

意大利時裝表演

新加坡意大利貿易舘聯合本地一家時裝公司於本月二日晚上與三日早上,在希爾頓大旅店的舞廳舉行一項盛大的時裝表演,並特備意大利美酒和食物款待各界嘉賓。本頁刊登圖片係當日表演的部份精彩時裝。

本報攝影記者 黃世勇攝

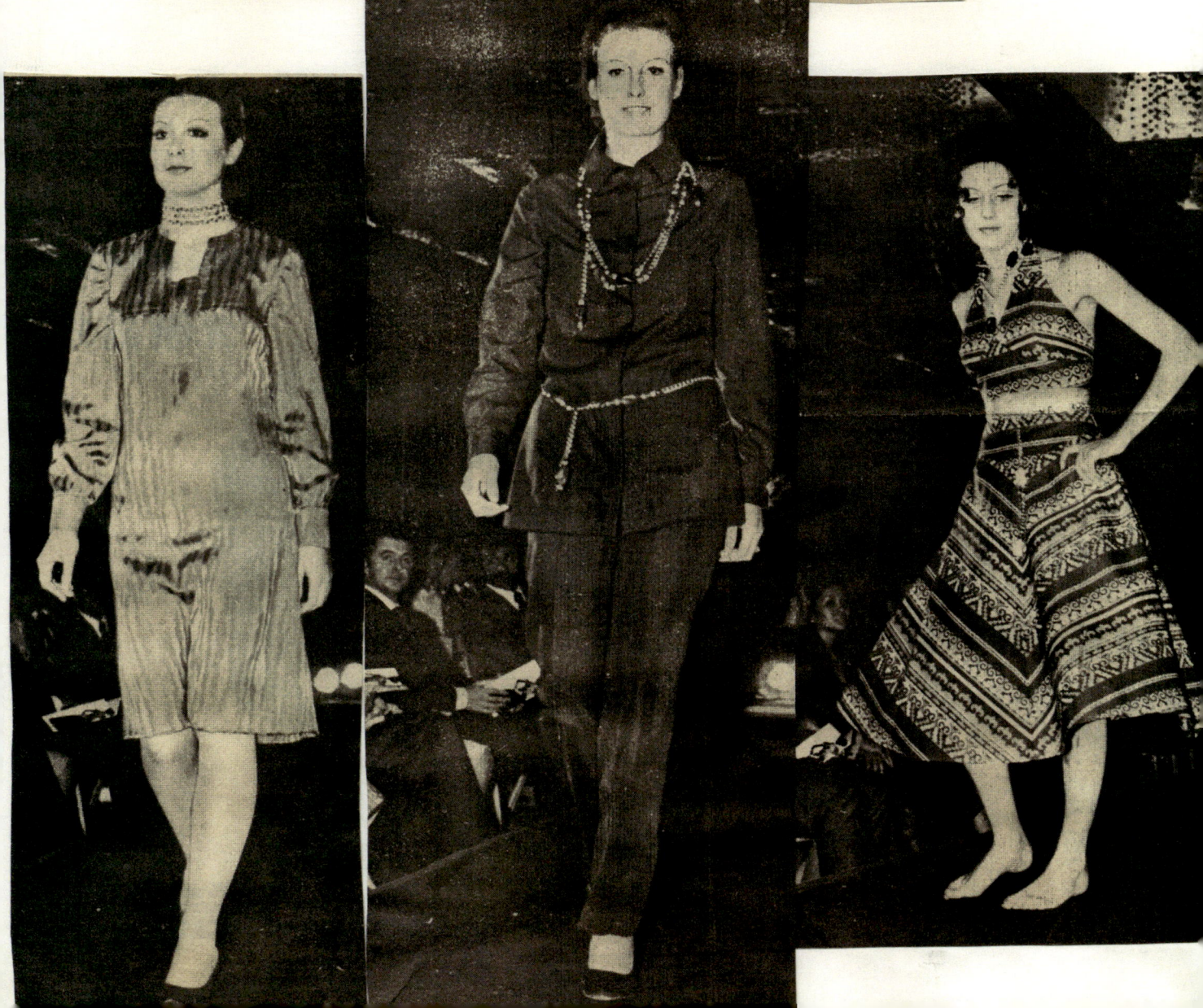

CLEONICE CAPECE
Via Gregoriana, 56
00187 ROMA
tel. 06/679.15.47

TOKYO

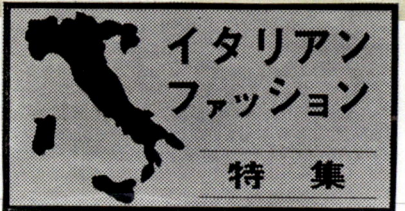

2762

italia 72

ITALIAN EXHIBITION OF FABRICS, READY-TO-WEAR AND ACCESSORIES

TOKYO - IMPERIAL HOTEL - SEPTEMBER 25-30, 1972

日本洋装新聞

NISSO 増刊号＞第778号 昭和47年9月25日

昭和32年10月24日第3種郵便物認可　毎週水曜日発行

株式会社　日装

発行人　加藤三郎　振替大阪 51173
購読料　1ヵ年 4,000円（送料共）

大阪市東区内本町橋詰町50番地（加納ビル1階）TEL (941) 8651代表
東京支社　千代田区内幸町1-7-24国鉄センター14号 TEL (504) 0591~2
中部支社　一宮市花祇通6-1 TEL (0586) 73-0795

italia 72 Special Issue: **Italian Fashion Exhibition**

クレオニチェ・カペーチェ (CLEONICE CAPECE)

（写真下）

イタリアの著名なファッション・デザイナー、カペーチェは1972～73年の女性ファッションについて次のように提案している。「女性が最も美しくなるのは混雑や交通地獄から解放され、リラックスした時です。この時、女性はほんとうの女性らしさを取り戻す。そのようなTPOにおける装いはアフタヌーンでありカクテルであり、イーブニングです」……と。

カペーチェ女史はこうして女性のくつろぎにおける美を追い求める。まず、そのラインではボディ・ラインとのハーモニィということで、ベルトはウェストラインに、スカートは膝ちょうどで充分にフレアさせる。パンタロンの場合はストレート・ラインを生かしウェストを高めに持って行っている。これによってブレストのふくらみを強調している。この場合、シンプルなブラウスとの組合せがよく、そこだけを華やかにしている。

カペーチェ・コレクションの素材はラミネートのブロケード、光沢のあるシルク、豪華なクレープ（柔かくふんわりとしたもの）暖かく軽いチェニル、ビロード・プリントタフタ（イーブニング用）などが多用されている。

色彩ではダーク・ブルー、光沢ある黒、エメラルド・グリーン、鮮明で大胆な赤、陰影のあるオレンジが中心になっている。

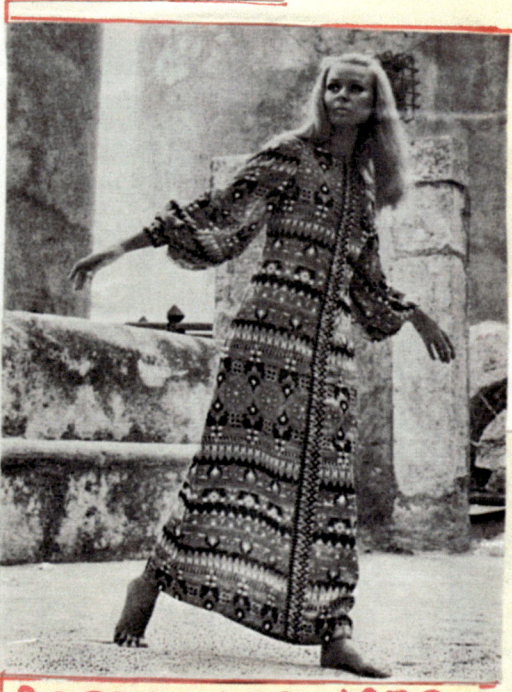

SEPTEMBER 1972
TOKYO

ITALIAN EXHIBITION OF FABRICS, READY-TO-WEAR AND ACCESSORIES

TOKYO - IMPERIAL HOTEL - SEPTEMBER 25-30, 1972

Organized by Italian Foreign Trade Institute - ICE - Rome, under the sponsorship of the Italian Ministry for Foreign Trade, and of the Italian Embassy in Tokyo

Hongkong

燕妮丁珮焦姣欣賞時裝展

影星胡燕妮，丁珮，焦姣，張仲文等，昨午出現於凱悅酒店九龍廳，她們都聚精滙神地，欣賞一項精采的意大利時裝表演。

該批時裝是由歐洲著名服裝設計專家畢朗尼，及嘉蓮妮兩人所設計，並由八位本港著名模特兒及兩位意籍男模特兒擔任演出。

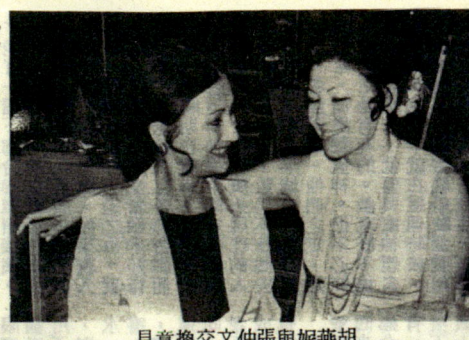
胡燕妮與仲文交換意見

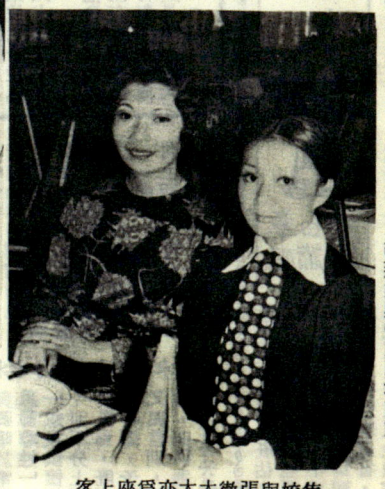
焦姣與張徹太太亦為座上客

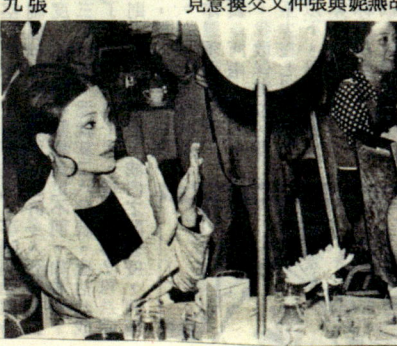
胡燕妮與仲文鼓掌讚賞

丁珮對展出的時裝頗為欣賞

ACTRESS: BETTY PUI TANG

"HONG KONG" WEDNESDAY OCTOBER 4TH, 1972

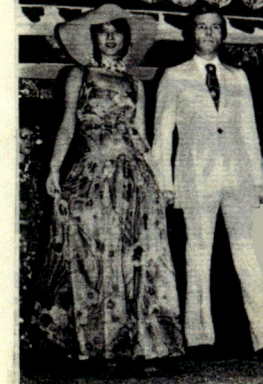
女模特兒分別展出新歐服式

夏曆壬子年八月廿八日　**MING TING YAT PAO (DAILY NEWS)** 明燈日報

七三年意大利男女時裝凱悅酒店連日盛大演出

歐洲著名服裝設計家畢朗尼及嘉蓮妮兩人精心設計的意大利時裝，已於本月三號開始在凱悅酒店盛大演出，此次展出的服裝包括一九七三年至七四年的男性秋冬時裝及七三年度的女性夏季時裝，並由本港八位著名男女模特兒及二位意大利男性模特兒擔任演出。

七三至七四年的男性秋冬時裝的特色是用長綫條，無論在花紋或欵式都是直綫型，顏色則以藍色及淺黃棕色為主，這就是畢朗尼一貫設計作風。

嘉蓮妮小姐意大利年青的女設計家，亦以簡單的布暫，配上軟性絲質的顏色，及富羅曼蒂氣氛的顏色，更採這批高費而又多采的意大利時裝日（五號）續在凱悅酒店九龍廳演出，和酒行免費供應各額及飲料。

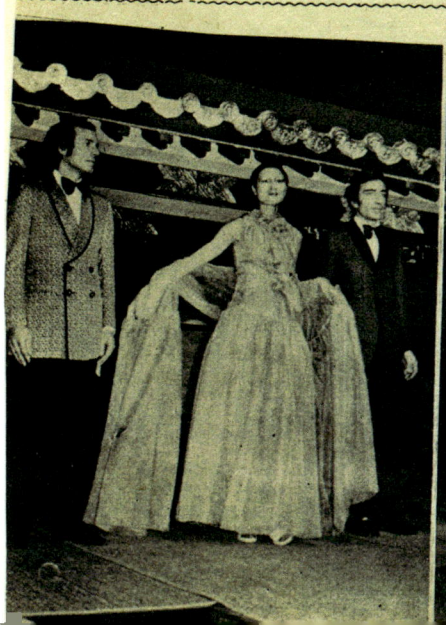

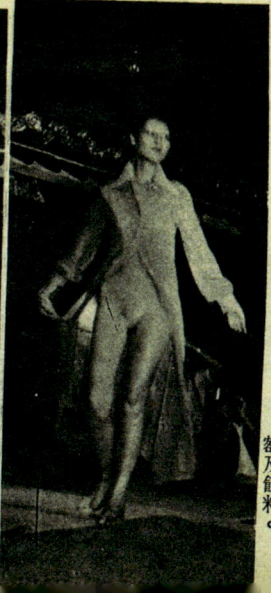

THE SUNDAY MAIL, OCTOBER 8, 1972

EVE
by Rita Loong

Evening ensemble with the pleated look

Capece's fashion find

Pictures: Francis Ong

THE teacher taught the well-dressed women a thing or two about new fabrics.

Cleonice Capece sprang into the exclusive circle of top-rated designers 10 years ago when she put aside her teaching degree to try her hand in the fashion field.

She went to London and a tip-off there brought her back to Salerno in southern Italy where, she was told, she could find unique dresses.

"What I actually found were handpainted fabrics. I was so angry at first because this was not what I wanted." Her temper cooled fast. Cleonice realised those designs were fashion find.

"I bought all I could and combined them with Indian fabrics which were new to Europe then."

She then presented her collection in New York and London which was a big success.

Cleonice is now here to show her 1973 summer collections at Ming Court Hotel on Monday and Tuesday. They include some 60 outfits for beach, casual and evening wear.

The Sunday Times
SUNDAY, OCTOBER 8, 1972   25 CENTS   SINGAPORE EDITION

The Sunday Times October 8, 1972

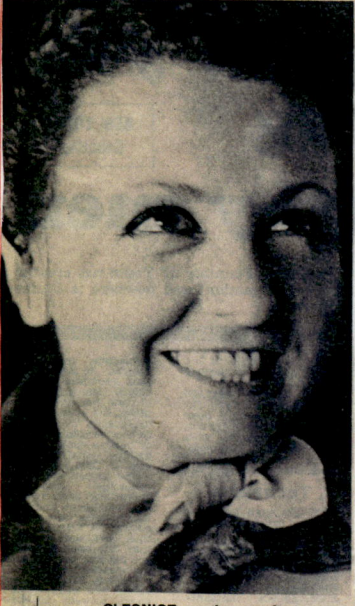

CLEONICE... change of venue.

The fashion mix-up that made signora lose her cool

By LEE SU SAN

SIGNORA Cleonice Capece was beaming when she stepped out of Paya Lebar airport's immigration office on Friday to greet her waiting fans and friends.

She was eagerly looking forward to exhibiting some of her creations in Singapore.

Advance reports from her friends had told her that her show was bound to be a big success.

But after the initial airport greetings, some of her friends whispered to her in Italian. A newspaper cutting was slipped to her.

Next minute the beaming signora's eyes flashed with passionate anger, and she cried: "But, but how can this happen? Everyone knows my clothes."

What had happened was that the Singapore Hyatt, where her creations were to have been exhibited, had mistakenly attributed them to another designer.

The mix-up arose because Signora Capece had decided at the last minute to stage her show separately instead of with the other designer as arranged.

But the hotel was not told that some of the pictures it had earlier received were of the signora's creations and released them to the Press under the other designer's name.

Beach wear

Later, back to her beaming self, Signora Capece announced that her 60-piece collection of beach, day and evening wear would be presented by seven models at Ming Court Hotel tomorrow and on Tuesday.

This change of venue, she stressed, had nothing to do with the mix-up. "I decided on an alternative place before I left Hong Kong."

---

womanscope

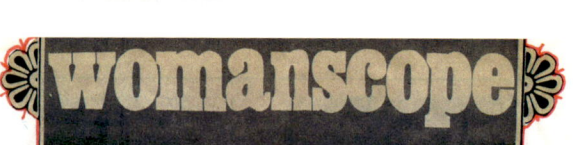

Satorial splendour — Roman style

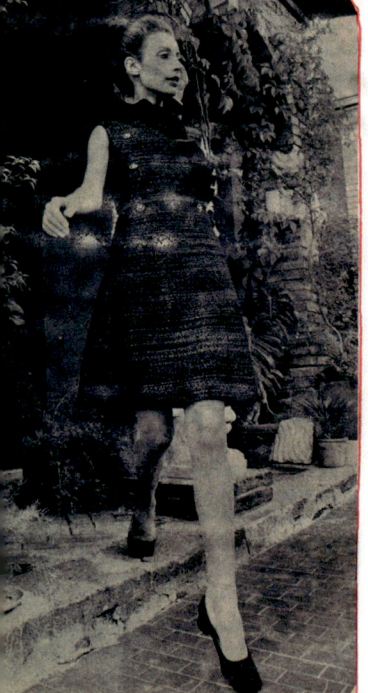

Cocktail dress in handmade chenille, style

Tuesday, October 3, 1972 HONGKONG STANDARD

Parades

Brioni and Cleonice Capece bring their brand of Roman satorial splendour to the Hyatt Regency Hongkong on October 3, 4, 5, for a series of fashion parades.

Brioni will present his autumn/winter '73-74 range of men's fashions while Cleonice Capece's collection of Women In Action garments are for the summer season, '72-73.

These fashions will be paraded at a gala dinner show in the Hyatt's Grand Ballroom tonight at 8 p.m. Tickets for this gala dinner show are priced at $80.00 per person, (plus service charge) which includes a gourmet dinner with wine.

Lunch shows featuring the Brioni and Cleonice Capece '73 collections will be held next Wednesday (October 4) and Thursday (October 5) in the Nine Dragons Restaurant.

Tickets for the lunch shows are $25 per person plus service charge. This includes free liquor.

The Sunday Mail
SUNDAY, OCTOBER 8, 1972.

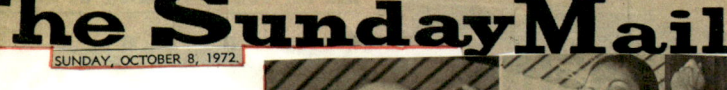

Model: Jeanine,
Designer: Cleonice Capece

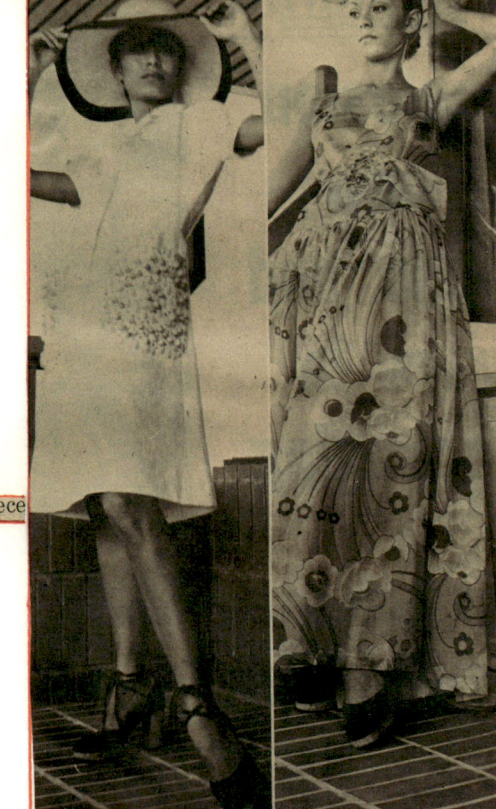

Hongkong Standard

A flair for design

Today our reporter Lorraine Smith talks to Italian fashion designer Cleonice Capece

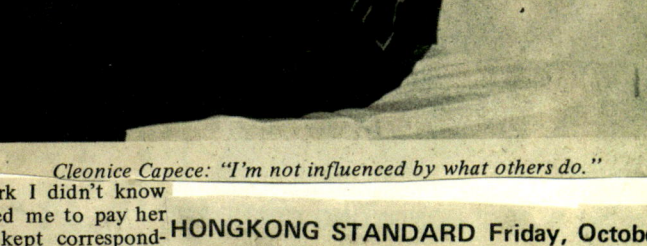

Cleonice Capece: "I'm not influenced by what others do."

USUALLY I imagine a woman who is a top fashion designer to be tall, willowy and somewhat cool.

Cleonice Capece from Rome, here to show a collection of her clothes at the Hyatt Hotel, is anything but that.

She's petite. Her gamin face is framed by close-cropped curly dark brown hair. She was wearing a bright orange cap sleeved dress over a white, orange and blue long-sleeved shirt.

Mrs Capece chattered away happily and candidly about clothes, people and places. Nothing cool or distant about her.

She loves bright colours and has ignored this year's current pastel theme.

"I go my own way; I'm not influenced by what the others do.

"For instance when everyone else was turning out gimmicky clothes I continued with pretty things, lovely colours and feminine designs. My sales were very good as I was the only one doing those clothes."

Cleonice believes that women want to look attractive even if the fashion moguls dictate that they should look like some oddity from outer space.

She is very forthright on the subject of fashion and herself.

"This dress I'm wearing was a best seller two years ago in Japan."

Skill

A case of, if it was good then, it still is. And with the simple lines she uses in her designs she is correct. This year's outfits will look smart and fashionable for several seasons to come, a skill not all designers possess.

Cleonice has a natural accident than anything else. As a researcher for Harrods in London and Bonwit Teller in New York she used to track down manufacturers of all fashion items, handbags, shoes, clothing, materials, prepare lists with all relevant details and give them to the buyers when they arrived.

On one occasion she was asked to find some particular ready-made clothes. While looking for them she came across some fabrics that she thought would be perfect but no made-up clothes in that type of material.

"I decided I'd get the material and I would design the things to be made from it."

The clothes were an instant success and a new career was on its way.

Showroom

Now Cleonice Capece has a showroom, boutique and workshop right in the heart of Rome and employs 20 people.

"I didn't have an assistant designer before but I think I might have one now. Some time ago a girl from Manila wrote to me saying how much she liked my designs and that she would like to work for me. whose work I didn't know (she wanted me to pay her fare). We kept corresponding for a year; she would send me sketches of everything she did and kept on saying what a wonderful opportunity it would be for her if she could come to Rome and work with me."

Opportunity

Then came an opportunity for Mrs Capece to visit Manila on her way to Tokyo to show the current collection. She wrote and told the girl she would be happy to meet her and talk to her.

"She was waiting for me at my hotel; she'd been there an hour and was prepared to sit down and work all night. She showed me her passport and said she could leave the next day with me! I didn't know what to say, I was so astonished."

Cleonice asked the girl where she worked and when told it was one of the big fashion houses asked what her salary was "as I wanted to get some idea of the sort of money I'd have to pay if she did come to Rome."

She was horrified to find that was all.

"I think that decided me. She was being exploited so I decided to give her a chance. After all it will only cost me the fare. So she is coming to Rome for six months and then we'll decide if she is of any help to me."

She shook her head, giving a wry smile.

"What are my friends going to say when they ask me what I brought back from the east and I say a Filipina?"

No tough, hard businesswoman there, but a very human person who couldn't refuse to help someone who might end up being a stiff competitor in the design world.

About 70 per cent of her business is in the export market.

"When I was in Japan recently for a few days. I decided to be a tourist. I didn't want to talk to anyone, I just wanted to see things.

"Then when I was walking around the streets and looking at the clothes in the shops and at what the women everywhere were wearing I began to think I wouldn't be able to sell

HONGKONG STANDARD Friday, October

The clothes she s all very small sizes was sending size 10 to Japan.

"But the concerned said th alright as they know reduce them for t market."

Japan, in fact, is customer for Capece

Beachwear and clothes are her favou

"I pick the mate then design the gar

Silk is her f material. When she designing in 1962 s Indian silks.

"I was the first o so. They made a big Now, of course, Ind used for wester clothes are everywhe

Capece clothes ar found in Britain, the States, all over Australia, Japan and lucky in Hongkong very long.

"I've had severa from people but I thinking about them

Any woman wh romantic, dreamy cl be hoping that Capece thinks hard yes to one of th

RADIOCORRIERE TV

SETTIMANALE DELLA RADIO E DELLA TELEVISIONE — anno 50 – n. 39 - dal 23 al 29 settembre 1973

Direttore responsabile: CORRADO GUERZONI

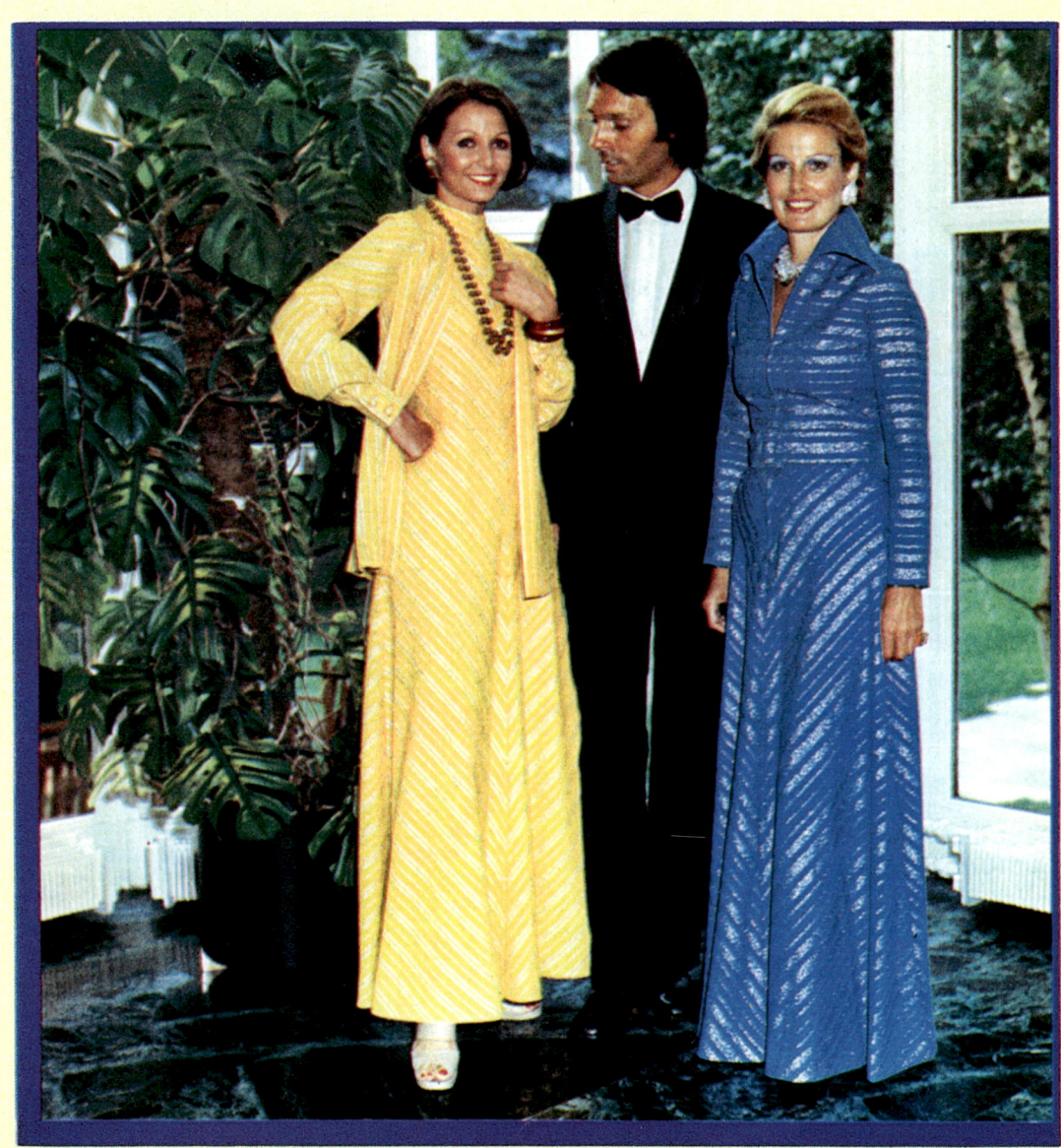

L'impeccabile classicismo del tradizionale smoking nero di Nicola Calandra contrastato dagli scintillanti modelli di Capece, abito a giacca e chemisier, in seta illuminata dalle rigature argentate. (Bijoux Borbonese)

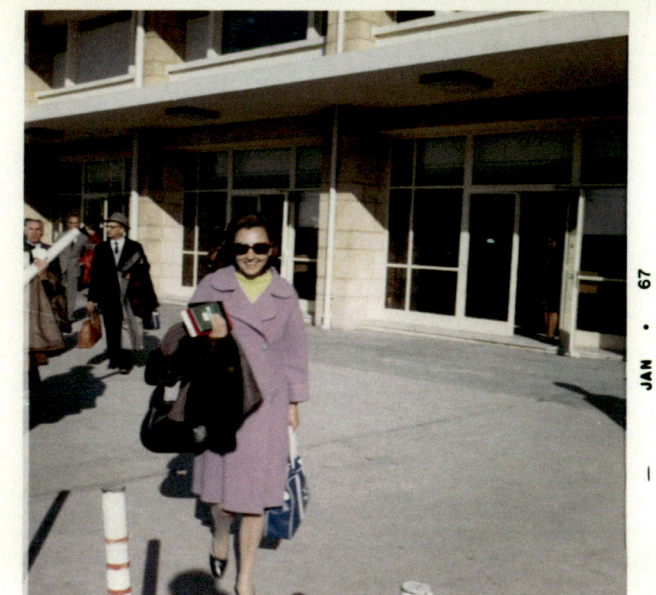 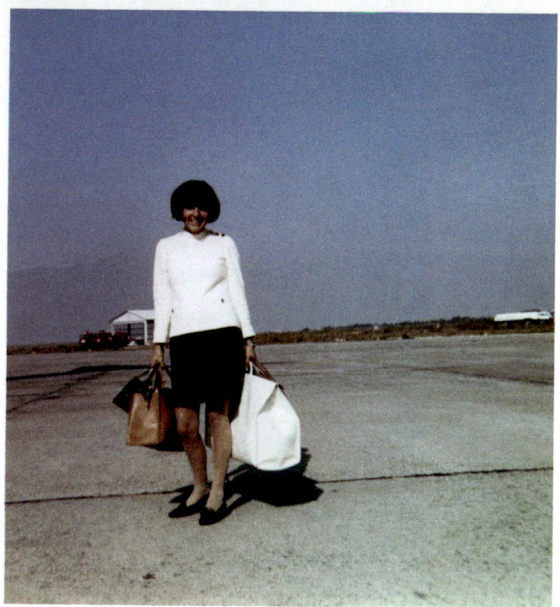

My order book included Harrods, Lord & Taylor, Peter Jones, Fortnum & Mason, Nora Bradley, Martha Boutique, B. Altman, Jordan Marsh, Neiman Marcus, Saks, Bonwit Teller, J C Penney, Isetan, Matsuya.

I had acquired quite a large clientele in the Far East and was happy to go back season after season with new collections. Of course, some things also went wrong, like the time I arrived in Singapore for a fashion show, together with the Italian menswear fashion house Brioni, and I was told of an error on the posters which by now were all over the city. What happened was that my collection was being announced as a men's collection and Brioni's as a women's. I was quite upset and after a shower at the hotel, I went down to the hairdresser and for no apparent reason asked to have my hair chopped very short. Why? Even today I have no idea. Obviously, the papers were talking about the mix-up, which created an influx of photographers and journalists with the result of huge publicity on the event. Since I had just chopped off my hair, it was definitely not the best moment to be photographed all over Singapore and Hong Kong.

This page: Cleonice on her travels around the world.

bottom: invitation to the Brioni and Capece fashion show, Singapore, 1972.

Opposite page: Two shiny evening dresses. Dress and jacket in warm yellow and chemisier in indigo bleu, both in silk lightened by threads of silver stripes.

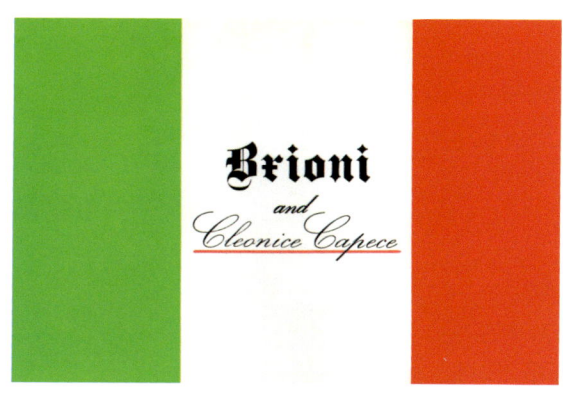

THE PITTI COLLECTIONS

CHAIN BONDAGE
MIKADO/BAYADERE
GALAXY OF POIS
ROMANTIC LOOK

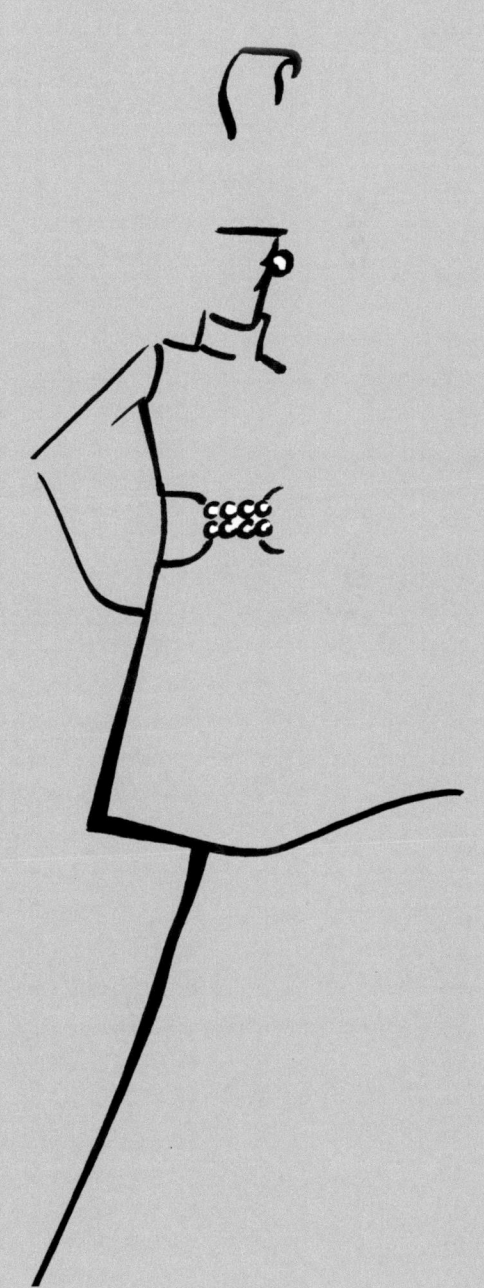

CHAIN BONDAGE

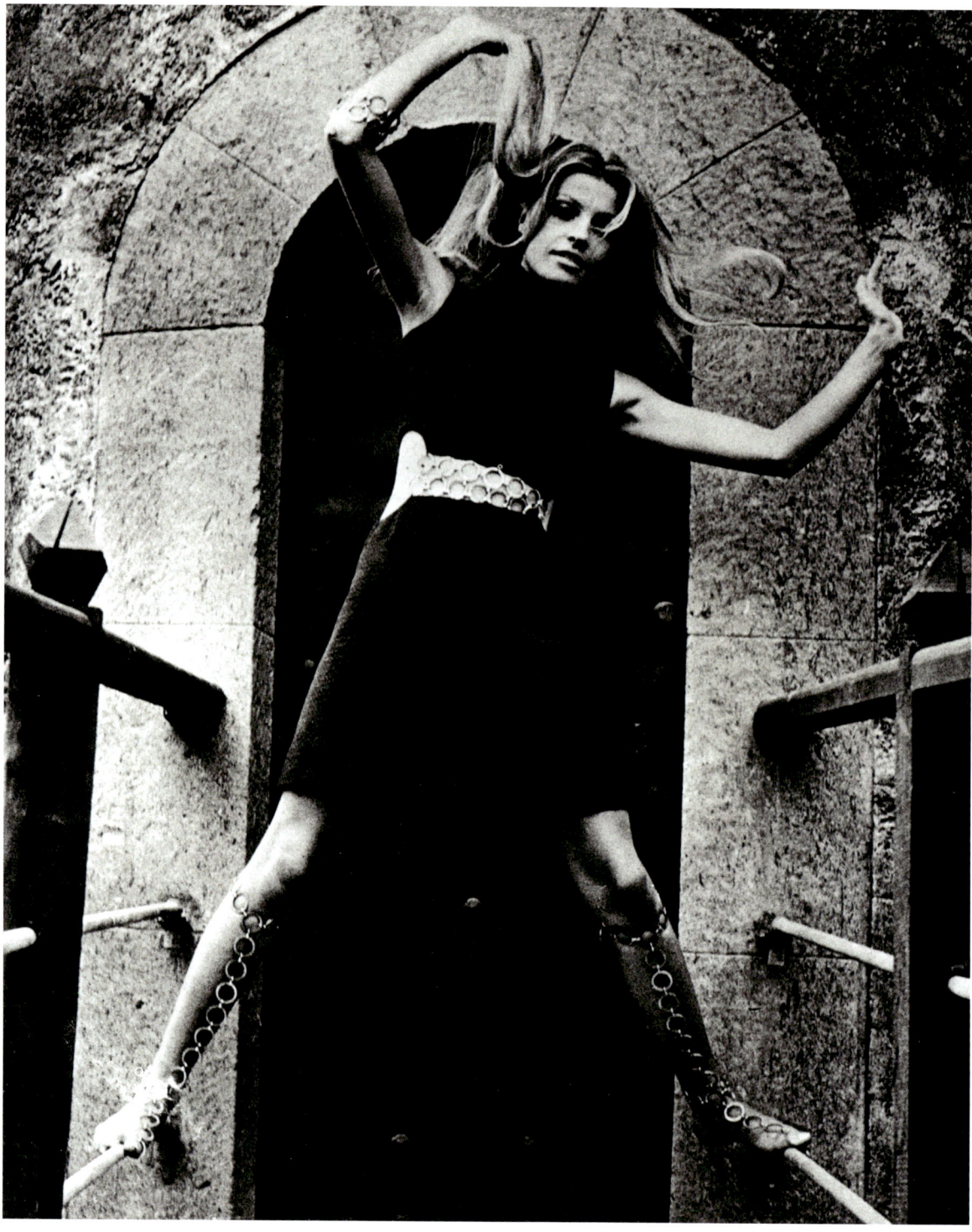

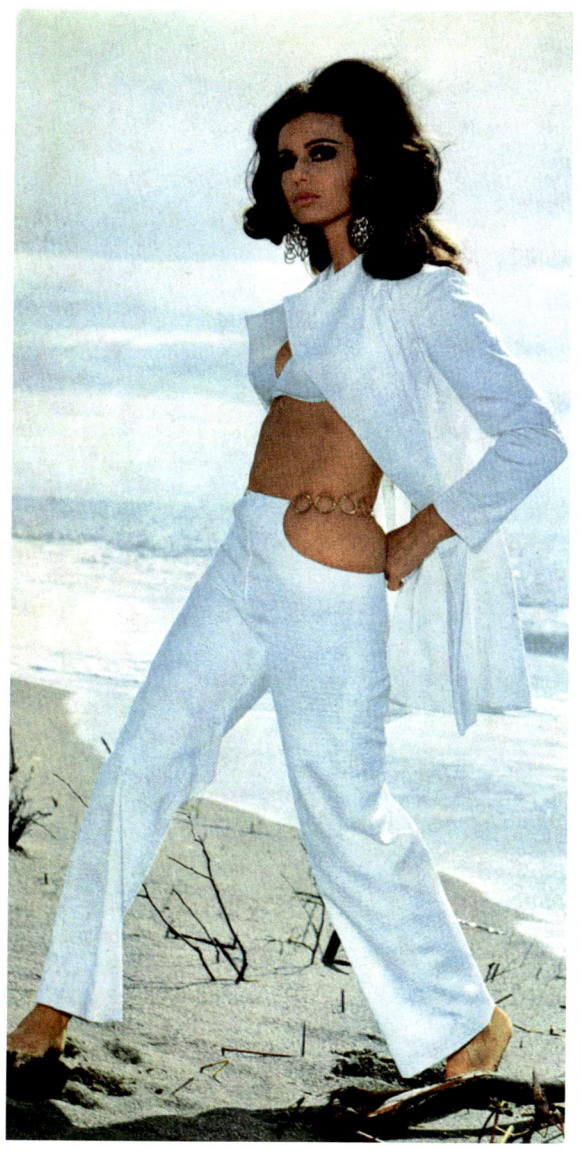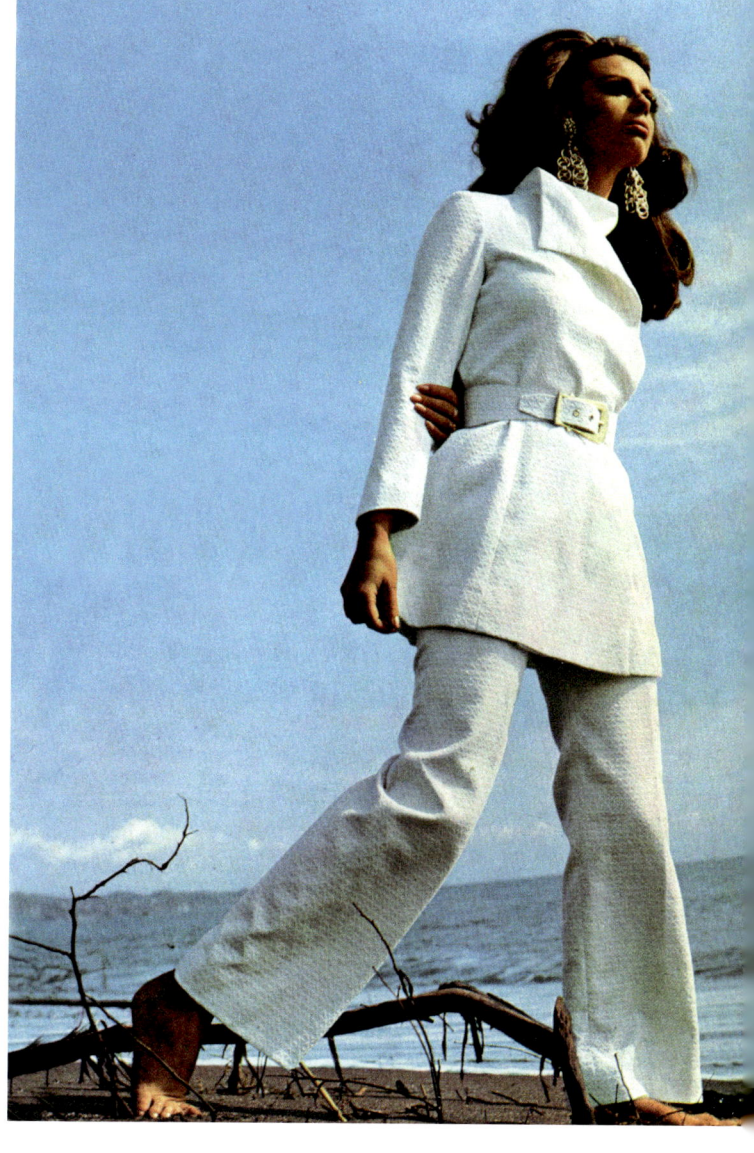

Above left and right: designs from the Chain Bondage collection.

pp. 128-9: the gladiator sandals photographed for the *Sunday Times*.

Opposite page: black embossed piqué mini-dress with chains on naked skin and gladiator sandals.

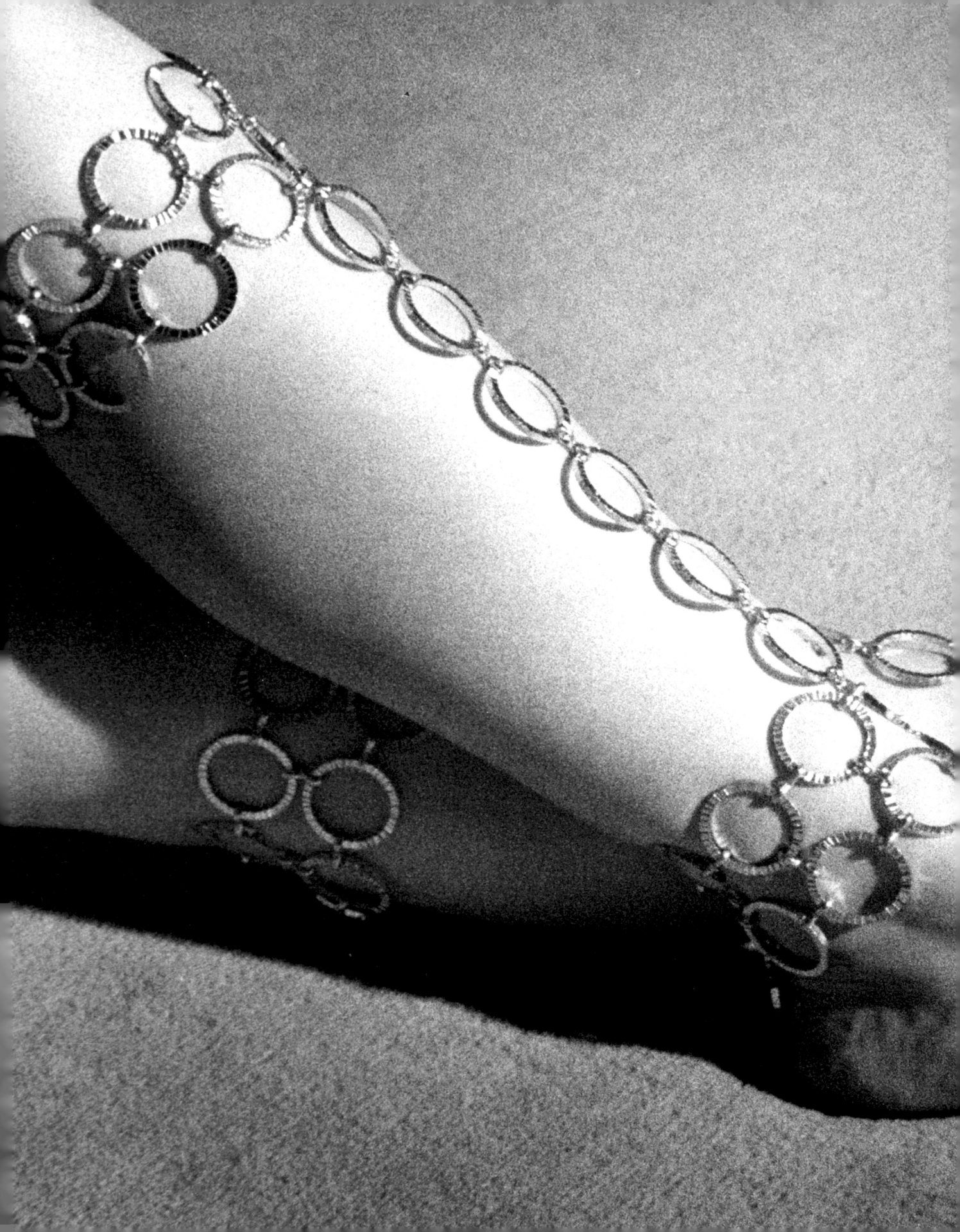

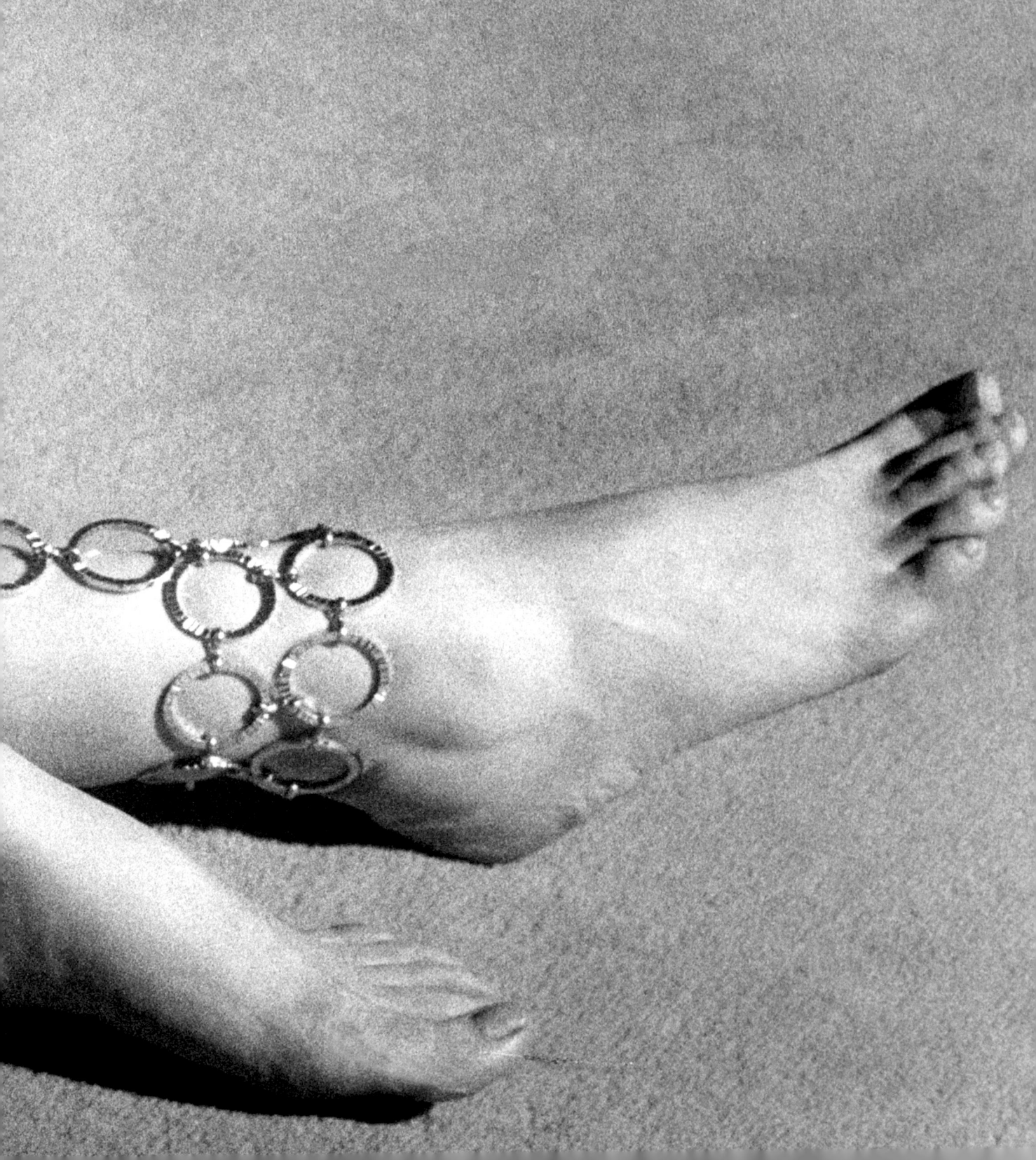

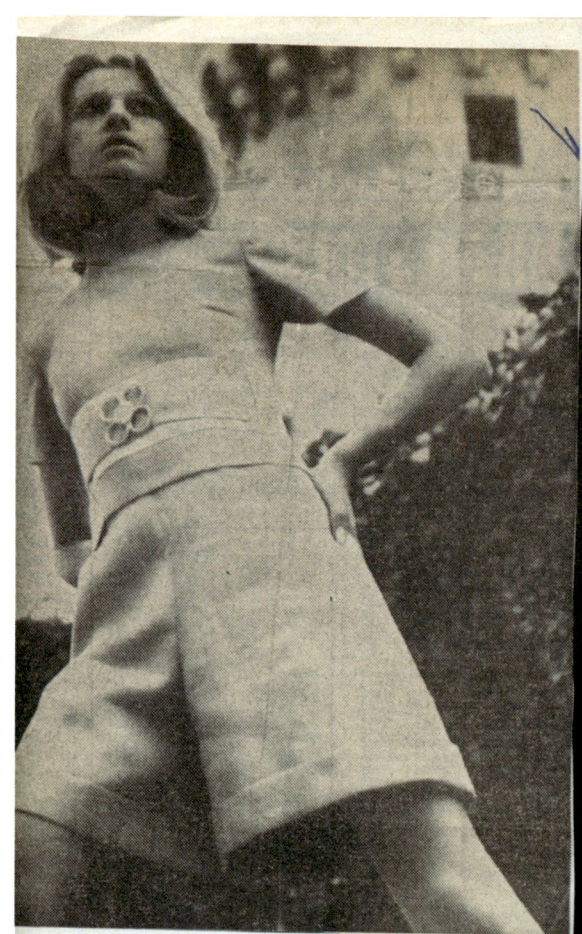

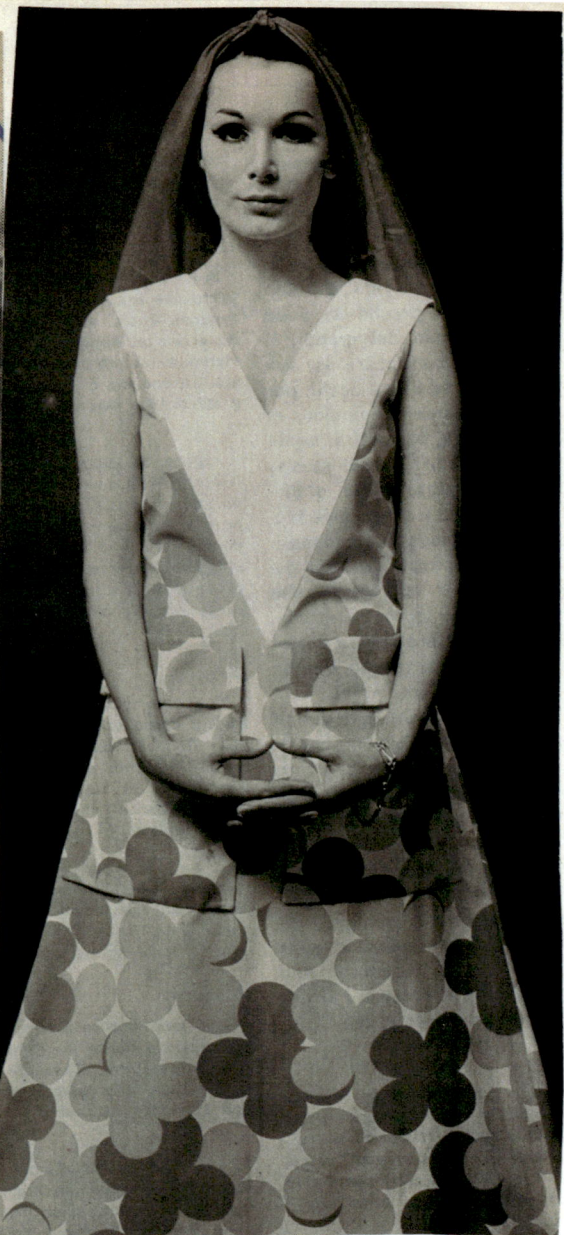

A WHITE insert in the blouse accentuates the lines of this emerald green culotte outfit by Cleonice Capece. The wide pants end in an exaggerated cuff, and the blouse has a high collar.

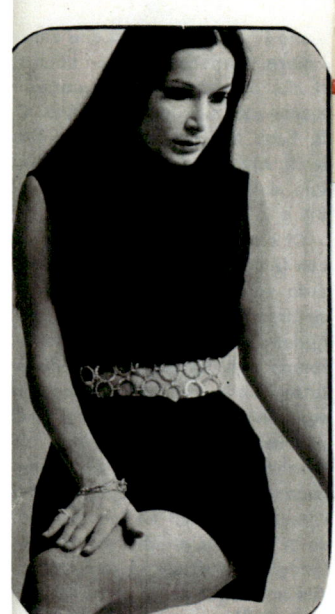

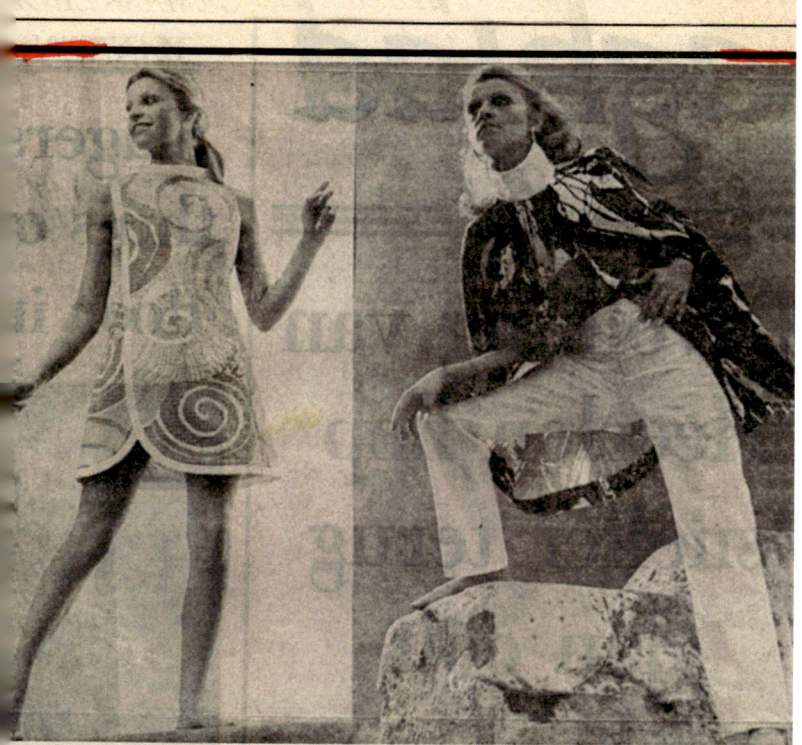

modeschepster Cleonice Capece te Rome, die kleine series (met de hand gemaakt) op de internationale mark
gt, tekent en bedrukt zelf haar stoffen. Ze is een unicum in de modewereld. Deze kleine 33-jarige vrouw, vrien-
k, vief en artistiek, heeft ons niet alleen verbaasd maar ook enthousiast gemaakt, want het is zelden dat we
n herinnerd worden dat de kleedkunst in alle vroegere eeuwen een ware „kunst" was. Ze heeft ons getoond wat
e komende Italiaanse lente en zomer brengt. Met de uitgekozen modellen werpen we even het winterraam open om
er het azuur van de Italiaanse lucht een poos te dromen van vakantiedagen die nog ver zijn...

ts: Het zeestrand lijkt niet vèr. Maar het is nog wat vroeg in de lente. Een cape is niet overbodig. Deze, met een
 kraag, is met de hand bedrukt in ochtendtinten, vrolijk, levendig, wit en zongeel, zacht grijs en een pittig schar-
n dat aan oranje grenst. Ze draagt hem over een handbedrukt bikinibadpak, dat hier door de broek verborgen

s: eveneens door Cleonice Capece zelf bedrukt een echte strandjurk. Levendige, stralende spiralen als lichtbron-
Ongelooflijk hoe feestelijk zo'n jurkje er uit kan zien. Maar niet elk model wordt gedragen door een figuur waar-
vorm en stand aan een beeld herinneren van het antieke Rome.

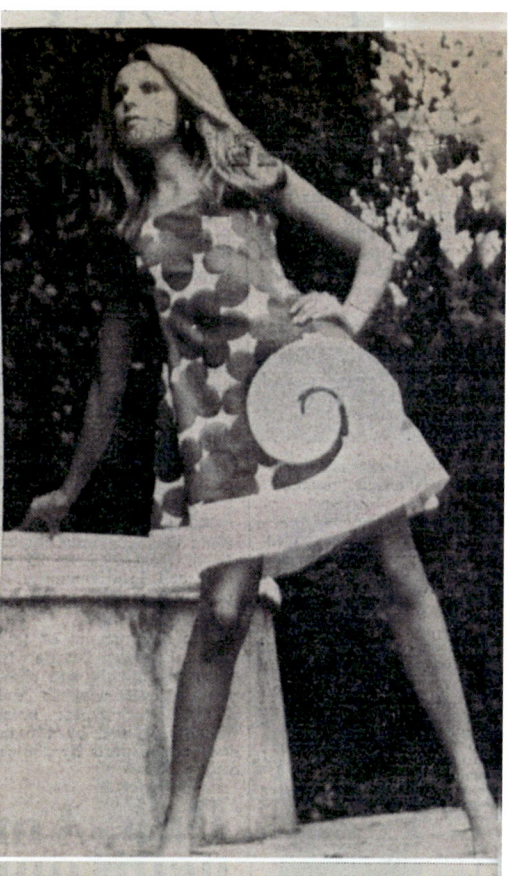

CLEONICE CAPECE combined floral and geometric patterns to produce this new beach dress in yellow, orange and white. The hemline which curls into a spiral design forms a pocket

This page and opposite page: press clippings showing design with gilded chain inserts and floral patterns; the models above were photographed at Cala Piccola, Argentario, where Cleonice had one of her boutiques.

pp. 132 left: press clipping showing cotton piqué dress with large red berries on black background and gilded rings for shoulder straps; right: cotton crepe evening robe in all shades of orange.

p. 133: silk organza dress with colourful country flowers.

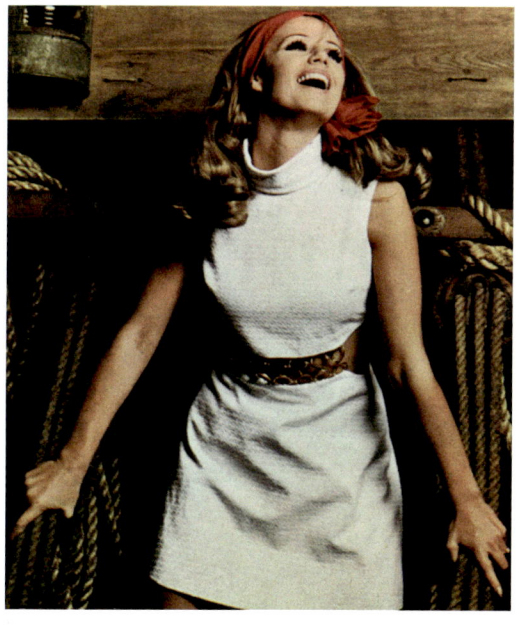

LIBELLE

SERVIZI RITAGLI STAMPA — ROMA
Via Cassiodoro, 1-a · Tel. 35.99.06

Roma *Napoli*	Telestar *Palermo*
Rome Daily American *Roma*	Tempo (Il) *Roma*
Secolo (Il) XIX *Genova*	Tribuna del Mezzogiorno *Messina*
Secolo (Il) d'Italia *Roma*	Tribuna Politica *Roma*
Sicilia (La) *Catania*	Tuttosport *Torino*
Sole (Il) - 24 Ore *Milano*	Unione (L') Sarda *Cagliari*
Stadio *Bologna*	Unità (L') *Milano*
Stampa La *Torino*	Unità (L') Ediz. *Roma*
Stampa Sera *Torino*	Voce Adriatica *Ancona*
Telegrafo (Il) *Livorno*	Voce (La) Repubblicana *Roma*
	Voce (La) del Popolo *Fiume (Rijeka)*

4 3 0 LUG 1969

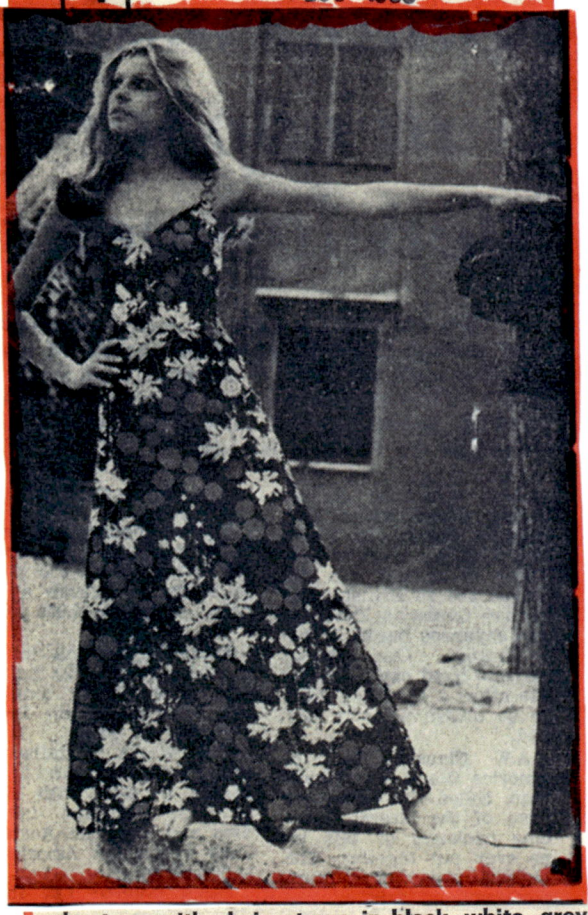

shantung with chain straps in black, white, grey and re

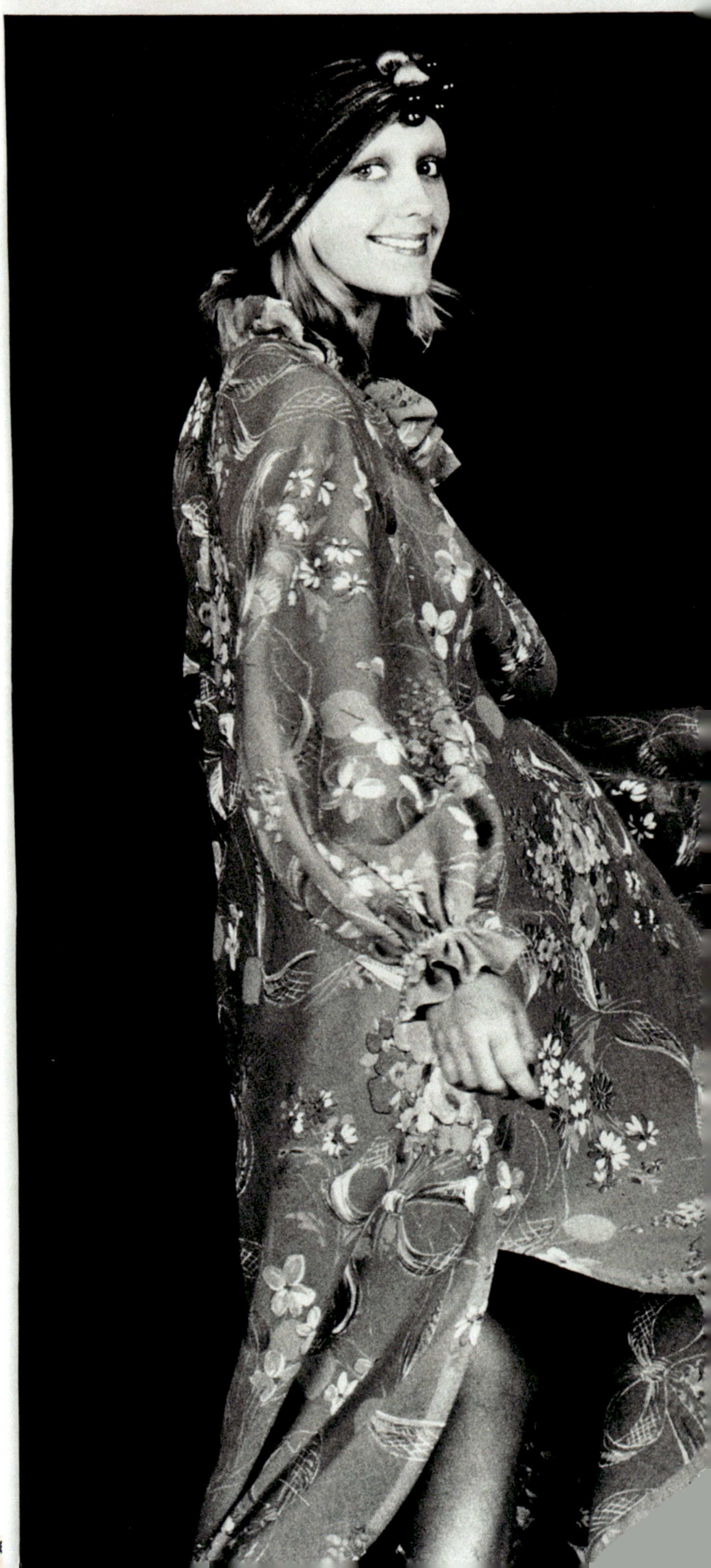

LES MERVEILLEUX IMPRIMÉS DE L'ÉTÉ

VUS EN ITALIE...

Follement champêtre pour une grande soirée à la campagne, cette jetée de fleurs candides et fraîches. (Modèle Cleonice Capece - Rome)

Ils sont extraordinaires, les merveilleux tissus de l'été!
Leur style, leurs couleurs, leurs mariages de teintes renouvellent tout ce que nous possédons.
Rien qu'à cause d'eux, notre garde-robe actuelle ne nous plaît plus!
Quelle joie de choisir parmi les abstraits, les „Liberty", les cubistes, les fleuris stylisés, les pois innocents, les cachemires classiques et les rayures faussement tranquilles.
Voici quelques exemples aux grandes signatures.

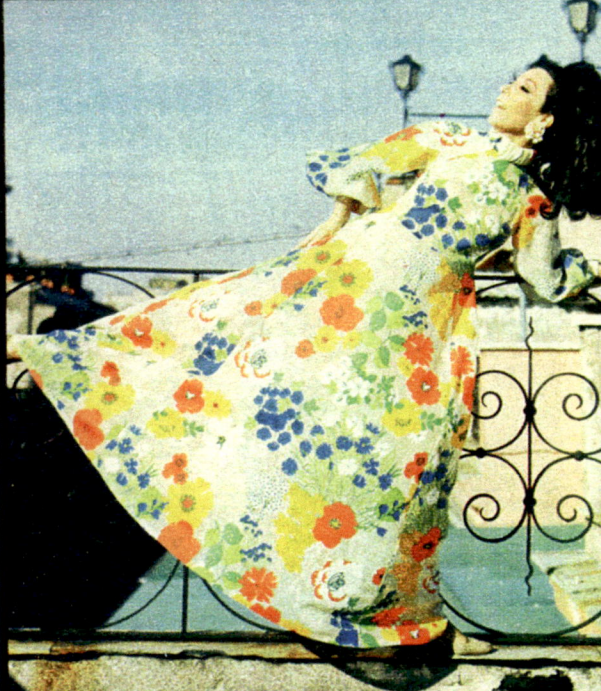

MIKADO/BAYADERE

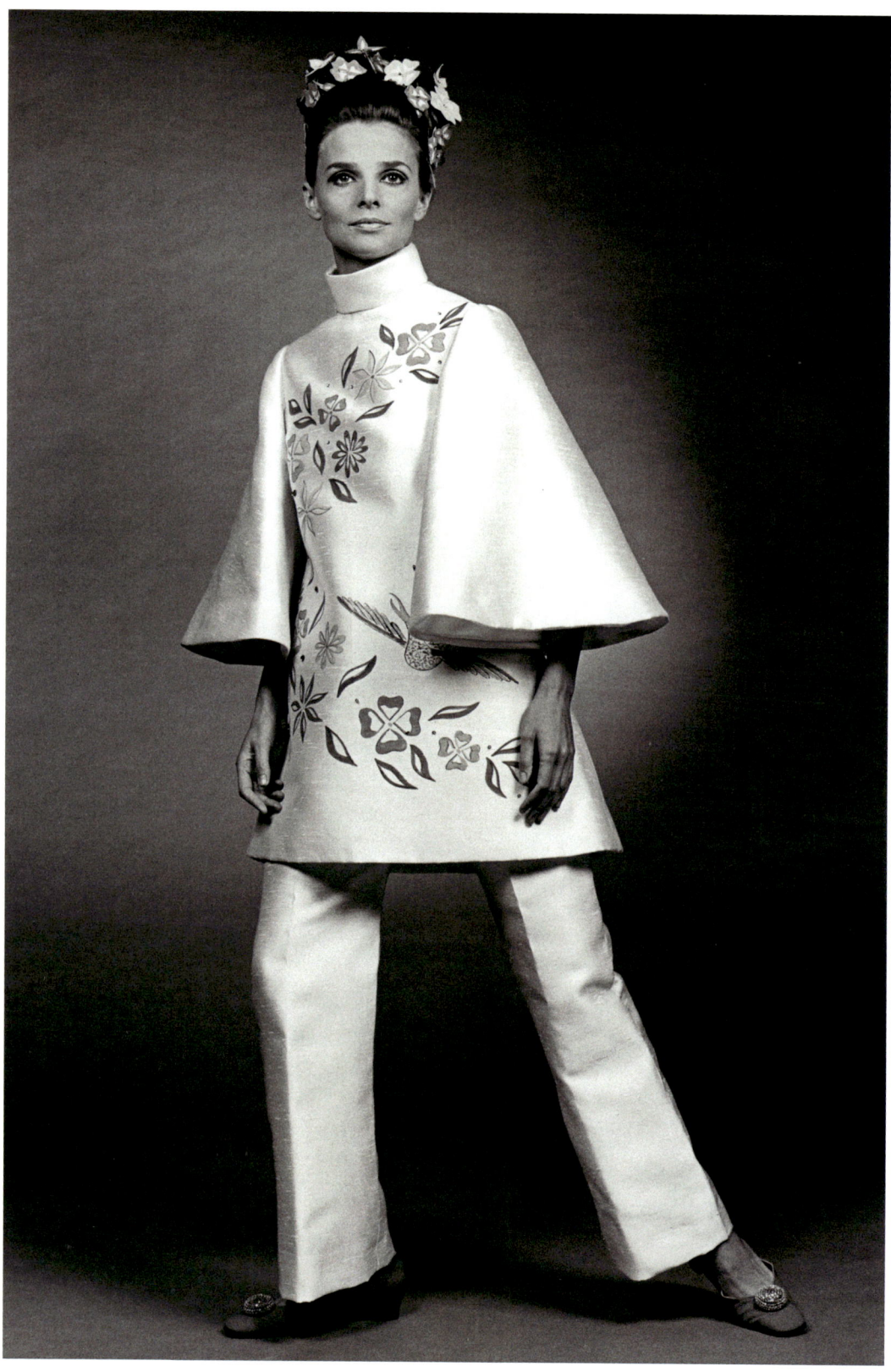

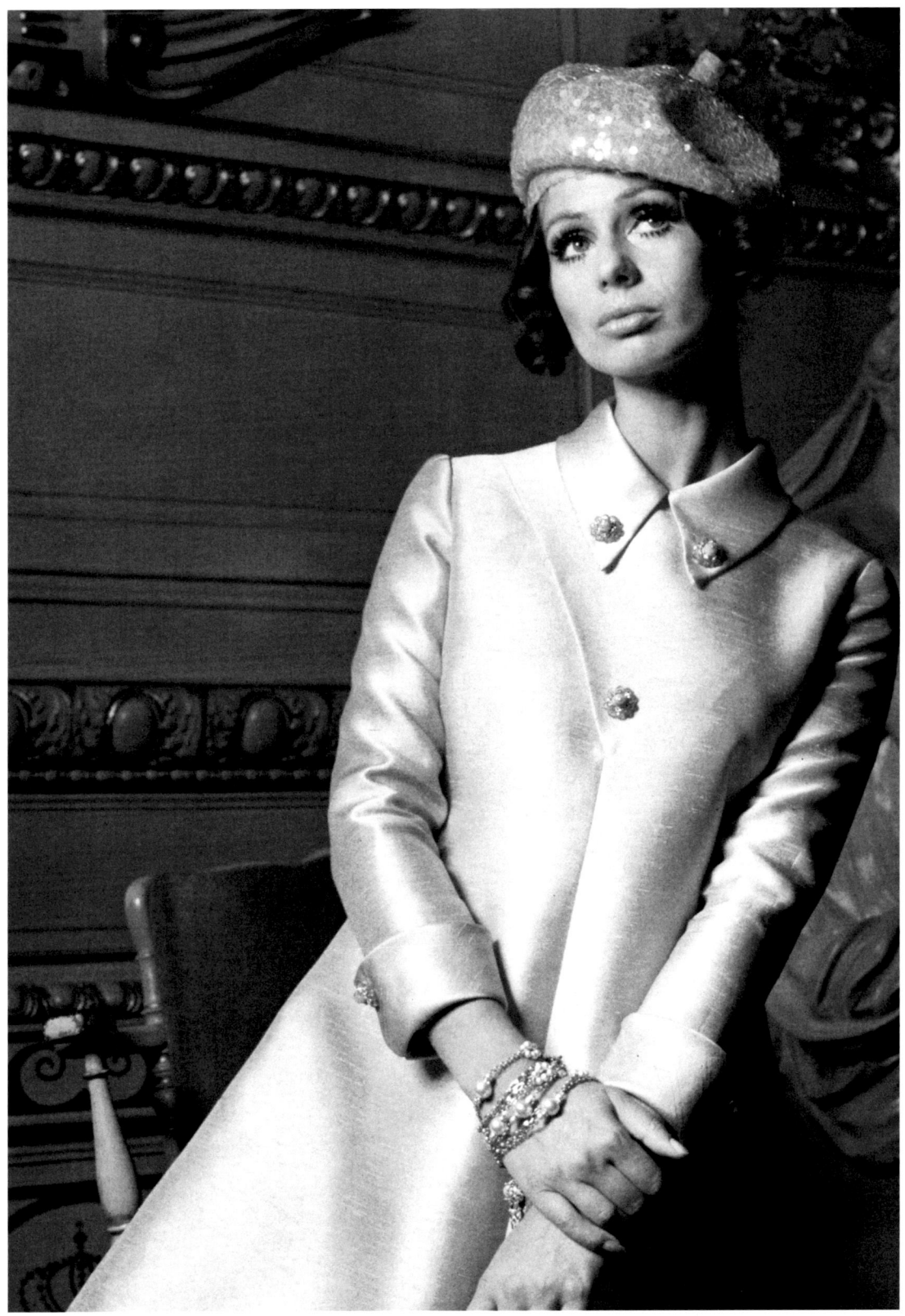

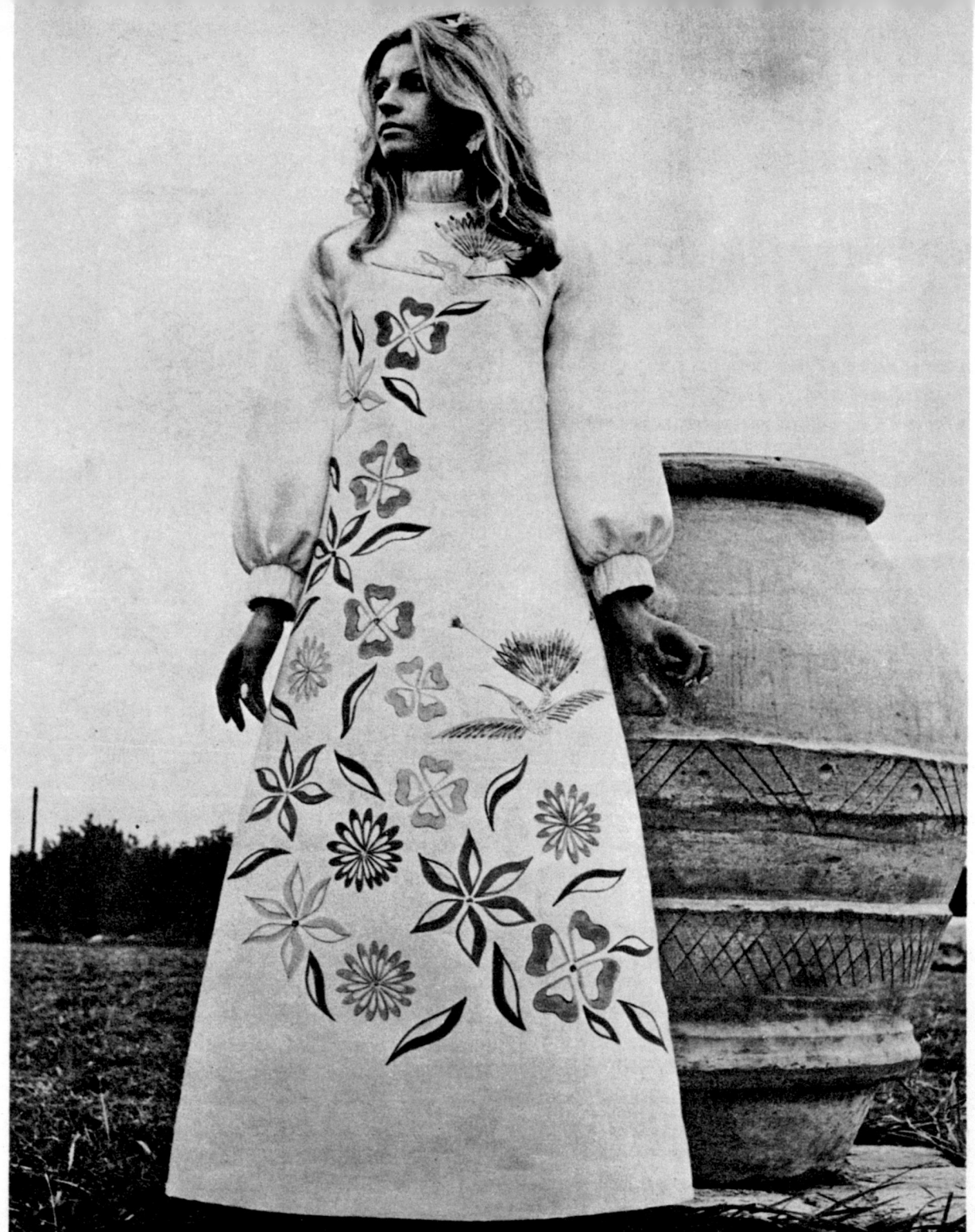

CAPECE - Abito lungo in mikado bianco dipinto.

Moda-flash

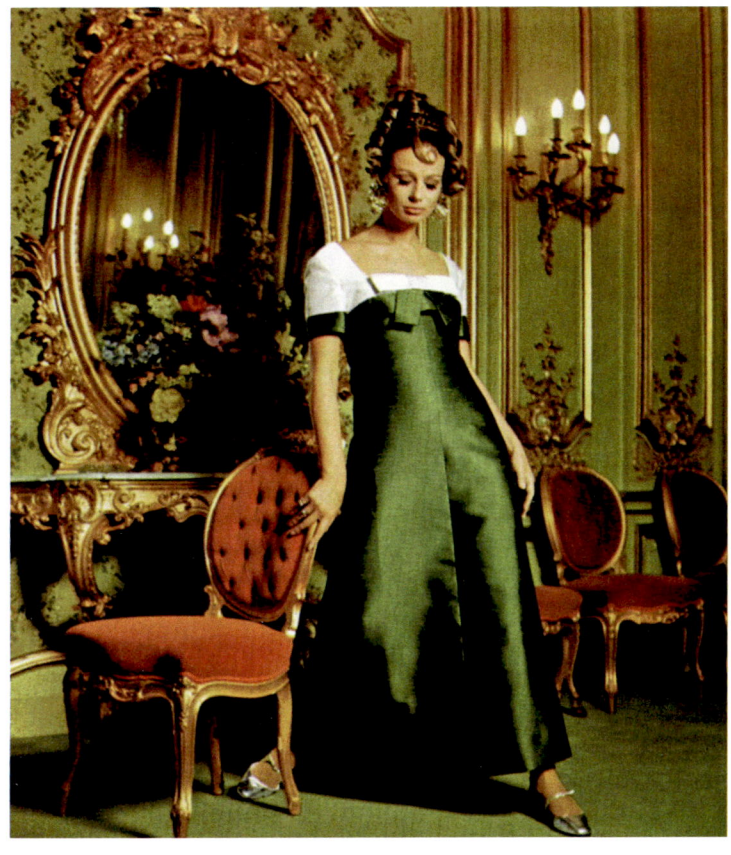

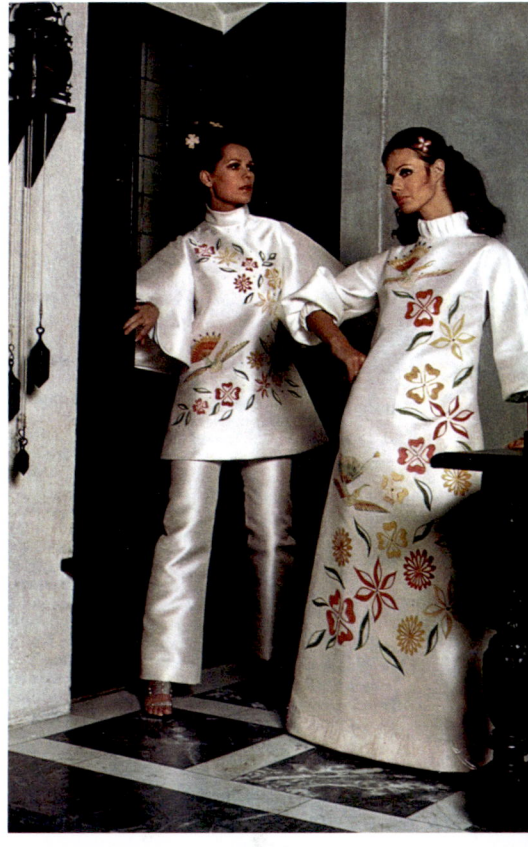

This page: press clippings from Juvena advertisements showing silk dresses from the Mikado collection.

p. 134: white silk Mikado tunic with butterfly sleeves and trousers to match; hand-painted foliage and flowers with pearls inserted; various shades of pink, orange, yellow and blue.

pp. 135: silk dresses from the Mikado collection.

pp. 136, 138-141: press clippings of the Mikado collection.

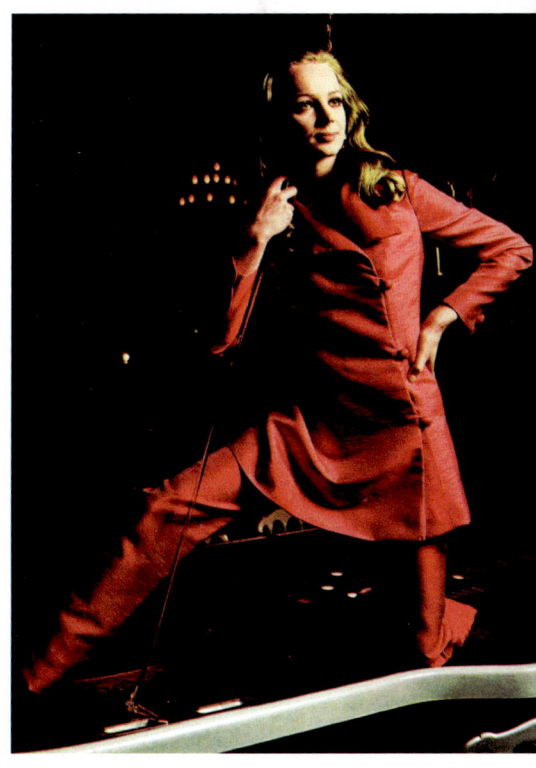

PAESE SERA

Mercoledì 1 aprile 1970

Cocktail

Dopo la *maxigonna* e il *maxicappotto* è il turno della maxitunica. L'idea è della sarta Cleo Capece, che per la sua moda autunno inverno 1970 si è ispirata all'Oriente, creando completi pantaloni e tunica, variamente arieggianti i costumi tradizionali della «stirpe del drago». A Torre di Cala Piccola sull'Argentario, dove ha aperto la succursale estiva della sua sede di via Gregoriana, la Capece ha presentato le sue novità durante l'week end pasquale.

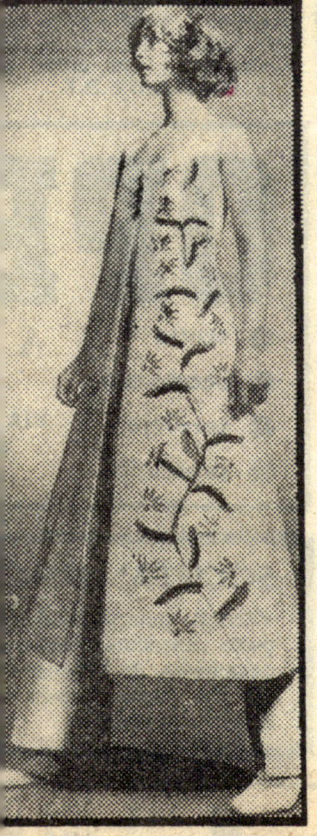

Un modello di Cleo Capece durante l'week end pa-

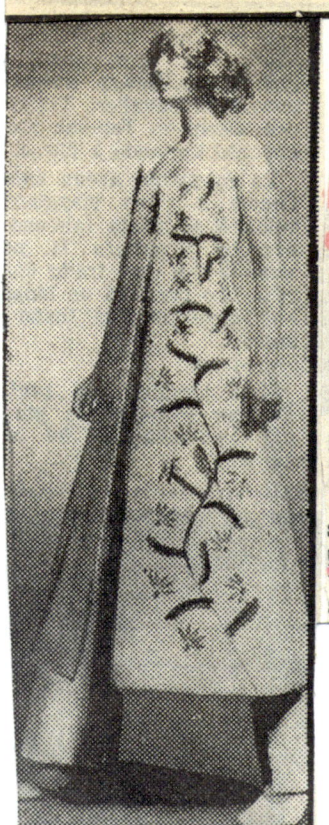

DAILY AMERICAN

Sunday-Monday, March 29-30, 1970

Price in Italy 100 lire

Oriental look

Roman designer **CLEONICE CAPECE'S** Autumn-Winter 1970-71 line is inspired by the Orient. A band around or below the bust, a modern version of the Japanese "obi" which is sometimes transformed into a small bodice, is typical of the line. The tunic motif completed by flowing pants is repeated in several models, giving a shy, yet saucy look.

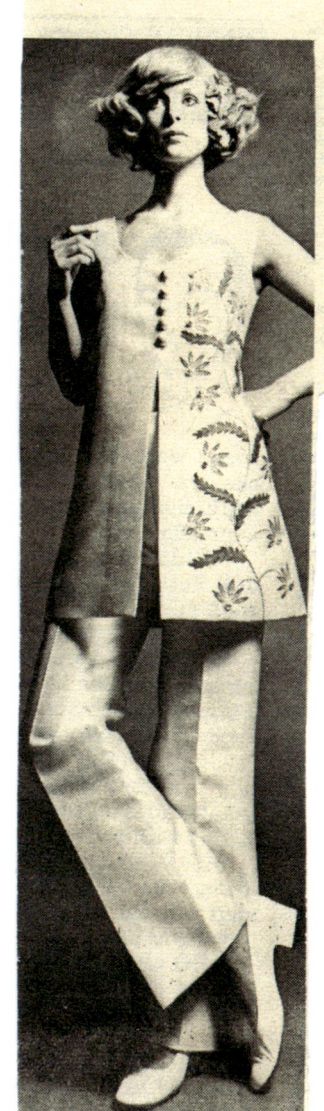

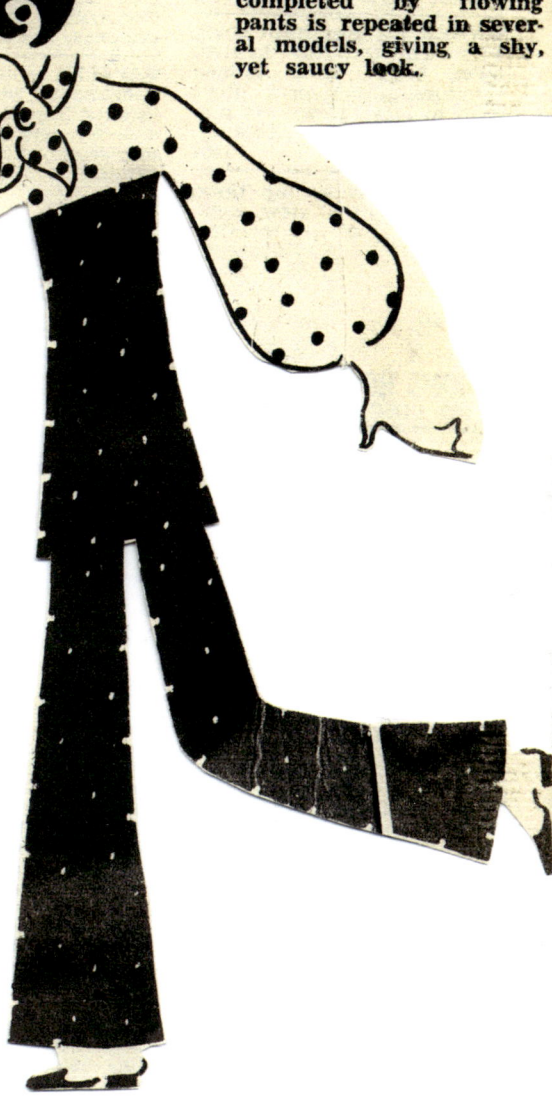

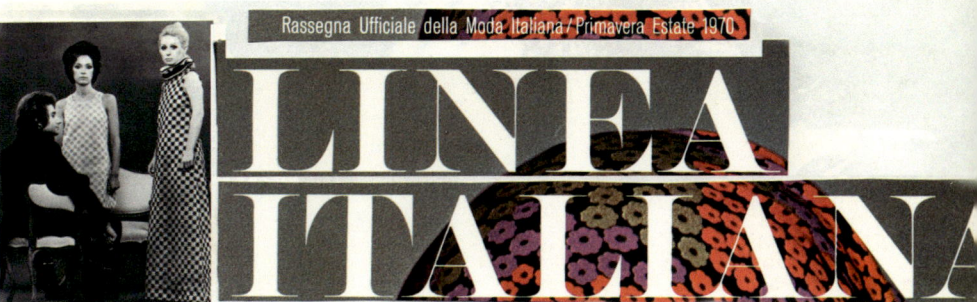

Rassegna Ufficiale della Moda Italiana / Primavera Estate 1970

LINEA ITALIANA

JUVENA A PALAZZO PITTI — Ken Scott, Tiziani, Cleonice Capece e Marina hanno scelto JUVENA per le sfilate di Firenze.

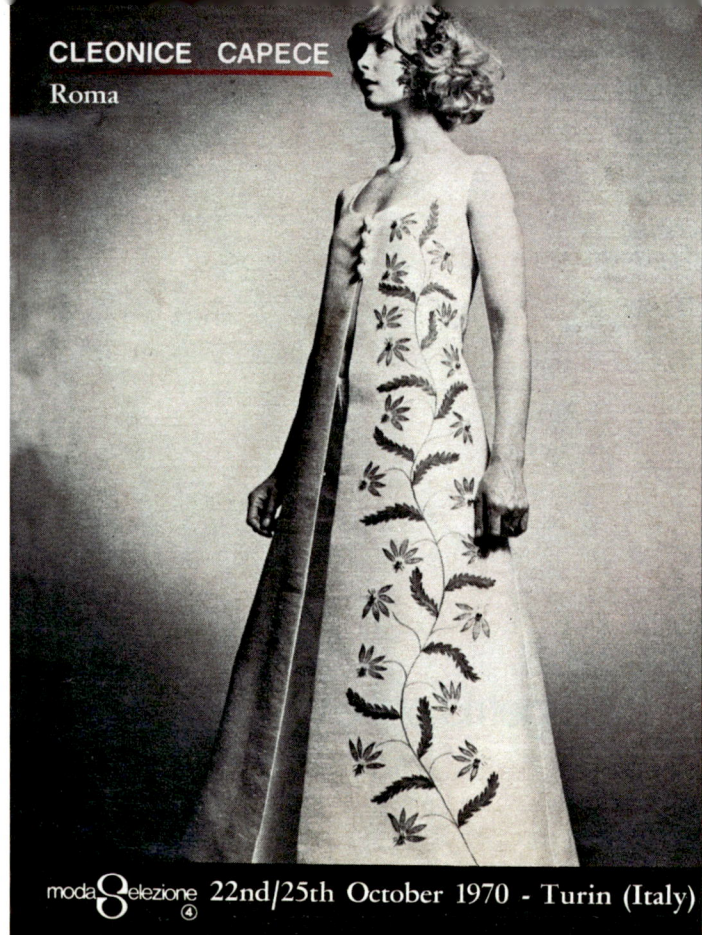

CLEONICE CAPECE
Roma

moda Selezione ④ 22nd/25th October 1970 - Turin (Italy)

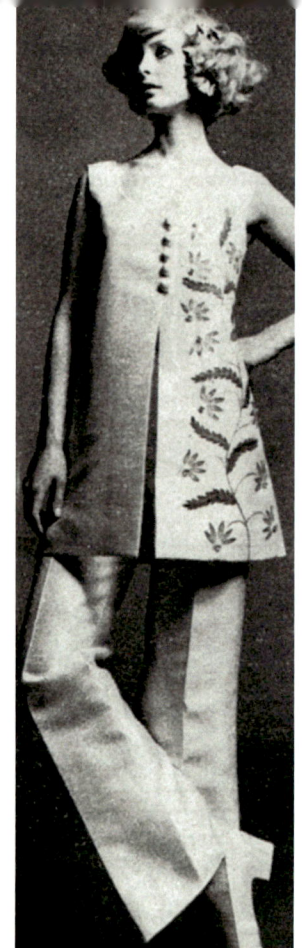

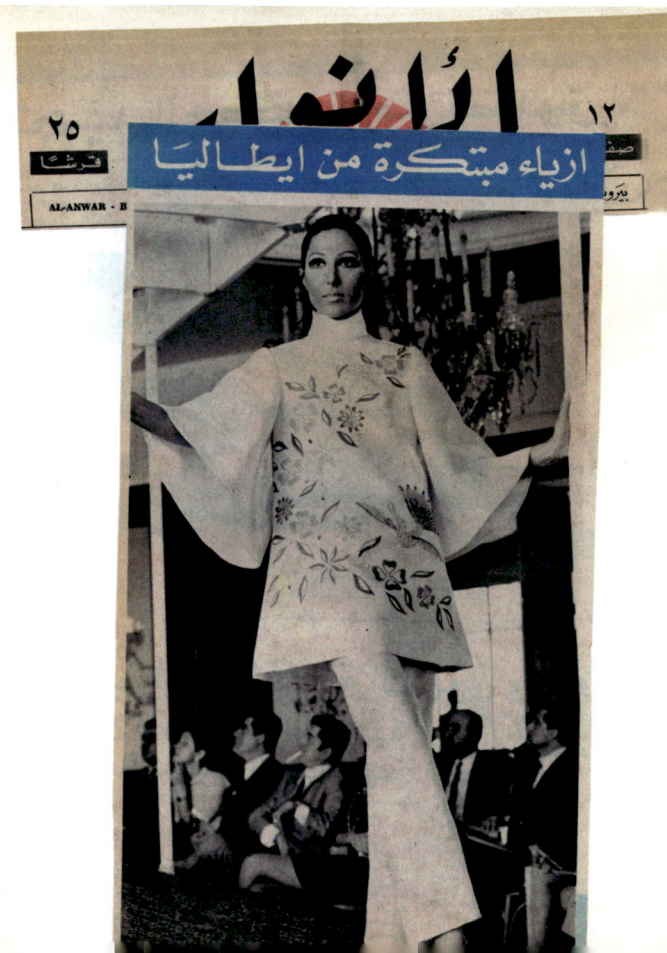

ازياء مبتكرة من ايطاليا

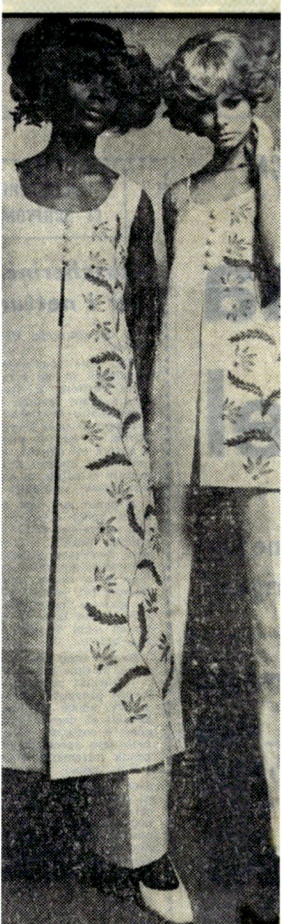

LUCY
CHERIE MODA

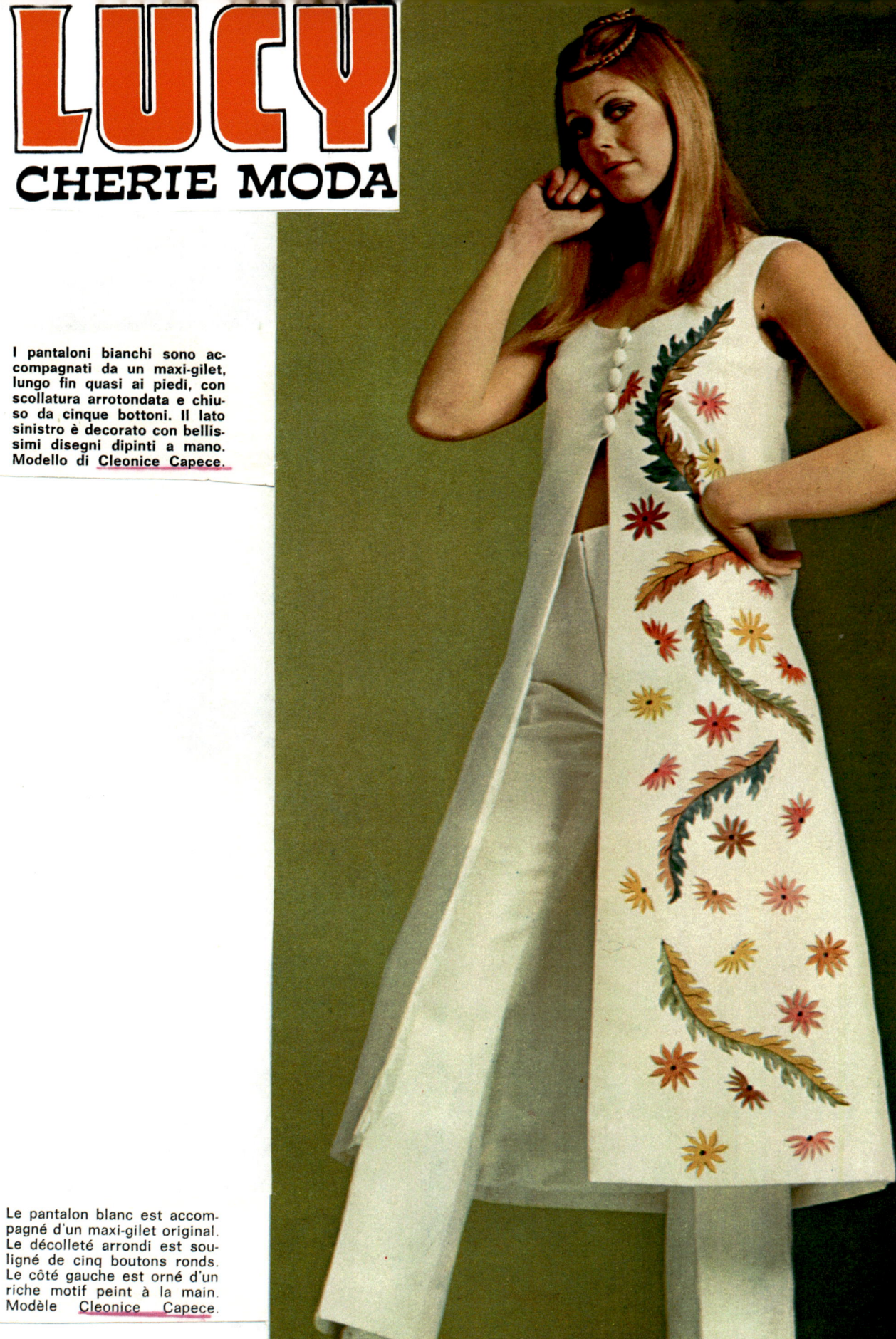

I pantaloni bianchi sono accompagnati da un maxi-gilet, lungo fin quasi ai piedi, con scollatura arrotondata e chiuso da cinque bottoni. Il lato sinistro è decorato con bellissimi disegni dipinti a mano. Modello di Cleonice Capece.

Le pantalon blanc est accompagné d'un maxi-gilet original. Le décolleté arrondi est souligné de cinq boutons ronds. Le côté gauche est orné d'un riche motif peint à la main. Modèle Cleonice Capece.

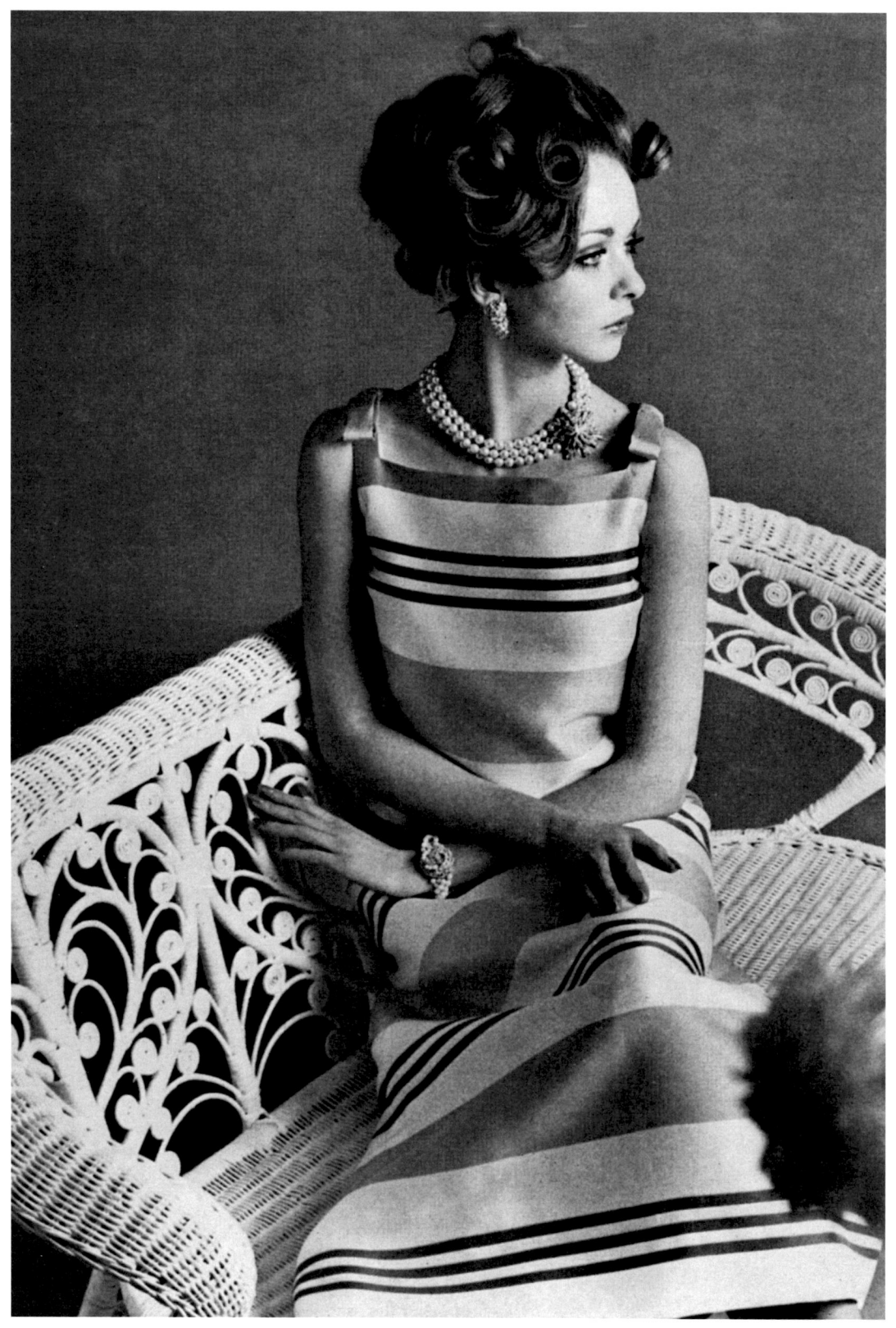

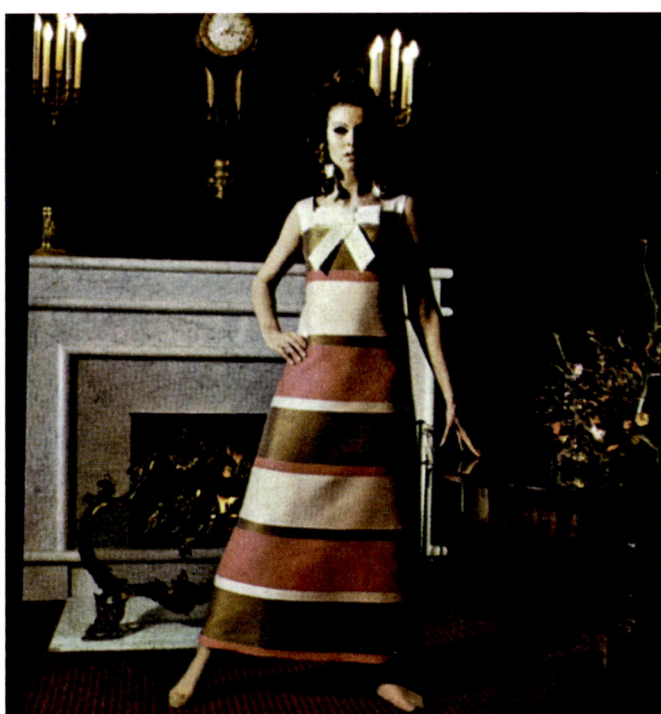

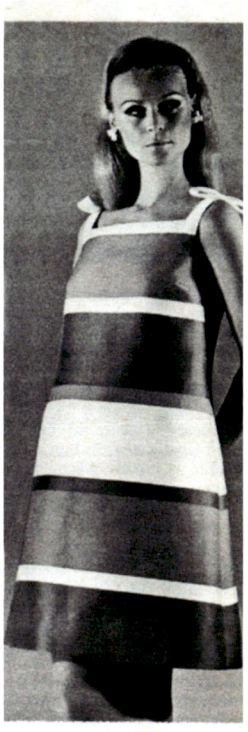

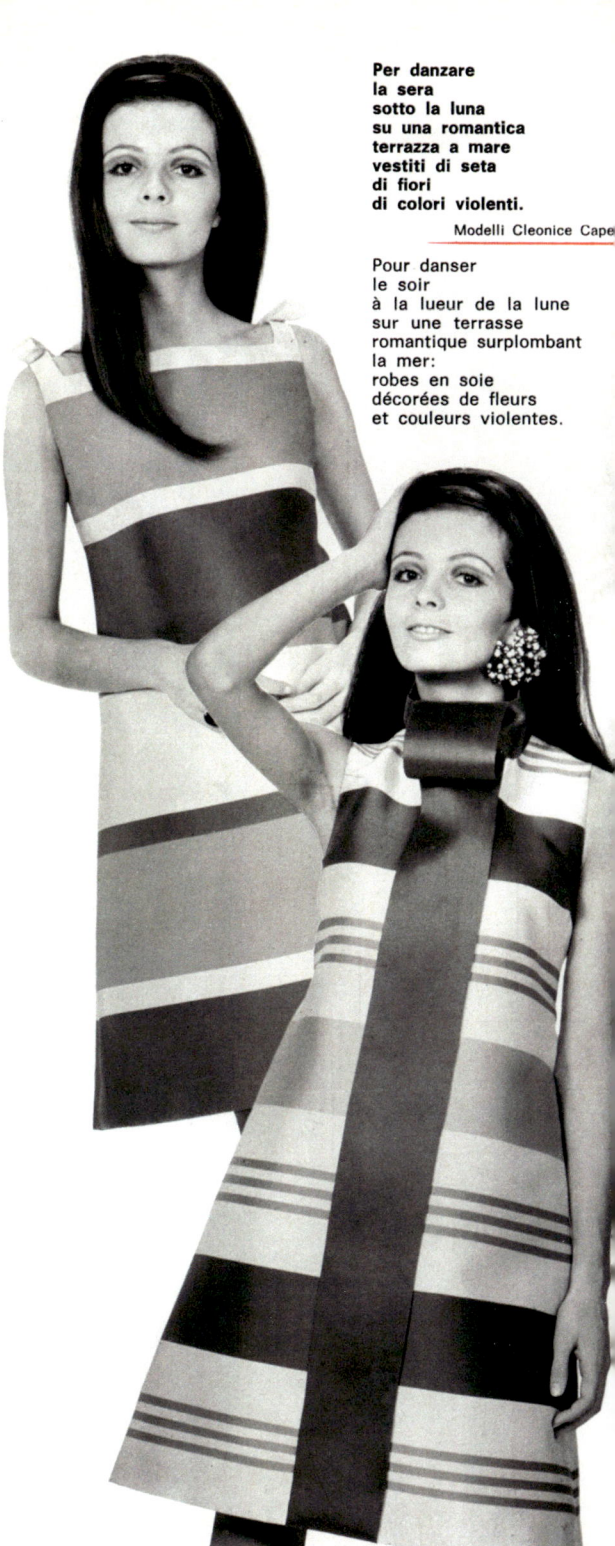

Above: clipping from Juvena catalogue with silk brown, fuchsia and white Bayadere long dress; right and far right: press clippings of Bayadere designs.

Opposite page: clipping from Nora Bradley advertisement showing a long smooth evening dress with turquoise, beige and white Bayadere stripes.

Per danzare
la sera
sotto la luna
su una romantica
terrazza a mare
vestiti di seta
di fiori
di colori violenti.

Modelli Cleonice Cape

Pour danser
le soir
à la lueur de la lune
sur une terrasse
romantique surplombant
la mer:
robes en soie
décorées de fleurs
et couleurs violentes.

■ Above: stiff silk/man-mad fibre fabric with a subtle glea holds the gently-flared lines a cocktail dress boldly stripe in pink, brown and white, b Cleonice Capece, of Rom

143

GALAXY OF POIS

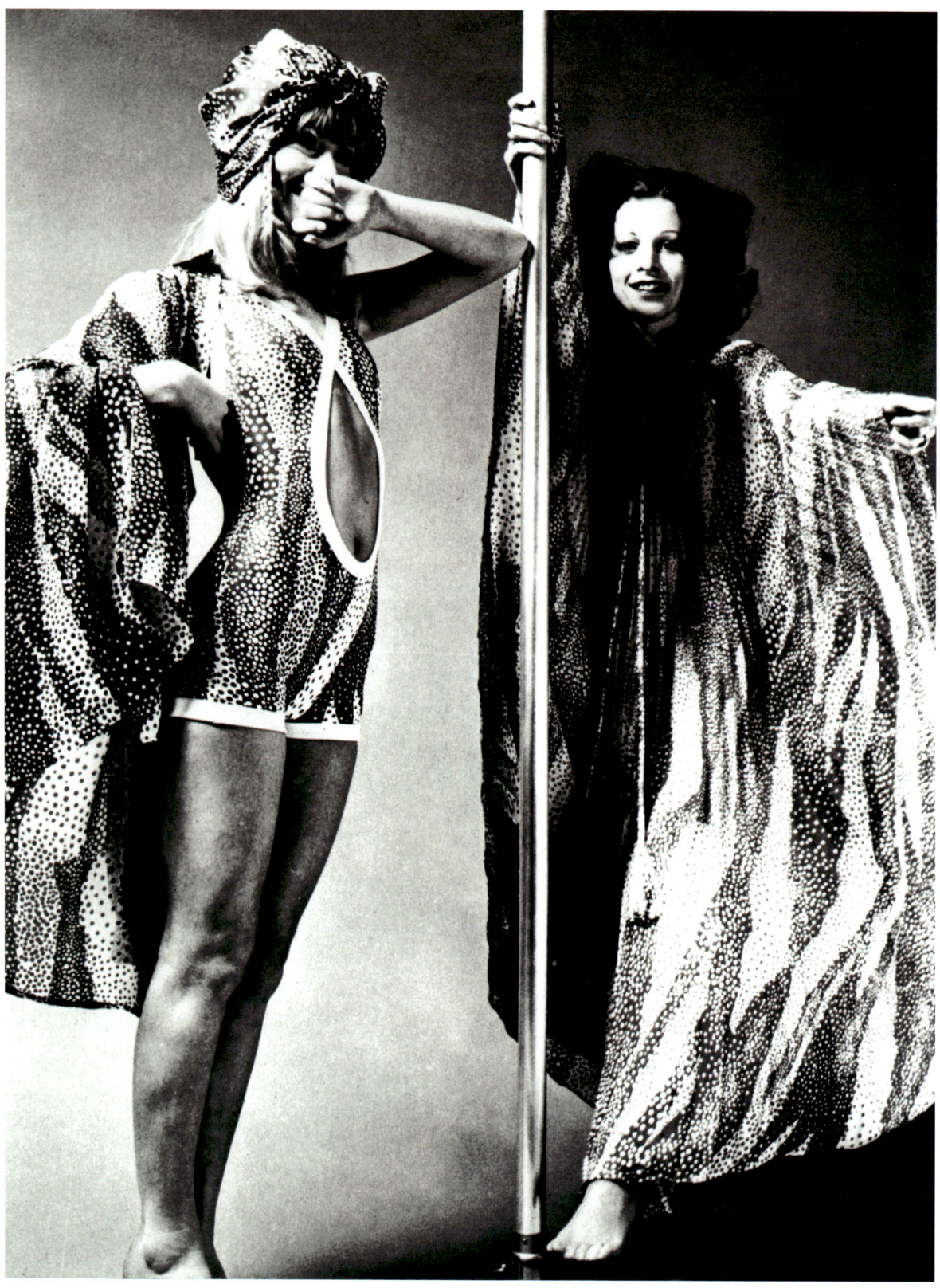

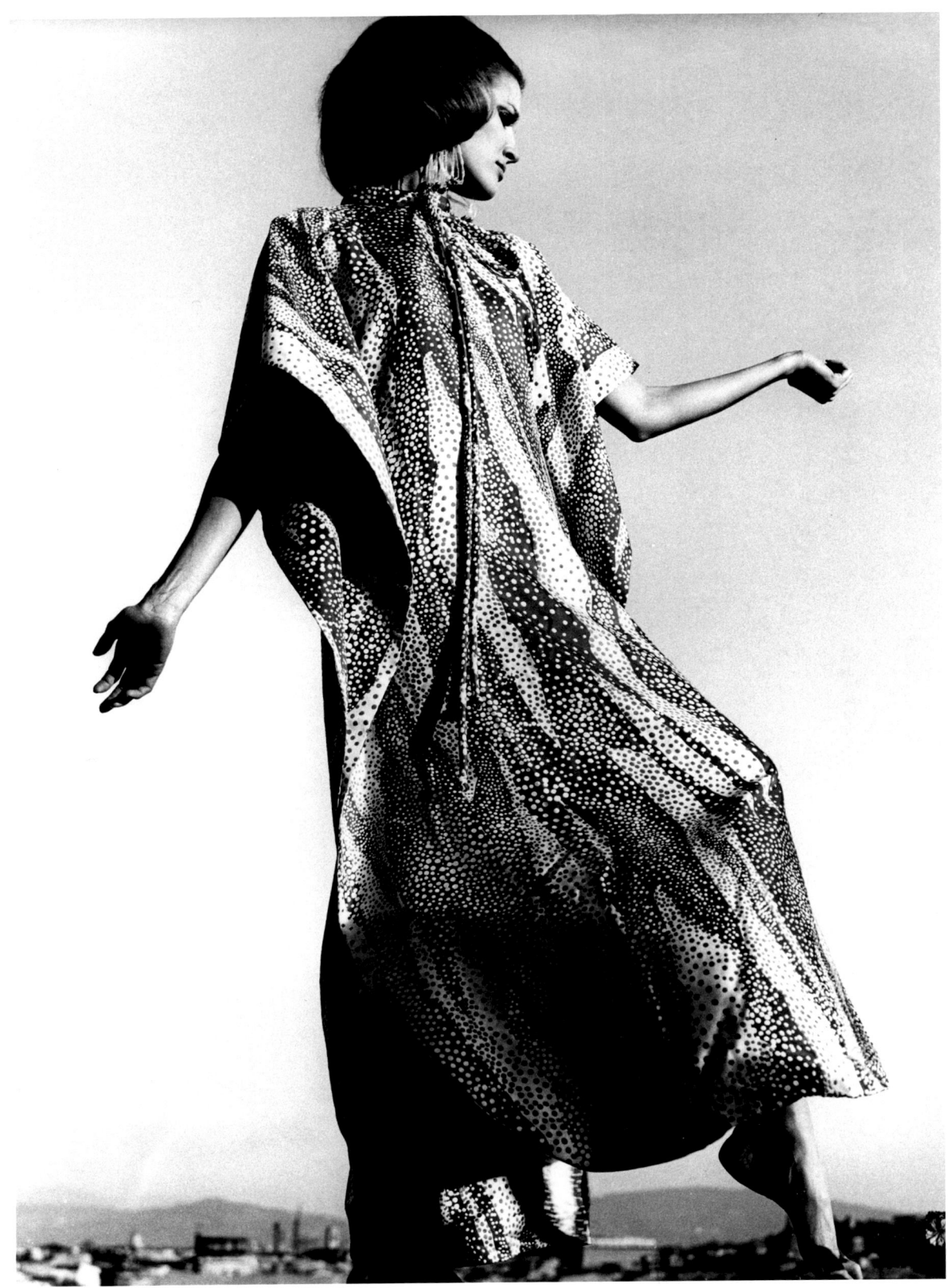

The fine lines at modaSelezione

Cleonice Capece

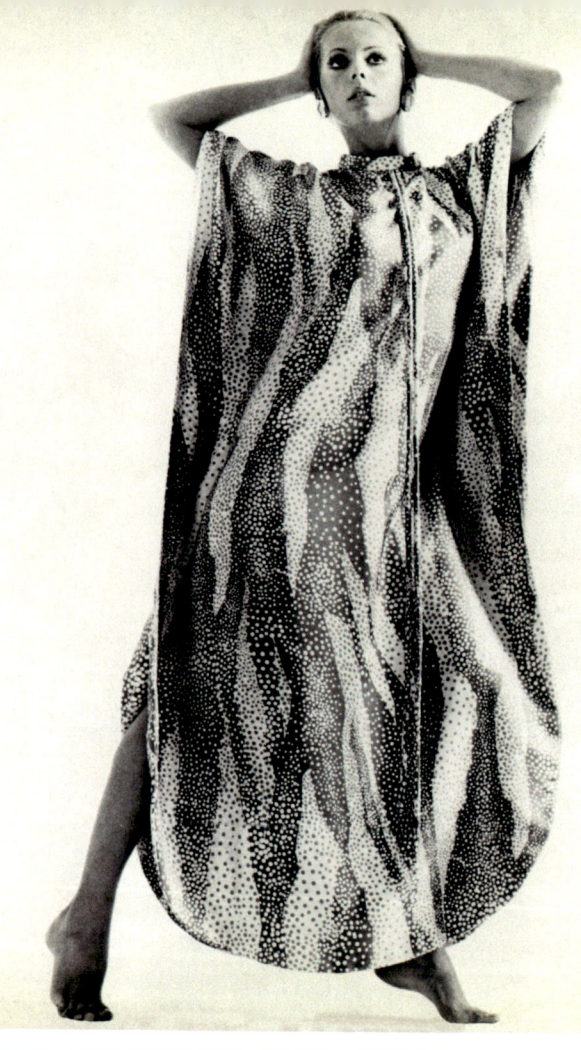

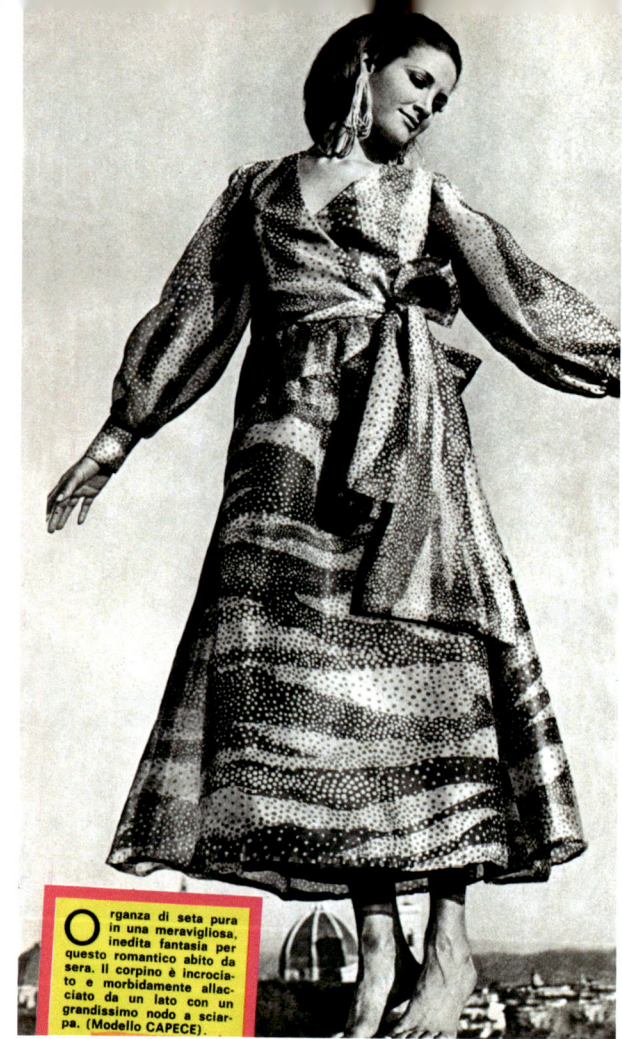

Organza di seta pura in una meravigliosa, inedita fantasia per questo romantico abito da sera. Il corpino è incrociato e morbidamente allacciato da un lato con un grandissimo nodo a sciarpa. (Modello CAPECE).

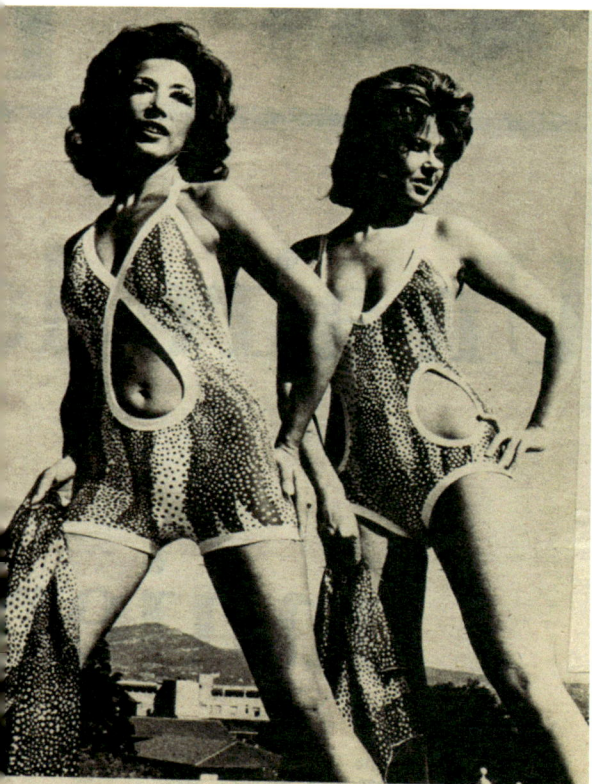

...ento del certamen es ofrecer una moda total, coordinada pero ...personalidad. No se les puede negar a estos bañadores de ...ice Capice, una creadora muy audaz.

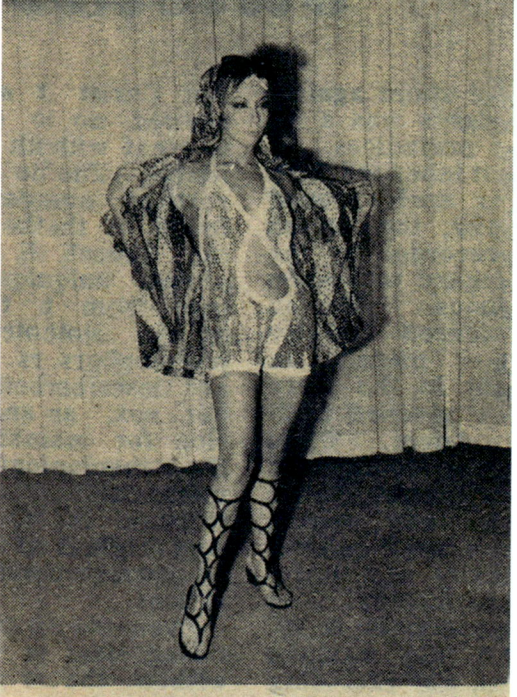

FOR SUMMER, 1971: Bare-tummied swim suit by Cleonice Capece in print Lycra nylon, beach jacket and scarf are chiffon. The '71 accent, Roman gladiator sandals

Cosmorama

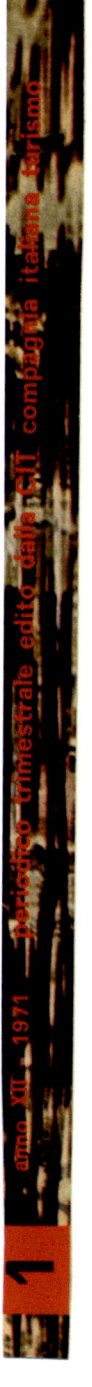

1 — anno XII - 1971 — Periodico trimestrale edito dalla CIT compagnia italiana turismo

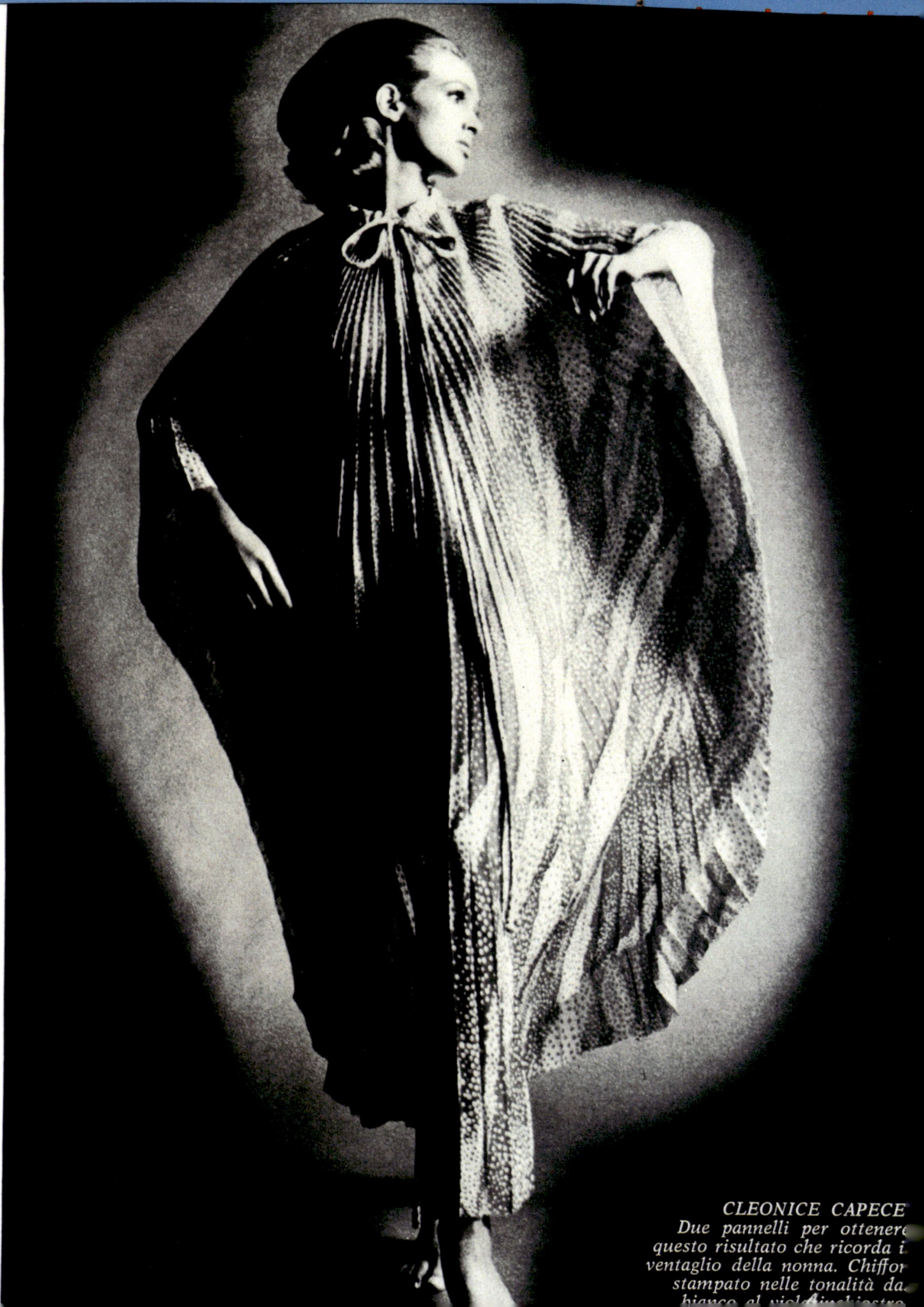

CLEONICE CAPECE
Due pannelli per ottenere
questo risultato che ricorda i
ventaglio della nonna. Chiffo
stampato nelle tonalità da

la lunga sera

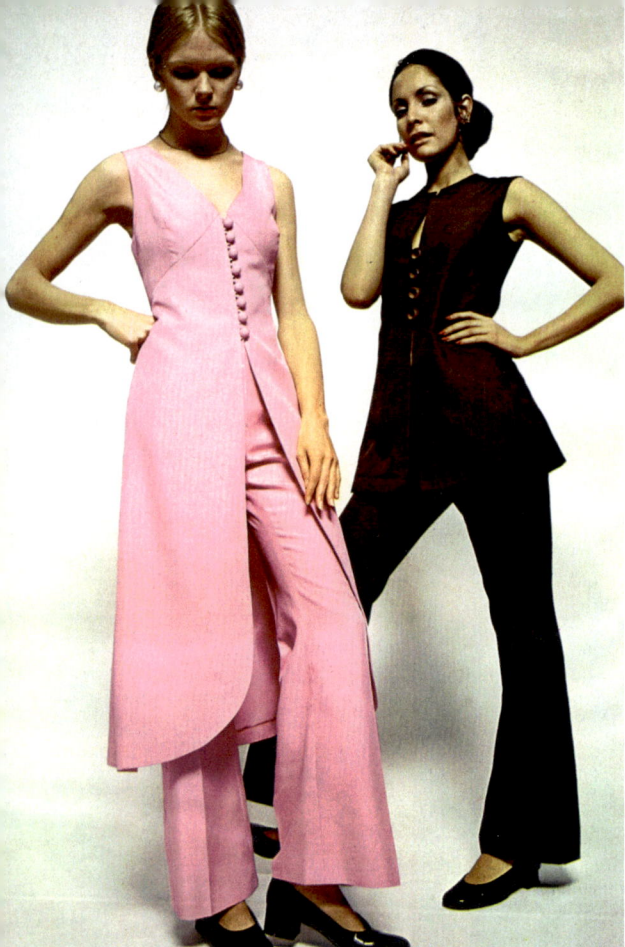

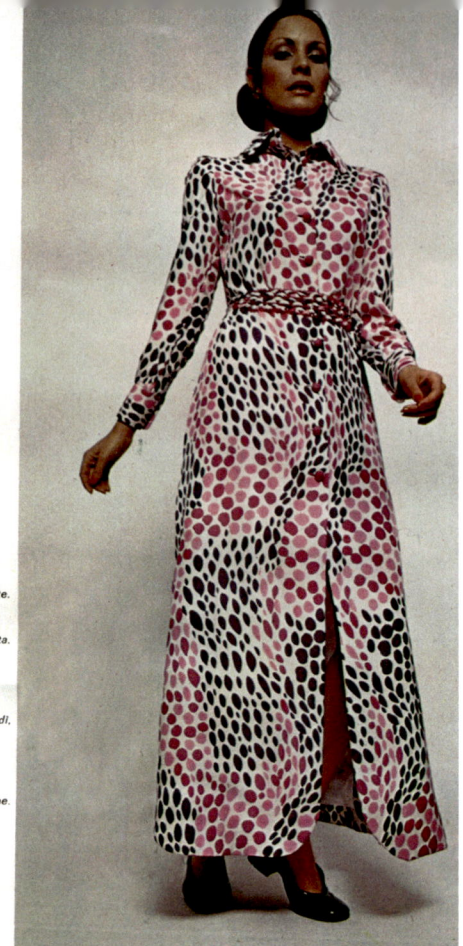

Pois irregolari color rosa e viola sull'abito più elegante. Tutto abbottonato davanti, ha una lunghezza midi e una cintura ornata da ricami e paillettes che sottolinea la vita. Cleonice Capece.

Il completo raffinato è in tessuto rosa cipria. La lunghissima casacca, tagliata a V sotto il seno e chiusa da bottoncini rotondi, ha lembi arrotondati e distanziati. Pantaloni lunghi. Modello Cleonice Capece.

Il completo ultima-moda è realizzato in tessuto marrone. I pantaloni, svasati verso il fondo, sono accompagnati da una casacca chiusa sotto il seno da quattro bottoni marrone. Lembi distanziati. Modello Cleonice Capece.

Sotto. Una fitta pioggia di pois nocciola e marrone sullo chiffon dell'abito da pomeriggio. Chiuso da una allacciatura anteriore è impreziosito dalla trasparenza del carré e delle maniche gonfie. Modello Cleonice Capece.

La camicetta di seta, abbottonata davanti e con un colletto a punta è completata da una gonna midi a portafoglio e allacciata in vita da una cintura annodata. Il completo, realizzato in seta e in shantung giallo, è un modello Cleonice Capece.

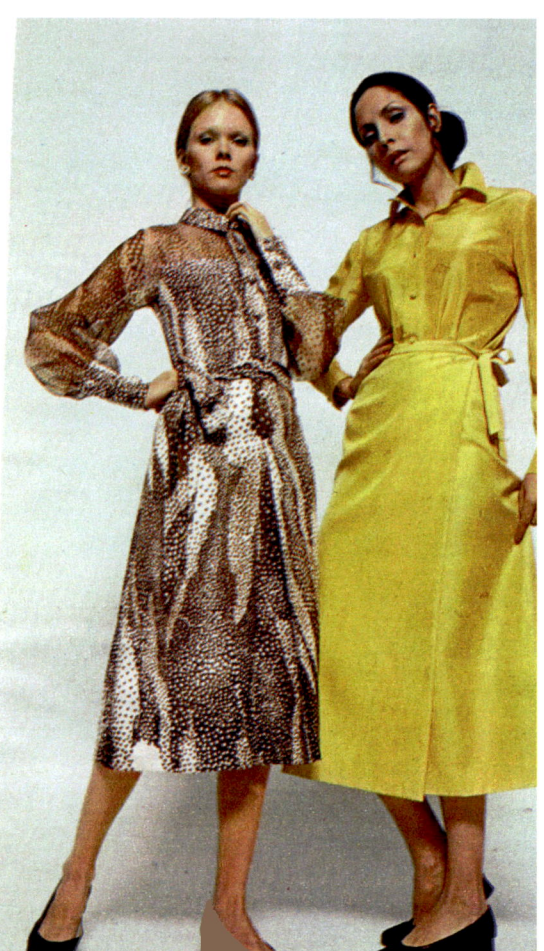

pp. 144-47: swimwear, silk evening kaftans and dresses from the Galaxy of Pois collection.

Top left: Shantung silk outfits; above: evening chemisier with high opening and paillettes embroidered sash belt; left: mid-length silk chemisier with chiffon yoke; golden Shantung wrap-around skirt, silk shirt to match.

Opposite page: silk and chiffon sleeveless and V-necked midi dresses.

le fantasie dell'estate

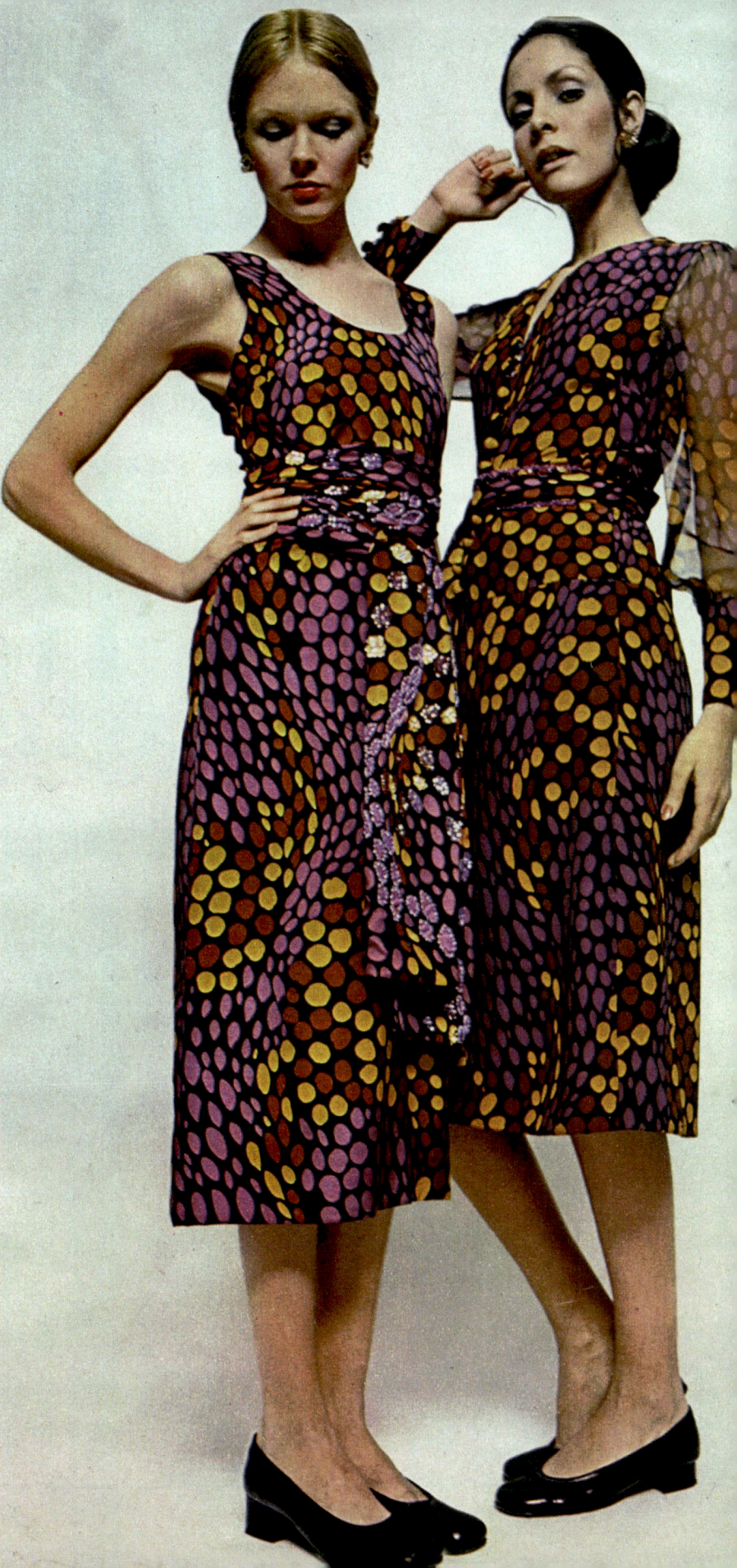

Una originale fantasia viola a disegni rosa per l'abito midi. La gonna ampia è arricciata da un volantino applicato all'orlo; la vita è sottolineata da una fascia ricamata e arricciata. Ruches al collo. Di Lazzaro.

La stessa fantasia per il due pezzi elegante. I pantaloni attillati sono accompagnati da una casacchina con collo a punta e cinturetta inserita in vita. Di Lazzaro.

Chiffon fantasia giallo e viola per l'abito da sera. Il corpino senza maniche e scollatura rotonda è stretto in vita da una fascia annodata e ornata da piccoli strass. Cleonice Capece.

La scollatura a V si chiude con una piccola abbottonatura che scende fino alla vita stretta da una fascia ornata da piccoli strass. La gonna dell'abito è moderatamente svasata, le maniche ampie. Cleonice Capece.

ROMANTIC LOOK

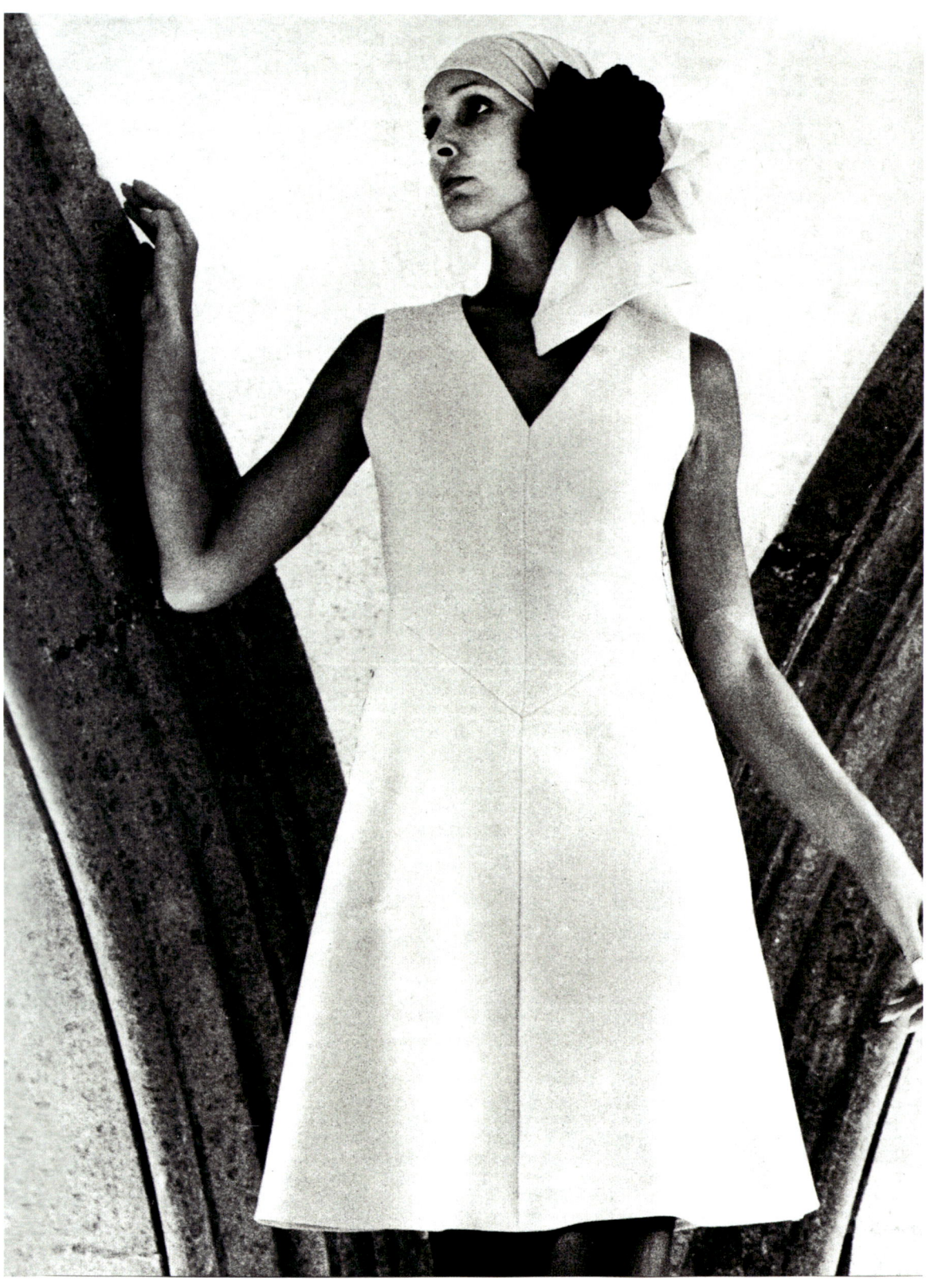

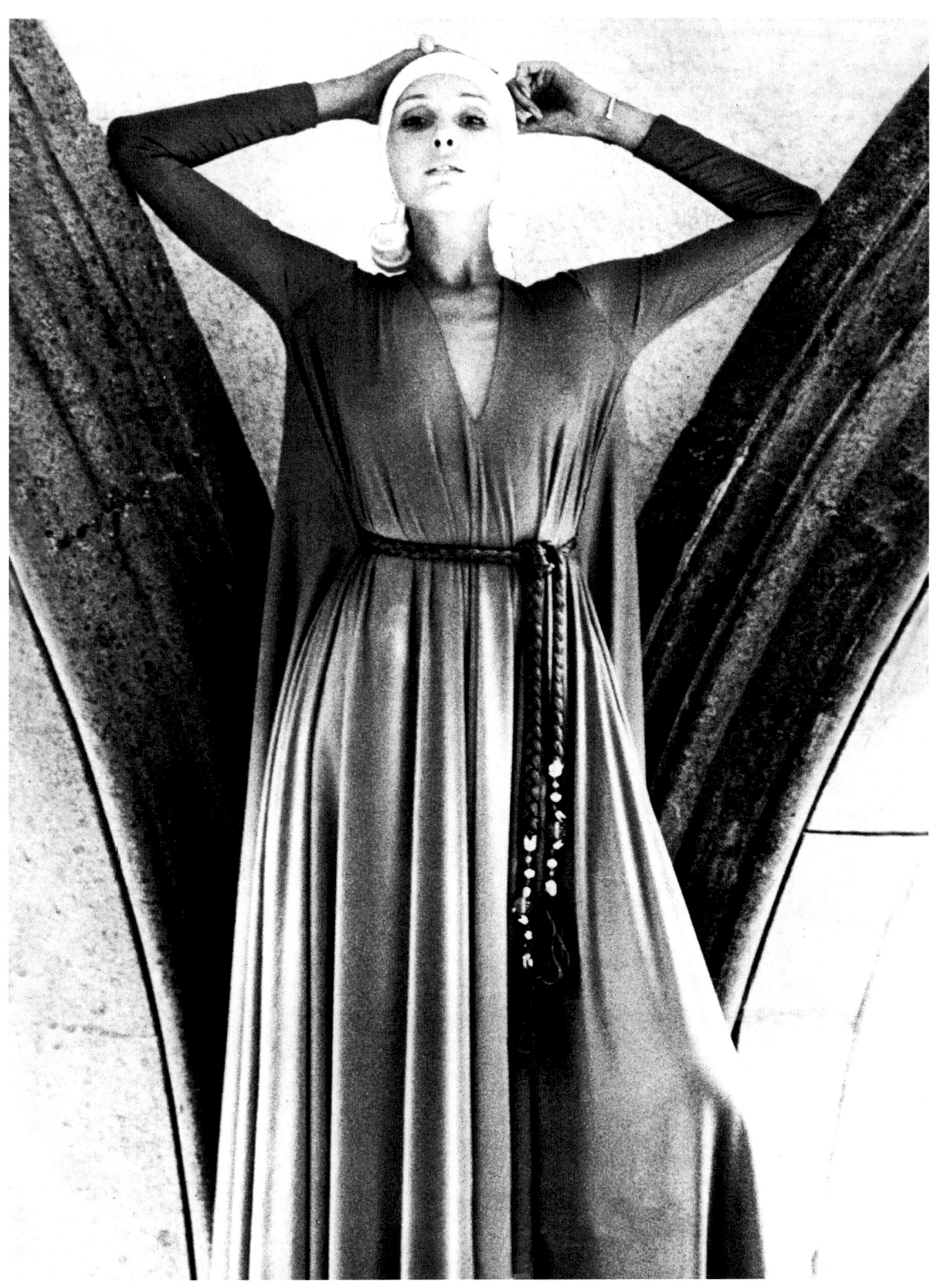

FOLHA Feminina
FOLHA DE S. PAULO

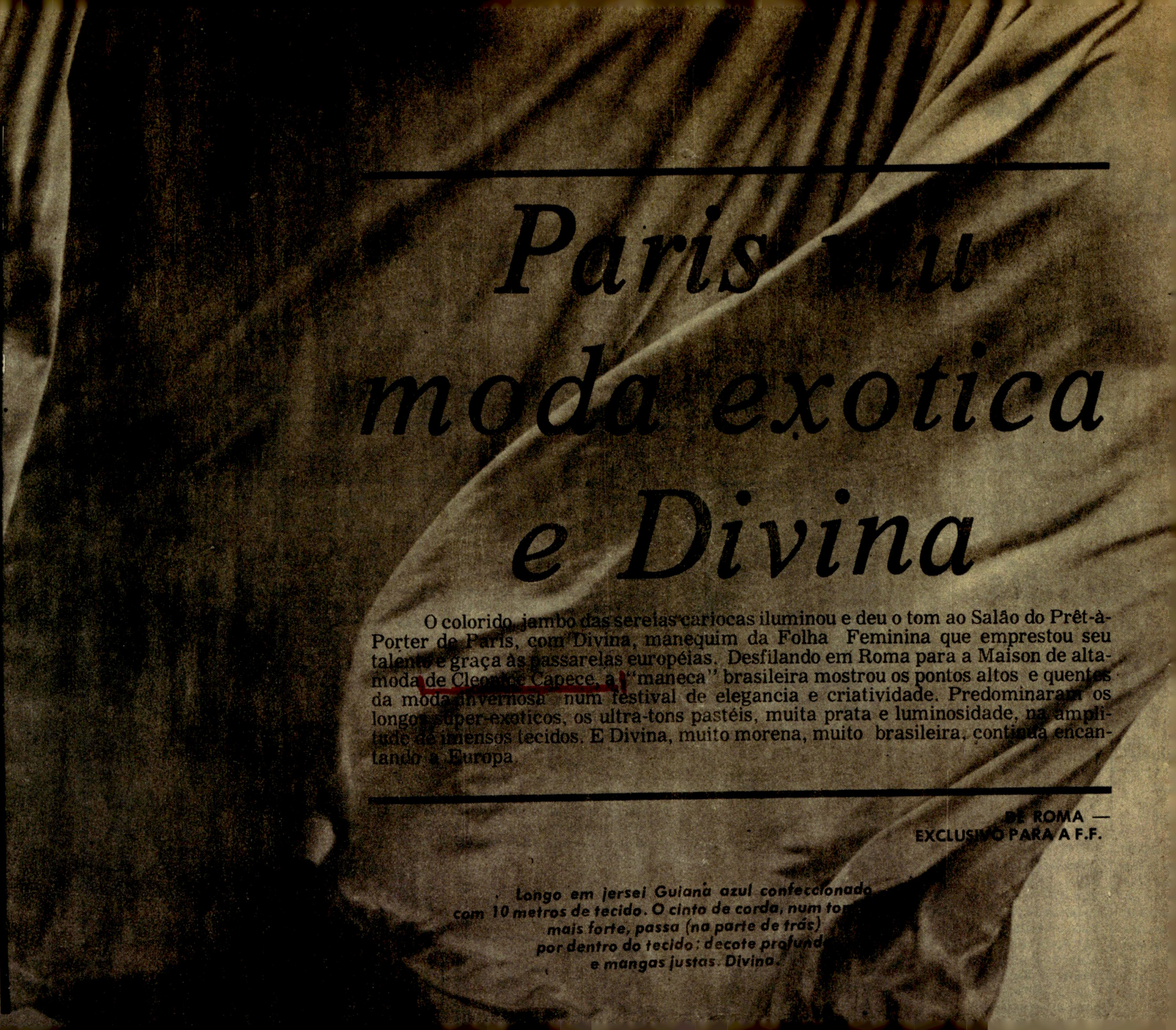

Paris, moda exótica e Divina

O colorido jambo das sereias cariocas iluminou e deu o tom ao Salão do Prêt-à-Porter de Paris, com Divina, manequim da Folha Feminina que emprestou seu talento e graça às passarelas europeias. Desfilando em Roma para a Maison de alta-moda de Cleopatra Capece, a "maneca" brasileira mostrou os pontos altos e quentes da moda invernosa num festival de elegância e criatividade. Predominaram os longos super-exóticos, os ultra-tons pastéis, muita prata e luminosidade, na amplitude de imensos tecidos. E Divina, muito morena, muito brasileira, contida, encantando a Europa.

DE ROMA — EXCLUSIVO PARA A F.F.

Longo em jersei Guianá azul confeccionado com 10 metros de tecido. O cinto de corda, num tom mais forte, passa (na parte de trás) por dentro do tecido; decote profundo e mangas justas. Divina.

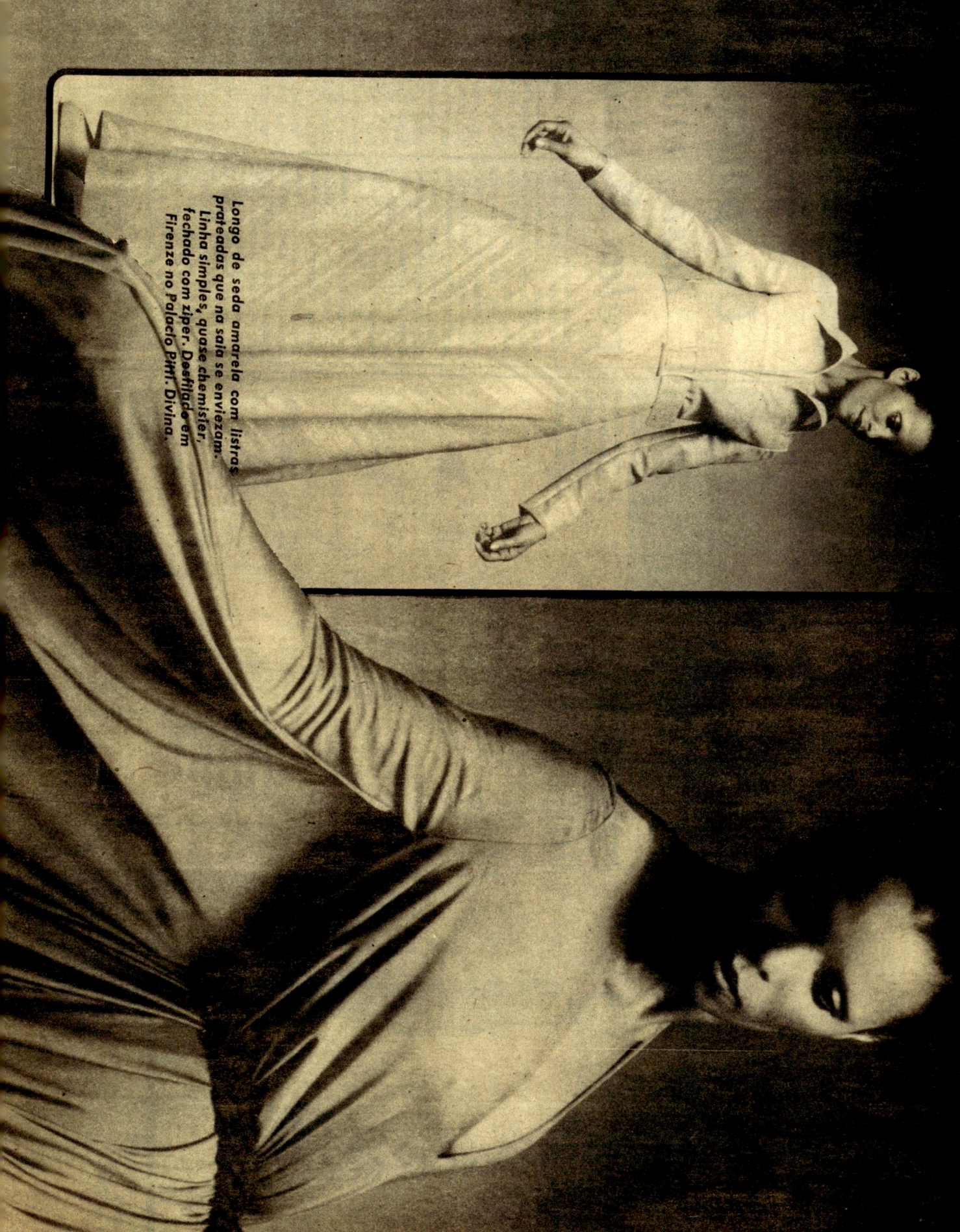

Longo de seda amarela com listras prateadas que na saia se enviezam. Linha simples, quase chemisier, fechado com zíper. Desfilado em Firenze no Palácio Pitti. Divina.

contrasti in bianco e nero

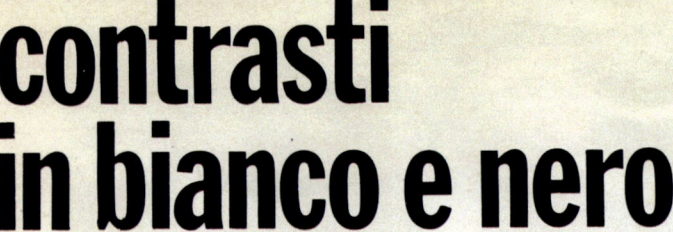

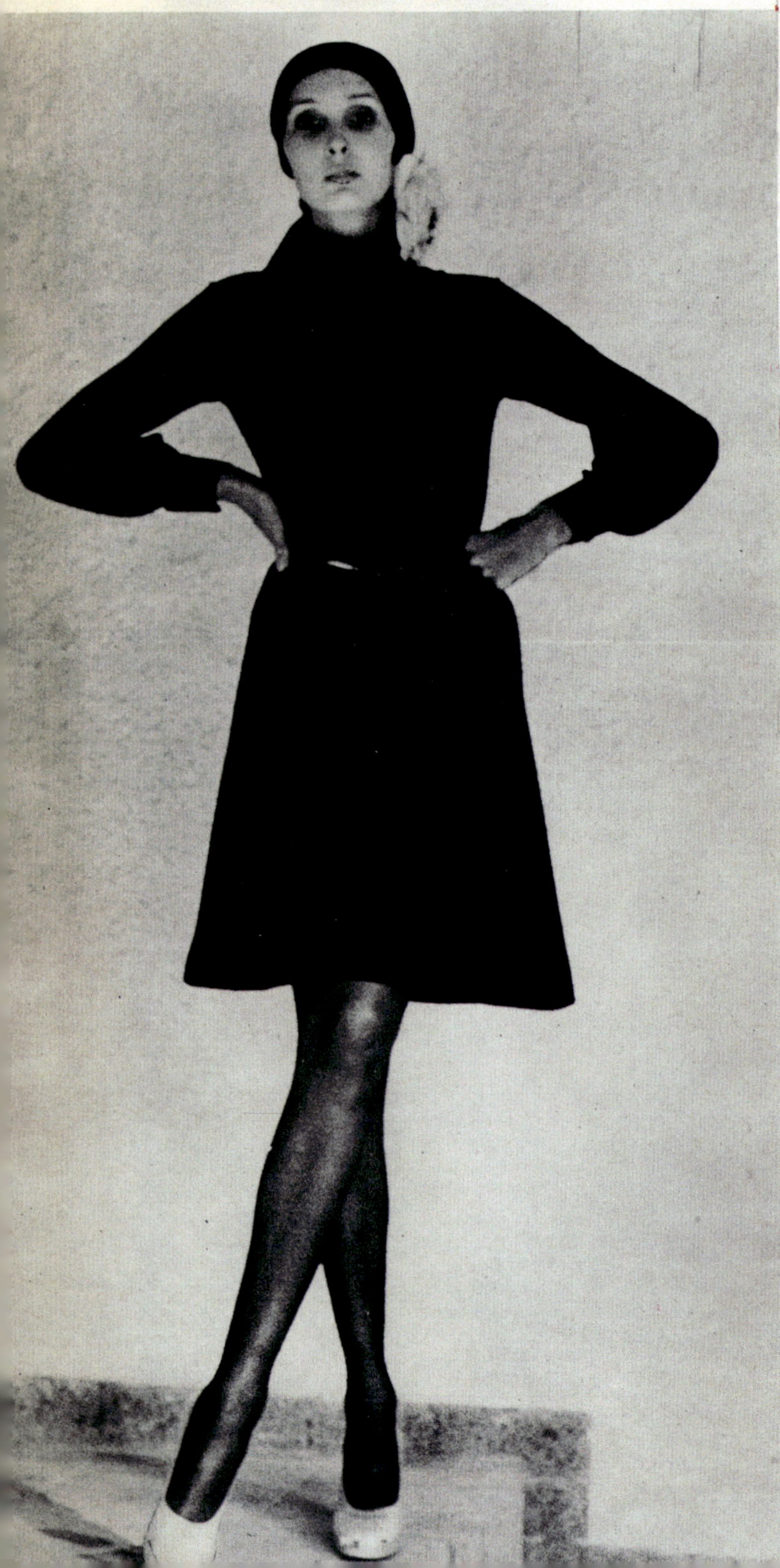

7e jaargang - Kerstnummer 1969

51/52

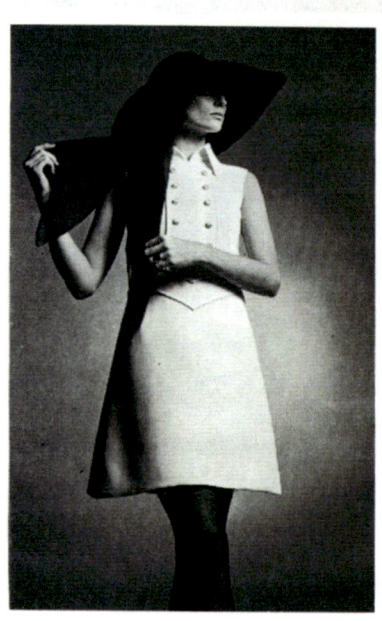

Fashion SHOW
RASSEGNA DI MODA INTERNAZIONA[LE]

AUTUNNO - INVERNO 1973-74 - Anno VI - Numer[o]

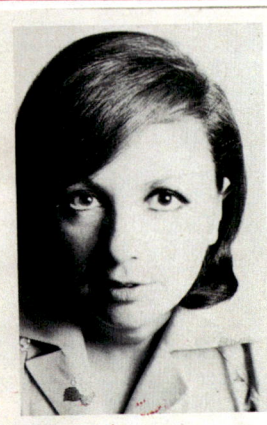

Cleonice Capece, discendente da una delle più antiche famiglie di Napoli, ha vissuto per lunghi anni in Inghilterra dove ha forgiato il suo gusto moderno e dinamico. Quel gusto che ora riversa nel suo atelier romano di alta moda, da dove partono per il mondo tante delle sue originali creazioni "made in Italy". L'ultimo itinerario dei suoi modelli, dopo Pitti e Parigi, è Singapore, Tokio e Hong Kong.

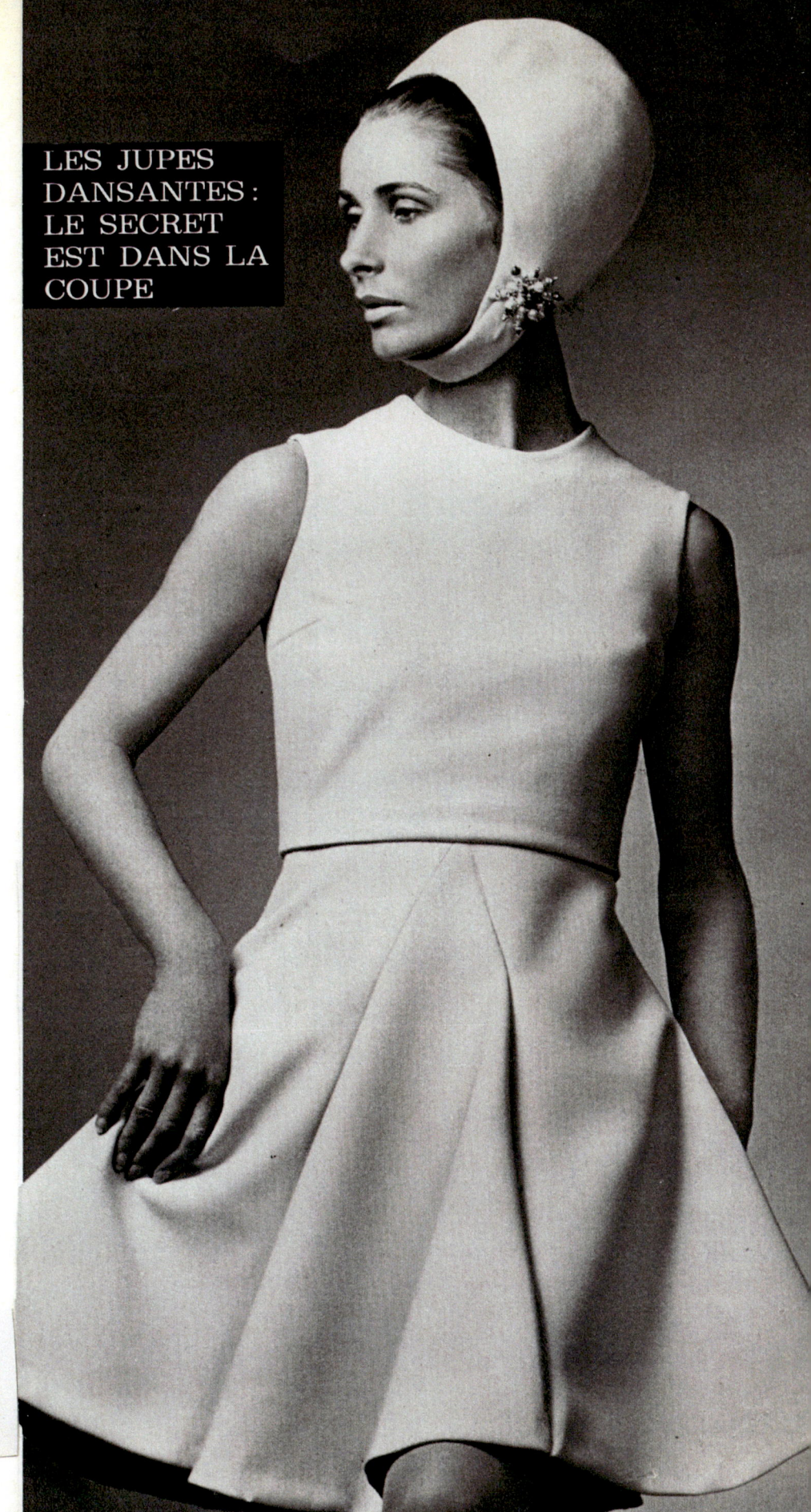

LES JUPES DANSANTES : LE SECRET EST DANS LA COUPE

Gonna danzante, con uno spicchio centrale che forma godet per l'abito beige di **Cleonice Capece**. Il bustino a vita alta, esilissimo, simula bolero. In testa un delizioso caschetto in tessuto con il sottogola fermato da una spilla gioiello.

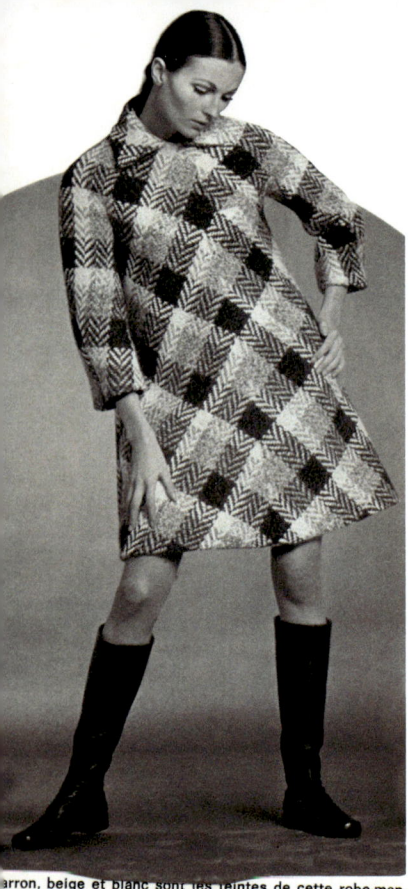

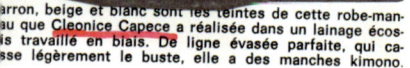

...arron, beige et blanc sont les teintes de cette robe-man-
...au que Cleonice Capece a réalisée dans un lainage écos-
...s travaillé en biais. De ligne évasée parfaite, qui ca-
...sse légèrement le buste, elle a des manches kimono.

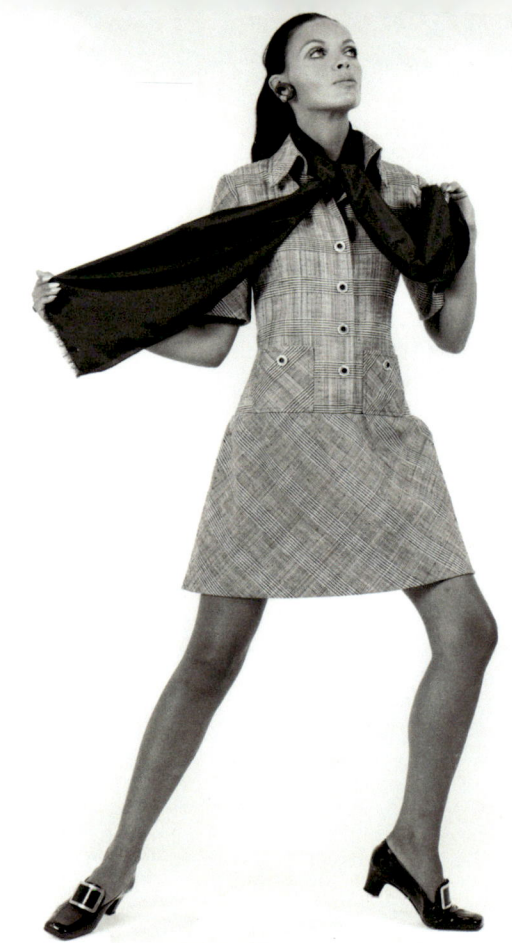

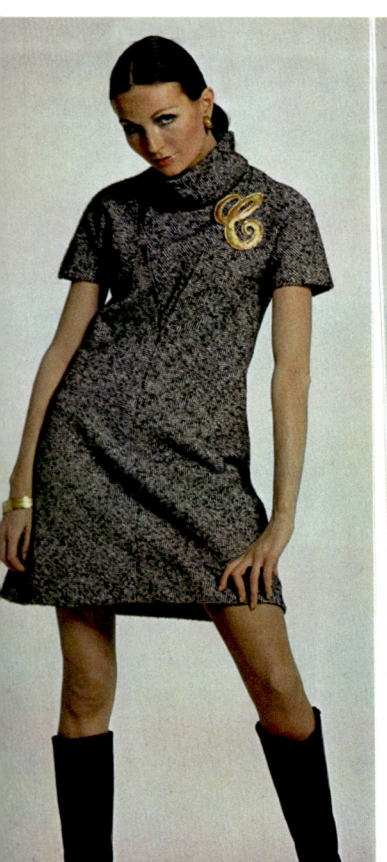

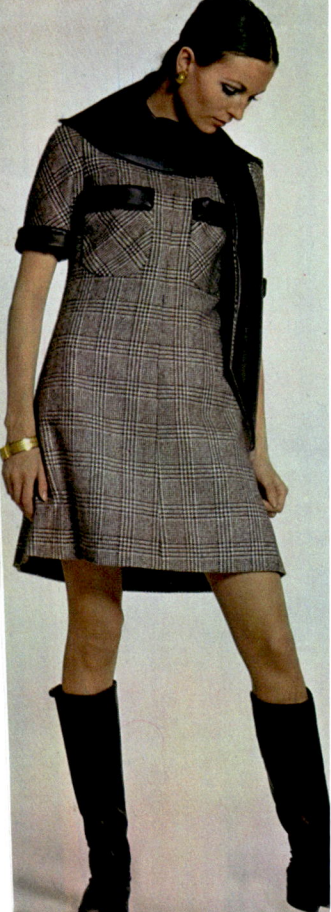

p. 150: triple wool crepe bias dress.

p. 151: cobalt blue Qiana jersey long bias dress.

pp. 152-3: press clipping of Qiana long dress.

p. 154: black and white triple wool crepe dresses.

p. 155: white triple wool crepe dress; skirt in bias godet with matching bonnet closed by a jewellery button.

This page: tweed and Prince of Galles dresses from the winter 1972 collection.

Opposite page: white triple wool crepe with jewellery buttons and earrings by Nucci.

p. 158: wool coat; grey flannel trousers with laced tunic top.

pp. 159-160: photos and press clippings of winter 1969 and 1972 collections.

pp. 161-7: photos and press clippings of the Romantic Look collection.

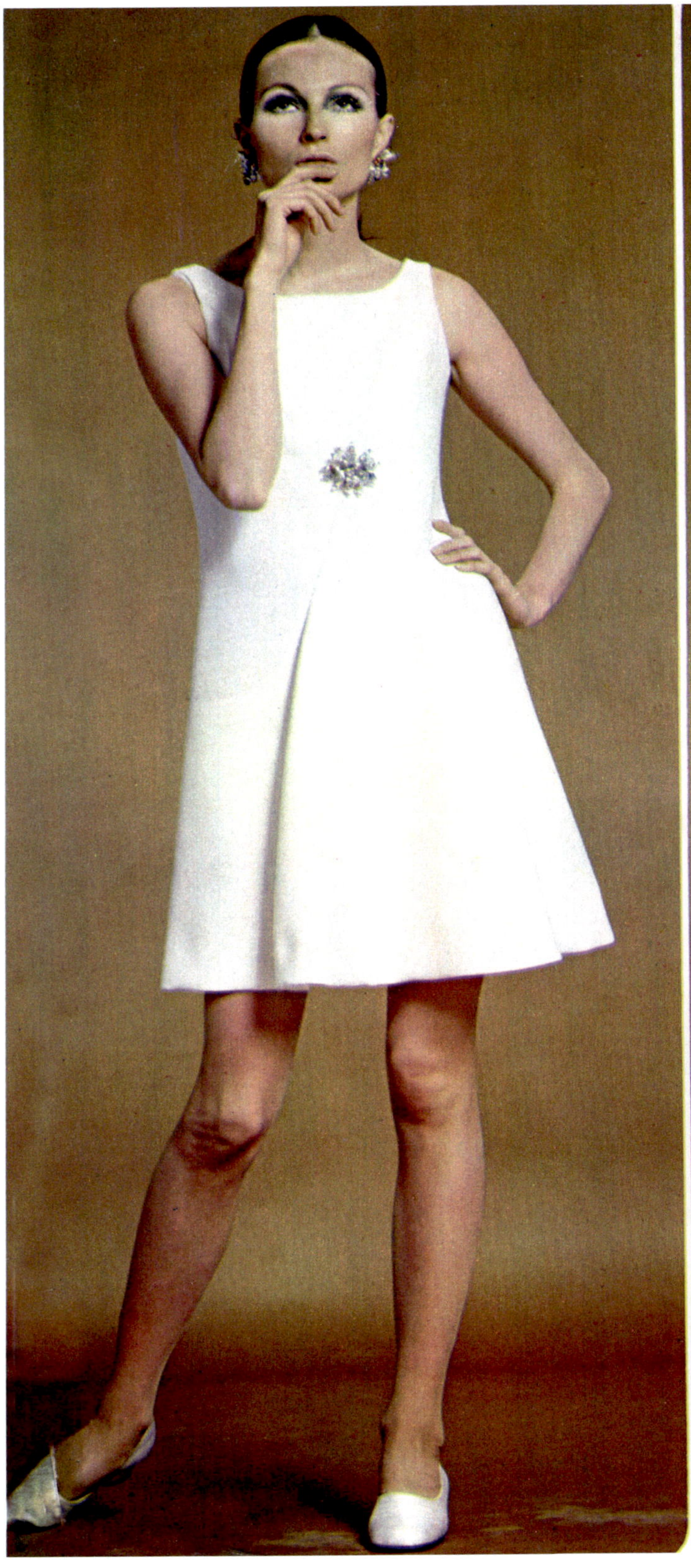

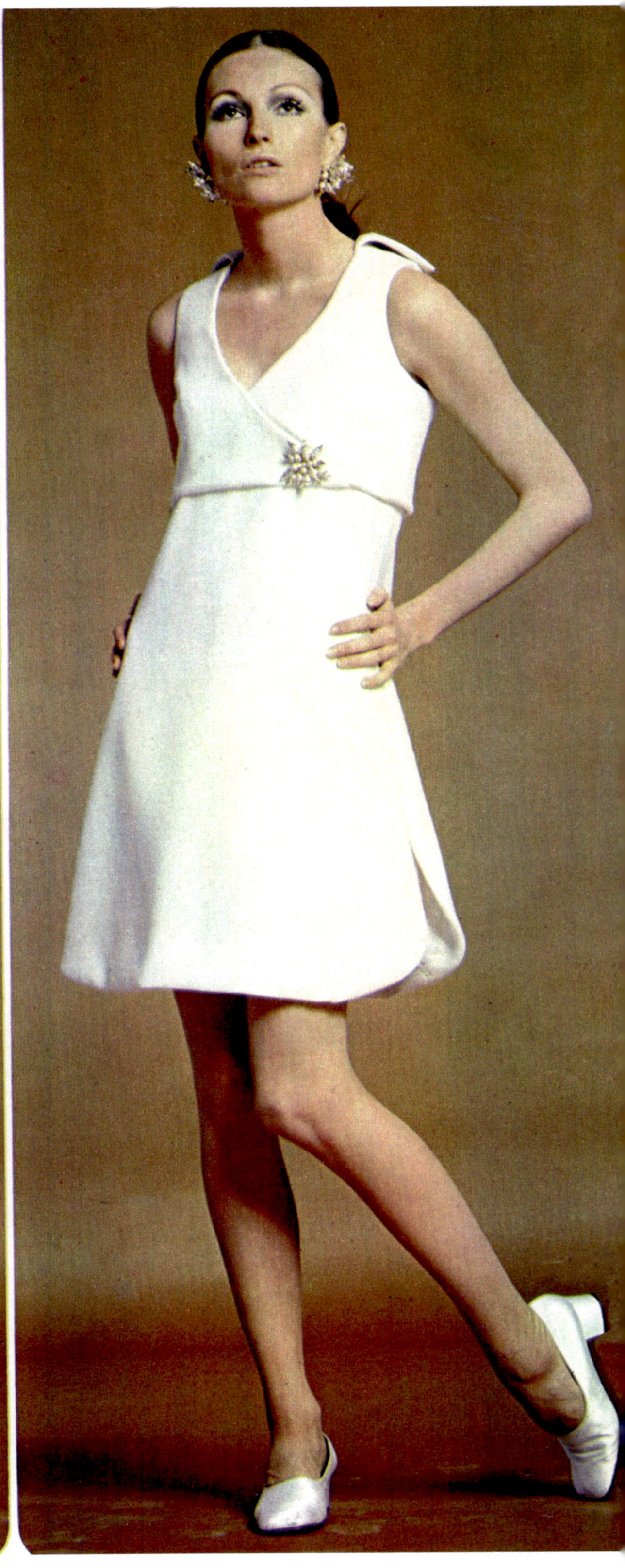

157

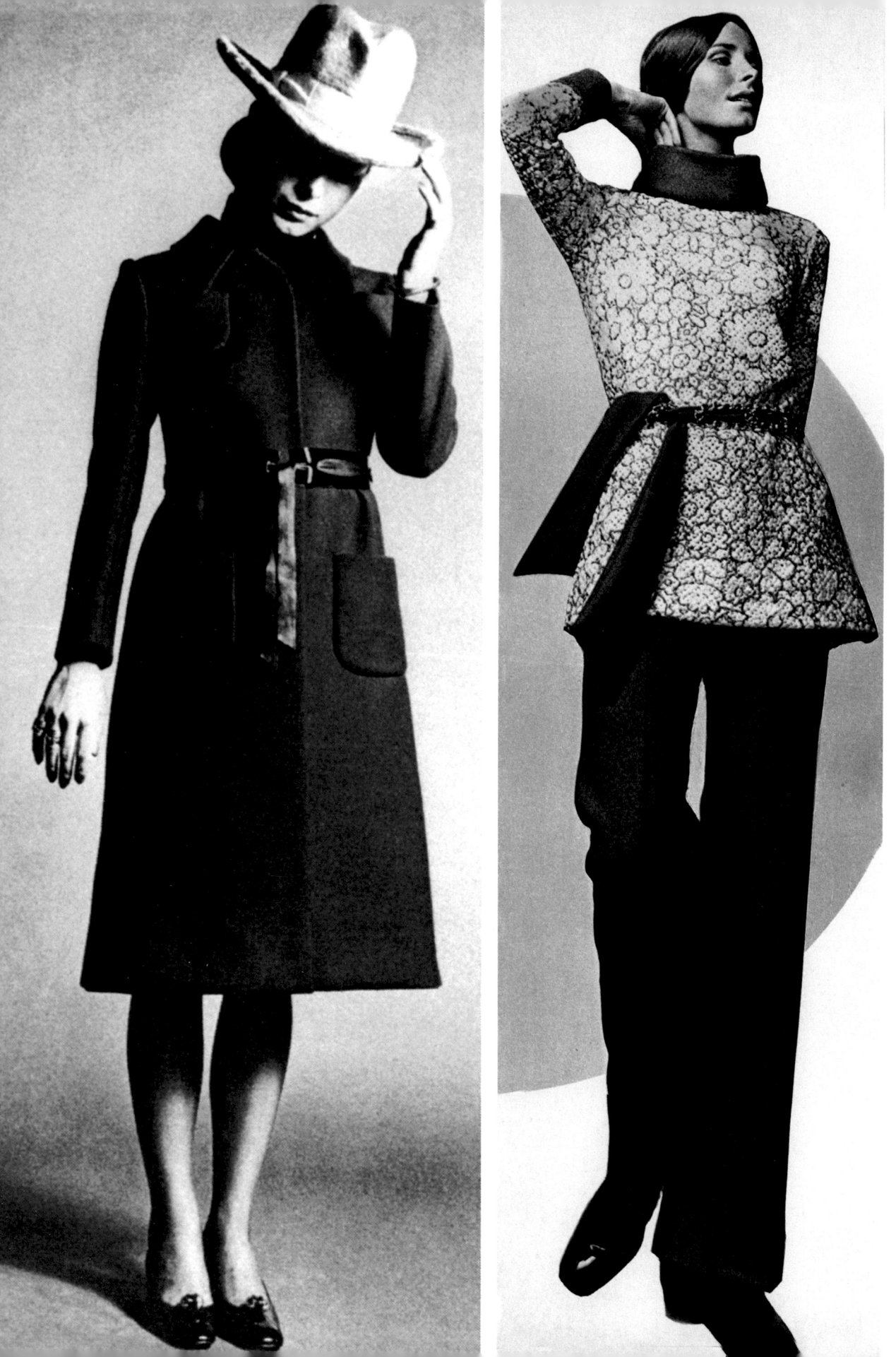

ROM
Hier zu kaufen

Am Tag: sportlich, aber feminin

Daß selbst sportliche Hosenanzüge und Kombinationen noch weiblich wirken, ist ein Geheimnis der römischen Couture.

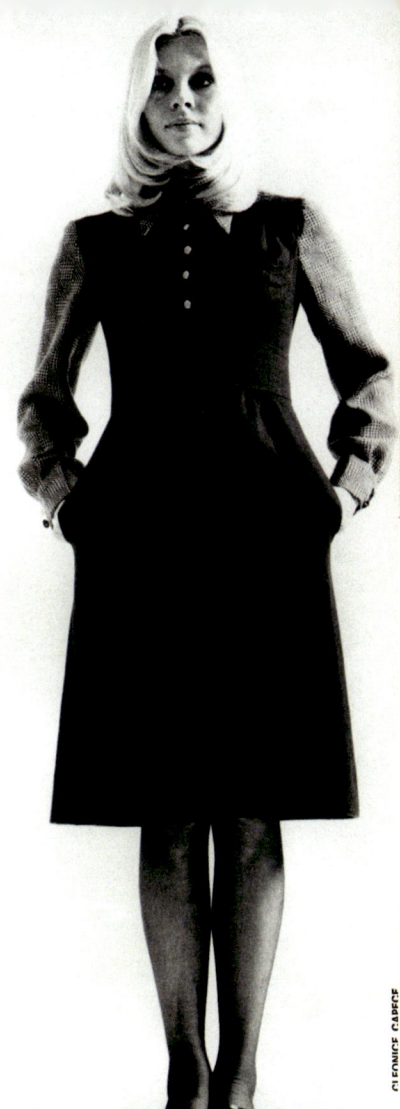

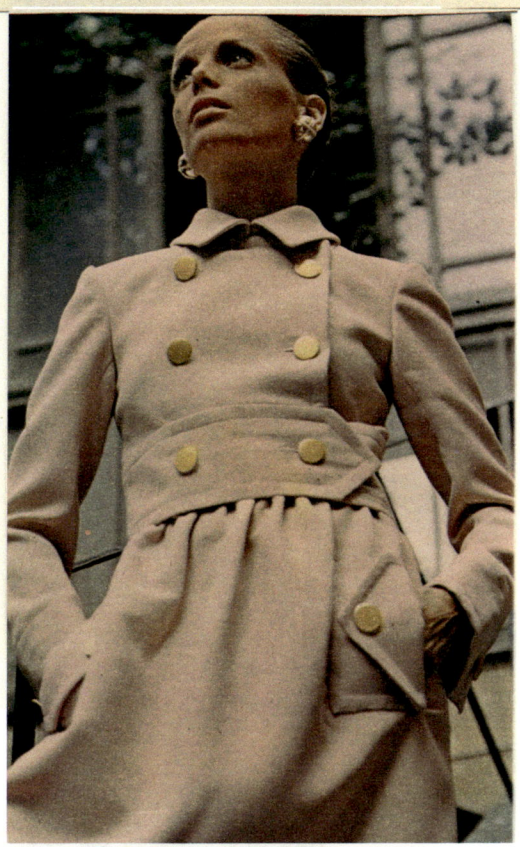

Wichtig: Kostüme sind in Italien immer weiblich im Schnitt, hier auch in der Farbe, zartem Apricot. Modell: Cleonice Capeche.

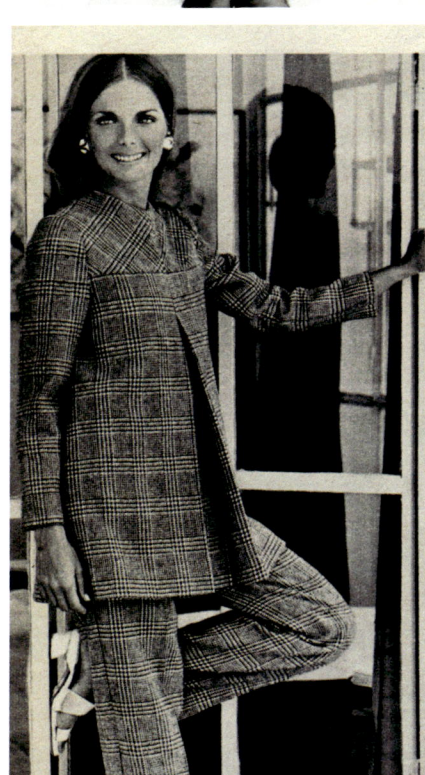

Und das Schönste aus Rom und Paris
Neu: Unser großes Psycho-Lexikon

petra
moderne
FRAU

10/69
Oktoberheft

BAZAR

Anno XXVI - 1972 - N. 261

REVUE INTERNATIONALE

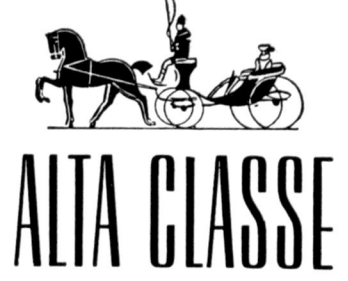

ALTA CLASSE

PRESTIGE D'ITALIE

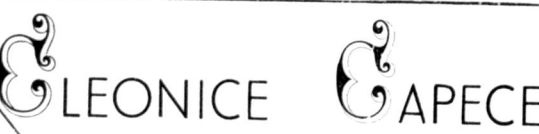

Ready - To Wear Couture
Via Gregoriana, 56 - ROMA

a

"MODA

SELEZIONE„

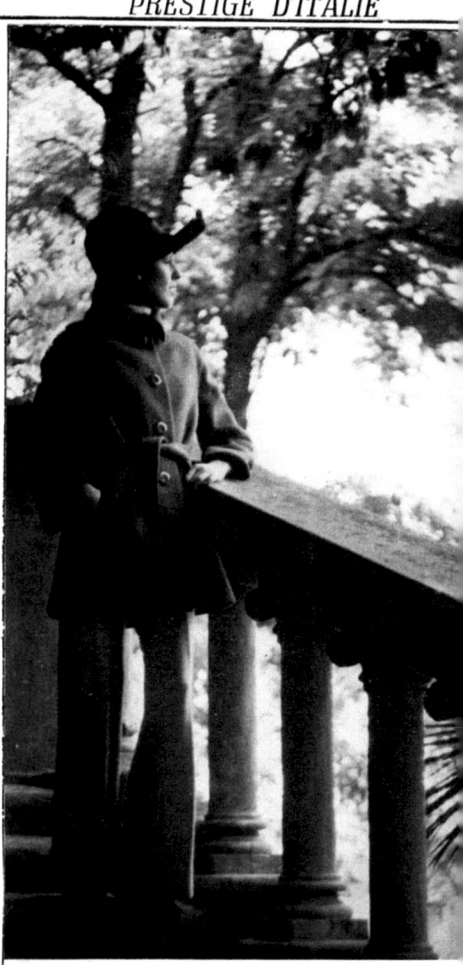

Modello per l'eleganza sportiva.

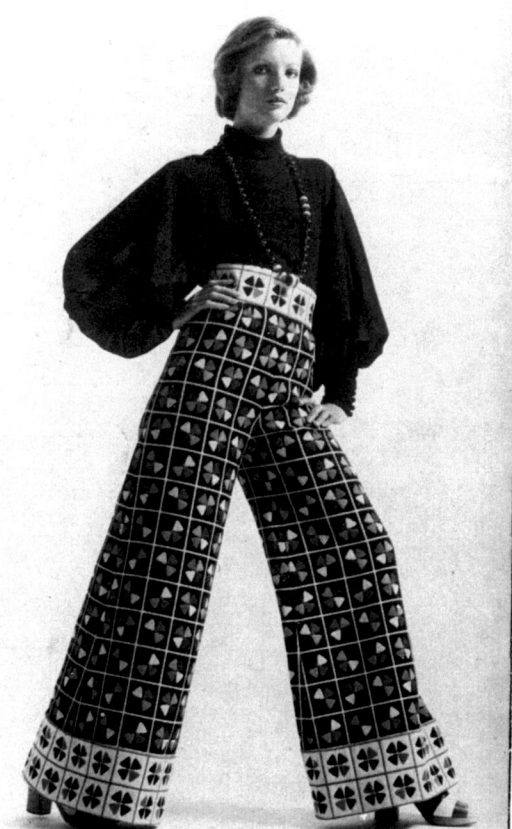

I pantaloni sono in tessuto di lana jacquard disegnata a quadrifogli verde, giallo, ruggine e bianco su fondo nero con fascia in vita e bordo all'orlo in negativo. La blusa dalle maniche amplissime, tagliata a chimono, è in georgette di seta nera.

Una parte della Collezione di Cleonice Capece è stata presentata al salone di Torino e tutte le altre creazioni di questa Casa sono sfilate a Tokyo, Hong Kong e Singapore, riscuotendo ovunque un enorme successo

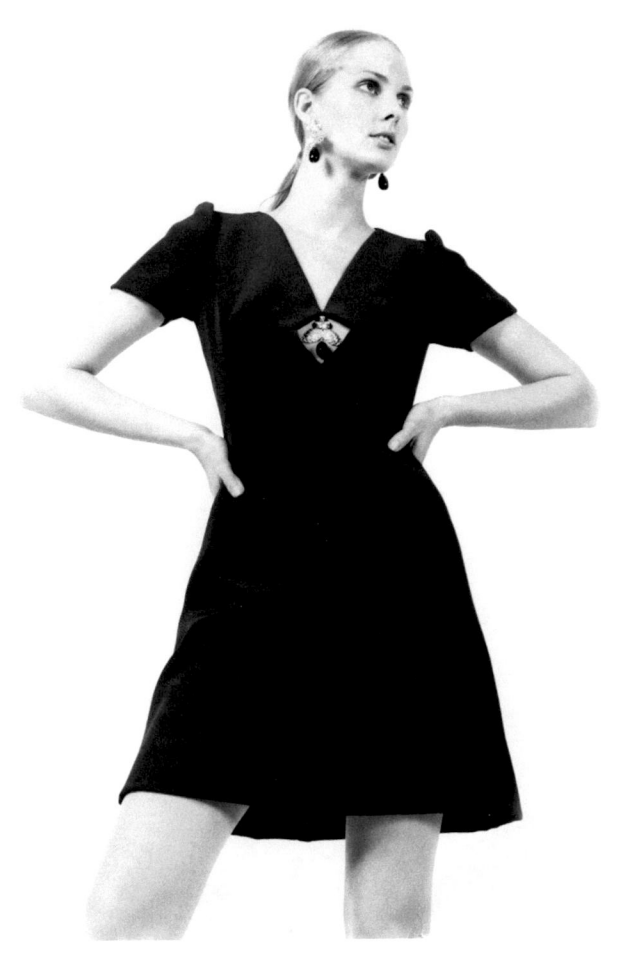
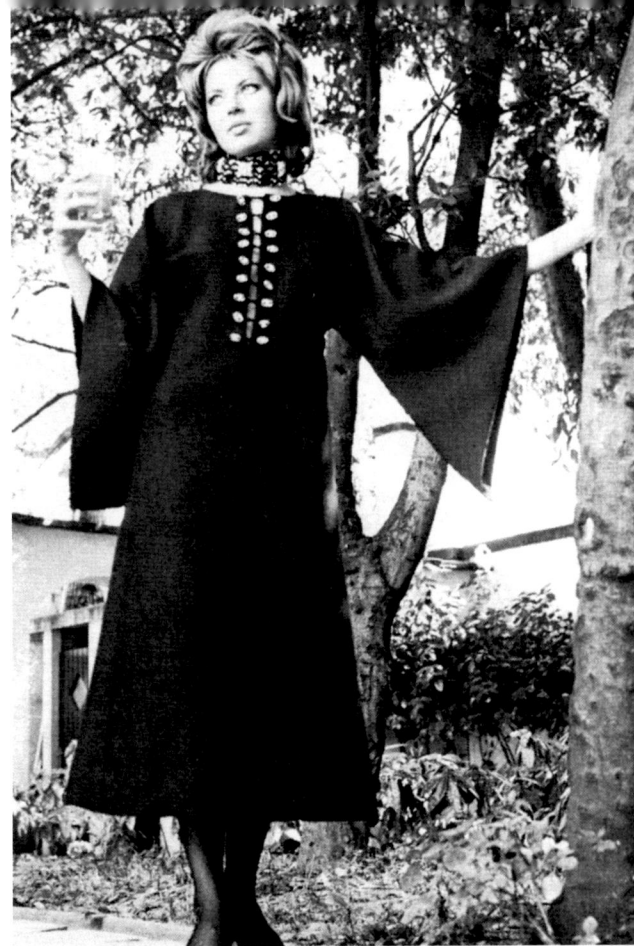
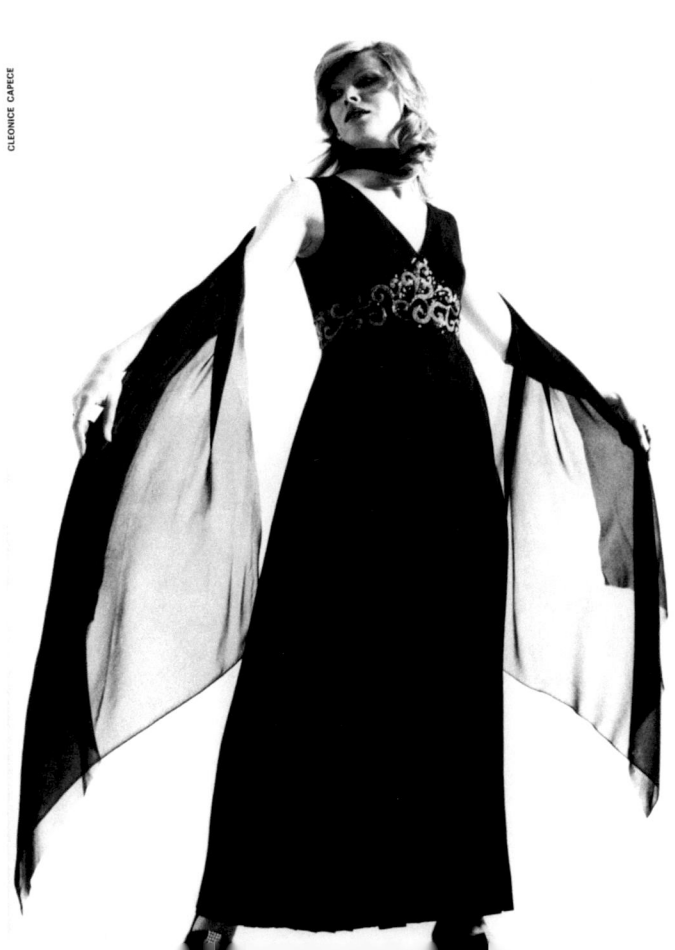
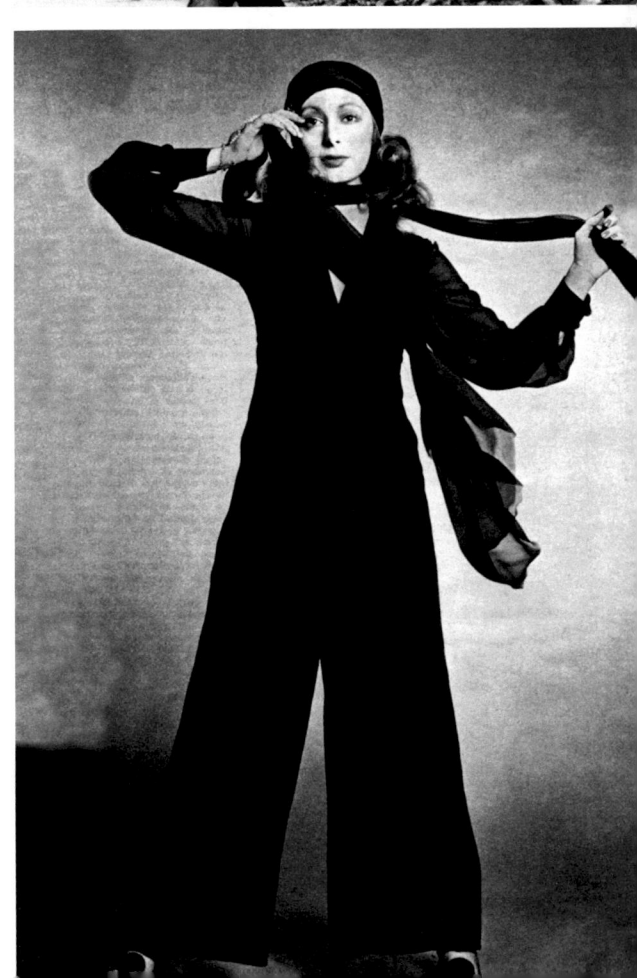

CLEONICE CAPECE

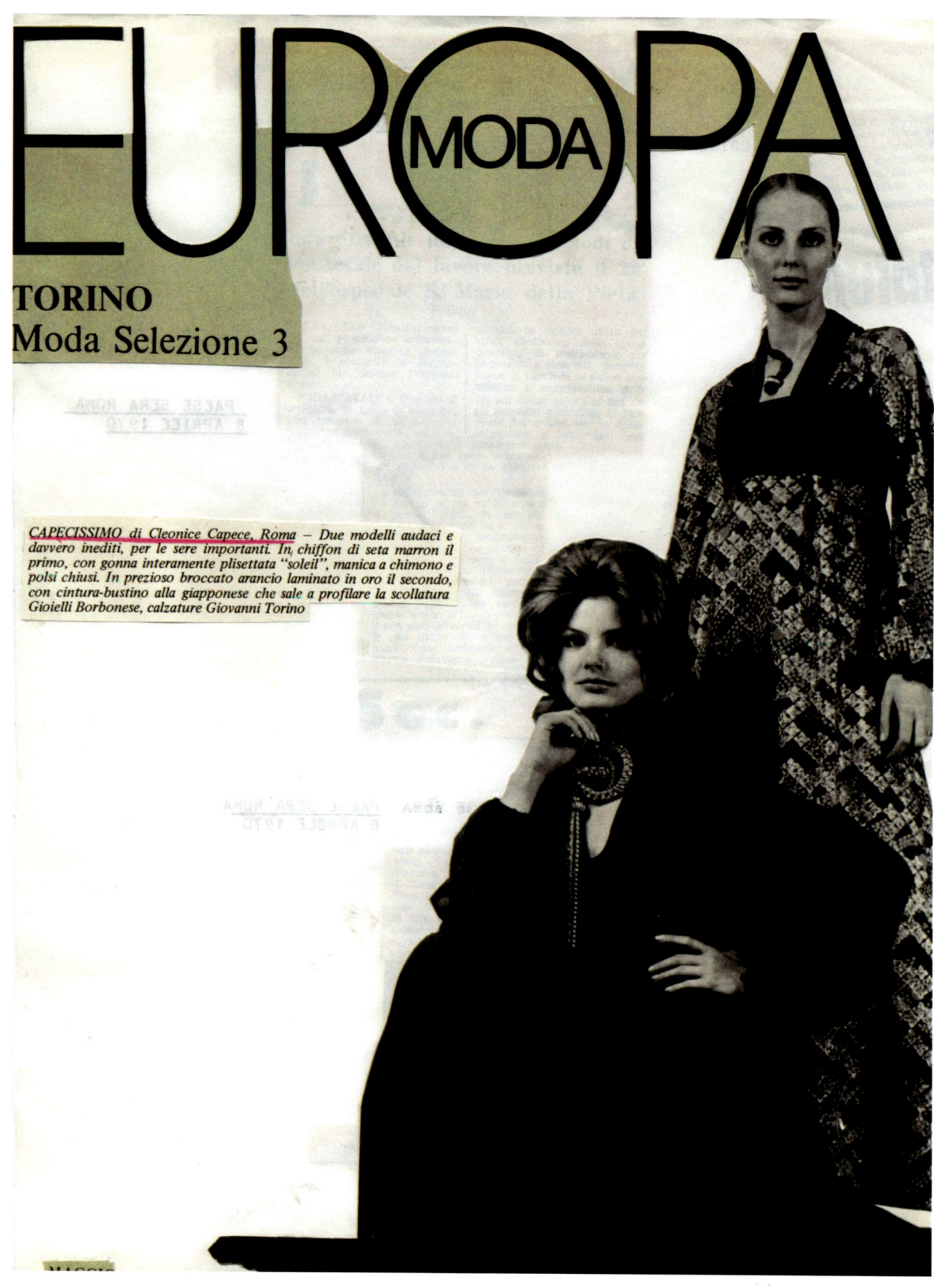

EUROPA MODA

TORINO
Moda Selezione 3

CAPECISSIMO di Cleonice Capece, Roma – Due modelli audaci e davvero inediti, per le sere importanti. In chiffon di seta marron il primo, con gonna interamente plisettata "soleil", manica a chimono e polsi chiusi. In prezioso broccato arancio laminato in oro il secondo, con cintura-bustino alla giapponese che sale a profilare la scollatura Gioielli Borbonese, calzature Giovanni Torino

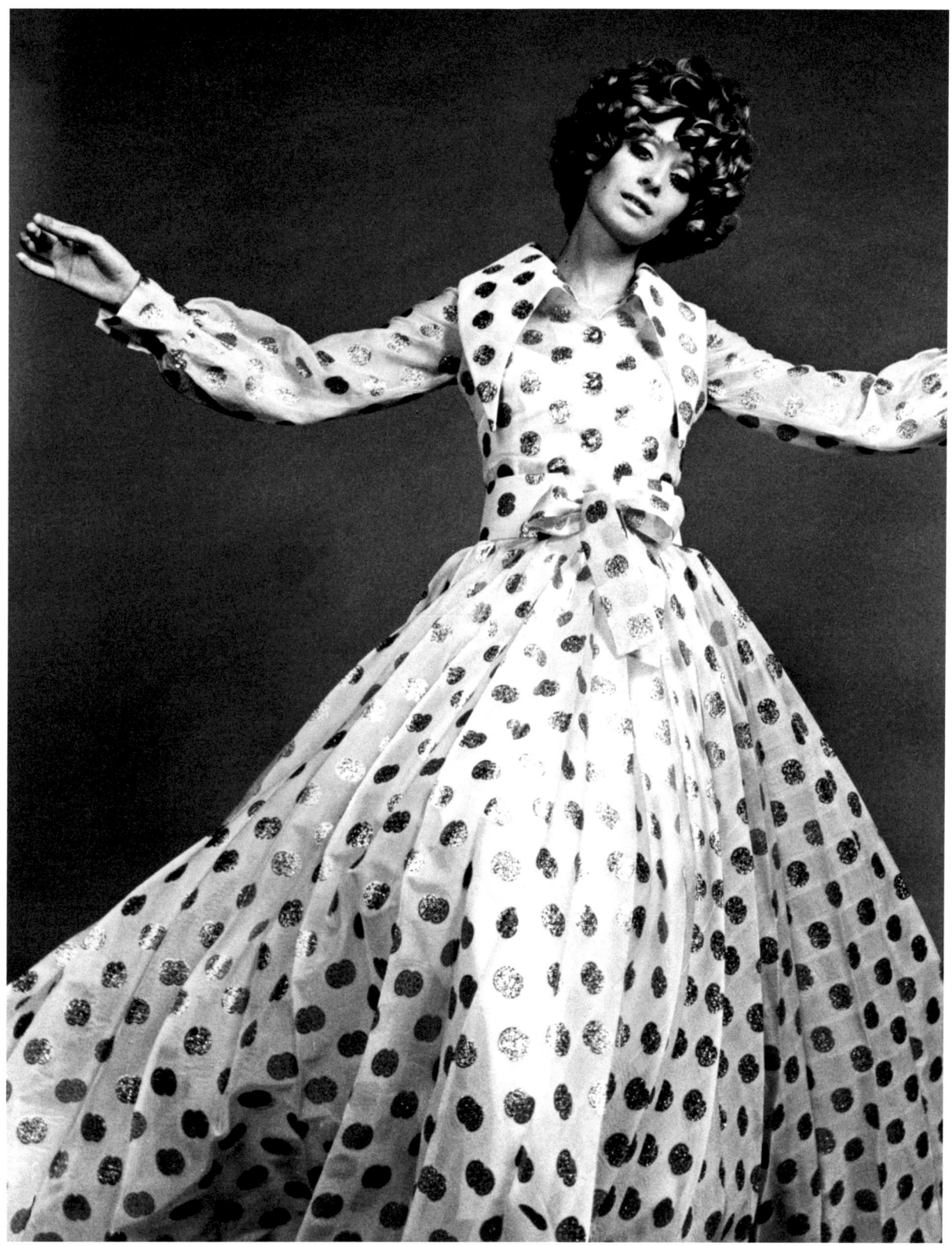

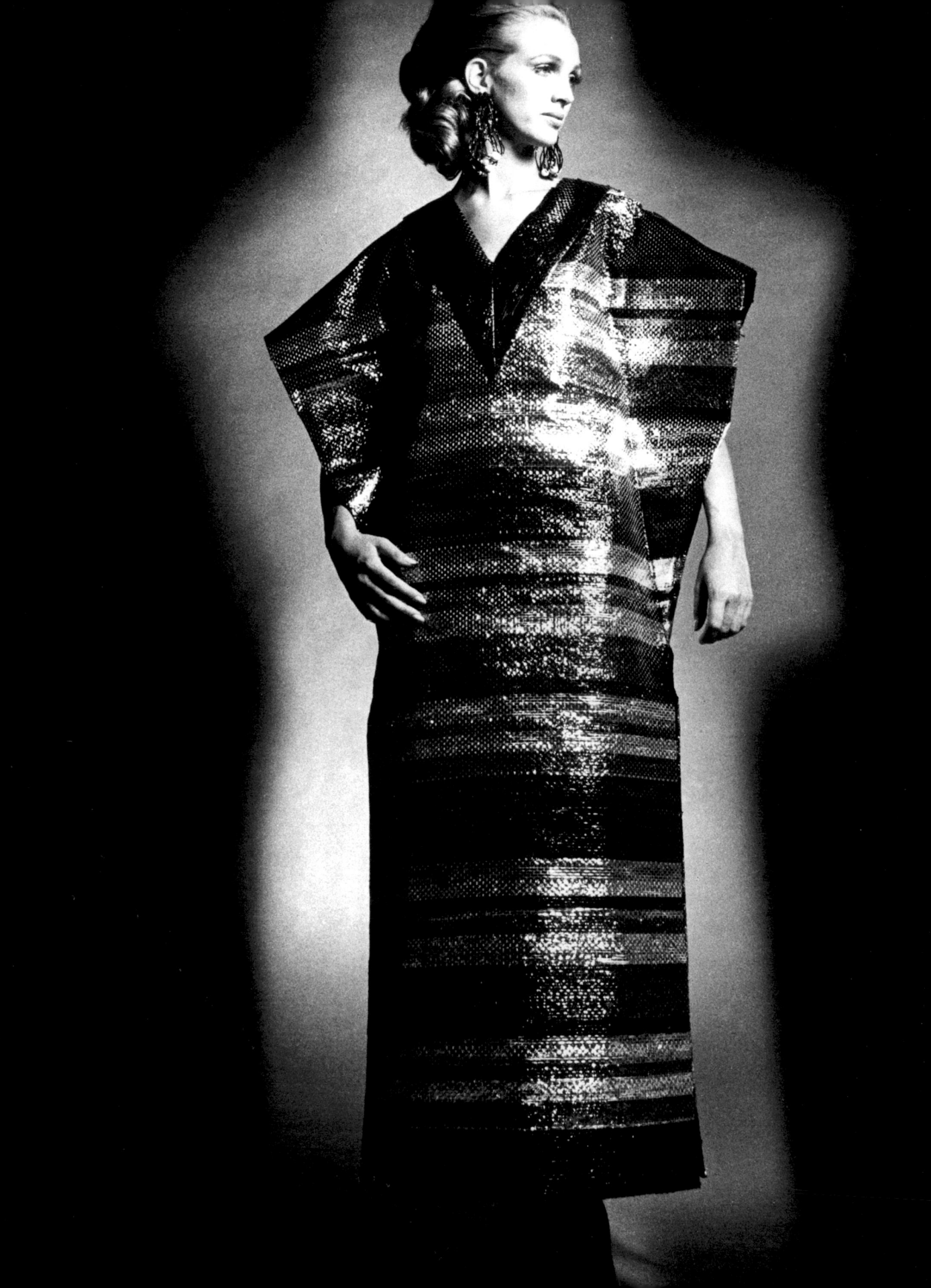

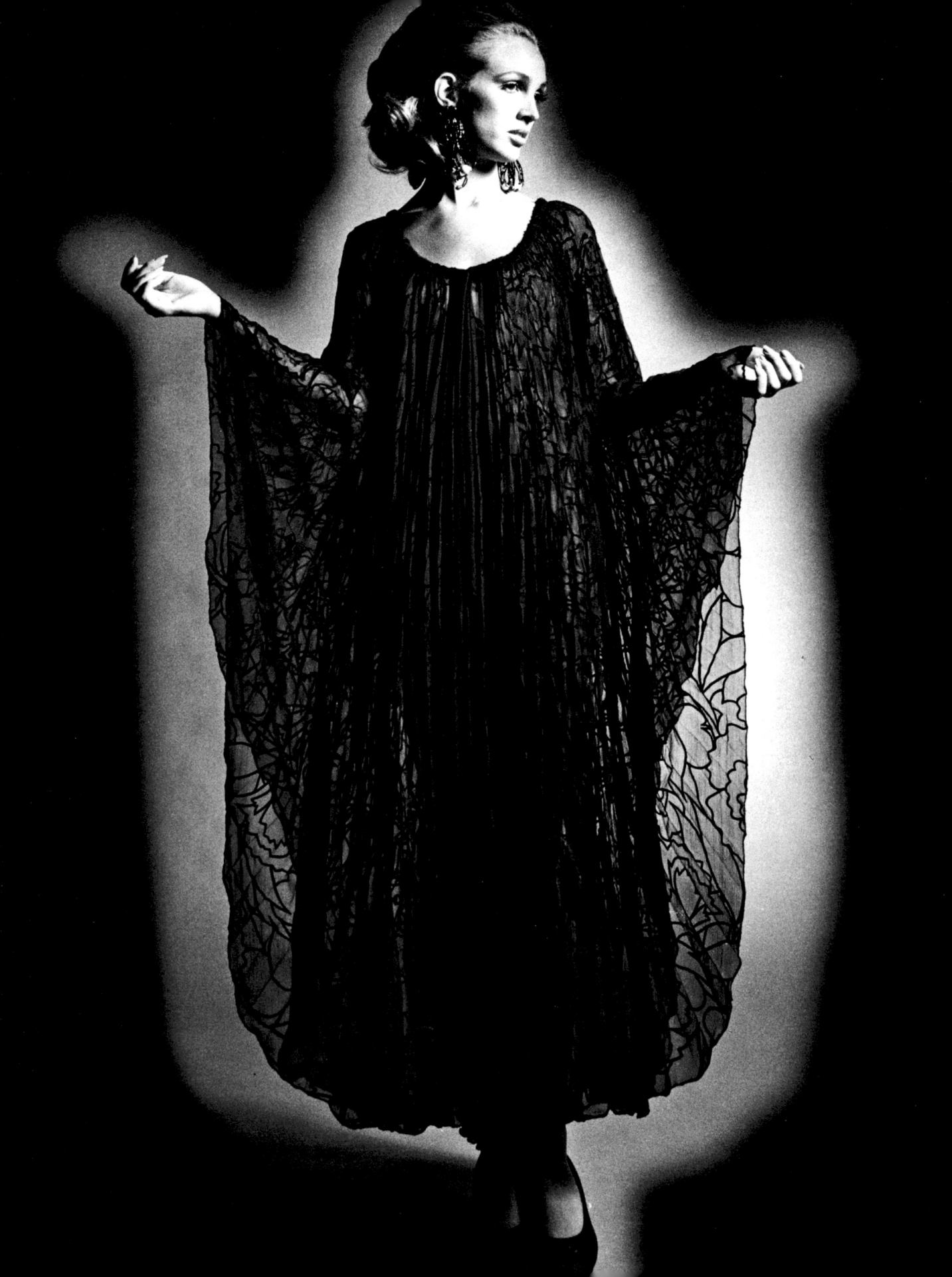

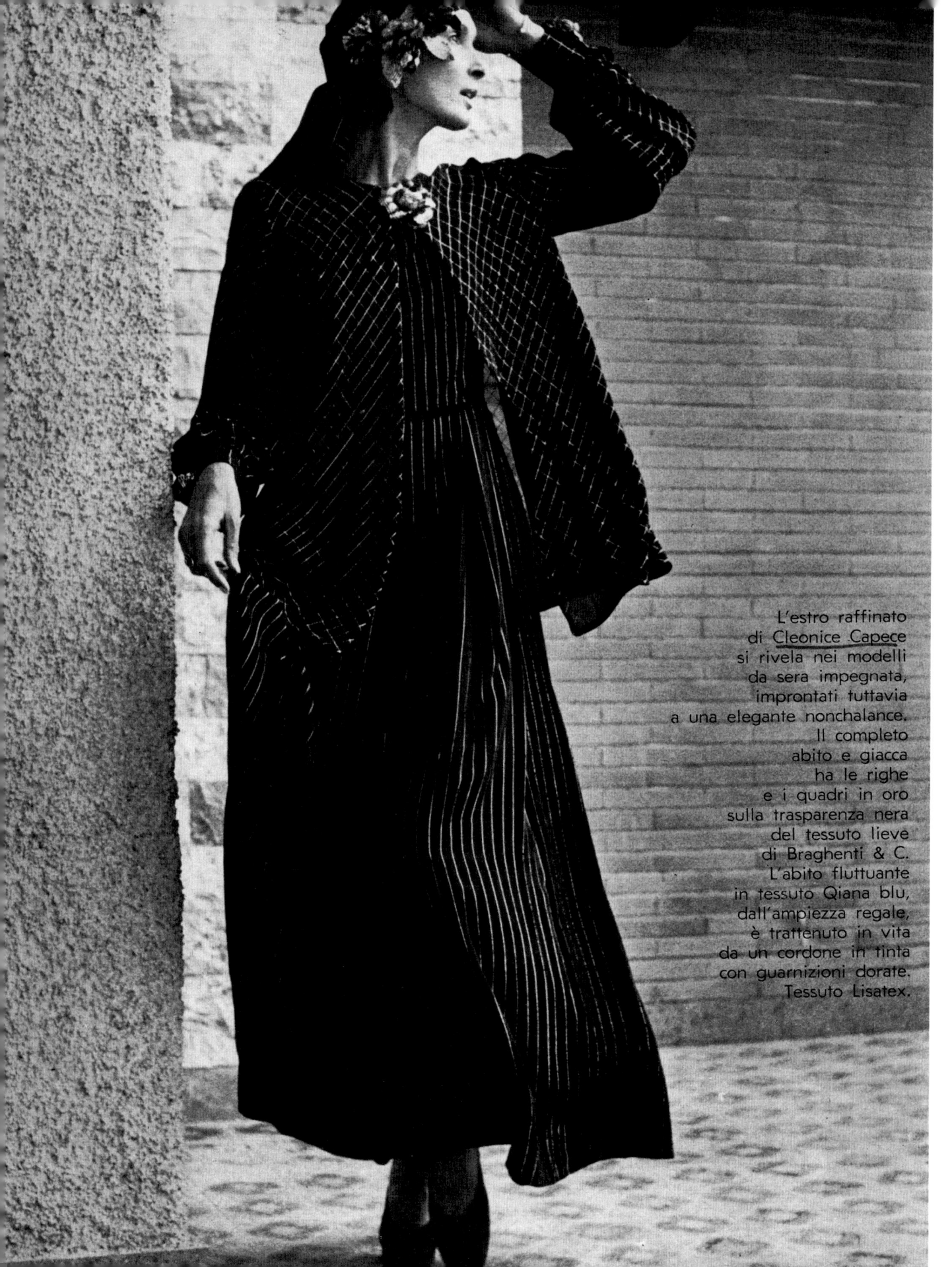

L'estro raffinato
di Cleonice Capece
si rivela nei modelli
da sera impegnata,
improntati tuttavia
a una elegante nonchalance.
Il completo
abito e giacca
ha le righe
e i quadri in oro
sulla trasparenza nera
del tessuto lieve
di Braghenti & C.
L'abito fluttuante
in tessuto Qiana blu,
dall'ampiezza regale,
è trattenuto in vita
da un cordone in tinta
con guarnizioni dorate.
Tessuto Lisatex.

Sotto,
un romantico chemisier
« clair de lune »,
con i disegni satelliti
in lamé scintillante
sul fondo trasparente nero
e con la firma di Cleonice Capece.
Il tessuto è di Braghenti & C.

concerto d'eleganza

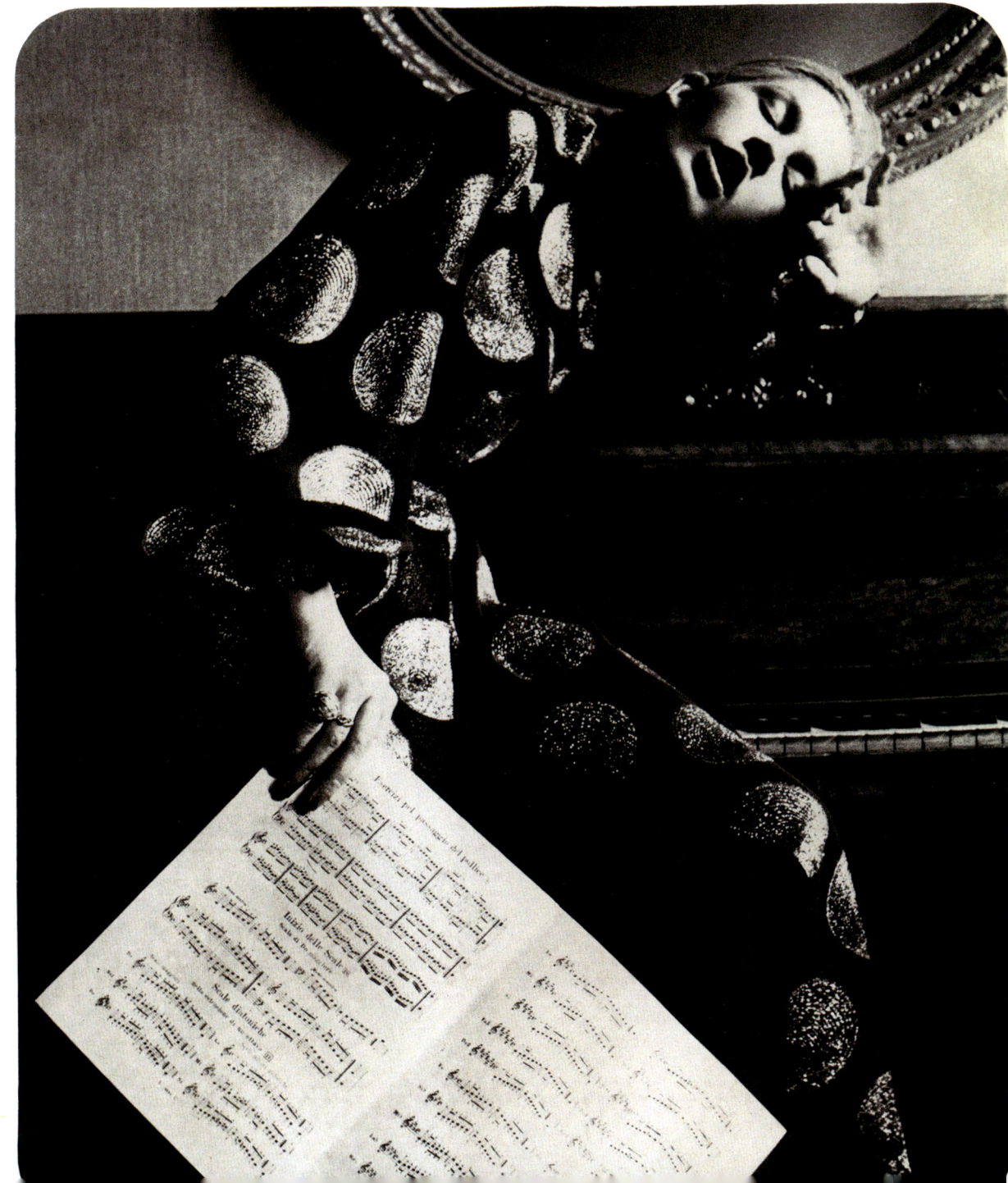

FASHION AS HAPPINESS

CHEMISIER
COORDINATES
CRUISEWEAR

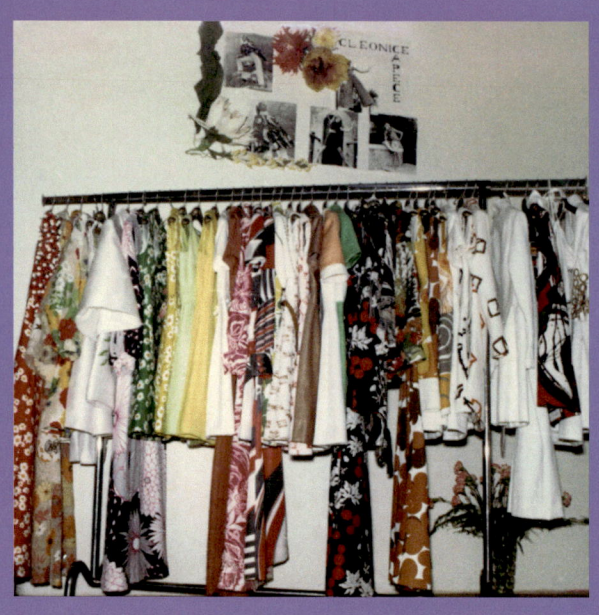

In my designs I always loved to experiment with unconventional materials. I used many kinds of textiles from ethnic cotton to the latest chemical invention as well as curtain fabric, paper, and metal.

Between 1962 and 1963 I was looking for some very light fabrics to make curtains for my atelier in Via Gregoriana, in the back where the workrooms were, because in the summer it got very hot. It needed to be a lightweight and translucent fabric, for the seamstresses to have enough light to work. While looking for it, I came across some net fabrics in the most striking colours: green, pink, fuchsia orange, blue, black, turquoise. I loved colours, especially those of flowers and summer fruits. I was very intrigued by that net and I bought a few metres in various colours as samples. I forgot about it for a while, but when I started working on the summer collection for 1964, I remembered the net and decided to use it. First I made some bikinis in cotton poplin with matching net tunics and tops for the beachwear collection, but then I struck lucky when I got the idea of painting fishes and butterflies on the white panama fabric and covering it with the net. Just one problem: I had no idea how to paint on fabric! Hence came the idea to call the Accademia delle Belle Arti of Rome where I immediately found a teacher who was very happy and willing to undertake the job.

I could not believe the results; each dress looked like a painting. The colours were beautiful and matched to perfection the colours of the net. Fishnet fabric became, for me, a way to unveil the body and offer my interpretation of the '60s nude look. So, for example, I made a long sleeve, net shirt that was completely see-through except for cuffs, collar, and breast pockets, allowing it to be worn not only over a bikini, but also as extravagant overalls entirely made of net. Fashion history conventionally links this trend to the name of Yves Saint Laurent, but in fact it was a very popular phenomenon, as my work demonstrated. In 1964, the beautiful Italian actress Giovanna Ralli was featured in the pages of the magazine *Il Tempo* wearing a long, pink, net beach top.

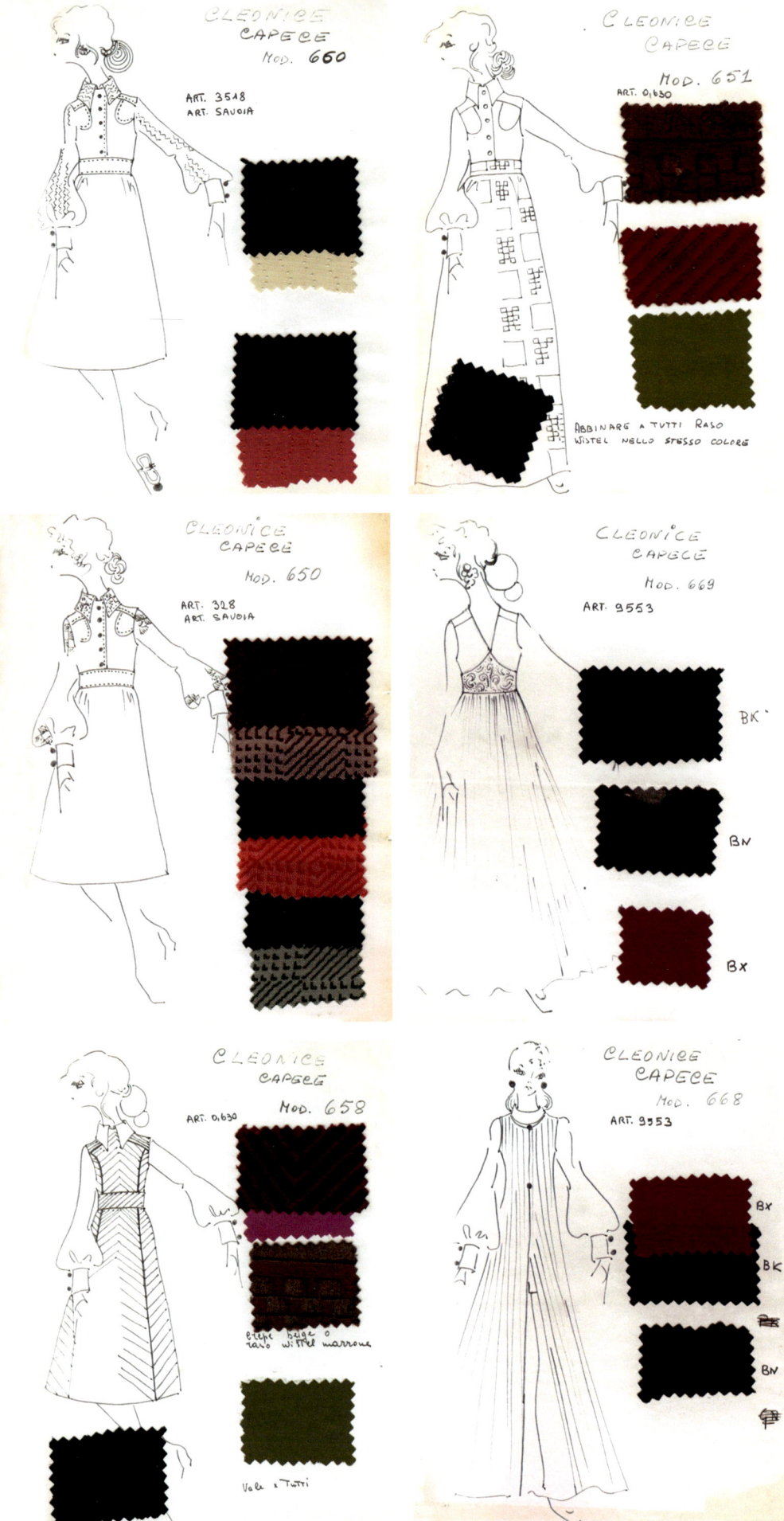

A net shirt of the same colour appeared in 1965 on a 45 record sleeve. The use of candy colours made net vital and light-hearted, far away from the image of the black fishnet-stocking pinup.

After the success of the autumn-winter 1963-64 collection, I started researching new fabrics and making new designs to add to the saris and hand-painted cotton collections. I chose some Indian hand-loomed cottons with stripes and solid colours to match the stripes, then I came across some exciting African prints, which were made in Holland by Vlisco. Thus I was able to add different styles and fabrics to the summer 1964 collection, but although the buyers liked them and bought them, they still wanted to repeat orders on the beachwear and cruise-wear series made from Indian saris. Consequently, each season I was adding new designs and fabrics to the summer collection but continued producing the cotton voile sari collection, the best sellers of which were the bikinis, shorts, Bermudas, long trousers, and short and long shirts and chemisier dresses, with the only change being the colours and designs of the saris. For summer 1968 I found some beautiful Italian fabrics with an African print, whose colours and pattern were amazing. I used it in cotton twill for trousers, bikinis and mini dresses, with cotton voile for shirts, long dresses, and kaftans, which in the collection became an entity on their own. A black, brown and beige tunic had a bateau neckline and long, bias sleeves.

In the mid-'60s I was fascinated by PVC-coated cotton, a new fabric that was shiny and waterproof. Under its very glossy finish, the prints were usually abstract designs in the most striking colours, which made me think of sweet paper wrappers. ICE asked me to design an original outfit that could be of interest for the press to photograph for the Ladies Boutique and Ready to Wear Exhibition to be held in October 1967 at the Italian Trade Centre in London. I decided to use a large flower print PVC-cotton to make a beachwear outfit, which included bikinis and hot pants, completed by a cape and boots for rainy England. Among many British newspapers that wrote about it, the *Liverpool Daily Post* called it 'Willy-Willy Wear'.

In the mid-'60s, I had the opportunity to use new Japanese fabrics that were about to enter the world market. At that time there was a great deal of interest in clothes made from a paper fabric, which was cellulose reinforced with rayon. These fabrics had a meteoric success and were taken up avidly by the shops of Carnaby Street, which rendered this fabric no longer of interest to the luxury boutique market. With the fabric provided by a Japanese company I had made some prototypes, which were supposed to be machine washable, but I never tried to wash them. There are some mid-'60s pictures in my archive portraying myself wearing one of them, among the staff of my atelier and with

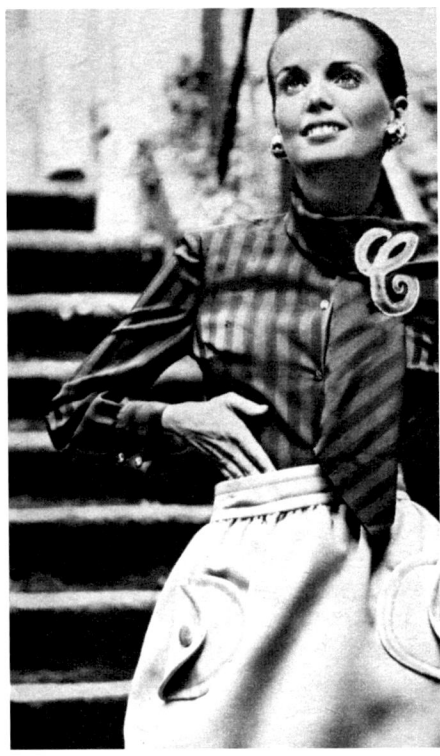 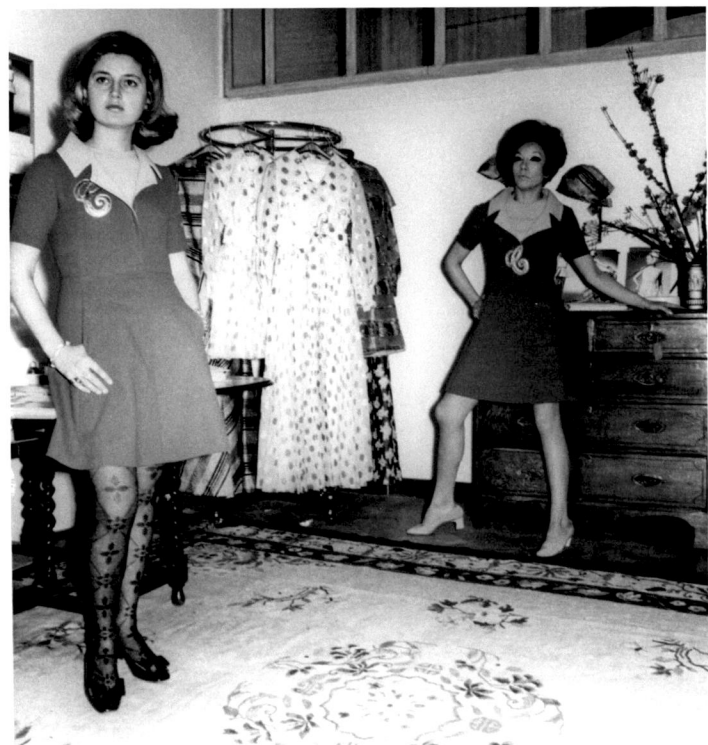

This page: C logo brooch in bronze metal. Opposite page: invitations for the Capecissimo collections.

p. 168: Cleonice Capece stand at Palazzo Strozzi, Florence, late 1960s.

p. 170: drawings by Cleonice.

the Canadian fashion designer Hugh Garber, a friend of mine who apprenticed in Rome with Patrick de Barentzen.

A few years later came the material Alcantara. In the early '70s, Toray Industries and the Italian chemical company ENI had embarked on a joint venture for the production of this washable suede-like fabric, which was promoted as a prestigious material for luxury cars, interior design, and fashion. I still remember the skyscraper that housed the Toray offices just outside Milan where I attended various meetings organised with the aim of trying out an entire collection in Alcantara. The collection – which included overcoats, suits, trousers, shirt-dresses and coats – sold very well.

When I was in Rome, representatives of the best Italian fabric manufacturers and accessories used to come to see me and bring me novelties twice a year. And sometimes I would order a special design for me, exclusively. I did not regularly go to many textile fairs, other than a few times to Frankfurt or Paris. But one I would never miss was the Fabric Fair held at the Villa D'Este, a hotel on the shores of Lake Como, where I would spend a few days after the fair, in sheer luxury and solitude to put down my ideas for the next collection that would use the fabrics I had just ordered. I have always considered textiles as a key element of my design and I have worked with Italian manufacturers

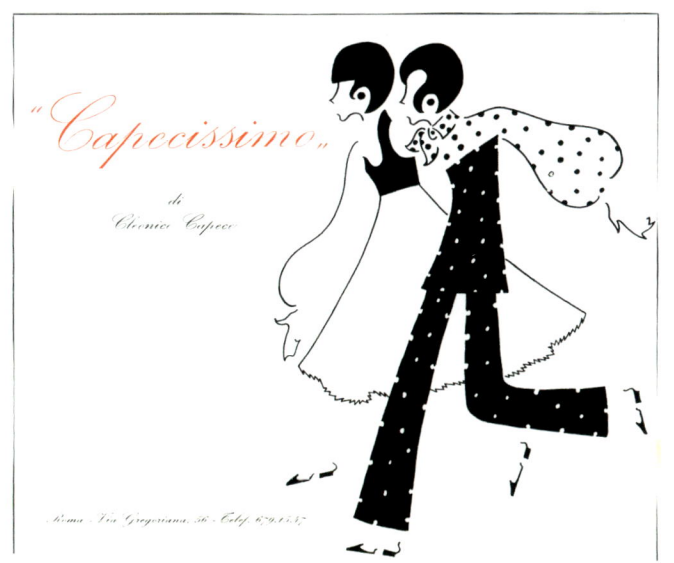
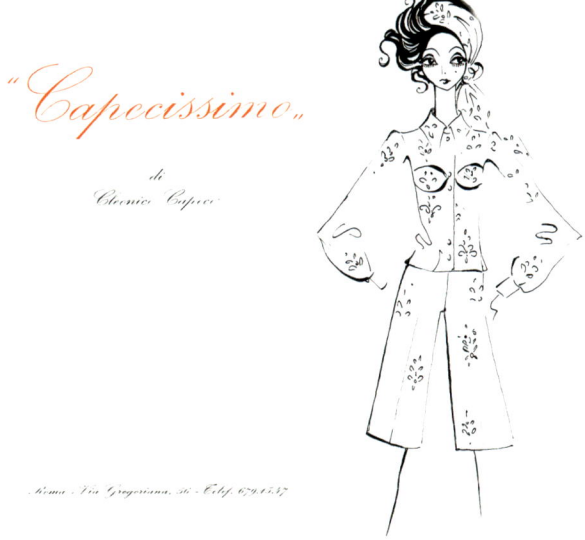

such as Enrico Terraneo, Braghenti, Sisan for many fabrics including Lurex, Lisatex for the Qiana textile, Scacchi, Stehli for silk, Nordtessile for the Mikado series, and Falconetto for its print velvets.

CC are the initials of my name, but also of two concepts on which I based my fashion identity: coordinates and chemisier. At the beginning, my coordinates were made of shirts and bikinis of the same fabric, but I soon realised that with a few pieces you could have a complete wardrobe for seaside, city, dinner, dance or a cruise. Each style coordinated with the others, to create a total look from beachwear to evening wear. It was a basic idea that joined Italian style to the American way of life. The '60s coordinated set, made entirely of saris, was the collection that the buyers insisted on buying every season, with the result that it was sold everywhere from Capri to Palm Beach.

Each season, I gave my designs a new look, while maintaining my core identity. My design had at its base the chemisier, a type of dress that, combined with the bikini, has characterised my design since the beginning. Also used as a cocktail, dinner and evening gown – made of light cotton or preciously embroidered silk – the chemisier has been a constant presence in all my collections. I loved it and I wore it because it is elegant and, if well-shaped, sexy. From short shirts to full-length evening dresses, my designs have always had an easy attitude. I could say that I designed only one dress in my life: the chemisier. 'Made in Italy' owes much of its worldwide reputation to outerwear, but I think that stylish and sophisticated leisurewear – especially coordinates and chemisier dresses – have played a major role. And this became my domain.

The style of my designs gained focus year after year through a refining process that emphasised the recurrent presence of core

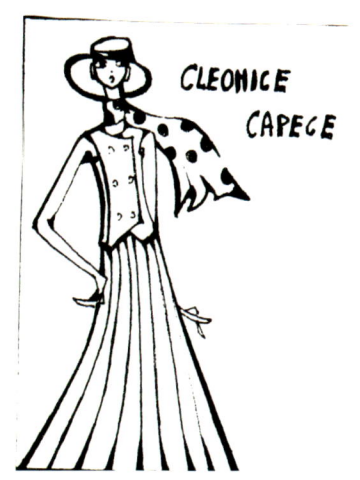

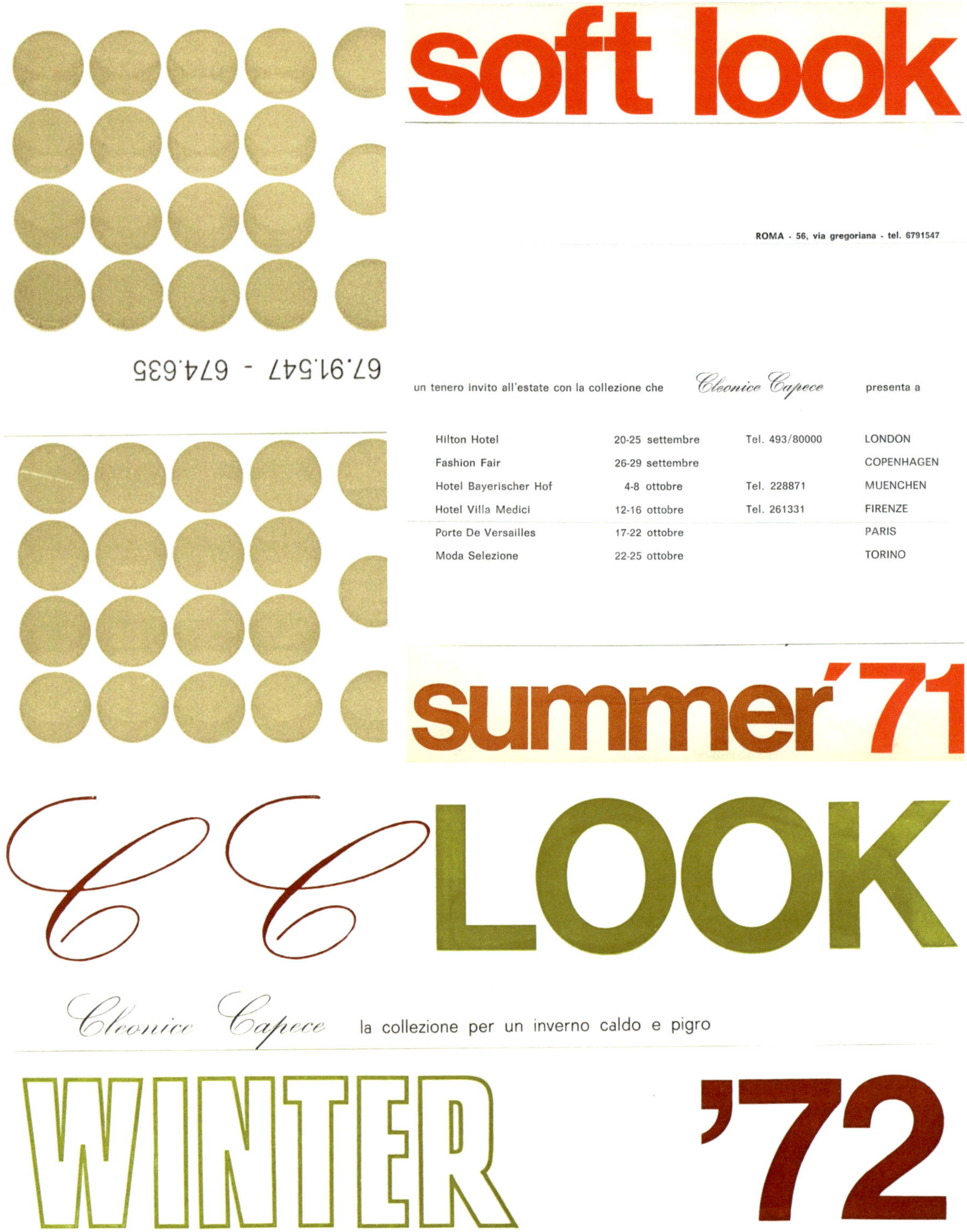

soft look

ROMA - 56, via gregoriana - tel. 6791547

un tenero invito all'estate con la collezione che *Cleonice Capece* presenta a

Hilton Hotel	20-25 settembre	Tel. 493/80000	LONDON
Fashion Fair	26-29 settembre		COPENHAGEN
Hotel Bayerischer Hof	4-8 ottobre	Tel. 228871	MUENCHEN
Hotel Villa Medici	12-16 ottobre	Tel. 261331	FIRENZE
Porte De Versailles	17-22 ottobre		PARIS
Moda Selezione	22-25 ottobre		TORINO

summer '71

CC LOOK

Cleonice Capece la collezione per un inverno caldo e pigro

WINTER '72

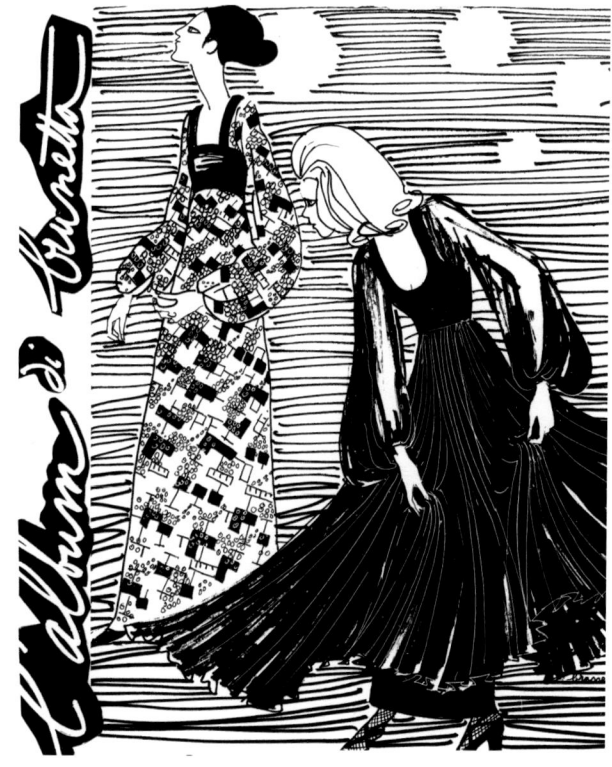

Above: press clipping with a drawing by Brunetta; left: a mocking note written by Brunetta.

Opposite page: invitations to the summer 1971 and winter 1972 CC Look collections.

elements. The naming of my collections marked a change in my brand identity and significantly contributed to strengthen it.

In October 1970 I showed the Evasione (Escape) collection, characterised by the presence of many colour prints on white backgrounds. In spring 1971 I presented the Soft Look. The theme of the collection was 'a soft invitation to the summer'. One day I was looking at an Italian fabric manufacturer's sample book for my new designs, and I chose a silk fabric with a polka dot print – not the usual classic polka dots, more like a cloud with strips of dots almost like a positive/negative form, which reminded me of a comet. While I was considering it, an idea started, and I asked the agent if that design could be developed in various other fabrics and colours. The agent sounded very pleased at the idea. I was already a very good customer, with my production becoming bigger every season, and I received the ok to continue. I decided to print the design on Lycra for bikinis and bathing suits, on silk chiffon for shirts and evening dresses, and on twill for kaftans and special scarfs as an accessory. The collection included a pleated evening gown that, from a close-fitting necklace, widened to entirely cover the body, like a soft full-length cape. I made the collection recreate the total look, for which I was so well known. I gave it a new identity by introducing the Midi Look in juxtaposition with the Mini Look. I also chose another design of polka dot to create a more sophisticated evening look in an amazing

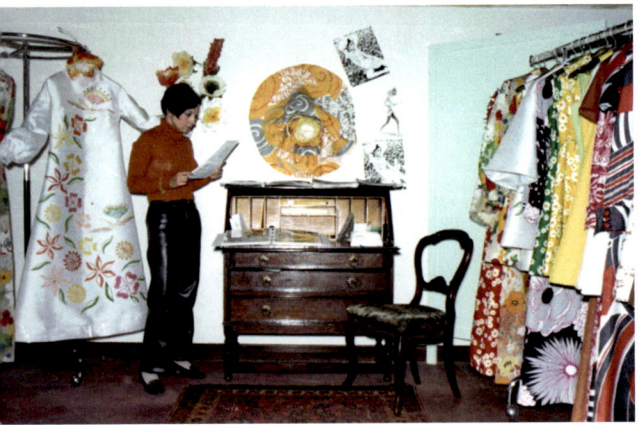 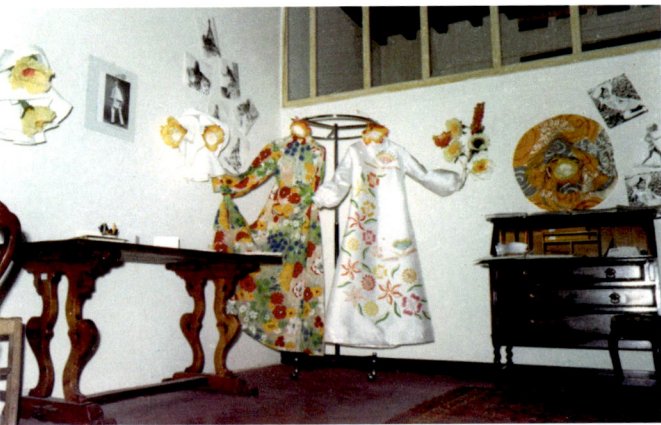

This page: Cleonice Capece stand at Palazzo Strozzi, Florence, late 1960s.

galaxy of colours and beautiful hand-embroidered sashes in paillettes that could be combined with the plain silk outfits. All the ensembles put together looked stunning in the various fashion shows held in London, Copenhagen, Munich, Florence, Paris and Turin.

The story of the CC Look begins in 1969, when I designed a handmade special C brooch in gilded wrought iron to use on some of the dresses and for the girls to wear during the selling period of the autumn winter 1969-70 collection. That first CC collection was characterised by a simple line using classic tweeds and Prince de Galles for the morning; for the afternoon, elegant dresses in a beautiful triple wool crepe in white and black (by now these two colours had become a symbol of my shows); and for the evening, very soft, romantic, and feminine dresses with a choice of beautiful fabrics. Twice a year during the making of the collection both workrooms and office were intensely busy with preparations.

For the autumn winter 1971-72 collection, I designed a new invitation card using my CC logo. From then on we used the same invitation and press folder every season. We just changed the dates of the shows and exhibitions and the colour. I used very few fabrics to help simplify the eventual production. For the evening, I chose a yarn of gold Lurex, the Chromoflex, and I included knitwear in my designs for the first time. Thus, I created an evening group consisting of shorts, T-shirts, camisoles, overalls, skirts, full-length gowns, and jewellery, that could all be combined. That CC Look winter 1972 collection – intended for relaxing, cocktails, and romantic dinners by candlelight – was presented at Munich, Florence, Paris, Turin, Amsterdam, Melbourne, and Sidney.

In 1972, as I was preparing that collection, I felt I really had to create something new in contrast to the coordinates made of saris. I wanted a collection of beachwear that needed to be original, exciting,

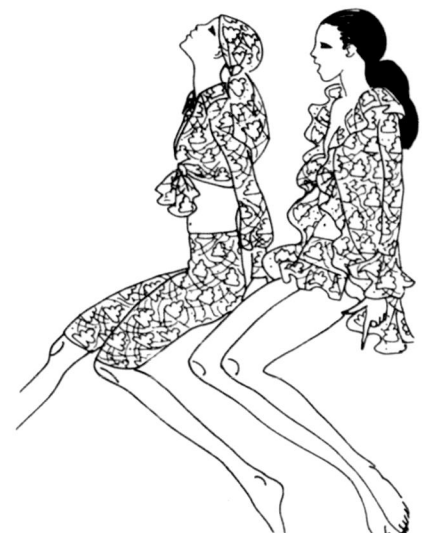
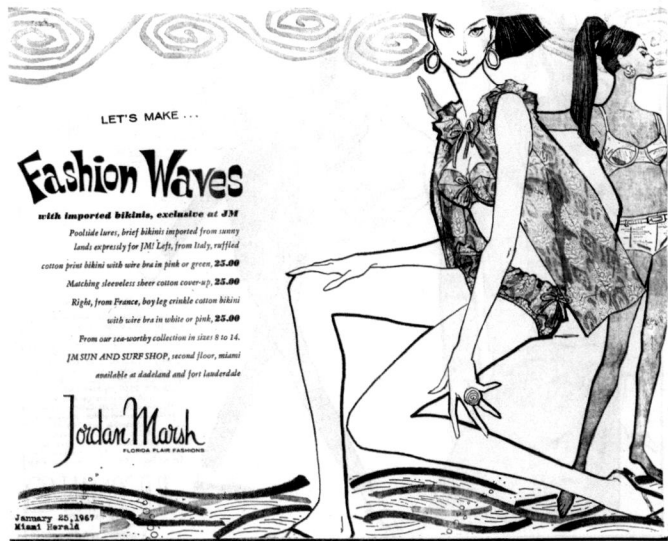

but at the same time reasonably priced. This was not an easy thing, I hasten to add. I wanted a new concept. I kept looking over and over at the samples of textiles submitted to me by the various manufacturers; they were beautiful, with lovely prints, but nothing was as attractive as the saris. I was in a serious quandary, unable to make a decision on what to choose for what I had in mind. Additionally, I was already late for the exhibitions in Tokyo, Hong Kong, and Manila. Finally I decided to design a collection using materials in solid colours. I chose a very light cotton crepe in four different colours: one in orange, one in a floral fuchsia, and then an azure and a green for the marine effect, and white crepe as a base. I had some Lycra dyed in these colours for the bikinis and bathing suits, and some silk twill dyed for the scarfs, with my signature.

But somehow these solid colours, although attractive, left me feeling indifferent, and my imagination was stifled. I knew deep inside me that the work was not what the buyers expected of me. My beachwear coordinate collection was always very appreciated and it would not be typical of me to produce a beachwear collection in solid colours. I had to find a way to combine the materials, something I tried and retried in my workroom without ever coming up with anything that satisfied me until, finally, I had the idea of cutting the materials diagonally and joining the pieces according to a contrasting colour scheme.

Instantly I became very excited by this new look, which was an interesting slant on the sari beachwear collection. I was very happy with what was coming out of my workshop. I had also decided to create some hand-printed white cotton crepes to combine with the new collection,

Above: Cleonice Capece beachwear advertised by Jordan Marsh, Palm Beach and Miami; above left: press cutting from *L'Abbigliamento Italiano*, mid-1960s beachwear collection.

p. 179: drawing from the press material of the Four Faces of Eve collection.

matching the colours of the bikinis and bathing suits. I wanted to create something different that used, within the body of the drawings, the same fuchsia, orange, azure, green and red/blue. Of all the various designs we tried, I chose one with circles of various dimensions, inspired by the Olympic Games. That CC Look summer 1972 collection was called 'Woman in Action'.

As many designers do, I created what I would have loved to wear. And, of course, I wore what I created. I was featured on the pages of a 1972 issue of the Italian weekly magazine *Gente* dressed in a long chemisier, with fuchsia and orange circles hand-printed on the fabric. The photo was taken at Mount Argentario, a promontory off the Tuscan coast to which I was particularly attached and that VIPs and celebrities had turned into a luxury holiday resort in the '60s and '70s. Here, at the Hotel Torre di Cala Piccola, I had opened the summer branch of my Roman boutique in the mid-'60s, followed in 1971 by the boutique at the Hotel Corte dei Butteri, on the Argentario. My friend Galassia Papadia provided me with invaluable help managing and promoting them. I remember beautiful summers spent at the Argentario among yachts, dancing, and partying, obviously wearing my latest fashion. Some Italian press perhaps exaggerated when they ranked me among the three most elegant women of the Argentario and the twenty-five most of Cortina.

The statement I wrote for the launch of the CC Look autumn-winter 1972-73 collection said: 'I want a woman beautiful, refined and happy. Happy, above all, in revealing her femininity!' This perfectly reflects the lifestyle my designs were created to complement. According to the press release, the collection was dedicated 'exclusively to the afternoon cocktail and evening, those hours in which a woman, throwing away the anxieties of frantic crowds fighting traffic, seeks to define herself with just the right touch of femininity, revealing her face relaxed, carefully made-up, and perfectly attired and coiffured'. It was an explosion of romance, but also intended for a warm and lazy winter. The Italian fashion illustrator Brunetta made fun of the romantic and sophisticated atmosphere of my collection when she found me eating mortadella sandwiches in the imperial suite of a luxury hotel in Florence where I was receiving buyers during the selling campaign.

Continuing to reflect on the complexity of contemporary femininity, I gave my summer 1974 collection the title 'The Four Faces of Eve'. The emphasis was on comfort, but the style was definitely feminine: Eve as an active person, but not devoted to work alone. For her receptions and cocktails I designed printed silk dresses and for the elegant Eve I used only the finest crêpe de Chine, brocades, printed silk twill and chiffon, and plain Shantung silk.

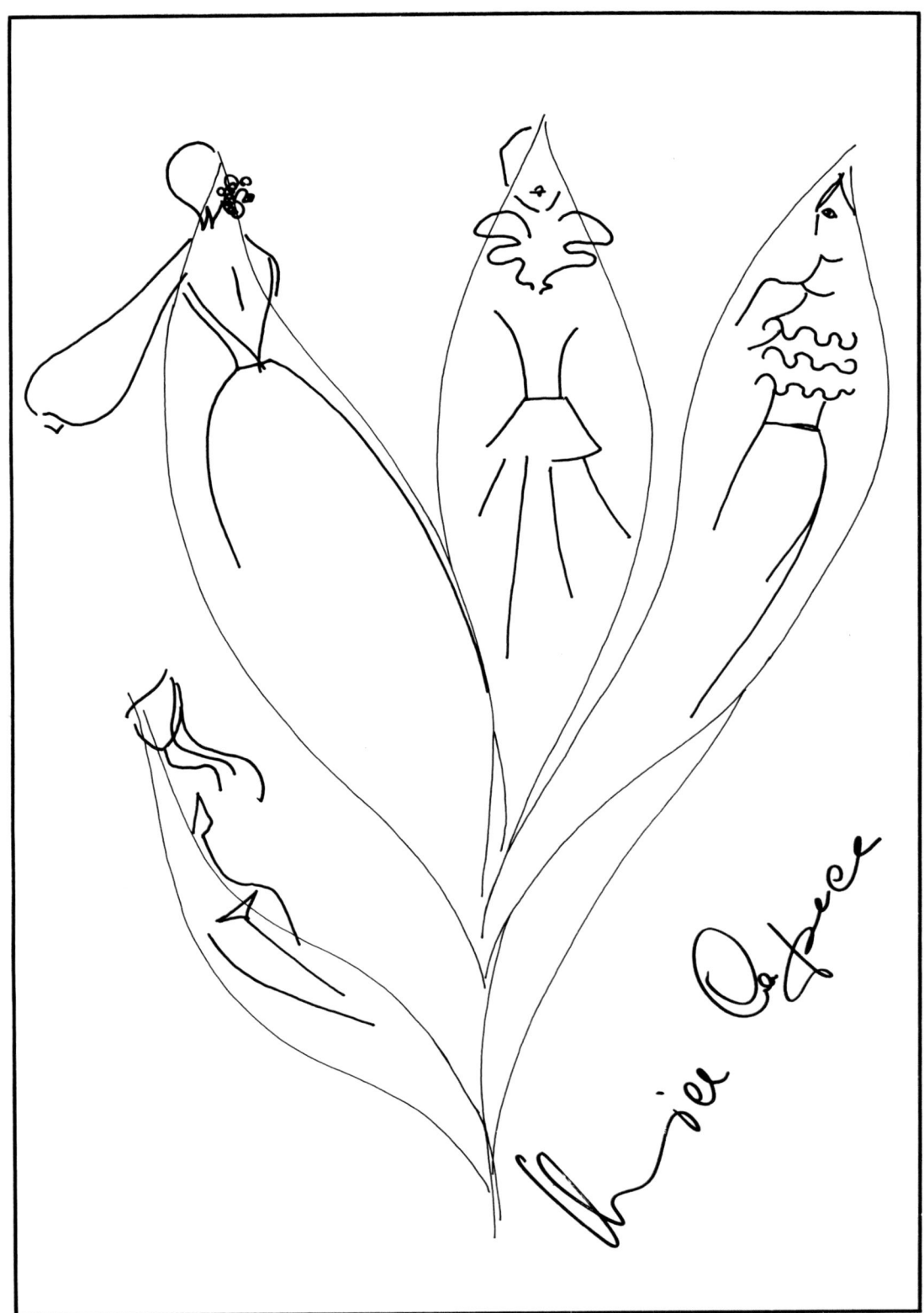

CC LOOKBOOK

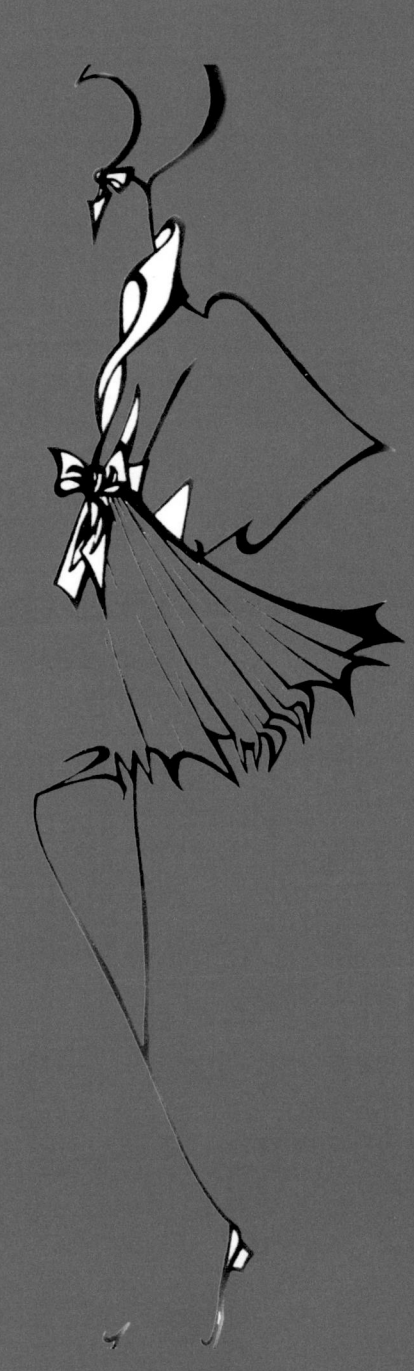

OLYMPIC CIRCLES

GIPSY LOOK

CC LOOK

CHROMOFLEX

FOUR FACES OF EVE

OLYMPIC CIRCLES

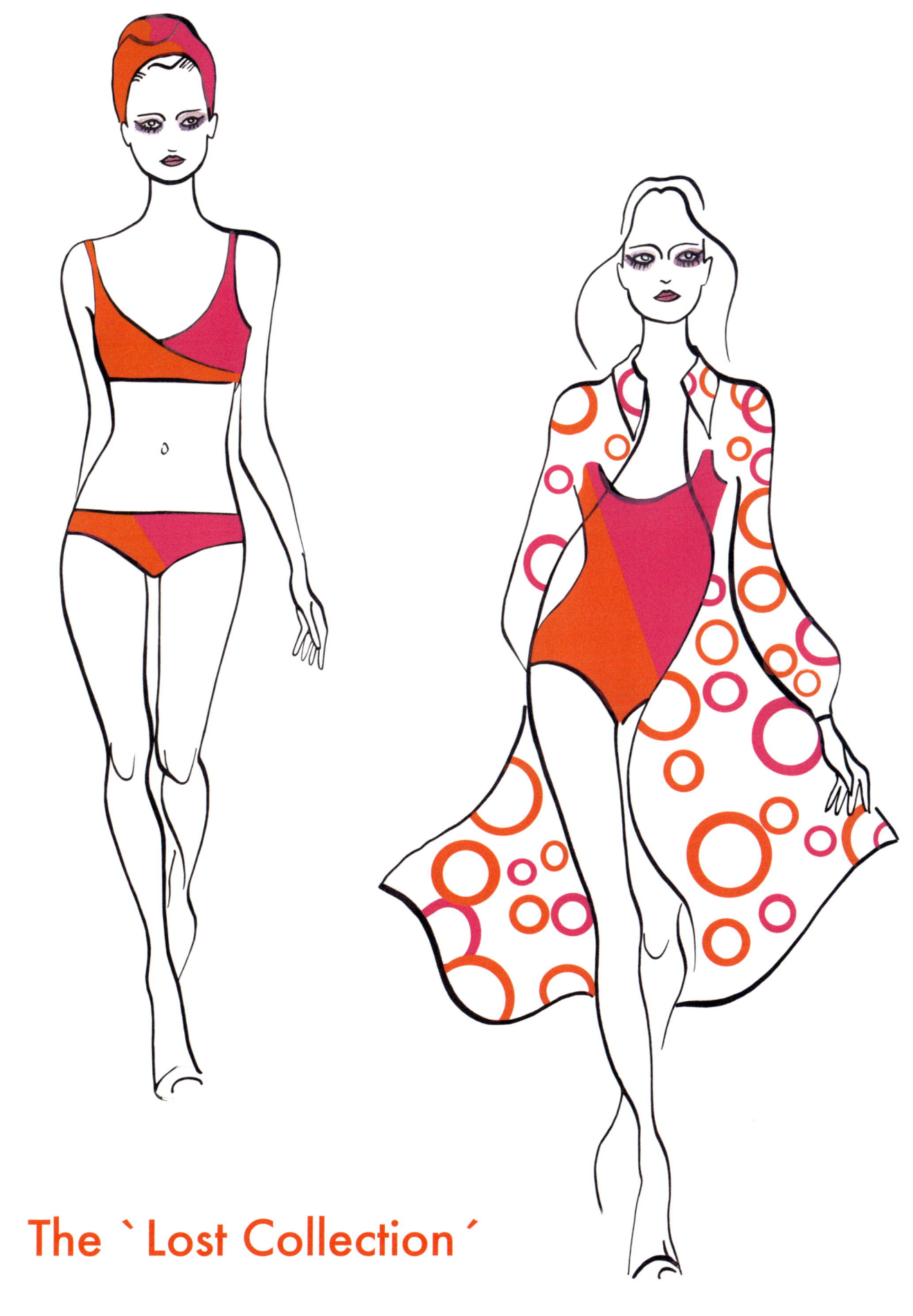

The `Lost Collection´

NEW NATION

Monday October 9, 1972

Look different with the special Capece touch...

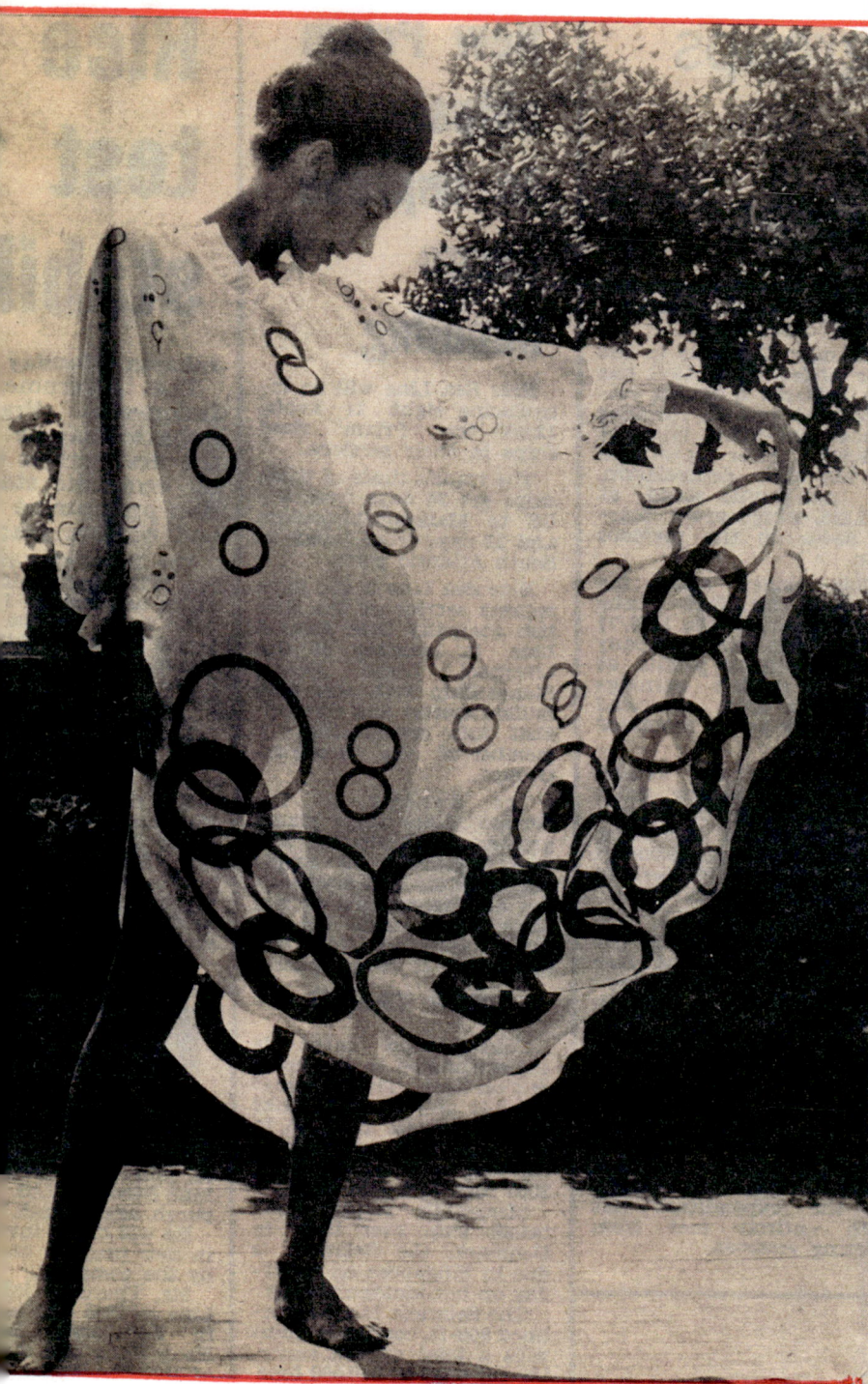

"When women go out on a date in the evening, they usually want to look different from the way they dress during the day. I give them that different look," said Miss Cleonice Capece, the Italian designer.

She was describing her collection which will be shown at the Ming Court today and tomorrow.

Miss Capece has been designing clothes for nine years—mainly for export. They are shipped out to 25 countries, including Singapore.

She was trained as a school teacher but discovered her liking for her present work while looking around for accessories for a friend who was fashion co-ordinator for Harrod's London.

EXOTIC

Her "different" look used to consist of clothes made from exotic materials. Miss Capece was one of the first designers to introduce Oriental fabrics, like Indian silk and hand-painted cotton, into the fashion scene in Europe.

"I used these materials when I first started with Indian silk sarees which I turned into shirt dresses—it was a very new thing at time."

In 1963, a from her first tion appeared on cover of English V titled, East West.

"When the Be started going to everything Indian came the rage Europe, and I los terest."

CASUAL

Miss Capece she has used Oriental fabrics, cluding Chinese silk, and is lookin something new to with.

Batiks? "I've that, but I'd be i ested to see the batik voiles," she

Miss Capece's will include day, e ing, cocktail clo and beachwear.

"My range beachwear is elegantly casual, t worn by the pools on the patio or fo formal entertainin home. I make shirts — the through sort — t worn over bikinis."

Pictured here one of Cleonice pece's elegant be wear in light cr cotton in white hand-painted ring orange and fu (dark pink)

GENTE

REGALO LIBRO D'ARTE

26 AGOSTO 1972 ★ N. 34 ★ ANNO XVI ★ SETTIMANALE DI POLITICA, ATTUALITA' E CULTURA ★ ABB. POST. GRUPPO II/70 ★ RUSCONI EDITOR

CLEONICE CAPECE: VIAGGIATRICE INFATICABILE

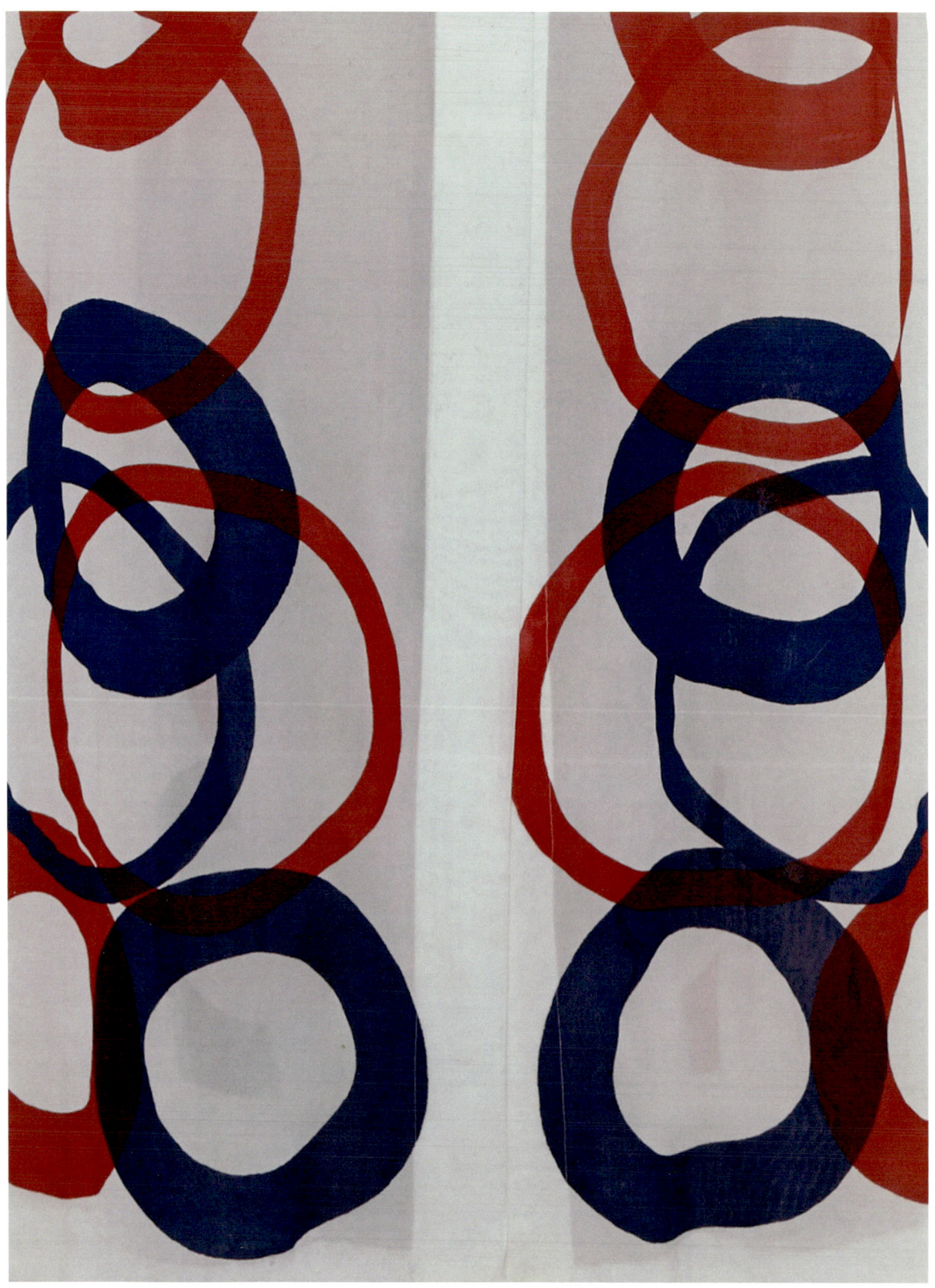

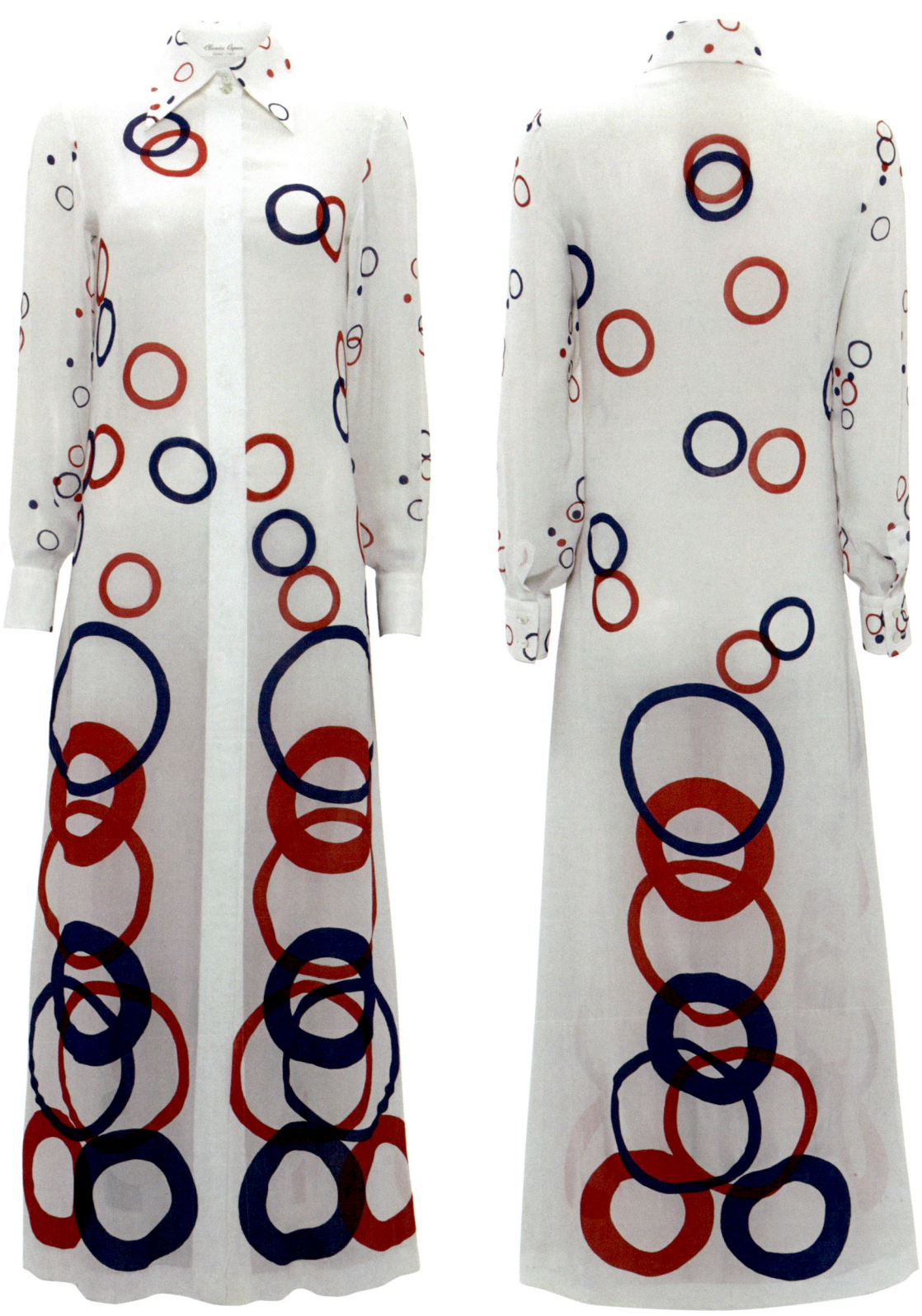

LA STAMPA

LA STAMPA — 3 FEB. 1972   9 FEB. 1972

Eleganti per la prossima estate

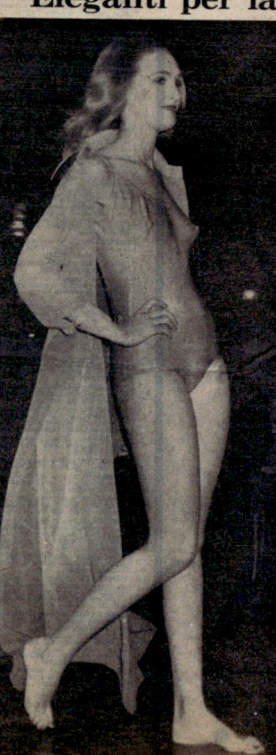
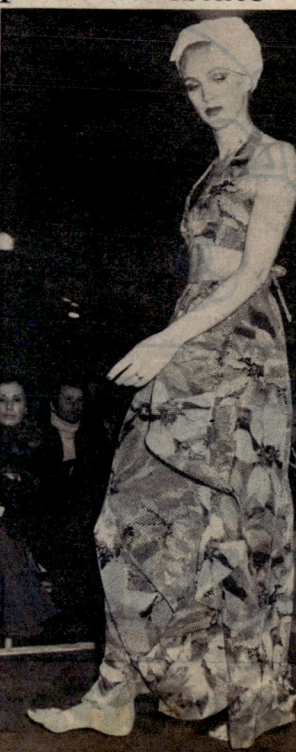

Roma. Due abiti di Clearice Capece per la prossima estate

Also showing at the Hyatt Regency's Roman Extravaganza was a "Women in Action" collection by Cleonice Capece.

Her motif was summery, ultra-feminine clothing in colourful floaty organzas, hand-painted silks and flowing crepes (below).

The show got under way with a quartet in aqua and apricot, Brioni's suits complementing Capece's gowns. But apart from a long gown in white silk bordered in green and navy circles, and a neat, tailored pantsuit in stripes, its seams piped in red, topping a short red weskit, the night was Brioni's.

One of his subtler contributions was a dark navy double-breasted overcoat finished with silver buttons, worn over a double-breasted blue-grey suit with a belt across the back and a long vent.

Another design (left) teamed black trousers, striped on either leg in military fashion, with a black and white checked jacket, black collar, belt and polo sweater.

Rather more hectic was a blue-grey suit, checked with yellow, with wide yellow trim on the pockets, the revers, the v-shaped back yoke and the v-shaped back waist.

— Carol Cromie.

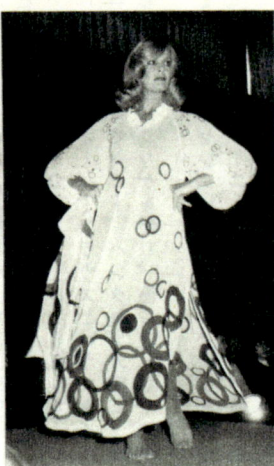
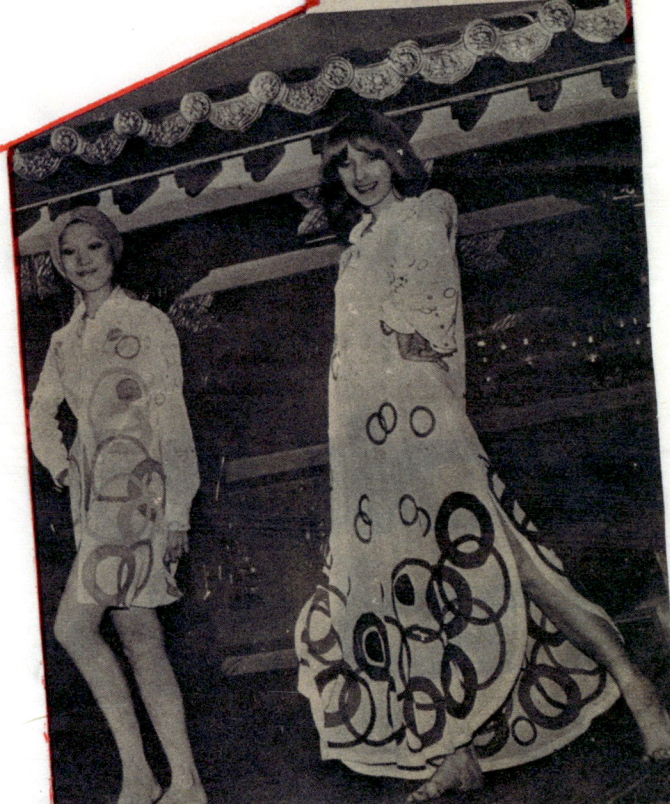

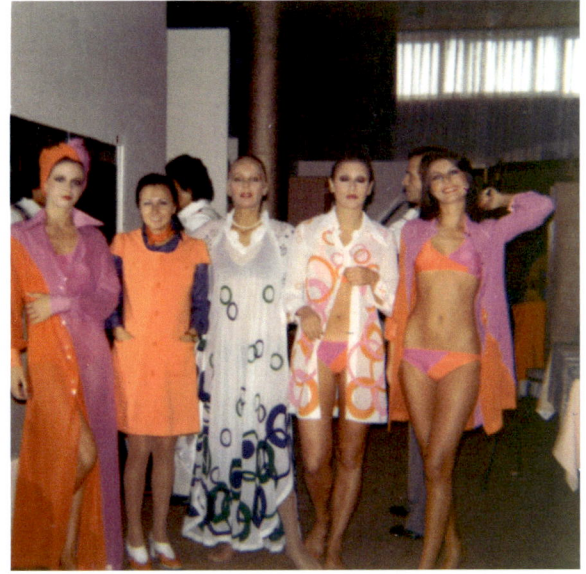
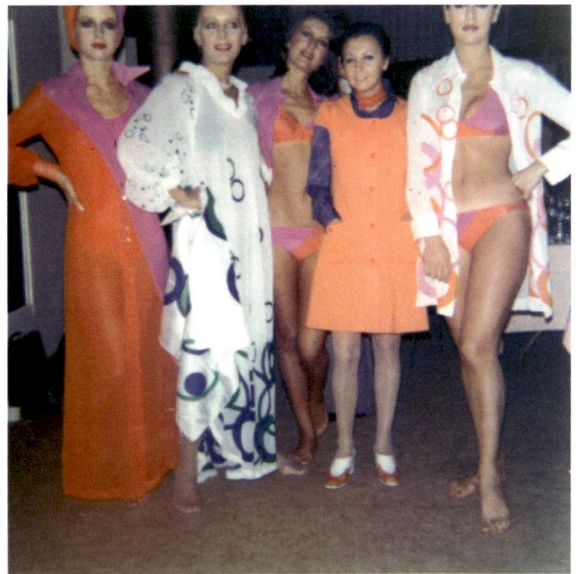
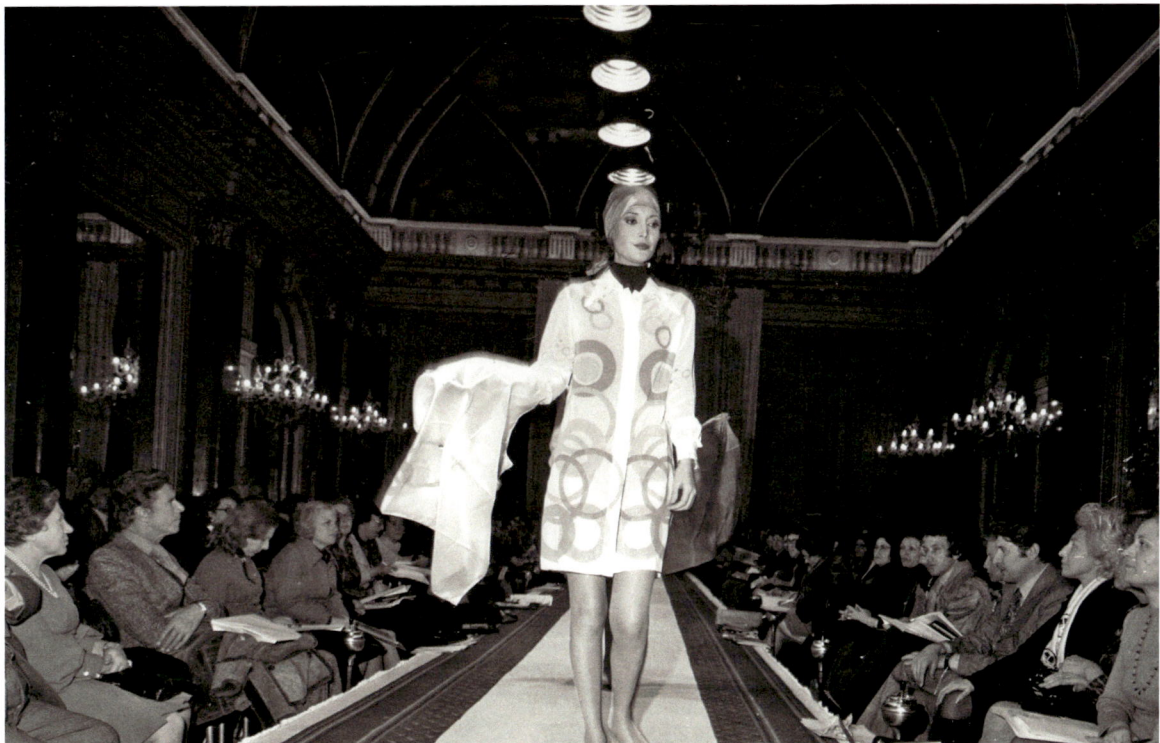

Top left and right: Polaroid photos of Cleonice and models, Tokyo, 1972.

Above: bikini, shirt and scarf; Grand Hotel, Rome, early 1970s.

pp. 182-3: Olympic Circles (the lost collection) drawn by Marie Lehmar.

pp. 184-5 and 188: press clippings.

pp.186-7: cruisewear chemisier in crepe cotton voile with hand-painted Olympic circles.

GIPSY LOOK

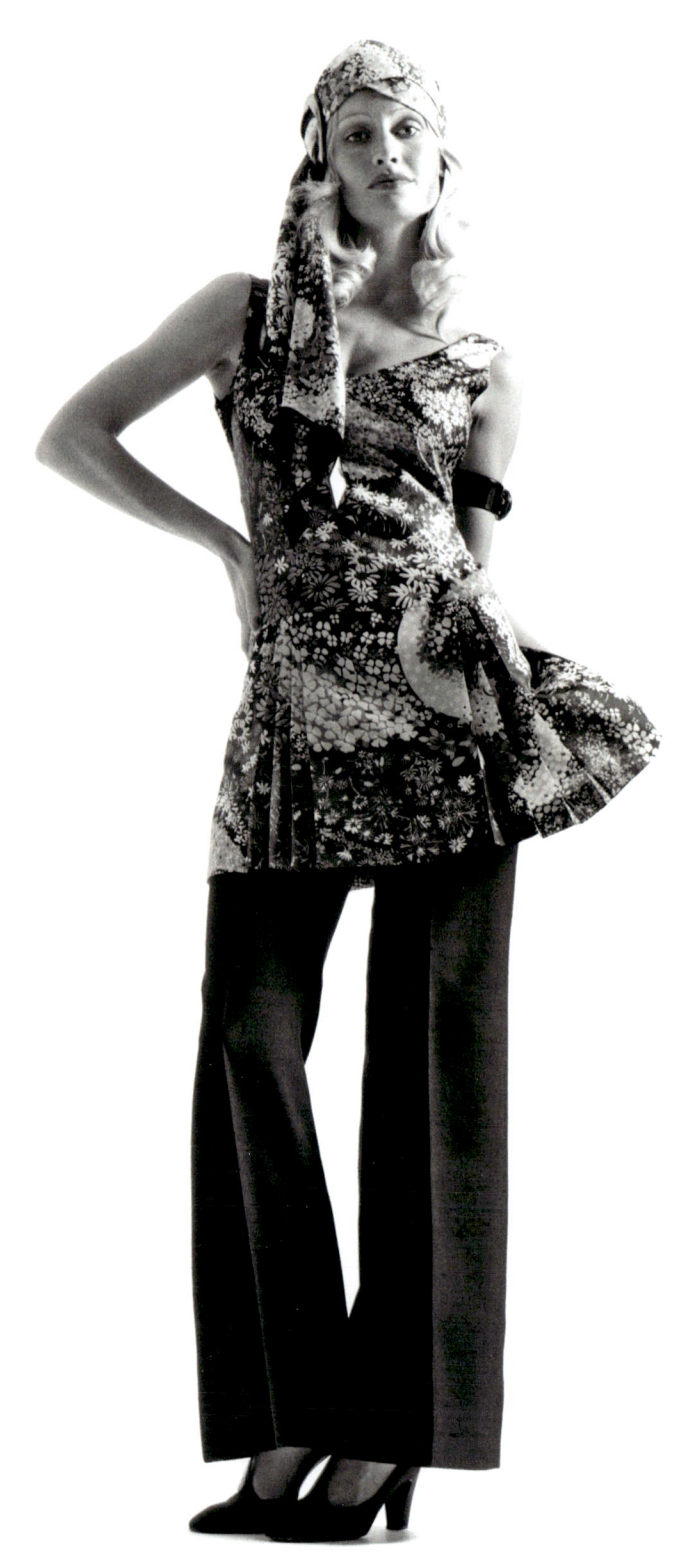

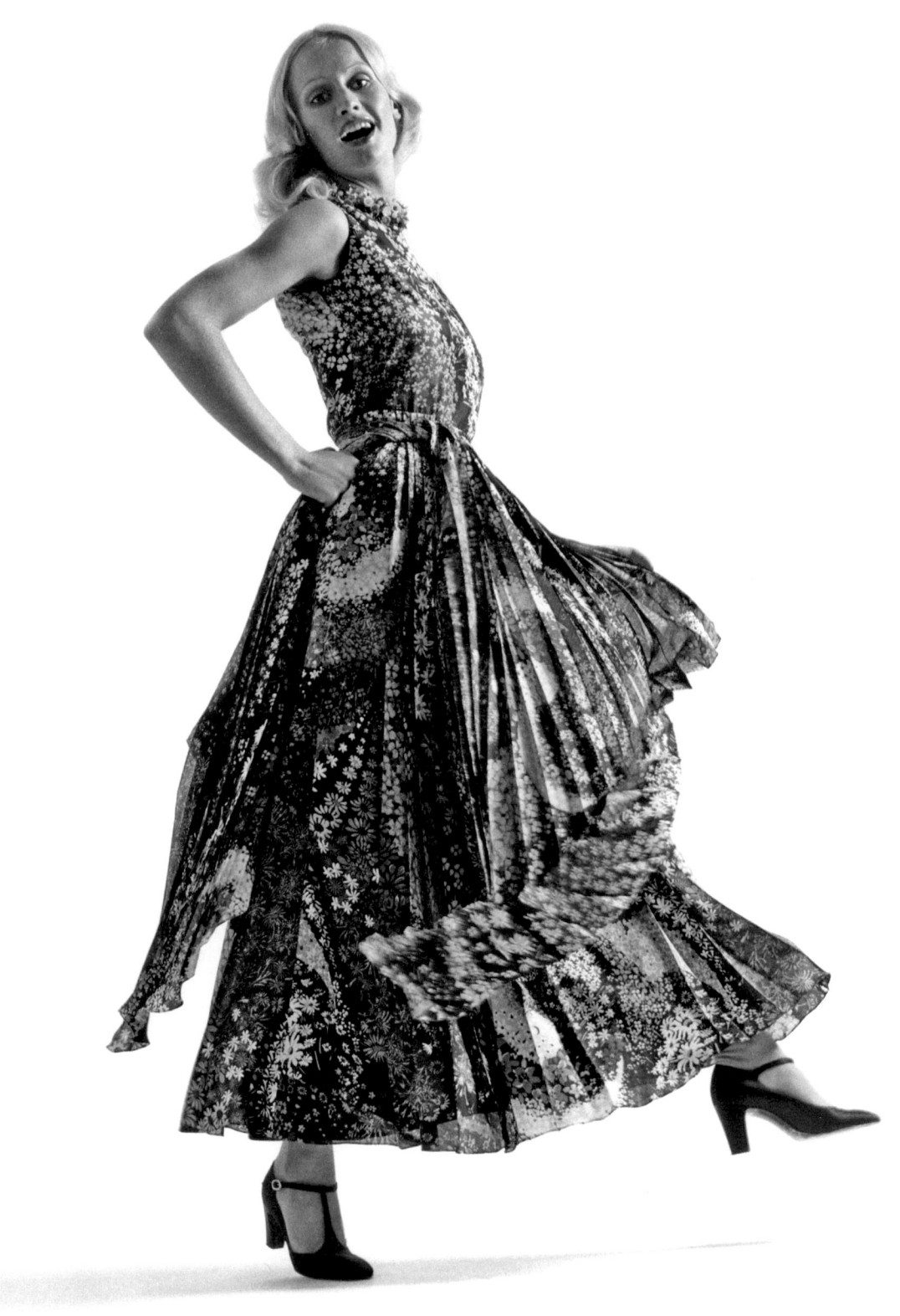

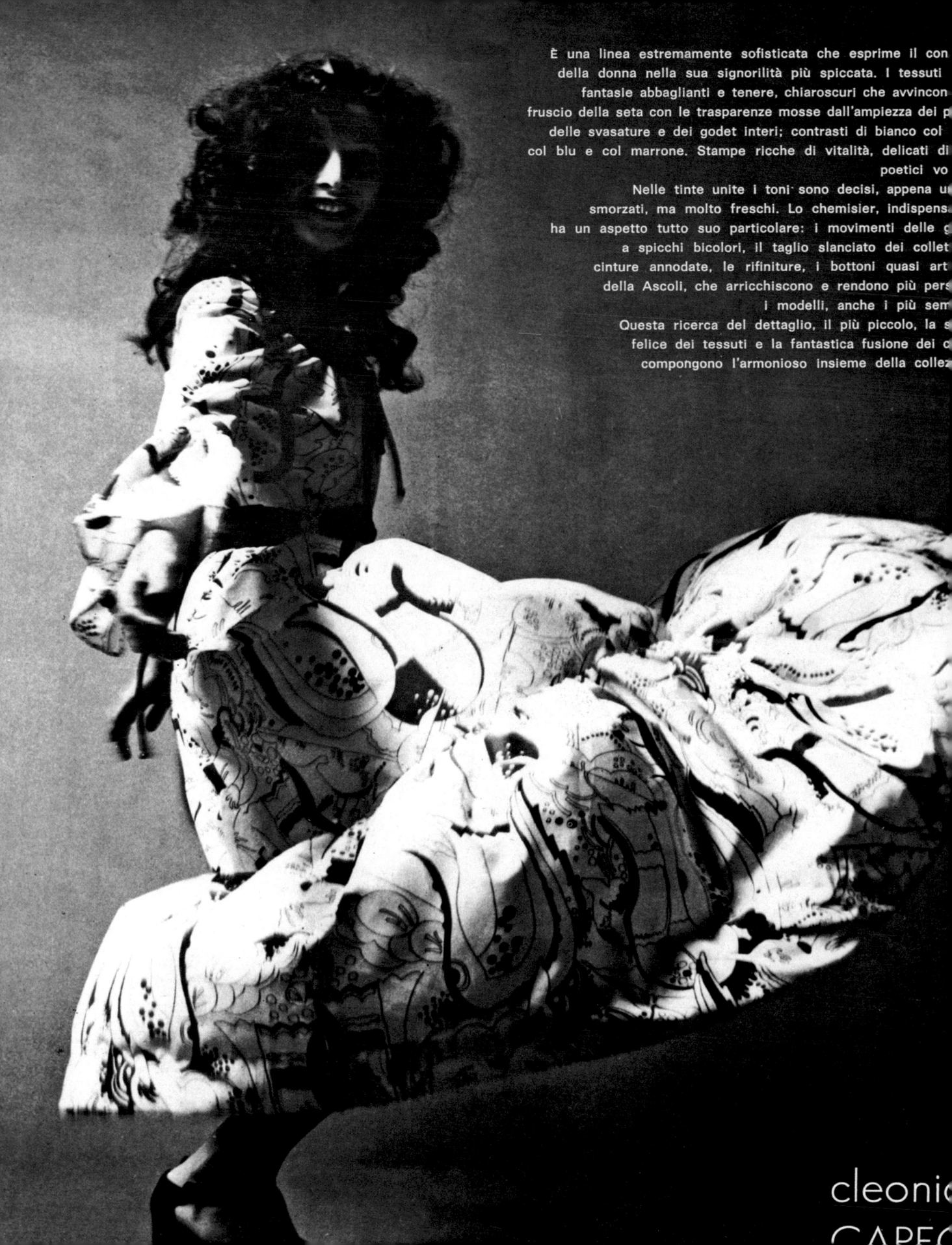

È una linea estremamente sofisticata che esprime il con
della donna nella sua signorilità più spiccata. I tessuti
fantasie abbaglianti e tenere, chiaroscuri che avvincon
fruscio della seta con le trasparenze mosse dall'ampiezza dei p
delle svasature e dei godet interi; contrasti di bianco col
col blu e col marrone. Stampe ricche di vitalità, delicati di
poetici vo
Nelle tinte unite i toni sono decisi, appena u
smorzati, ma molto freschi. Lo chemisier, indispens
ha un aspetto tutto suo particolare: i movimenti delle g
a spicchi bicolori, il taglio slanciato dei collet
cinture annodate, le rifiniture, i bottoni quasi art
della Ascoli, che arricchiscono e rendono più pers
i modelli, anche i più sem
Questa ricerca del dettaglio, il più piccolo, la s
felice dei tessuti e la fantastica fusione dei c
compongono l'armonioso insieme della collez

cleoni
CAPEC

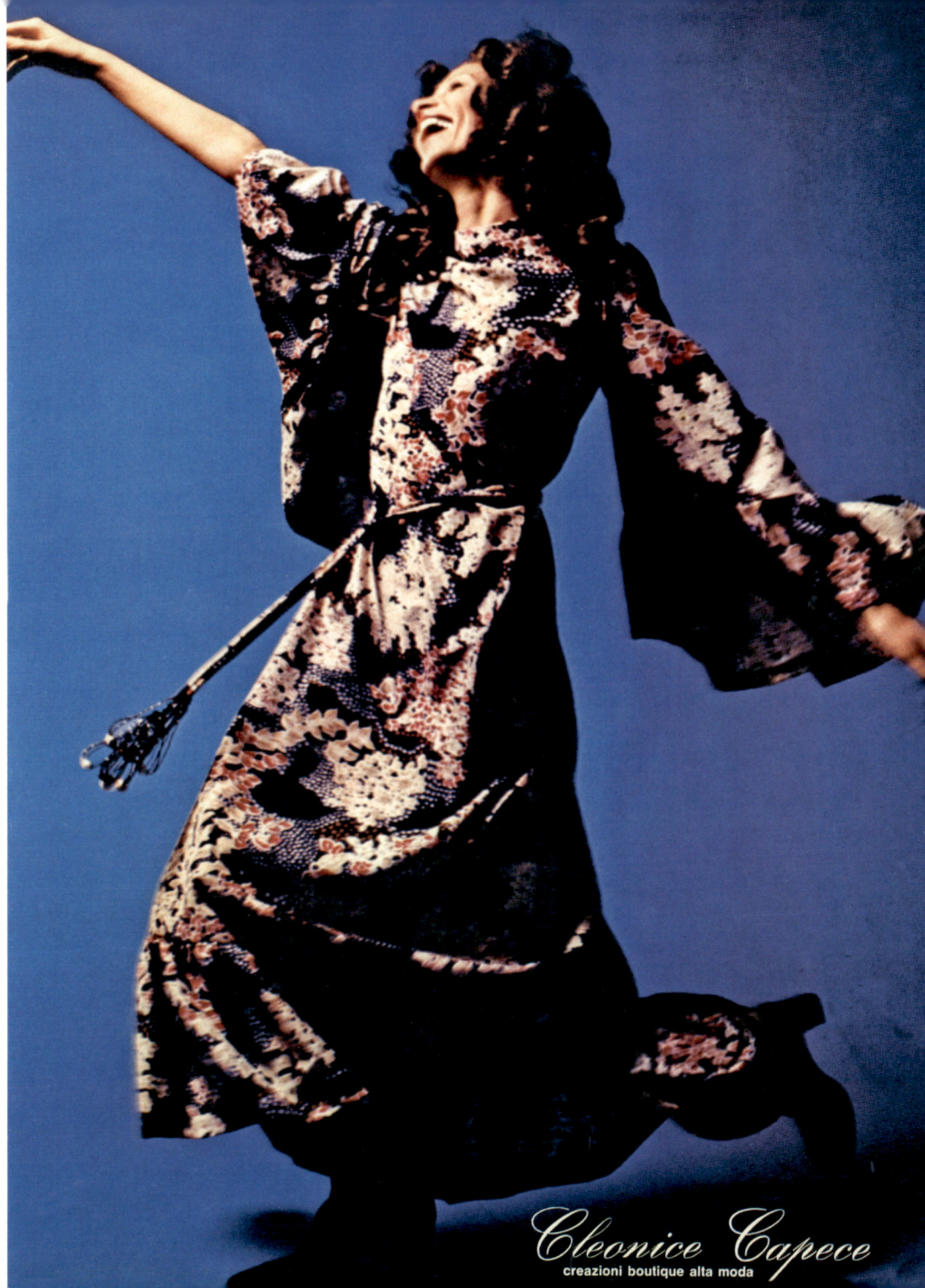

A destra: al bar punto d'incontro in tutte le ore, elegante ritrovo per la sera, un abito di stile zingaresco di organza albicocca con leggeri motivi laminati oro. <u>Cleonice Capece</u> - Alta Moda - Roma.

VOTRE BEAUTÉ

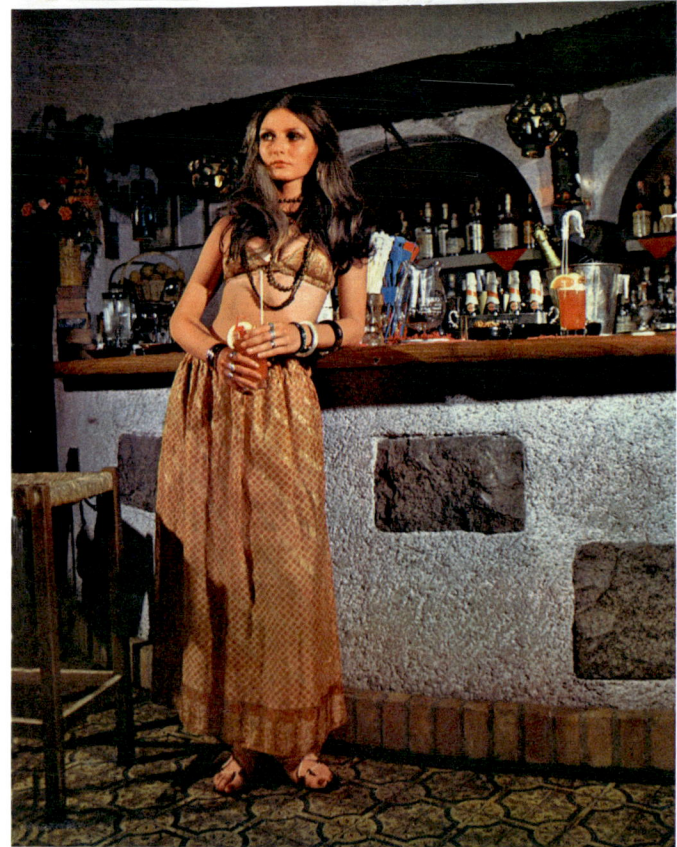

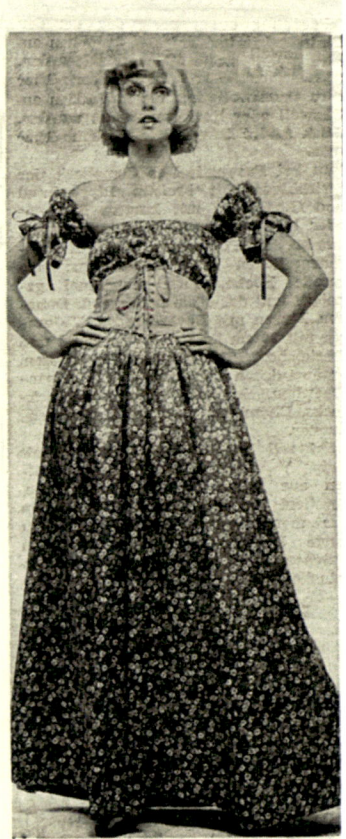

Bäuerliche Romantik zeigt das junge Kleid mit Corsage, losen Ärmelchen und geschnürtem Miederteil (Capece).

Come la Bonaparte, per la prossima estate

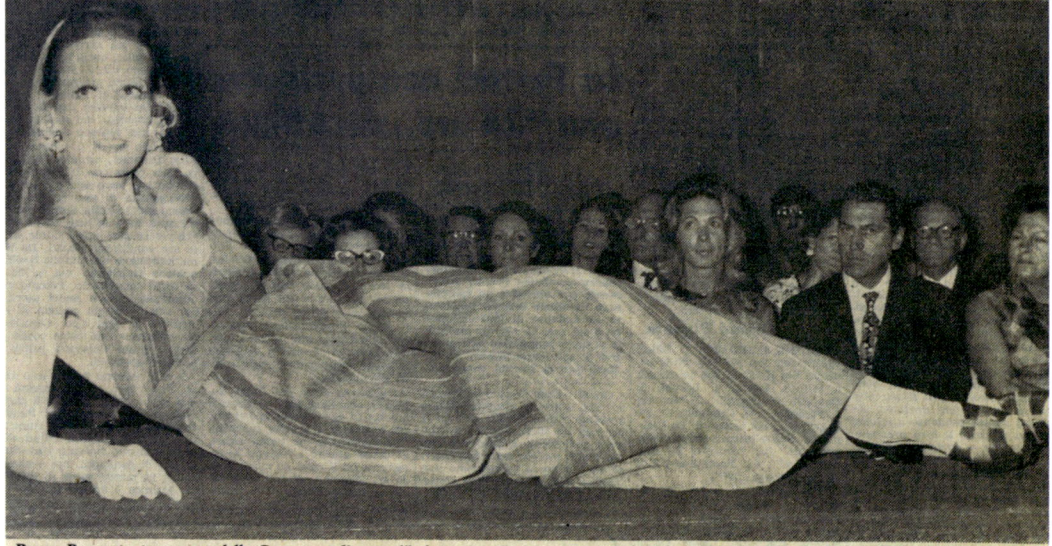

Roma. Per presentare un modello Capece per l'estate, l'indossatrice s'ispira alla scultura di Canova su Paolina Borghese Bonaparte (Foto Team)

ARIANE

les manches étroites sont enrichies par des volants

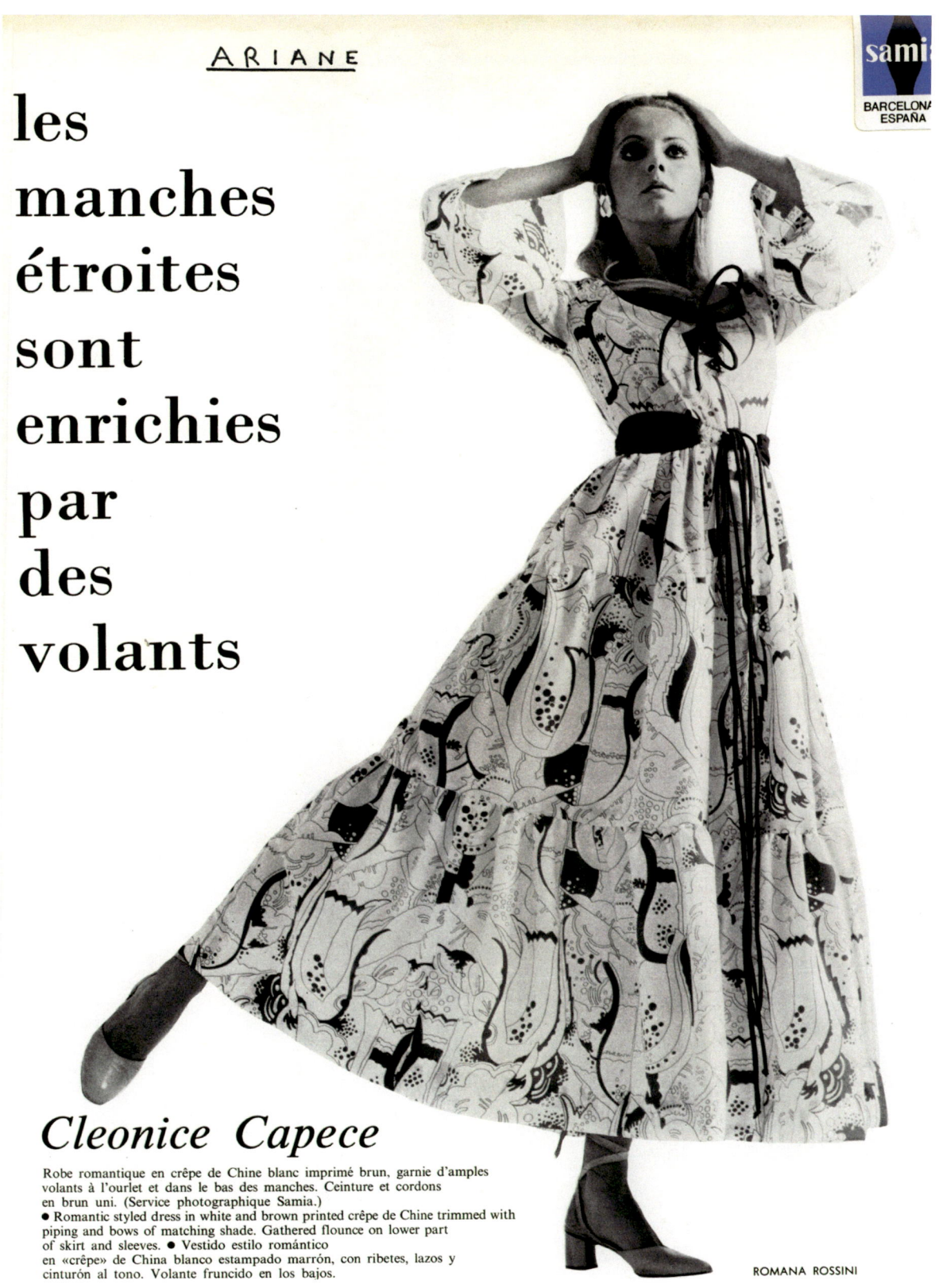

Cleonice Capece

Robe romantique en crêpe de Chine blanc imprimé brun, garnie d'amples volants à l'ourlet et dans le bas des manches. Ceinture et cordons en brun uni. (Service photographique Samia.)
● Romantic styled dress in white and brown printed crêpe de Chine trimmed with piping and bows of matching shade. Gathered flounce on lower part of skirt and sleeves. ● Vestido estilo romántico en «crêpe» de China blanco estampado marrón, con ribetes, lazos y cinturón al tono. Volante fruncido en los bajos.

ROMANA ROSSINI

L'ABBIGLIAMENTO ITALIANO

STAMPA SERA

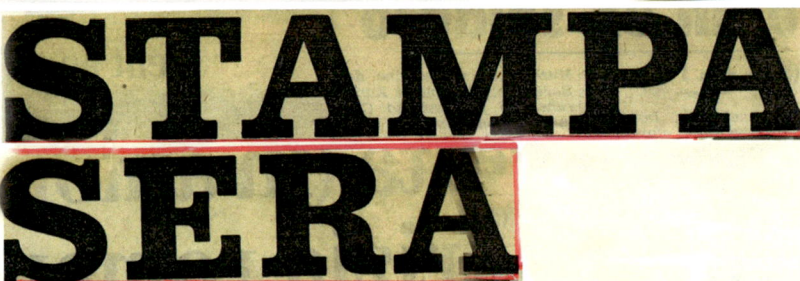

31 OTT. 1972

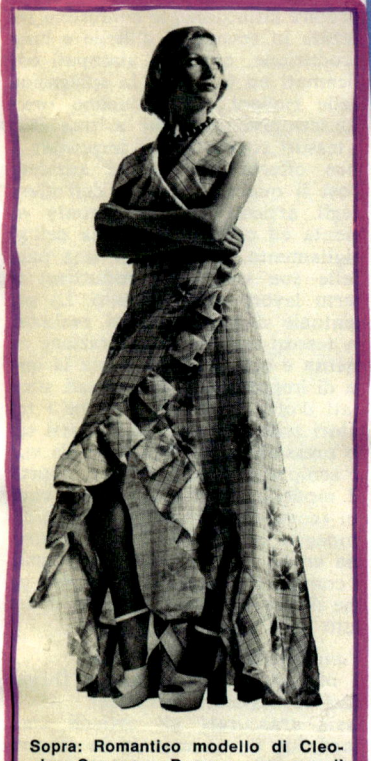

Sopra: Romantico modello di Cleonice Capece - Roma - con grandi revers e profilato nella sottana da un ricco doppio volant.

pp. 190-97: photos and press clippings of the Gipsy Look collections, late 1960s–1972.

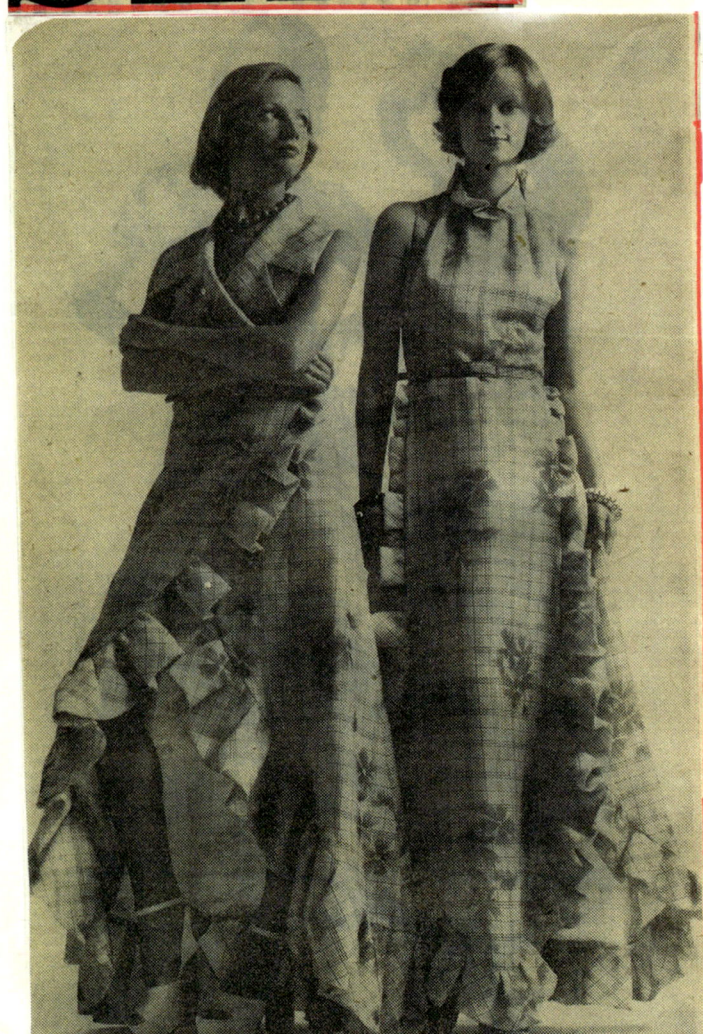

Cleonice Capece Roma

Il genere romantico interpretato in organza di seta grigio argento finestrata di nero con motivi di garofani stilizzati (a sinistra) il modello con i grandi revers profilato nella sottana da un ricco doppio volant nella versione dei garofani verdi (a destra) l'altro modello, stampato a garofani arancio, con il volant al collo, ha un motivo di pannello a grembiule profilato dal doppio volant che prosegue anche sul dietro.

ModaSelezione: produzione di lusso per boutique

ONFEZIONE ITALIANA PRESENTA **STILE ITALIA** AUT

CONFEZI
ITALIAN

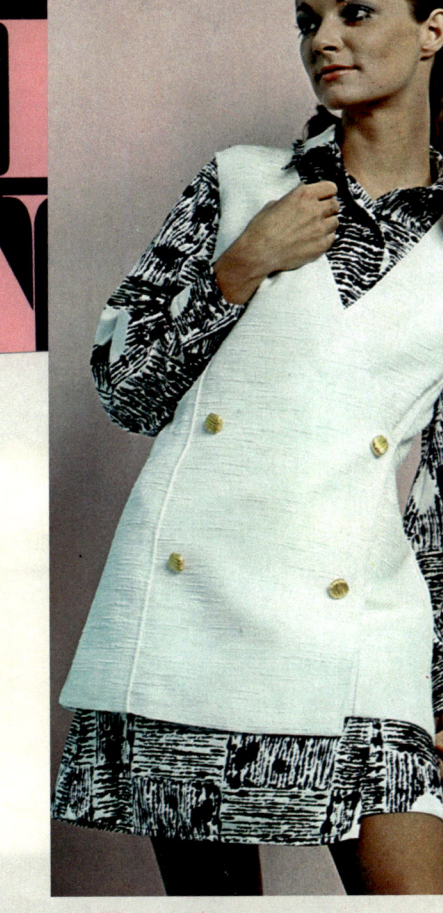

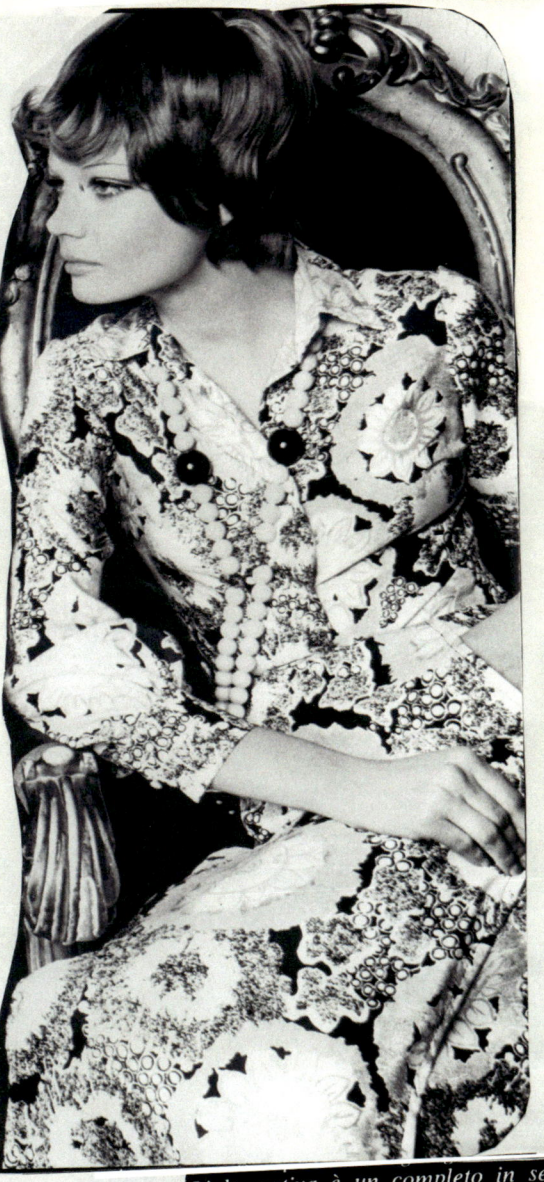

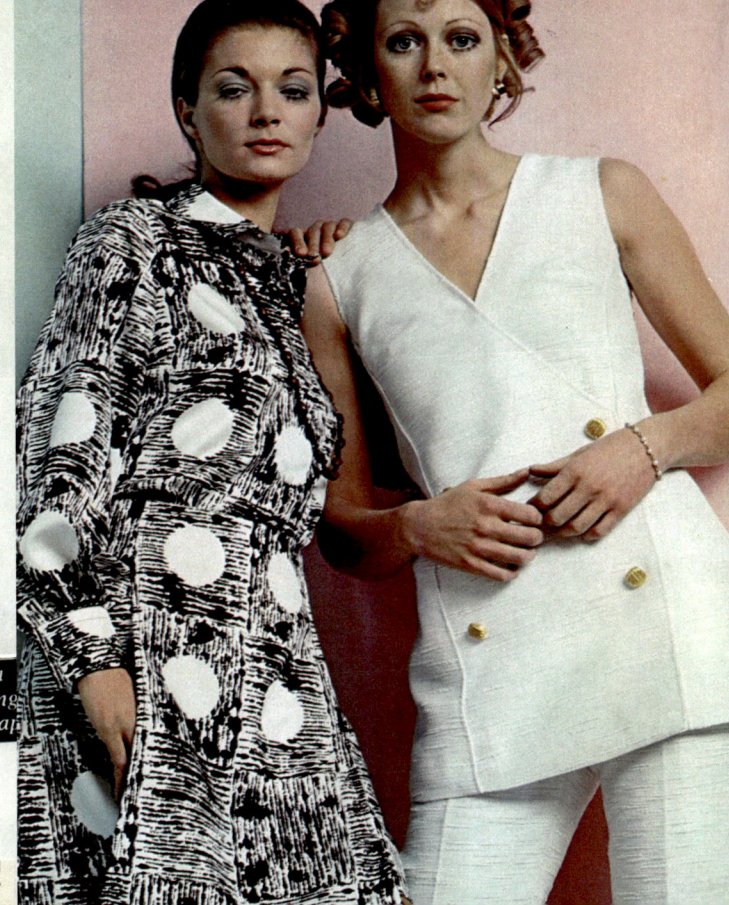

L'alternativa è un completo in seta motivi floreali: camicetta di taglio maschile, gonna lung a fessura inserite nei tagli. Modello Cleonice Cap

CLEONICE CAPECE. Man-style shirt and long skirt made up in flower-printed silk.

CLEONICE CAPECE. Bluse mit Hemdenschnitt und langer Rock aus bedrucktem Stoff mit Blumenmustern.

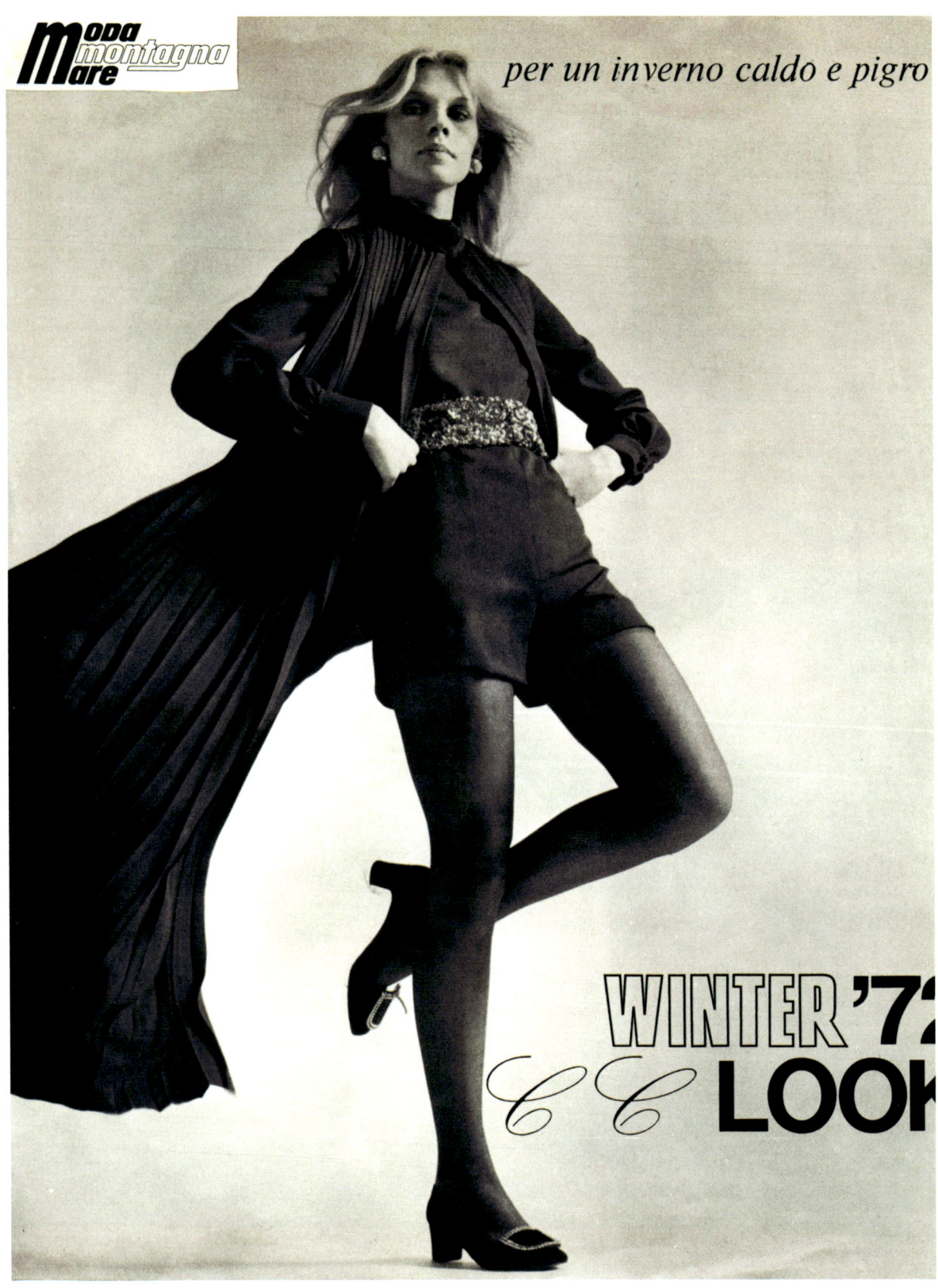

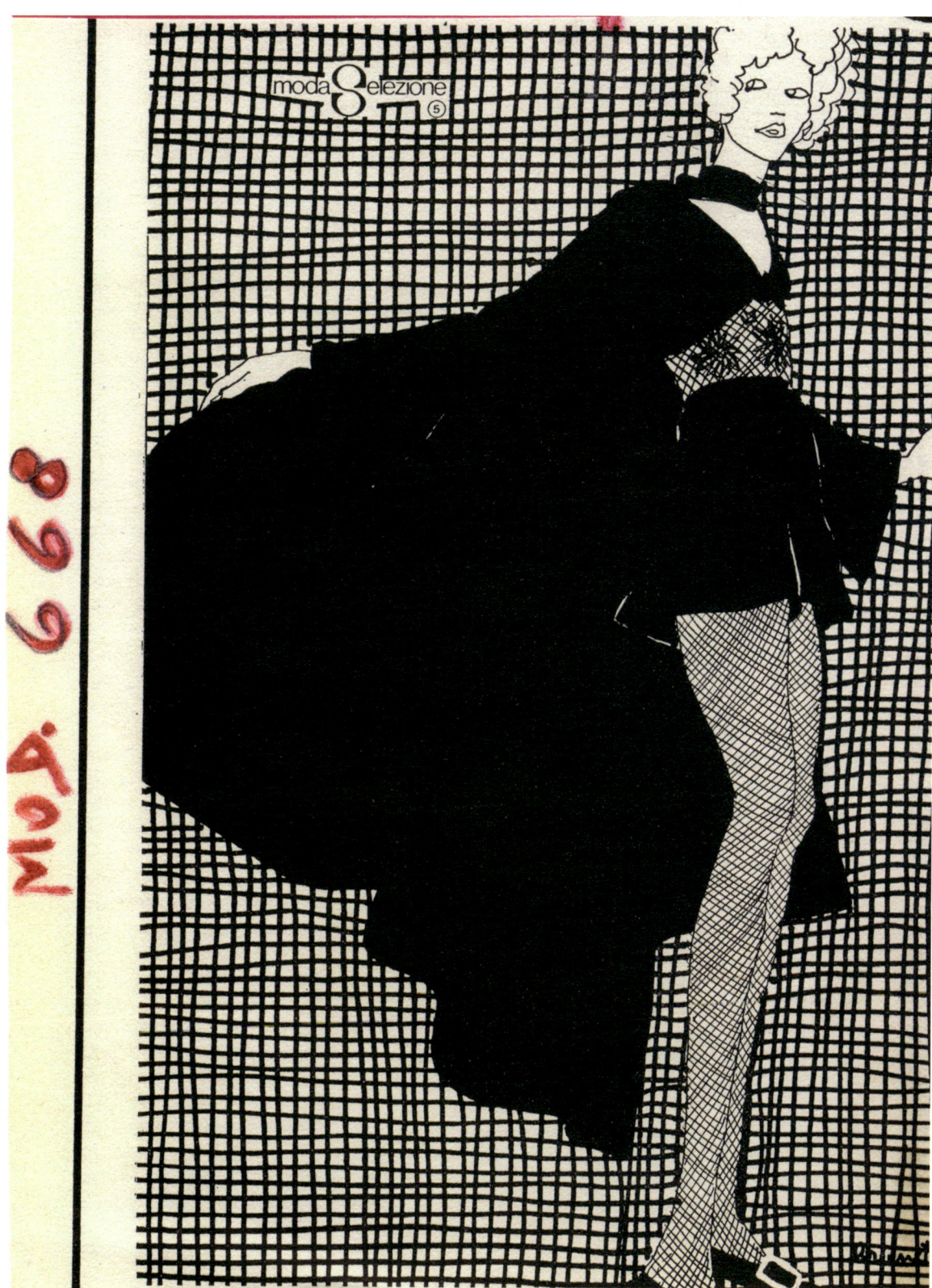

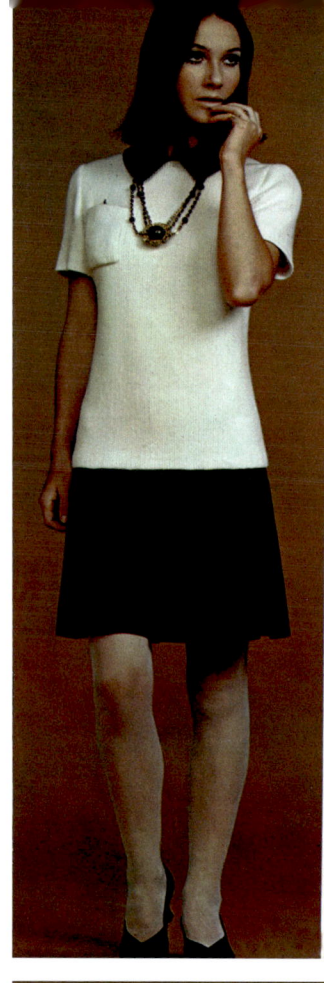
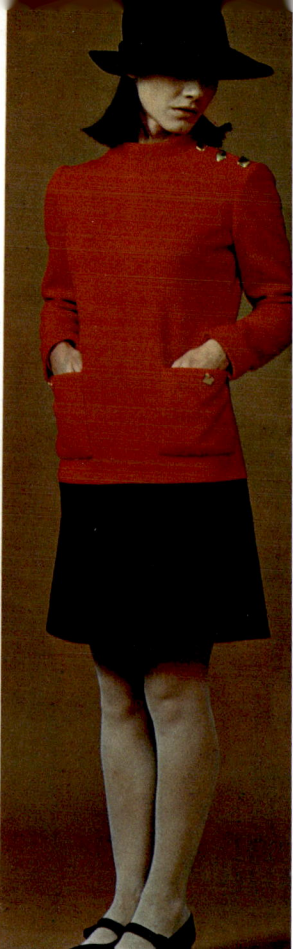
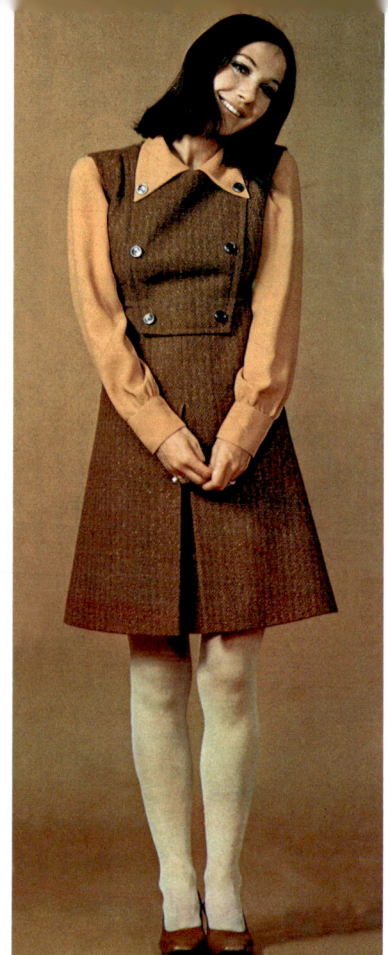

Nero + bianco
Nero + rosso e: linea sciolta, vita bassa e un vago richiamo agli anni trenta. Sono gli abiti che Cleonice Capece propone per tutte le ore del giorno.

Noir + blanc
Noir + rouge et : ligne souple, taille basse et un petit air des années 30. Voilà les robes que nous propose Cleonice Capece pour toutes les heures de la journée.

Blu l'abitino giovane di André Laug, con una cinturetta in pelle che abbassa il punto vita ed è trattenuta da lunghi passanti. Rosse le spalle sagomate e il colletto a punte. Sempre di Laug il cappottino color biscotto con allacciatura a doppio petto e un particolare motivo di maniche a raglan.

C'est André Laug qui a créé cette robe bleue de ligne jeune, très jeune dont la ceinture en peau, retenue par d'originales languettes, est posée à la pointe des hanches. Les épaulettes et le col pointu sont de teinte rouge. C'est encore Laug qui nous offre ce manteau de couleur biscotte, à double boutonnage et aux manches raglan.

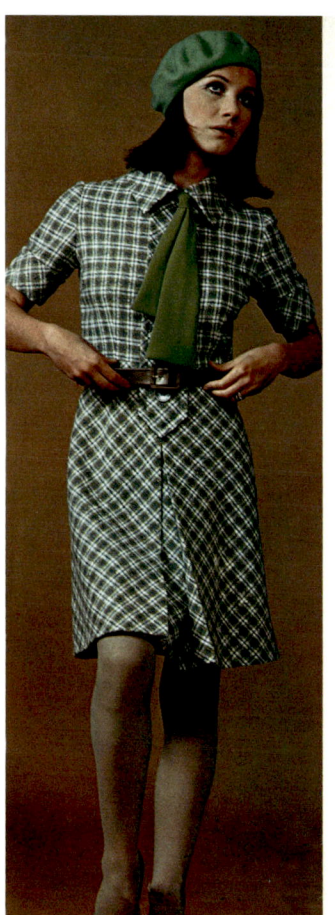
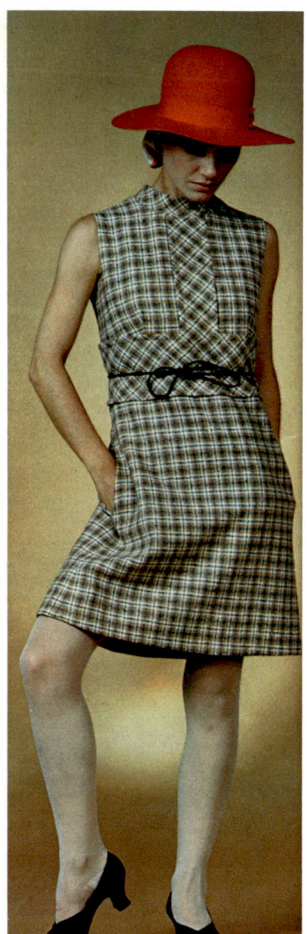

p. 198: advertisement, 1972 CC Look.

p. 199: press clipping with drawing by Brunetta.

This page and opposite page bottom: Capecissimo dresses, April 1969.

Opposite page top left: long pleated crepe chemisier; top right: satin chemisiers.

pp. 202-3: cocktail and evening dresses in macramé and brocade.

pp. 204-7: press clippings, CC Look.

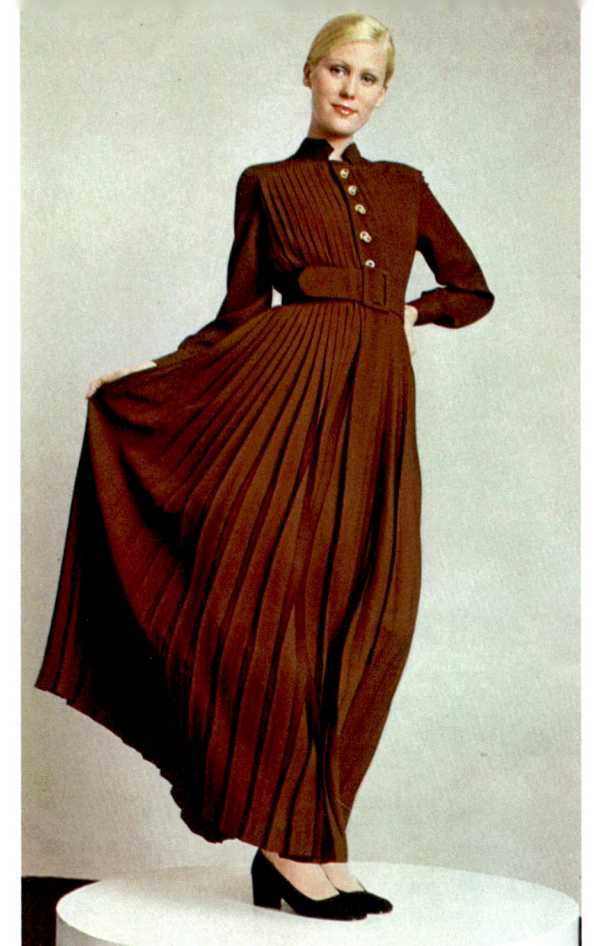
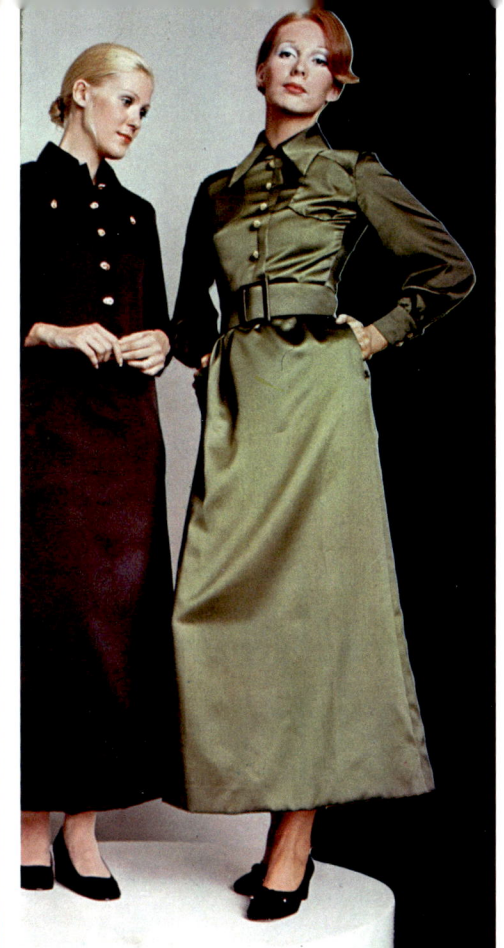
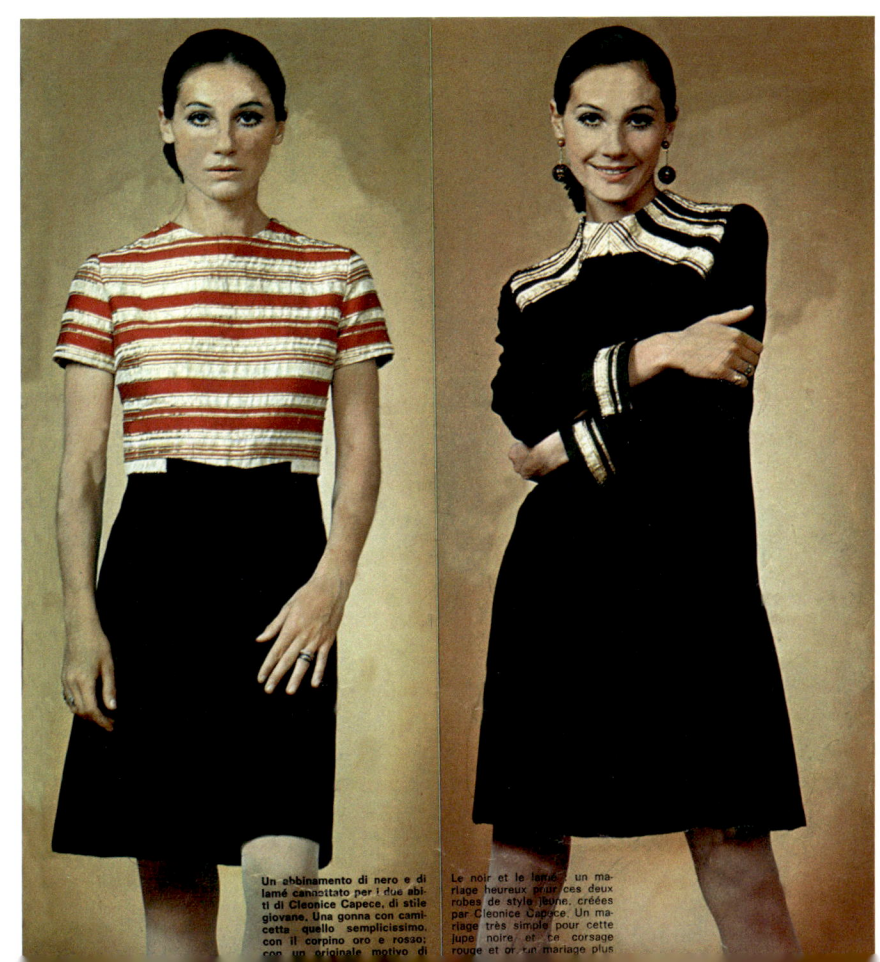

Un abbinamento di nero e di lamé canestrato per i due abiti di Cleonice Capece, di stile giovane. Una gonna con camicetta quello semplicissimo, con il corpino oro e rosso;

Le noir et le lamé: un mariage heureux pour ces deux robes de style jeune, créées par Cleonice Capece. Un mariage très simple pour cette jupe noire et le corsage rouge et or; un mariage plus

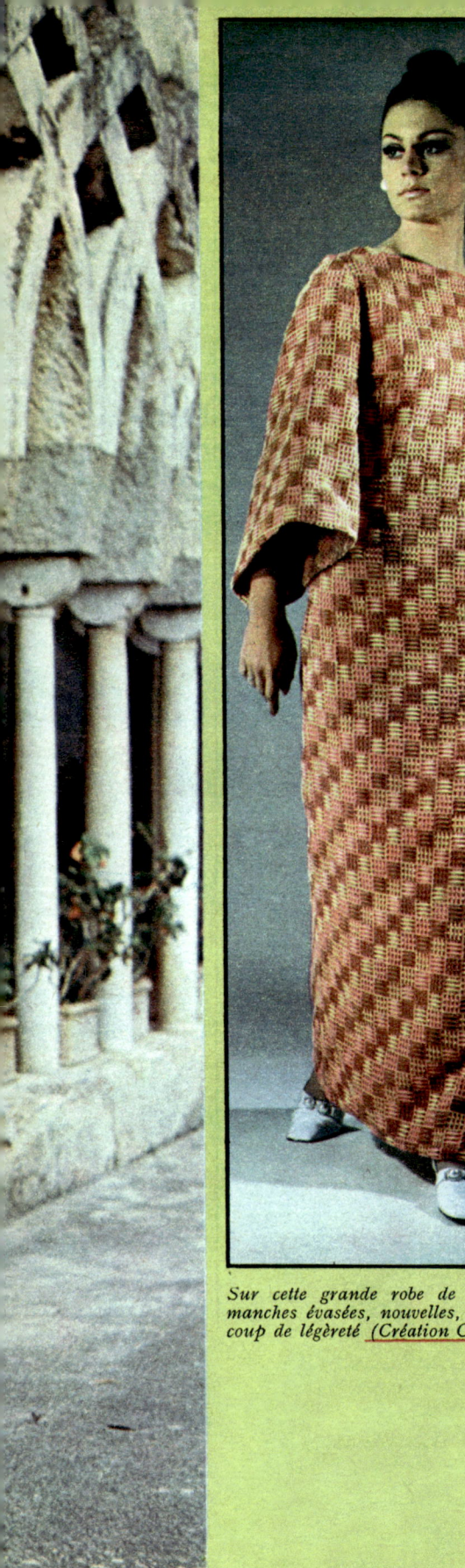

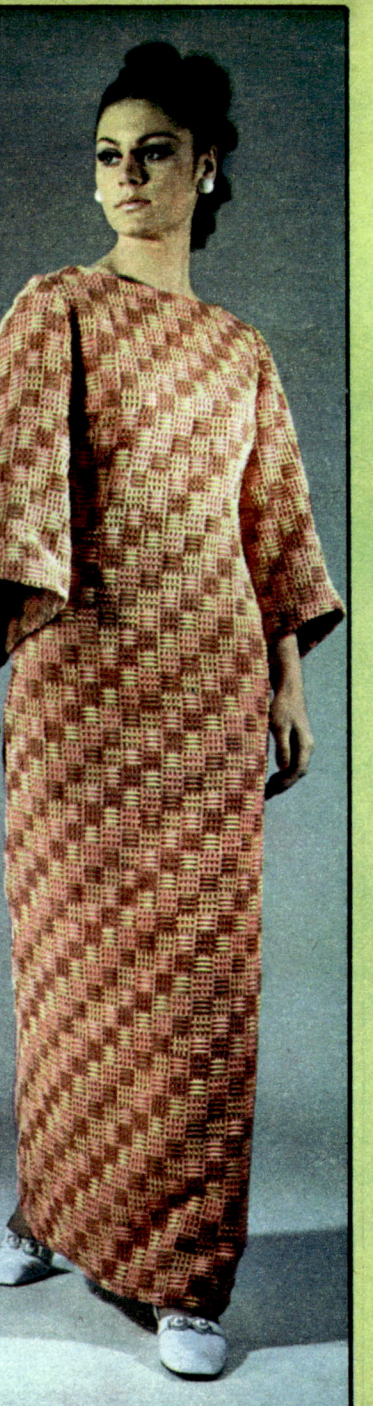

Sur cette grande robe de grand soir, les manches évasées, nouvelles, apportent beaucoup de légèreté (Création Capece à Rome).

Le piqué de coton, orange et rose, est rehaussé de broderies ,,allover'' de Vorarlberg (Modèle Cleonice Capece à Rome - Broderie Hermann Fend - Hohenems en Autriche).

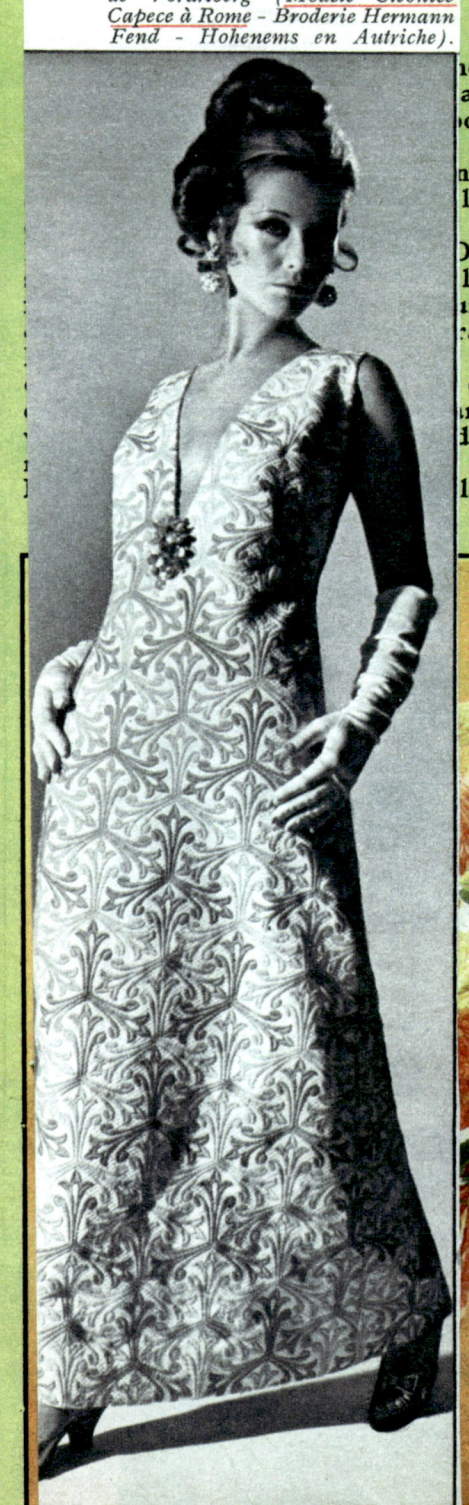

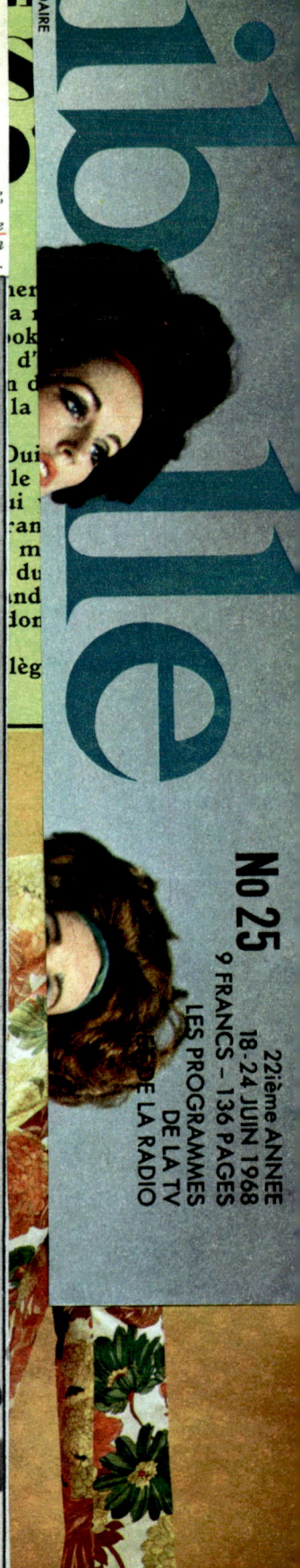

N° 25
22ième ANNÉE
18-24 JUIN 1968
9 FRANCS - 136 PAGES
LES PROGRAMMES
DE LA TV
ET DE LA RADIO

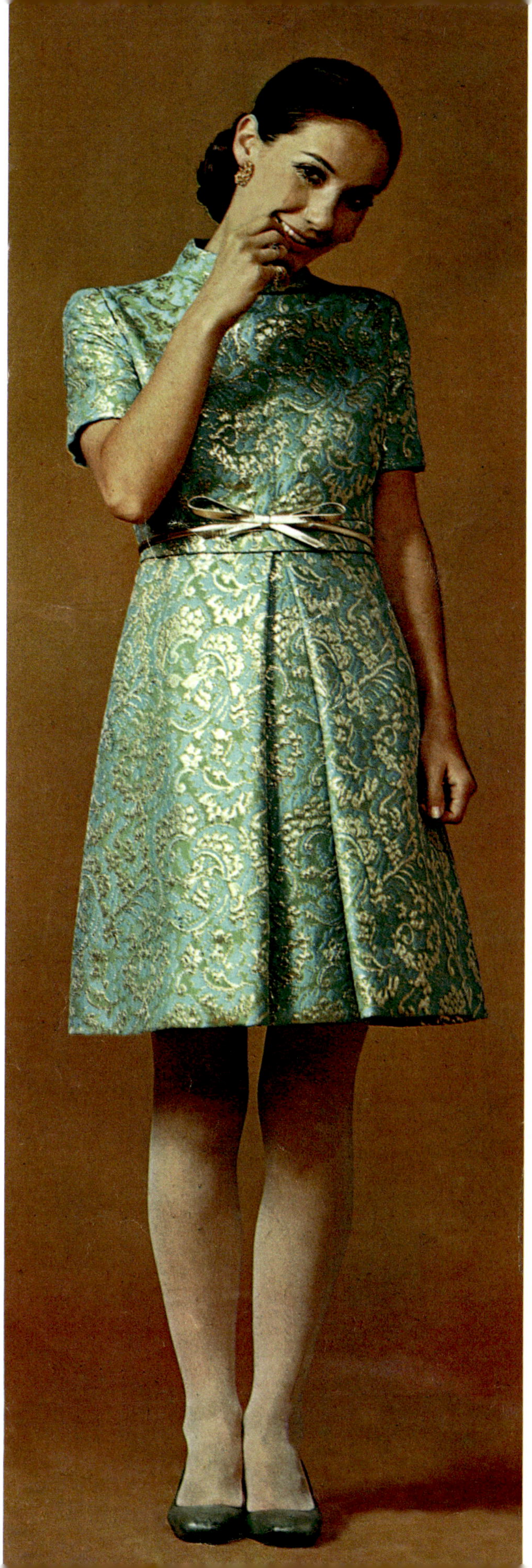

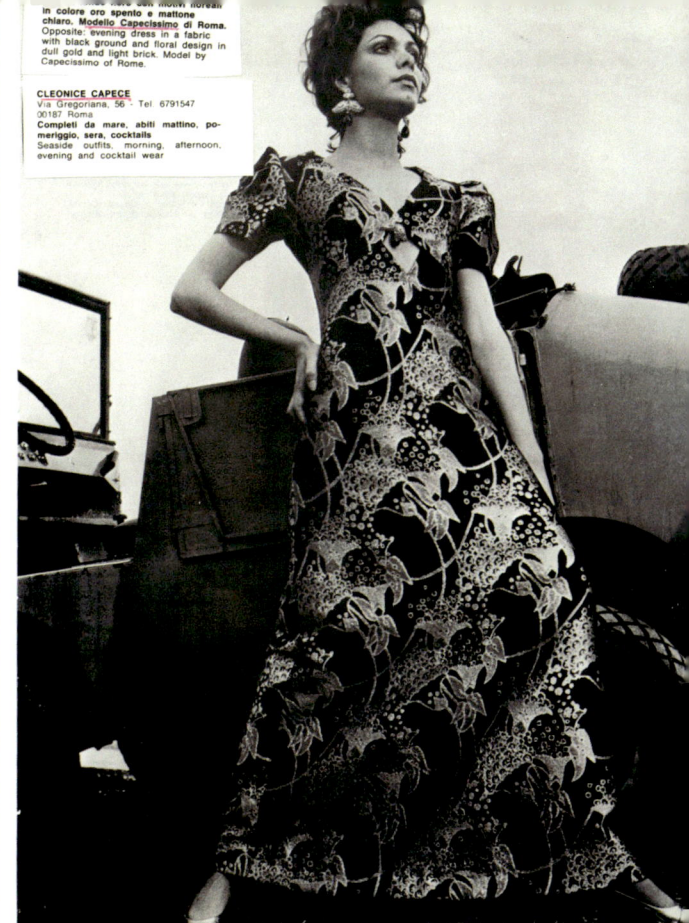

in colore oro spento e mattone chiaro. Modello Capecissimo di Roma.
Opposite: evening dress in a fabric with black ground and floral design in dull gold and light brick. Model by Capecissimo of Rome.

CLEONICE CAPECE
Via Gregoriana, 56 · Tel. 6791547
00187 Roma
Completi da mare, abiti mattino, pomeriggio, sera, cocktails
Seaside outfits, morning, afternoon, evening and cocktail wear

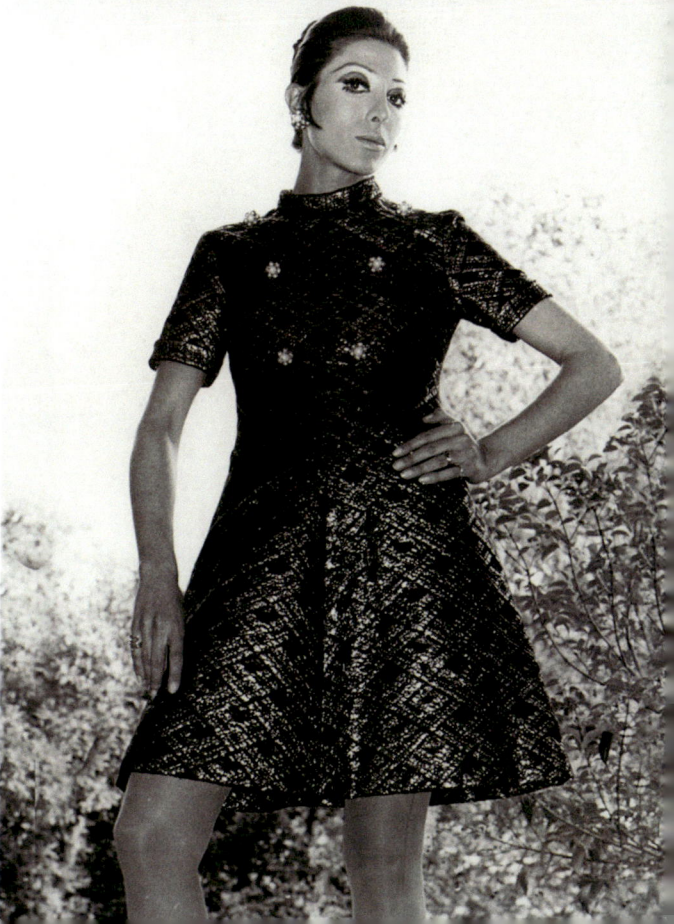

ista della
BOUTIQUE

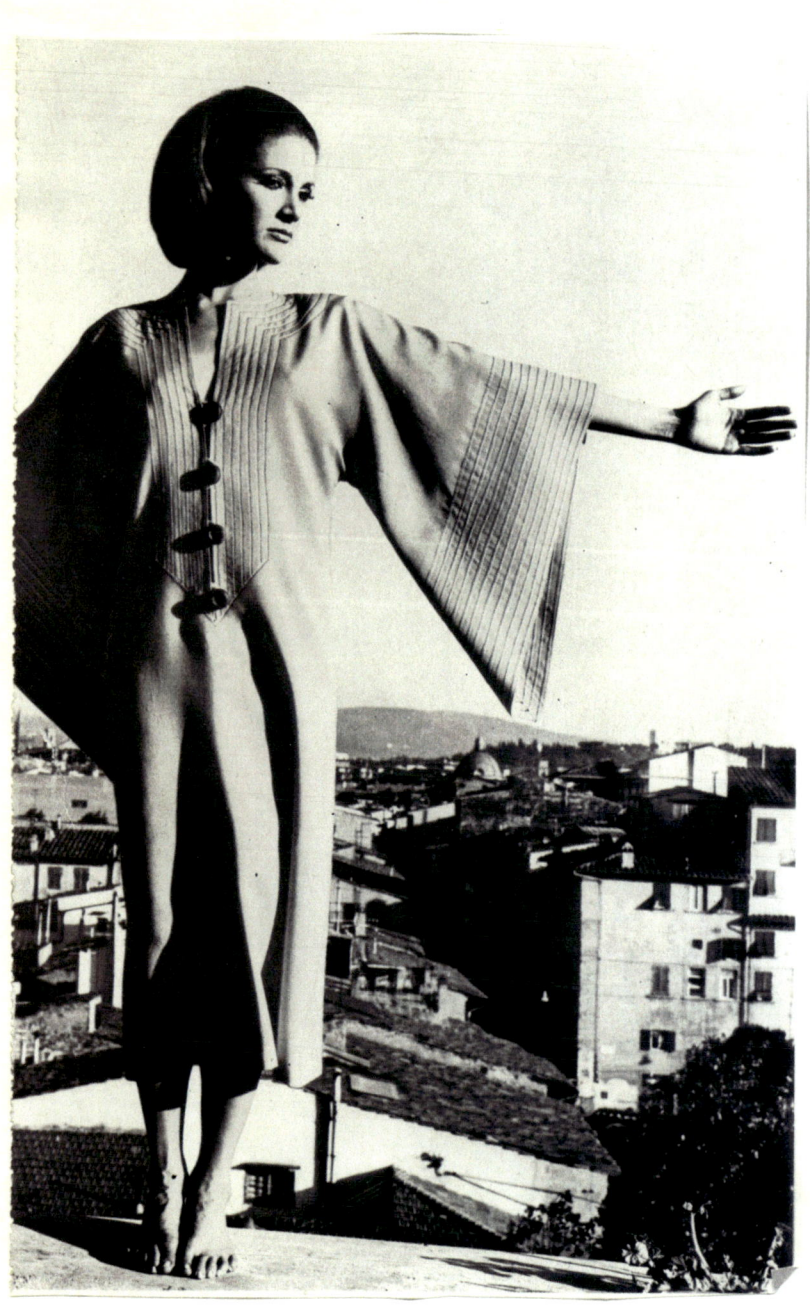

CLEONICE CAPECE
00187 ROMA - via Gregoriana, 56 - tel. 579.15.47
pag. 4, 105, 119, 202-204

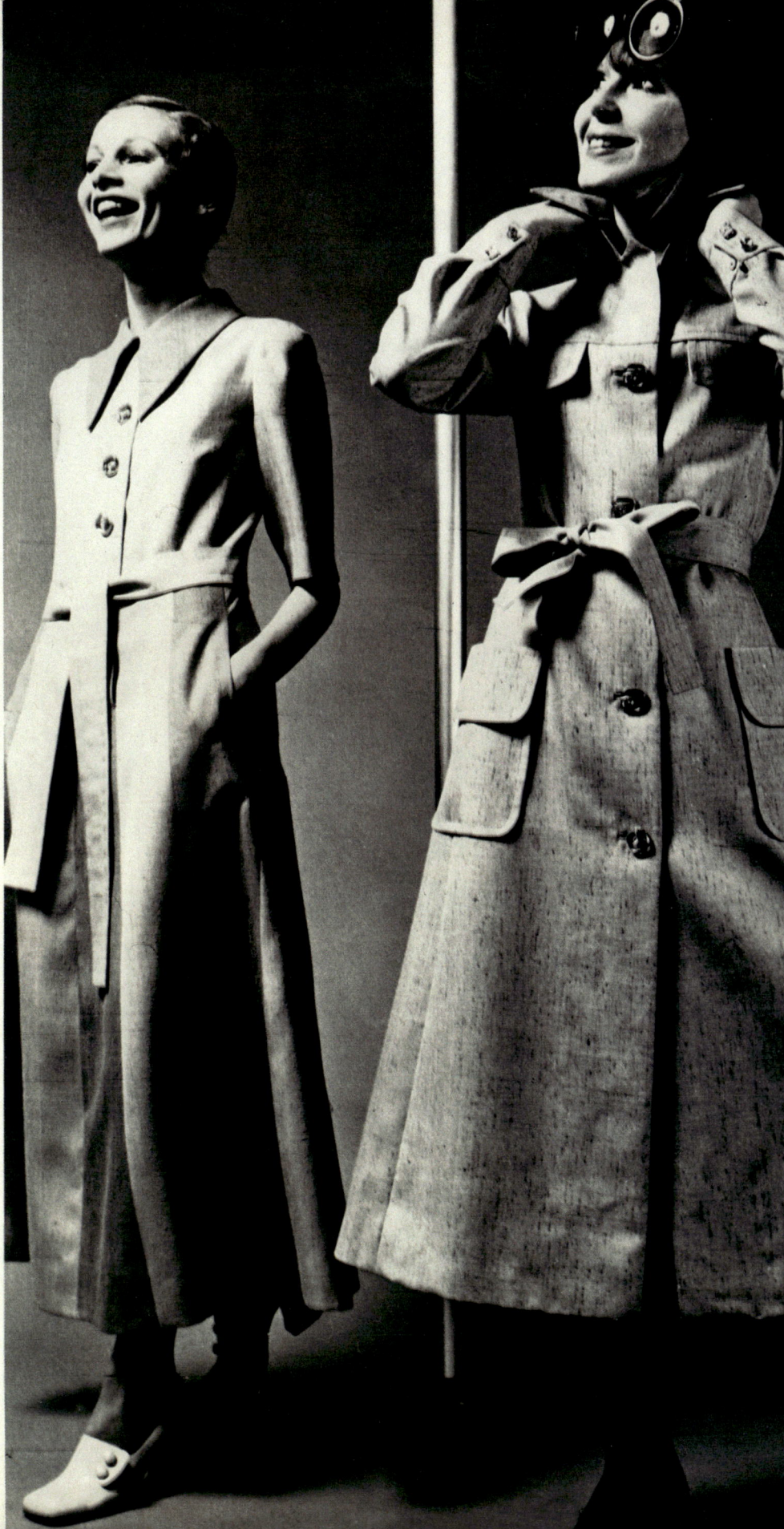

A very sophisticated line that wants to show the idea of womanhood in its highest expression. Its material are glowing and tender prints or chiaroscuro effects that join the rustle of silks to transparencies moved by the width of pleats, bells and wheels; white contrasts to black, to blue and to brown. Strong, rich prints, delicate designs, poetic flounces...
The plain shades are decided, not harsh but very fresh. The indispensable shirtwaister has put on a new face with the swing of the two-colour skirt, the slim high-set collar, the ties in waist, the fine workmanship and the almos artistic Ascoli buttons that add glamours even to the most simple styles.
This research of the fine personal touch, the choice of fabrics and the fancy colour blend make up the harmonious whole of the collection.

Une collection très sophistiquée qui veut donner à la femme son expression la plus élevée. Ses tissus sont des imprimés éclatants et tendres, un camaieu qui s'ajoute au frou-frou des soies et aux trasparences animées par les largeurs des plissés, des godets et des jupes en forme; blanc contraste avec noir, avec bleu, avec marron. Les imprimés riches de vivacité, les peintures délicates, les poétiques volants...
Dans les unis, des tons décidés mais sans tranchant, très frais. L'indispensable robe chemisier a un aspect très personnel: ses jupes s'ouvrent dans des effets bicolores, les cols étroits sont élancés, les ceintures nouées, la finition est parfaite et les boutons d'Ascoli presq'une oeuvre d'art, près à enrichir le modèle le plus simple. Cette recherche du détail, ce choix heureux des maatériaux et la fusion fantaisie des couleurs composent l'ensemble harmonieux de la collection.

Eine sophistisch raffinierte Kollektion, die der Weiblickeit seine höchsten Ausdruck geben will. Die Materialien sind blendende, zarte Dessins, Helldunkeleffekte mit dem Rauschen der Seide, die mit Durchsichtigkeit in breiten, plissierten oder glockigen Röcken spielen; Weiss kontrastiert mit Schwarz, mit Blau, mit Braun. Dessins reich mit Leben, delikate Malereien, poetische Falbeln...
Die Unifarben sind entschlossen aber nicht hart, sehr frisch. Das unentbehrliche Nembdlusenkleid sieht ganz persönlich aus: seine Röcke bewegen sich in zweifarbigen Effekten, die engen Kragen sind hoch eingesetzt, die Gürtel zusammengeknotet, die Verarbeitung perfekt... und die fast kunstlichen Ascoli- Knöpfe bereichern alle Modelle, auch die einfachsten.
Diese Farschung des zarten Mode-Details, die Auswahl der Materialien und die erfindungsreiche Farbenmischung bilden die harmonisierte Gesamtheit der Kollektion.

modelli CLEONICE CAPECE

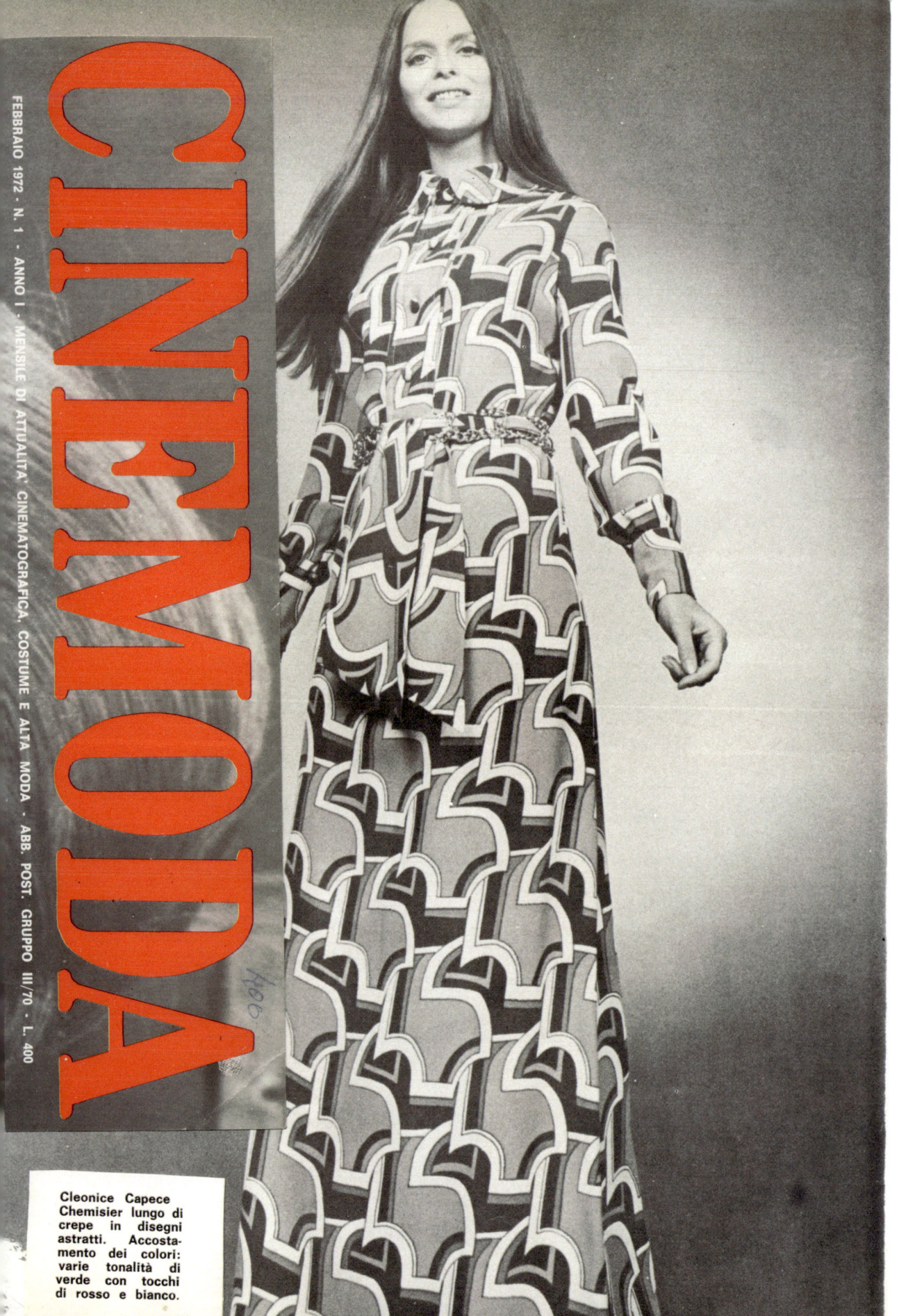

CINEMODA

FEBBRAIO 1972 · N. 1 · ANNO I · MENSILE DI ATTUALITÀ CINEMATOGRAFICA, COSTUME E ALTA MODA · ABB. POST. GRUPPO III/70 · L. 400

Cleonice Capece
Chemisier lungo di crepe in disegni astratti. Accostamento dei colori: varie tonalità di verde con tocchi di rosso e bianco.

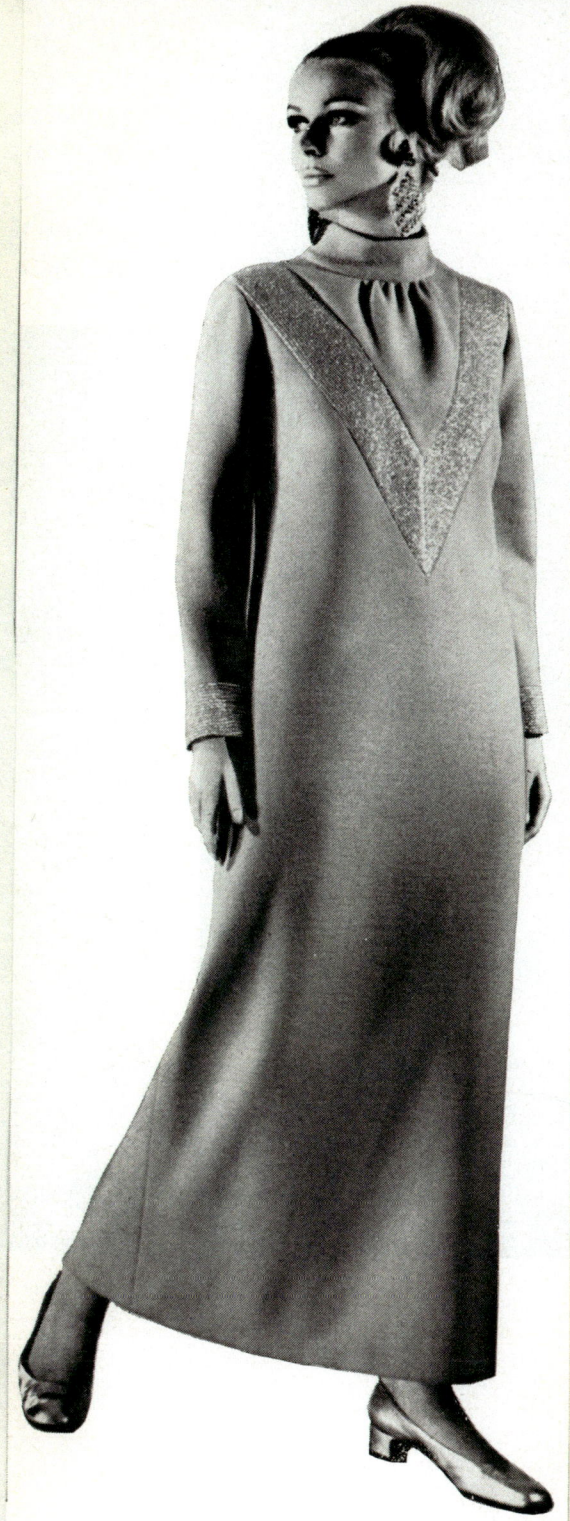

Sull'abito di jersey rosso, una grande fascia d'oro si incunea a V nel corpino. Modello Capece.

LINEA MAGLIA
inverno

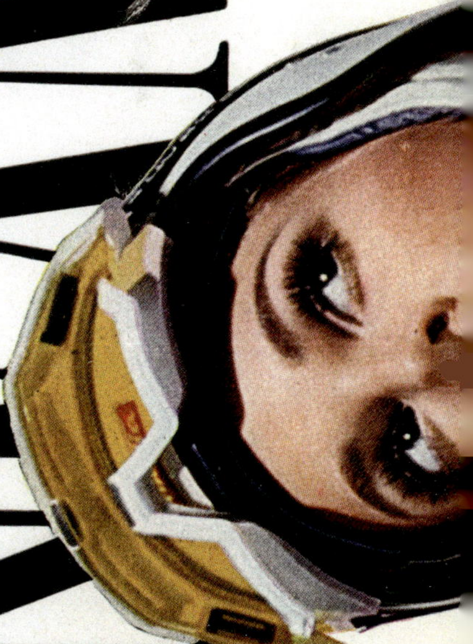

CHROMOFLEX

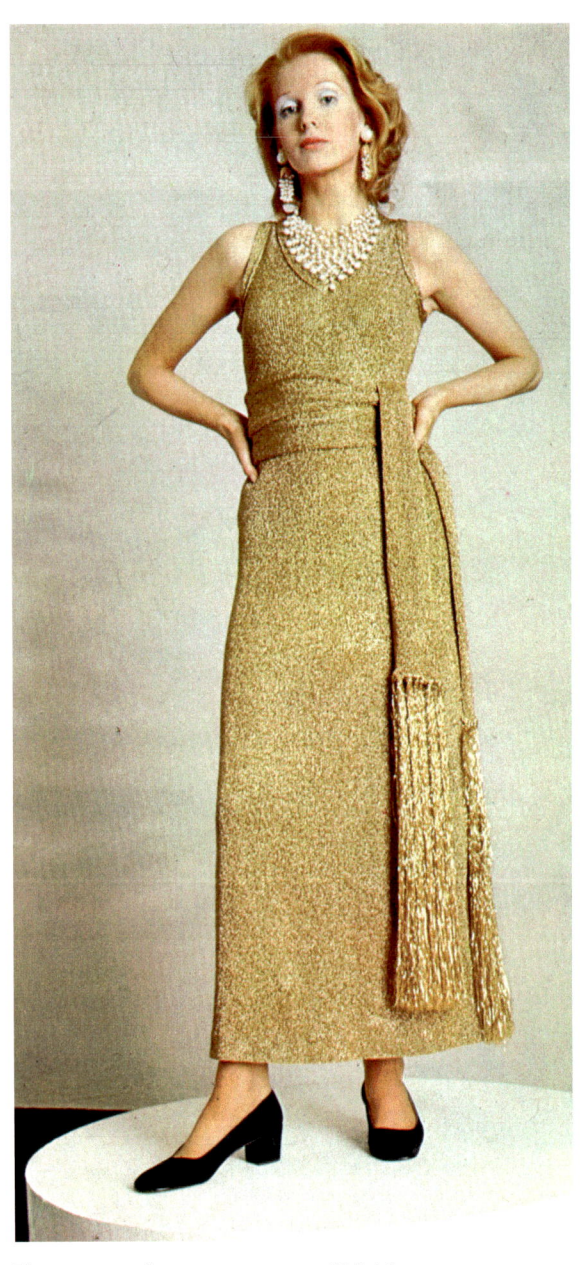
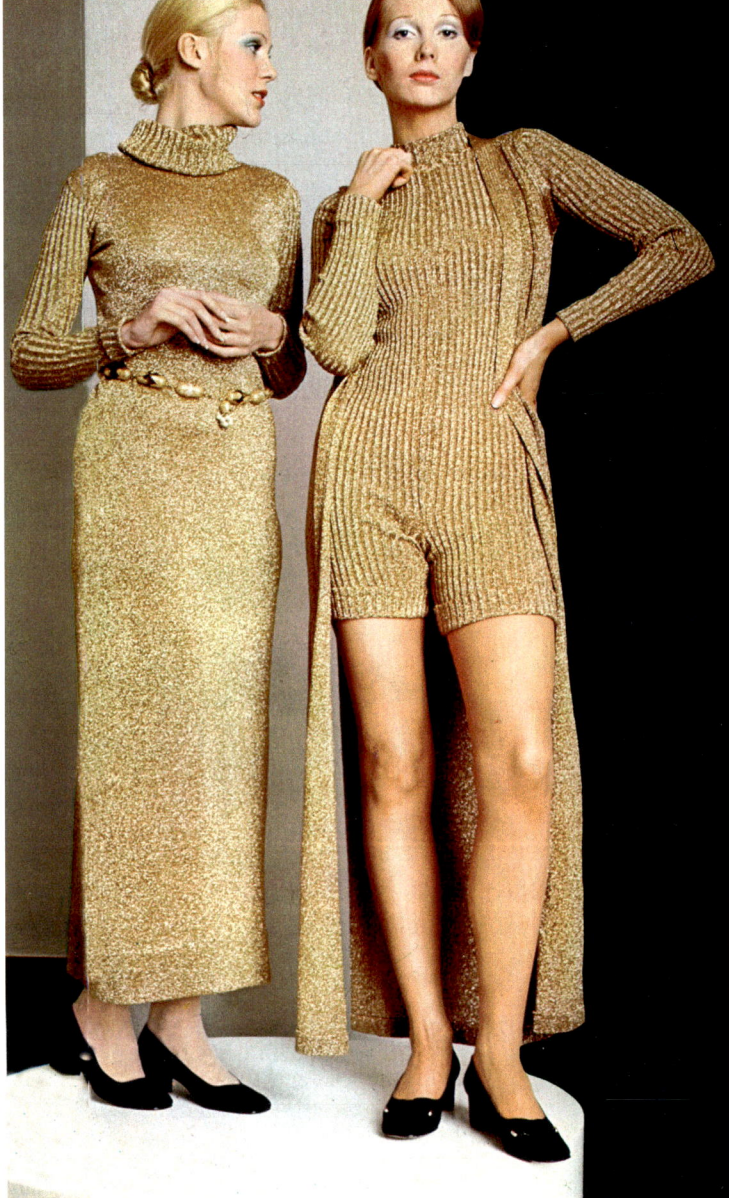

This page and opposite: press clippings of Chromoflex pullover dresses and mini jumpsuit with long sleeveless gilet.

pp. 210-11: pied-de-poule crêpe de Chine dresses.

pp. 212-16: press clippings from *Linea Italiana*, 1969 and 1970.

p. 217: Cleonice Capece advertisement, *Vogue* Italy, February 1970.

BOUTIQUE

IL "CC" LOOK AT HOME DI CLEONICE CAPECE

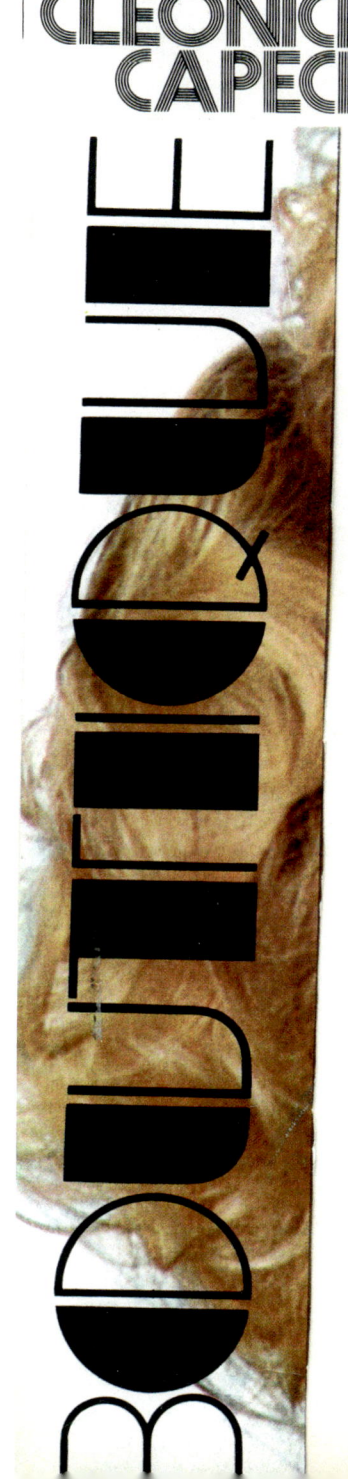

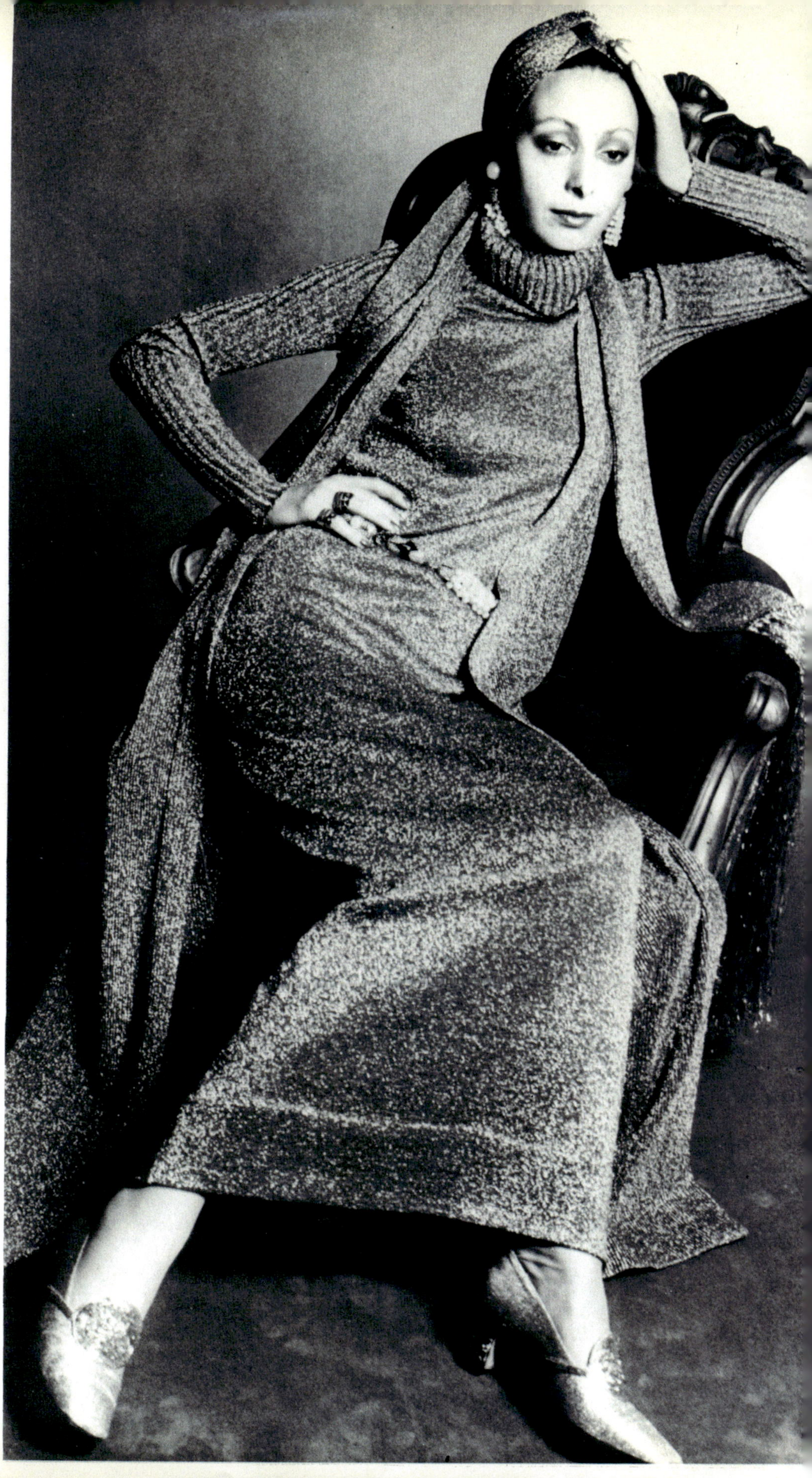

FOUR FACES OF EVE

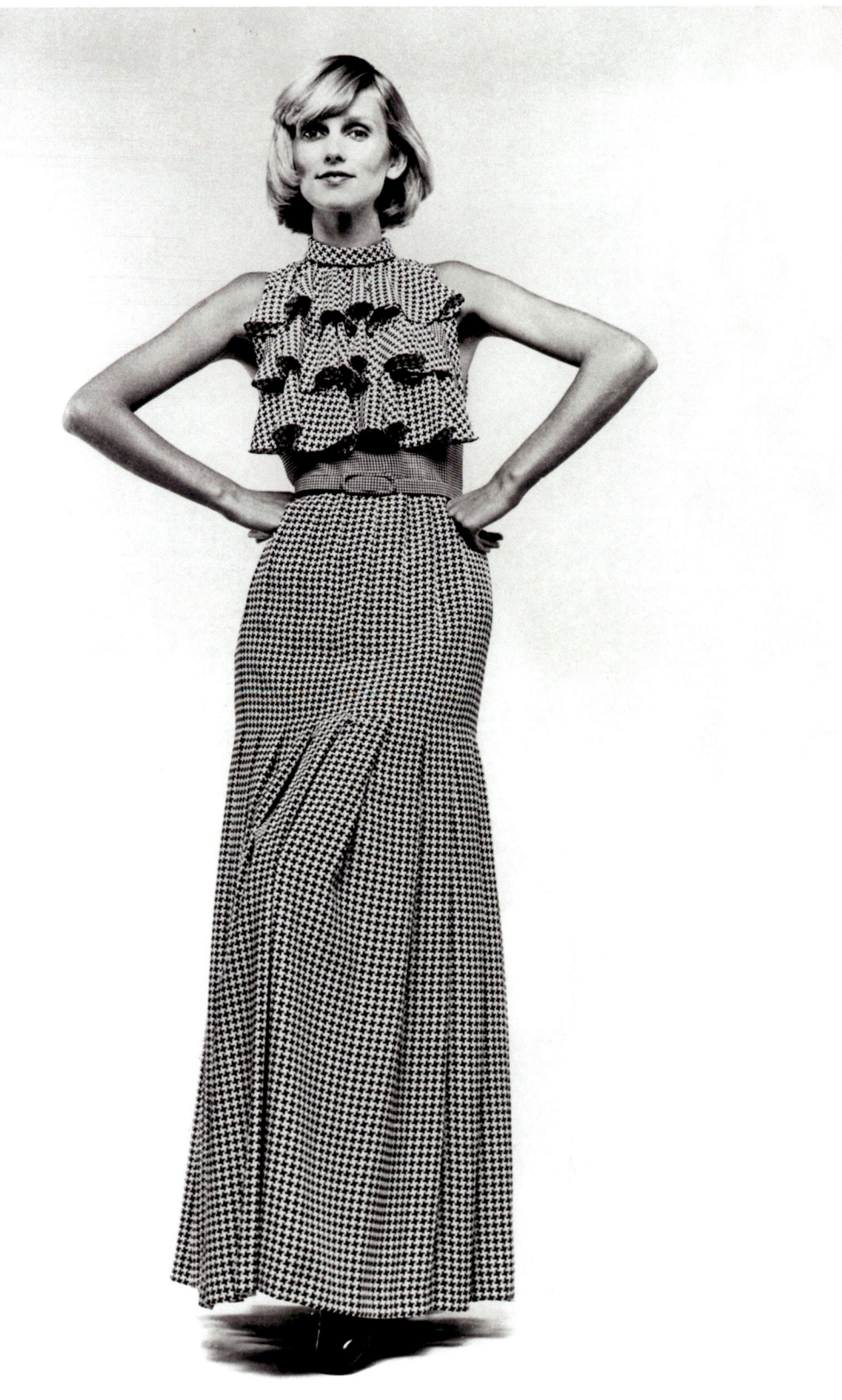

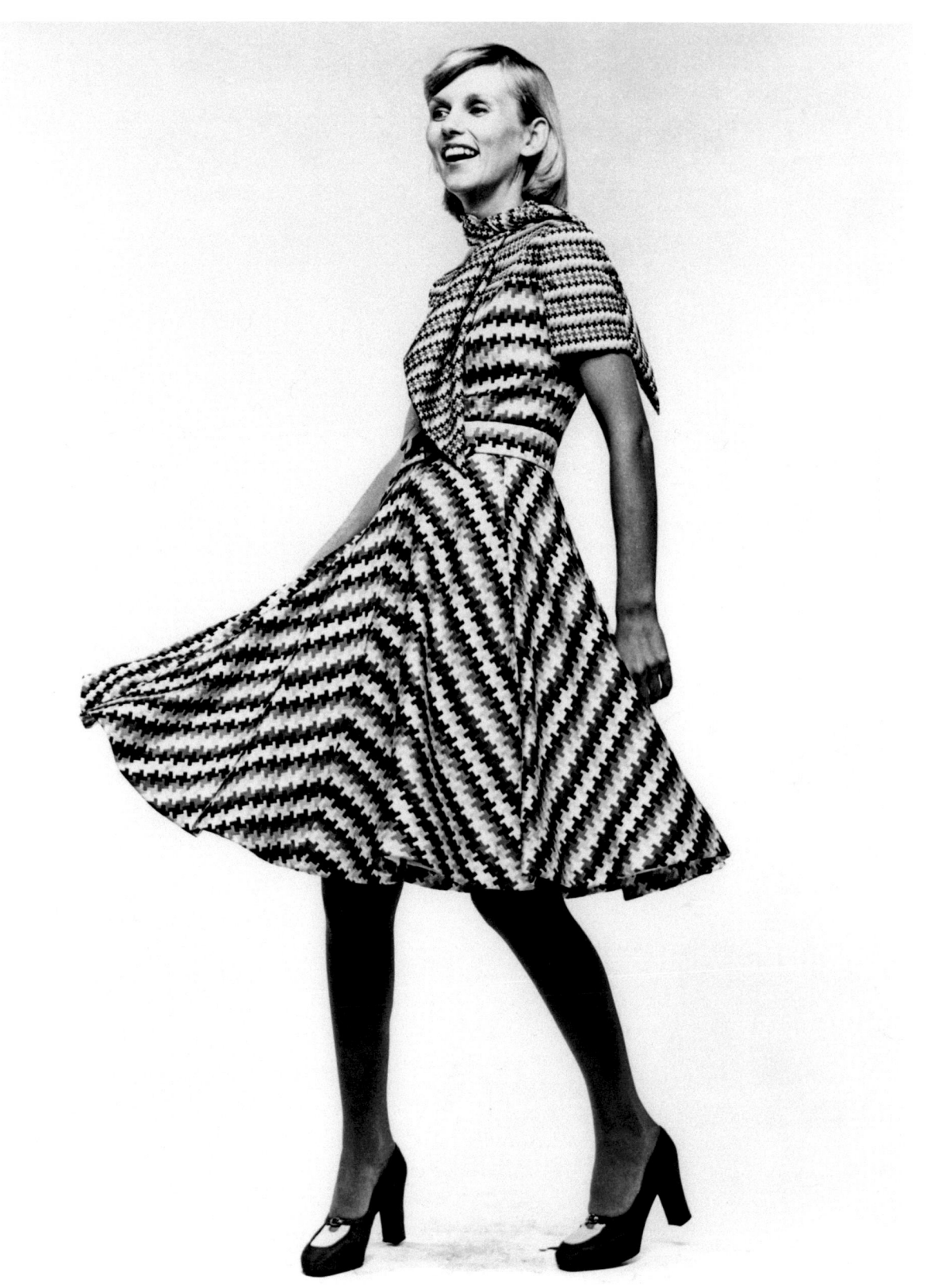

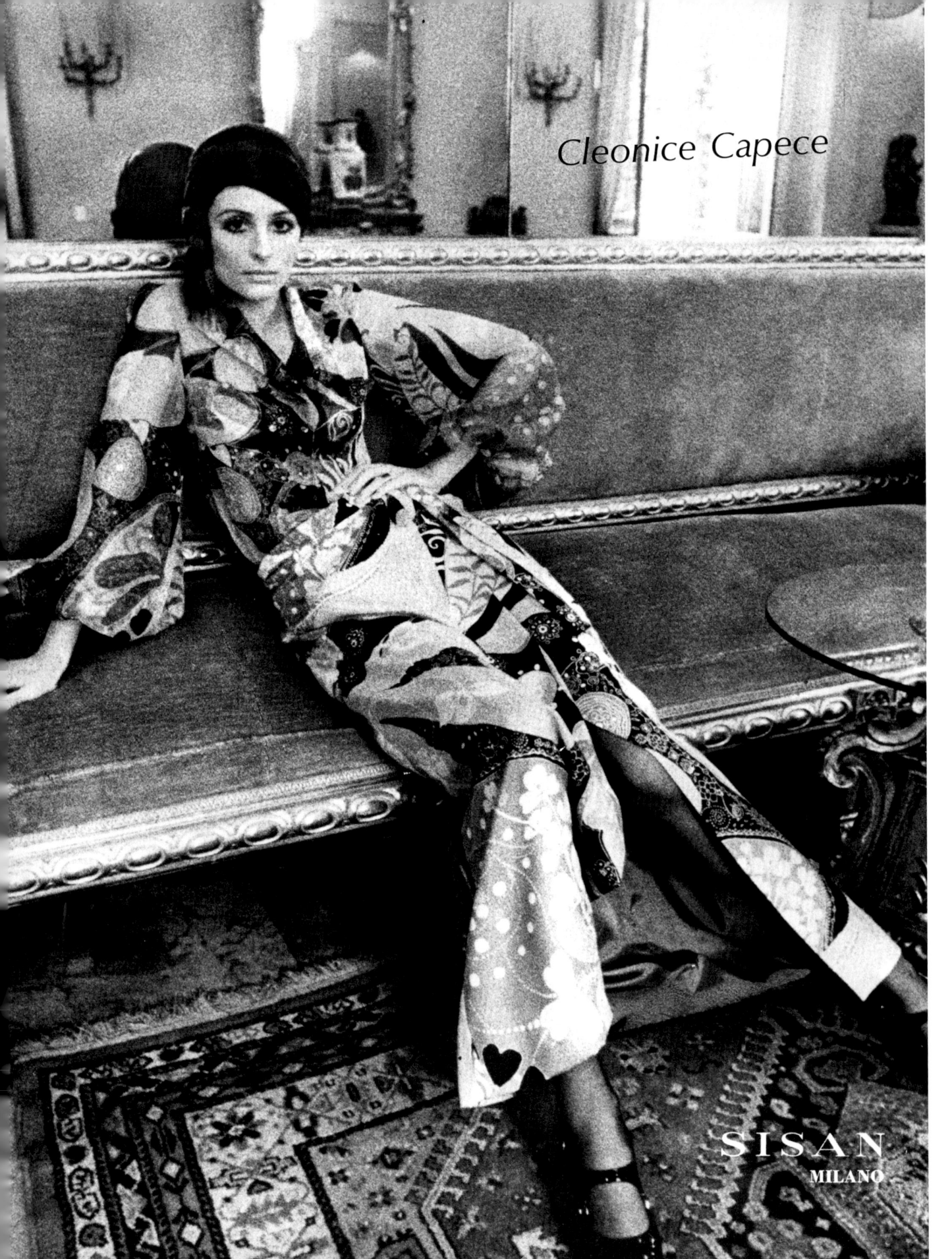

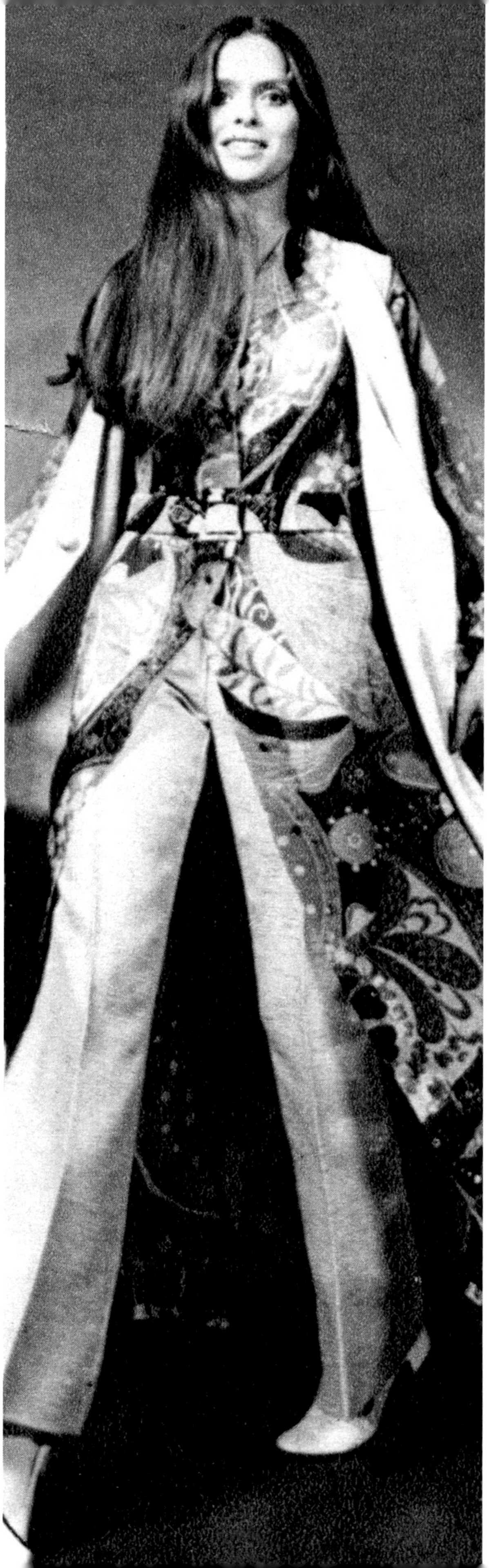

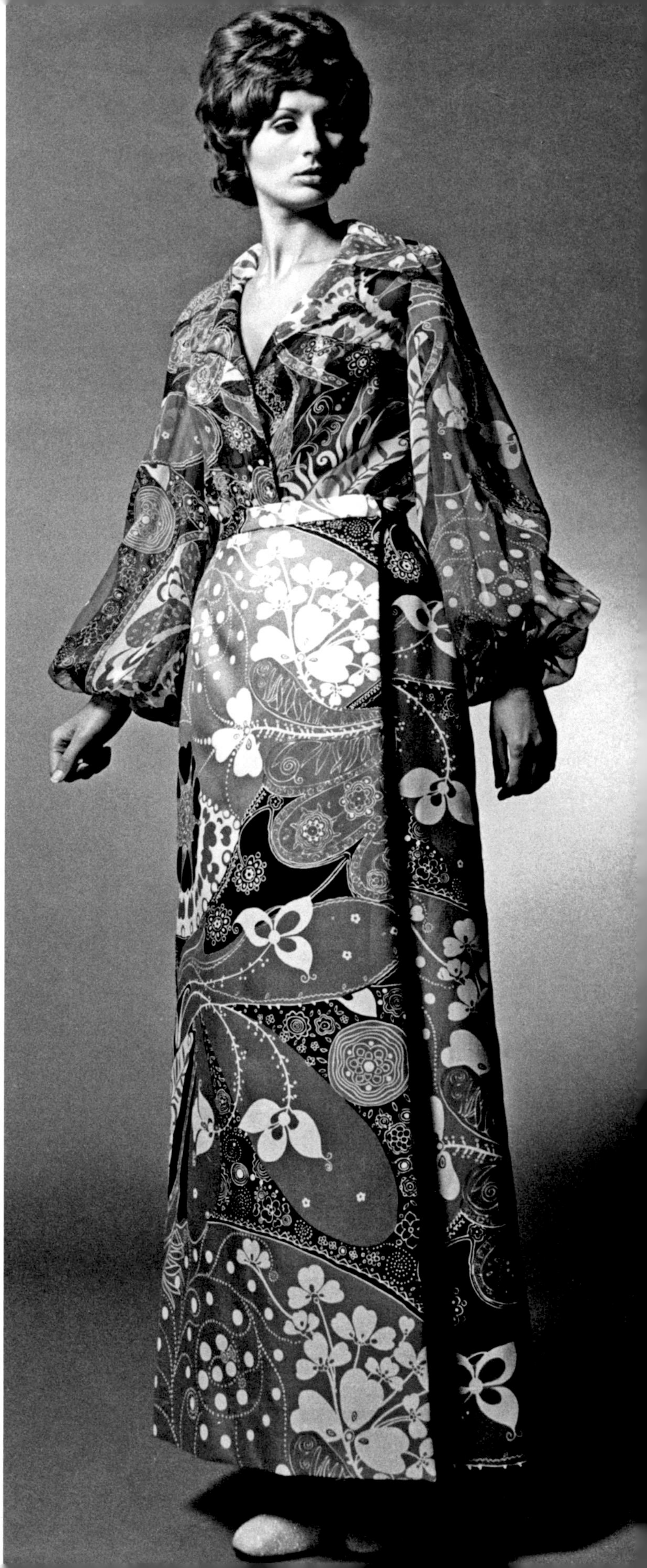

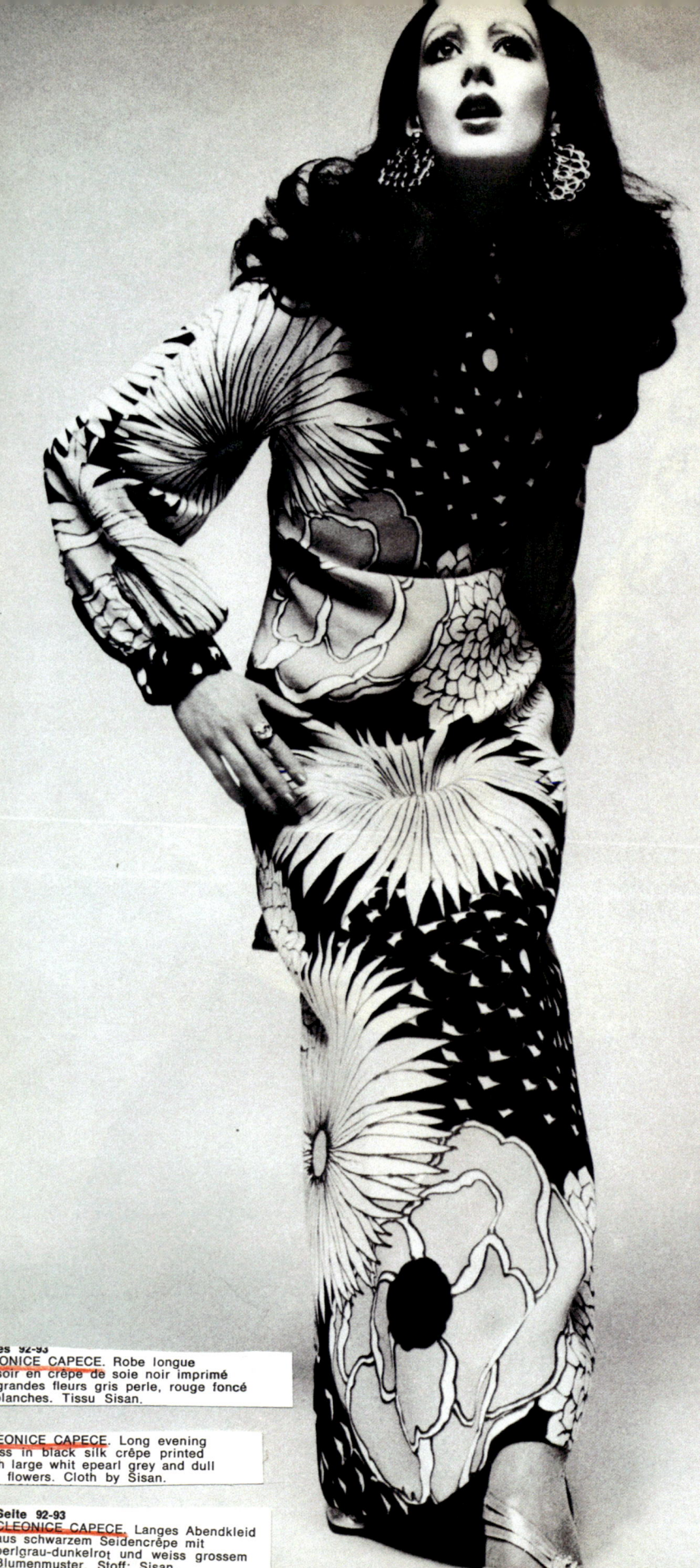

CLEONICE CAPECE
*In questa pagina.
Ancora fiori giganti, corolle
prorompenti che si accalcano,
si intrecciano sul nero del lungo
fourreau di seta. Il disegno
di grand'effetto acquista valore
di rilievo nell'accostamento
di tonalità armoniche: bianco,
grigio perla, rosso cupo profondo.
Collo severo, tutto chiuso
con collarino arricciato a coulisse.
Maniche che si restringono al polso,
pure arricciato. Doppio crêpe di seta
stampato di Sisan. Scarpe Giosuè.
Orecchini Borbonese. Calze
Santagostino. Maquillage Harlow.*

Pages 92-93
CLEONICE CAPECE. Robe longue du soir en crêpe de soie noir imprimé de grandes fleurs gris perle, rouge foncé et blanches. Tissu Sisan.

CLEONICE CAPECE. Long evening dress in black silk crêpe printed with large whit epearl grey and dull red flowers. Cloth by Sisan.

Seite 92-93
CLEONICE CAPECE. Langes Abendkleid aus schwarzem Seidencrêpe mit perlgrau-dunkelrot und weiss grossem Blumenmuster. Stoff: Sisan.

LINEA ITALIANA

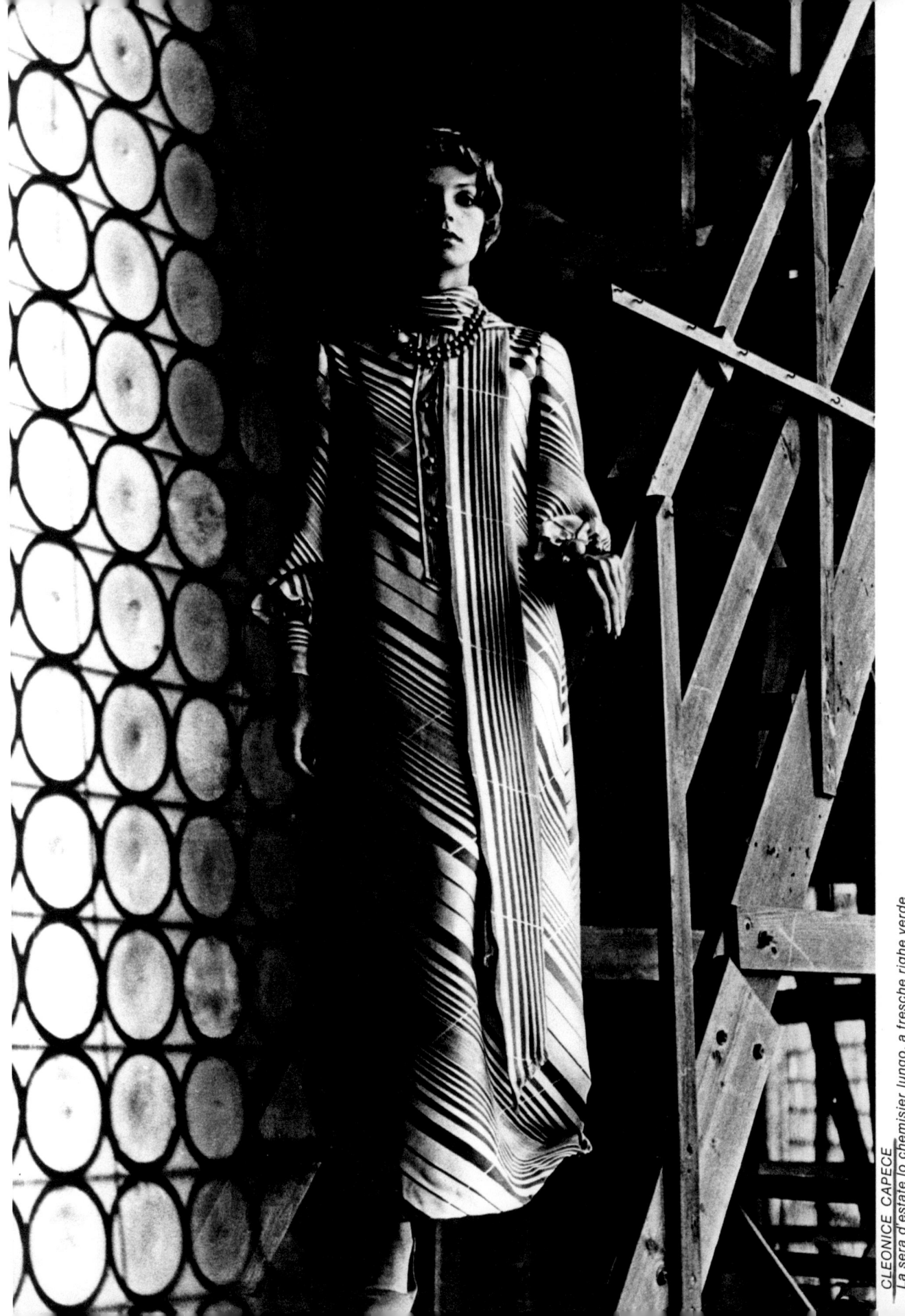

CLEONICE CAPECE
La sera d'estate lo chemisier lungo, a fresche righe verde menta, più dense più sottili che si inseguono sul fondo bianco, lo sbieco le rende più dinamiche quasi ad avvolgere la figura in una spirale. Due lunghe sciarpe si incrociano al collo. Maniche sbuffanti riprese dal polsino. Tessuto Sisan. Collana giada e oro, Codognato.

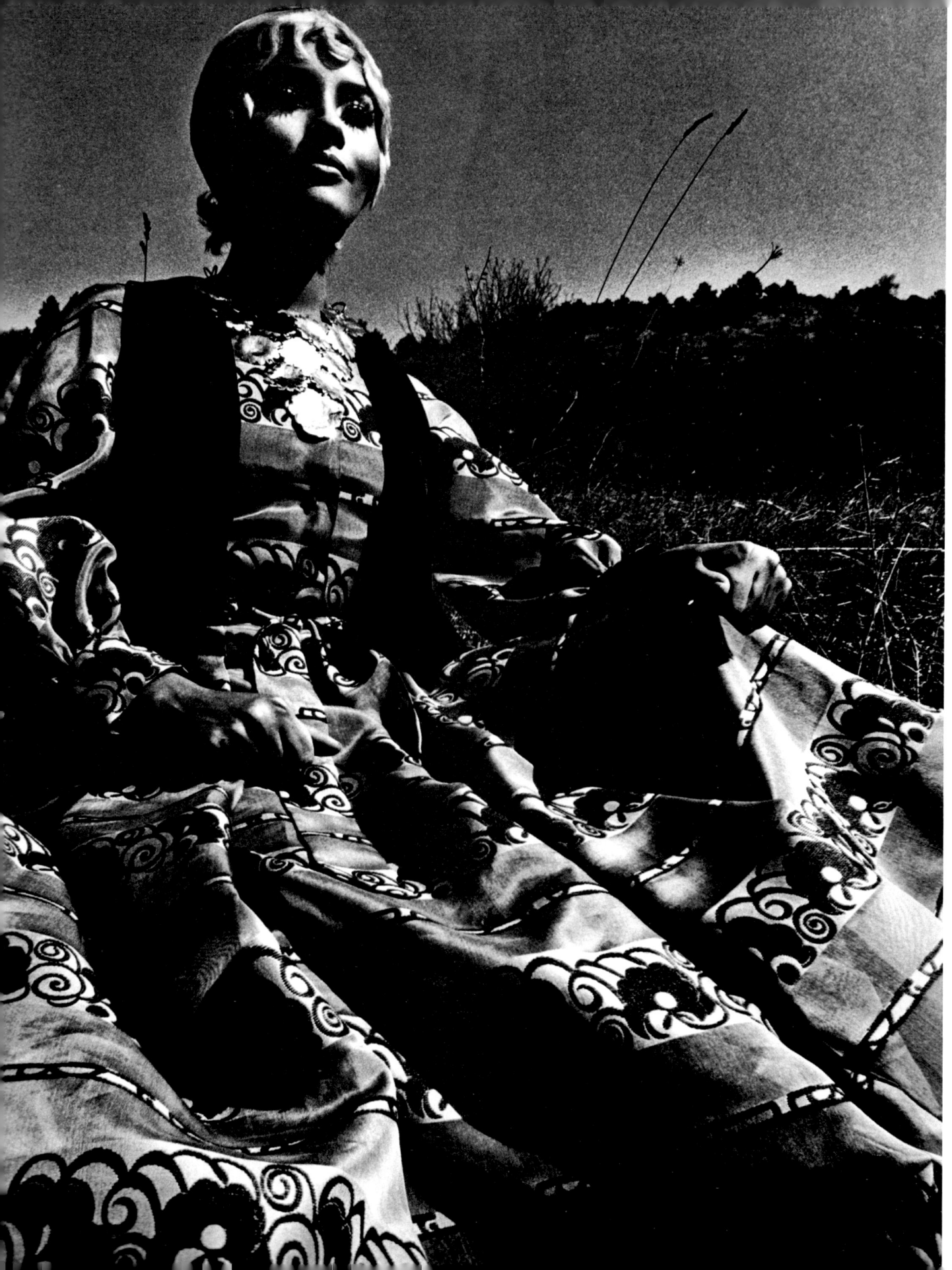

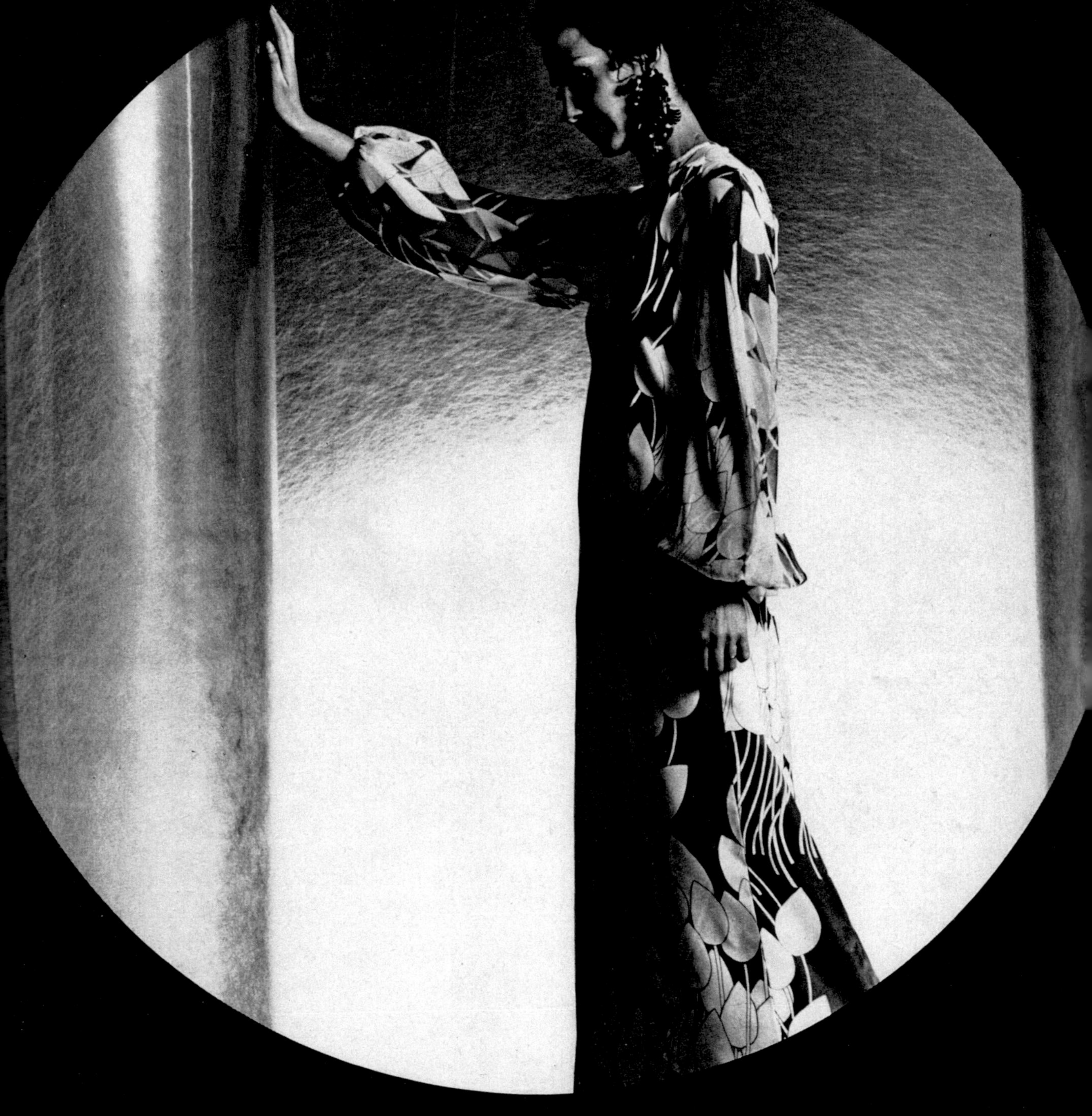

Cleonice Capece:
bianco e fucsia per la baronessa
Paola Sardagna

Una linea "flûte", sottile come un calice da champagne per l'abito da sera lungo di Cleonice Capece realizzato in tessuto RHODIA ITALIA della Sisan stampato a languidi boccioli stilizzati. Le maniche gonfie giocano con la trasparenza, la linea smilza esalta la classe della baronessa Paola Sardagna. Gli orecchini a grappolo sono color fucsia.

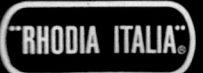

SISAN

BACK TO LONDON

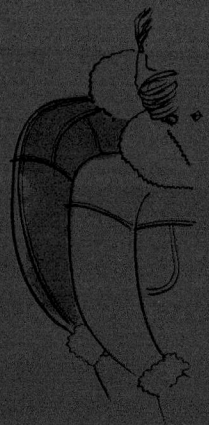

Then 1968 came. Women were crazy for a new freedom in costume, followed the fashion trends in every detail, from the mini to wigs, toupées, to heavy eye make-up with very pale lips. Together with several other Italian fashion houses, I was having substantial success taking our fashion everywhere and selling it to great acclaim. In Italy, however, a period of civil unrest had begun that intensified in the late '70s. The good social climate and economic well-being began to fade. Unemployment and inflation rose. There were strikes across Europe with major disturbances in Italy. I began to question, among other things, the ecological consequences of the new technologies.

 The Italian political scene became very turbulent; prime ministers succeeded one another at frequent intervals, often only months after elections. All this contributed to a lack of stability in the country. To that state of affairs, add the disturbing development of crime and political terrorism. The Red Brigades were formed. They were an extreme left-wing organisation dedicated to destabilising Italy with bombings, kidnappings, and assassinations. There were also extreme right-wing organisations, which did exactly the same things. Banks, railway stations, and power lines were bombed with terrible casualties. Petty crime became overwhelming. Often ladies had their coats ripped off in the middle of the street. Or bandits entered a restaurant and robbed the clients of their wallets, fur coats, and anything of value.

 These conditions naturally created an atmosphere of terror that the government and police seemed unable to contain, control, or stop. People would not go out at night anymore. Restaurants, cinemas, theatres and cafes, going bankrupt, started to close. The work force, driven by belligerent unions, would go on strike, damaging those few industries and concerns still able to produce goods. Much of the young intelligentsia emigrated to America, to the UK, to France, to anywhere they could make a living and live in relative peace. Italy suffered from this brain drain of managerial talent. Things seemed to be destined to go from bad to worse.

We, at Cleonice Capece, somehow, between one strike and another, seemed able to cope, although things were starting to become more difficult and, as a result of the labour strikes, more expensive to produce. I did not know how to fulfil the orders we had on time, since, because of the strikes at the factories of textiles and accessories, the materials were not delivered as planned.

The collection The Four Faces of Eve had been presented in Florence in 1973 with very good results in terms of sales. So, with orders from the Far East tour, plus the orders from the new collection and no delivery of materials, I found myself unable to fulfil the orders. My situation was similar to that of the other fashion houses with one difference – the other houses suspended some of their workers while I chose to retain all of my personnel and kept them occupied with the manufacture of the few garments needed to supply my boutiques at Via Gregoriana and in the Hotels Torre di Cala Piccola and Corte dei Butteri.

Months had gone by in this unfruitful situation when, to my joy, the textiles and accessories were delivered. Finally we could start the production. I gave the necessary instructions to my personnel. Three days later, at my atelier, Mavis, my assistant, announced that the chief cutter and the head worker wanted a meeting with me. It was normal that these two persons would come to discuss with me the programme of work, what part of the job would be given to outside contractors, and which orders had precedence. Instead, to my utter surprise, they announced that the workforce had met and decided to request a salary increase. I looked, at these two and was completely stunned, for a long moment. Eventually I found my voice, and I told them that I would not even consider their request. Their reply was simple: no increase, no work; they would walk away leaving me high and dry. To this day I still am not sure what came over me. Perhaps I was exhausted and no longer excited by the work ahead. I picked up the phone, and called my administrator, Mr Carfagna, to come immediately to my office. I asked him to tell me what one does when the workforce decides to walk away if their demands are not accepted. He was as stunned as I was, could not believe what he was hearing. Eventually he told me, somewhat embarrassed, that if such was the case I had every right to let them go. Which is what I did.

I was in shock. Alone in my office, I found my mind burning. I could not believe what was happening and also could not believe my resolve and decision not to change my mind, even though I had just received an offer to buy my brand from Toray Industries in Japan. In a few years, from nothing, I had built a successful worldwide business, but I could see that in a country racked by political unrest, violence, disorder, and strikes, it was possible that there was no future. And what was happening made me realise that I had become a slave of myself in and within the company, a prisoner of my own success and, sadly, I realised I could not take the strain much longer.

The next morning, when I returned to the atelier, the atmosphere had changed. My seamstresses in the laboratory were subdued, there was no talk of walking away anymore. I was concerned that we needed to fulfil the orders. But my enthusiasm was gone, I felt empty. I decided I needed to go away and clear my mind and think about the future. I called my administrator and my staff and I gave them the necessary instructions on how to complete the commissions and in what order, I left the art direction and management in charge of my assistant Mavis and all aspects of production to Lina Saggese. Then I announced that I would leave for the Bahamas and would return once everything had been delivered and the invoices paid.

Five months later, in March 1974, I returned from the Bahamas, rested and more determined than ever. I had made my decision. By then the backlog for the 1974 productions had been completed and delivered. I called a meeting in my office with my lawyer and my administrator. Having been satisfied that my suppliers had been fully paid, that the personnel in my employ had received their pay to the last cent, I told them I had decided not to continue and instructed them to liquidate the company.

Cleonice Capece Ready to Wear of Via Gregoriana came thus to its end. Sad for me that I loved it so, that I had put so much passion, creativity, ingenuity and work into it. How could I be serene and creative, design new collections, show them, sell them in such an atmosphere as that of Italy in those days? Many fashion houses were moving to Milan, marking the end of the Roman phase of Italian fashion and the beginning of the current one. But I decided that if I had to move, there was only one possible place I wanted to be and that was London, which had become part of myself.

It was there that my new life started.

AWARDS

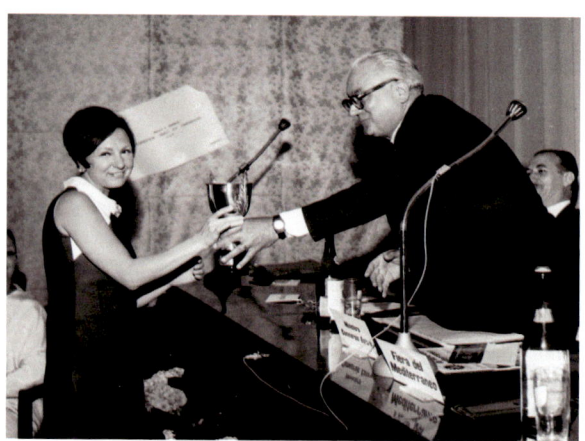

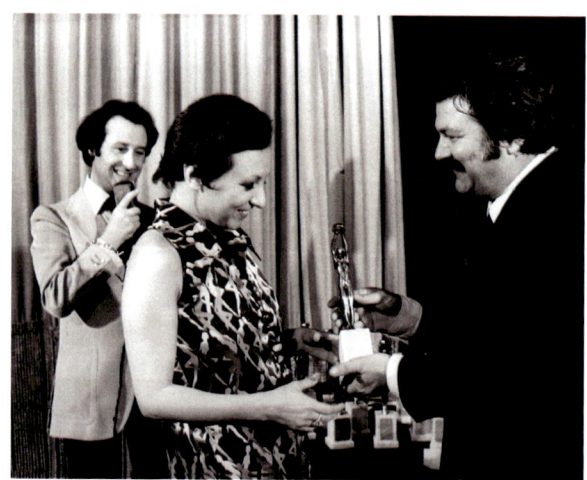

II Incontro della Moda Italia-Africa, Palermo, June 1968

I Grand Prix Haute Couture, Venice, July 1970

II Grand Prix Haute Couture, Venice, July 1971

High Fashion and Motor Show Award, Rome, April 1972

Premio Schuberth per la Moda (Schuberth Fashion Award), Rome, May 1972

Romantic Summer Collection, Latina, March 1973

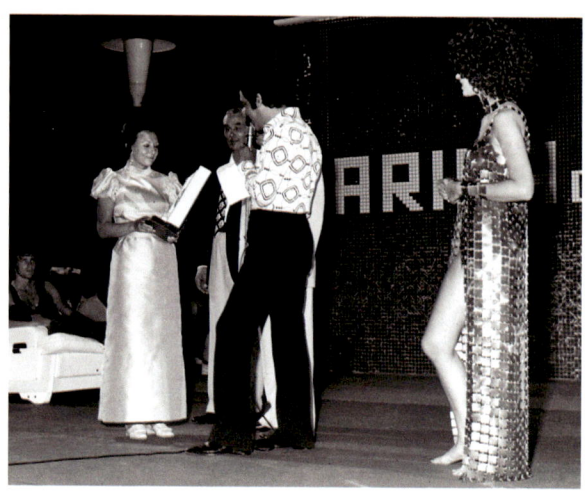

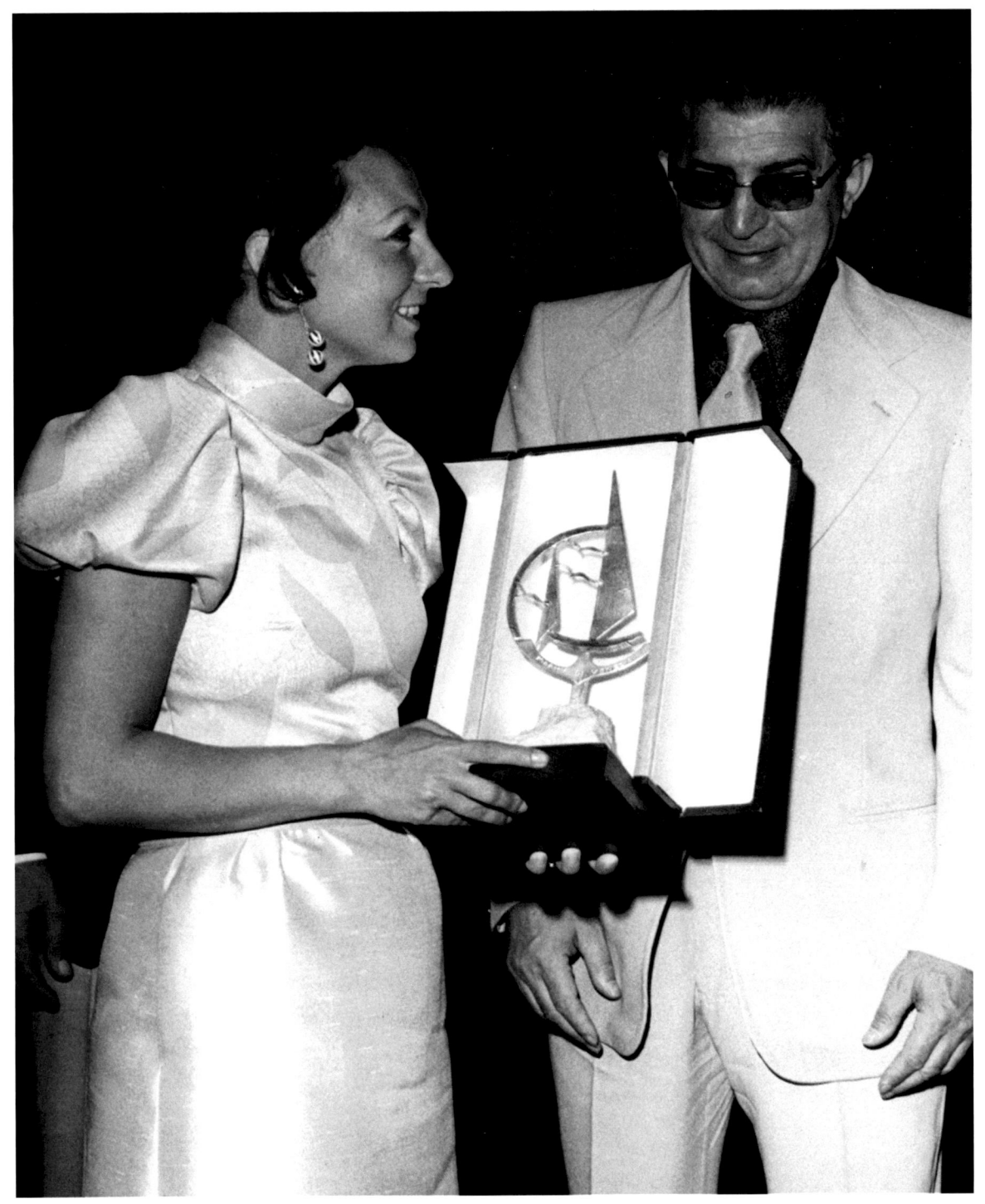

ICONOGRAPHIC SOURCES

Photographs, drawings and press clippings from Cleonice Capece's private archive. All the available references of the material published in this book are listed below:

pp. 10, 26: photos by Bruno Oliviero; pp. 18, 40-53: photos by Enzo La Placa; p. 19: Harrods advertisement, *Vogue* UK, CXX, 3, 1 March 1963, p. 1; pp. 31, 84: photos by Francesco Caracciolo; p. 35: drawing by Francesco Caracciolo; p. 56: clipping from *Grazia*, XXXVIII, 1270, 20 June 1965; p. 57: clipping from *Rossana*, 2/IX, 7/98, 19 July 1966; pp. 60, 61, 63, 67, 71: photos by Massimo Ascanio, UPI, Rome; p. 62 top left and right: photos by Foto Studio Daisy; p. 72 left: photo by Amleto Pansera, Sundbyberg; p. 72 top: clipping from *Newcastle Evening Chronicle*, 16 October 1967; p. 72 bottom: clipping from *Evening Post* (Reading), 17 October 1967; p. 73 right: photo by J.S. Markiewicz, London; p. 73 top left: clipping from *Yorkshire Evening Post*, 16 October 1967; p. 73 bottom left: clipping from *Liverpool Daily Post*, 17 October 1967; p. 75: clipping from *Italia sul Mare*, September 1969; p. 77 bottom: photo by Foto Studio Daisy; p. 82 top left: record sleeve of Michele Lacerenza, Concerto per Te, Ariel, NF522, 1965; p. 83: clipping from *Tempo*, XXVI, 19, 9 May 1964; p.106 top left: clipping from *Confeción Española*, December 1970; p. 106 top right: clipping from *Limburgs Dagblad*, 17 January 1970, p. 13; p. 115: photo by Team (Team/Alinari); pp. 116: clippings from *Nanyang Siang Pau* (Singapore), 4 December 1970; p. 117: clipping from *Nanyang Siang Pau* (Singapore), 7 December 1970; p. 119: clipping from *The Hong Kong Standard*, 4 October 1972; p. 120 top left and bottom right: clipping from *The Sunday Mail* (Singapore), 8 October 1972; p. 120 bottom left: clipping from *The Hong Kong Standard*, 3 October 1972; p. 120: top right: clipping from *The Straits Times*, 3 December 1970; p. 124 top: clipping from *The Sunday Times* (Singapore Edition), 8 October 1972; p. 126: photo by Foto Olivi; pp. 128-30: photo by Clyde L. Steiner, Rome; p. 134: photo by Sandro Morriconi, Ente Italiano della Moda; p. 137: clippings from Juvena advertisements; p. 138: clipping from *Paese Sera*, 1 April, 1970; p. 139 top: clipping from *Daily American* (Rome), 29-30 March 1970; p. 139 bottom: clipping from *Linea Italiana*, VI, 16, Spring/Summer 1970; p. 140 top left: Cleonice Capece advertisement, *Vogue* US, 15 September 1970; p. 145, 146 top right: photos by Gik Piccardi, Milan; p. 146: bottom right: clipping from *Daily American* (Rome), 17 March 1971; p. 147: clipping from *Cosmorama*, XII, 1, 1971; p. 154 top right: clipping from *Textiel-Visie Weekly*, 51/52, 1969; p. 160: clipping from *Bazar*, XXVI, 261, 1972; p. 161 top left: photo by Romana Rossini; p. 161 top right: clipping from *Textiel-Visie Weekly*, 6 November 1970; p. 161 bottom right: clipping from *Settimana* TV, XVIII, 26, 26 June 1971; p. 163: photo by Ente Italiano della Moda; pp. 164-5: photos by Sandro Morriconi; p. 175 right: clipping from *La Comunità Economica Europea*, XV, March-April 1971, drawing by Brunetta; pp. 182-3 drawings by Marie Lahmar; p. 185: clipping from *Gente*, XVI, 34, 26 August 1972; pp. 186-7: photos by Fashot.com; p. 188 top centre: clipping from *La Stampa*, 9 February 1972; p. 188 left and right: clipping from *China Morning Post*, 6 October 1972; p. 189 bottom: photo by Publifoto, Rome; pp. 190-1: photos by Romana Rossini, Moda Selezione SAMIA; p. 194 bottom: clipping from *La Stampa*, 1 June 1972; p. 196 top: clipping from *L'Abbigliamento Italiano*, 31 October 1972; p. 199: drawing by Brunetta; p. 206: clipping from *Cinemoda*, I, 1, February 1972, photo by Sandro Morriconi; p. 212: Cleonice Capece advertisement, *Linea Italiana*, VI, 16, Spring/Summer 1970; p. 214: clipping from *Linea Italiana*, V, 12, Spring/Summer 1969, p. 91, photo by Carlo Orsi; p. 215: clipping from *Linea Italiana*, VI, 16, Spring/Summer 1970, p. 154, photo by Manfredi Bellati; p. 216: clipping from *Linea Italiana*, V, 14, Autumn/Winter 1969, p. 55, photo by Mario Santana; p. 217: Cleonice Capece advertisement, *Vogue Italy*, 222, February 1970, p. 15.

ITALIAN TRANSLATION

Ringraziamenti

Molti libri, belli e interessanti, raccontano la storia del Made in Italy, inclusi gli eventi storici e i nomi famosi che ne hanno determinato il successo. È la storia di un fenomeno straordinario, che ha rafforzato la fama internazionale dell'Italia, aiutandola fortemente a promuovere lo sviluppo economico postbellico.

Coraggio imprenditoriale e sostegno da parte delle istituzioni statali sono i fattori chiave che spiegano il successo del Made in Italy. È stato il risultato del lavoro di migliaia di piccole e medie case di moda, alcune famose, altre - come la mia - sorte un po' per caso. È a questa storia che il mio libro spera di contribuire, offrendo la testimonianza di qualcuno che ha lavorato con passione, entusiasmo e professionalità durante gli anni chiave della moda Italiana, tra il 1960 e il 1974.

Le mie collezioni erano vendute in più di trenta paesi – inclusi quelli che oggi formano l'Unione Europea, Stati Uniti, Canada, Libano, Singapore e Giappone – in boutique e grandi magazzini quali Harrods a Londra; B. Altman, Bergdorf Goodman, I. Magnin, Lord & Taylor e Saks Fifth Avenue a New York; Holt Renfrew a Montreal; Isetan e Matsuya a Tokyo.

La mia esperienza e il mio lavoro nella moda non si fermò nel 1974, ma continuò a Londra, dove mi trasferii per aprire uno showroom al numero 28 di Conduit Street. Tutte le collezioni e le produzioni erano fatte in Italia, mentre gli uffici e lo showroom erano a Londra. Dagli anni '90, lavoro come consulente per diverse ditte di moda italiane e inglesi.

All'inizio del 2009, su insistenza di molti amici e ripensando ai miei anni romani, ho cominciato a maturare l'idea di scrivere questo libro. Tale compito impegnativo e affascinante sarebbe stato impossibile senza l'aiuto dei cari amici che mi hanno sostenuto durante questi anni. Sono particolarmente grata a Allegra Morelli, che mi ha costantemente motivato e insegnato come fare la scansione del mio archivio fotografico. Sono anche in debito con Federico Muller, senza la cui determinazione questo libro non sarebbe mai stato finito. Un sentito ringraziamento a Paola Pomponi che mi ha accompagnato in questo progetto giorno dopo giorno, alla mia amica Marta Egri Richardson e alla mia figlioccia Louisa Egri Griffith, che mi hanno dato la forza di andare avanti, specialmente dopo il terribile periodo successivo alla morte improvvisa del mio adorato marito, Tibor, nel settembre 2011. La mia gratitudine all'ICE-Italian Trade Centre e, in particolare, al Dott. Fortunato Celi Zullo, direttore dell'ufficio di Londra, per il suo gentile interesse al progetto. Grazie anche a Pia Rossi Moroni, Silvana e Marina Camilletti, e a tutti coloro che mi hanno aiutato, incoraggiato e sostenuto in questi anni.

Introduzione
Dott. Ivan Paris, Università di Brescia

I Sessanta sono stati anni cruciali per la giovane industria italiana della moda. Si tratta di una considerazione che non è frutto delle suggestioni che da sempre, più o meno inconsciamente, suscita il solo nominare i 'mitici' anni Sessanta. È invece il risultato di precise considerazioni intorno alla rilevanza che questa stagione ha avuto nel processo di maturazione della moda italiana. Se gli anni Cinquanta sono stati quelli della formazione e i Settanta quelli della definitiva consacrazione, gli anni Sessanta sono stati quelli di un'autentica metamorfosi. Profondi cambiamenti economici, sociali e culturali, oltre che tecnologici e produttivi, hanno favorito la consacrazione del made in Italy ai vertici del mercato internazionale. 'Made in Italy' è divenuto sinonimo di gusto, eleganza, stile e qualità, identificando non soltanto i prodotti da questo contrassegnati, ma un vero e proprio modo di vivere. Per questa ragione, comprendere i meccanismi alla base di questo processo – del quale Cleonice Capece è stata una delle protagoniste – è utile non solo per individuare le peculiarità di un modello italiano distinto da quello di altri paesi che hanno fatto la storia dell'industria della moda, ma fornisce anche una possibile chiave di lettura dei caratteri e del contesto in cui maturò la trasformazione sociale italiana del secondo dopoguerra.

Il nuovo assetto produttivo emerso negli anni Sessanta è stato frutto di un processo guidato non dall'alta moda, cioè dal comparto che storicamente si era sempre posto al vertice della gerarchia del gusto, ma dal settore industriale. L'industria seppe rinnovarsi rapidamente per porsi al vertice dell'intera filiera della moda, superando i due principali ostacoli che fino ad allora avevano impedito l'inizio di questo cammino: la conquista della leadership del gusto (il primo e decisivo passo nell'organizzazione di tutto il processo produttivo) e la gestione razionale del cosiddetto 'rischio moda' (ossia l'adeguamento dei vincoli produttivi alla variabilità sempre più marcata delle mode). Pur beneficiando di quei progressi tecnologici che nei decenni precedenti avevano agito sulla struttura dell'offerta, furono soprattutto i profondi cambiamenti economici, sociali e culturali che caratterizzarono proprio gli anni Sessanta ad accelerare questo processo. La struttura della domanda cambiò profondamente: nuovi consumatori e modelli di consumo ebbero un peso rilevante nel sostenere tanto la nascita di un prêt-à-porter tipicamente italiano quanto la radicale trasformazione di tutto il sistema della moda. In primo luogo, una quota significativa di consumatori più attenti e dotati di maggior reddito iniziarono a selezionare i beni offerti dal mercato valutandone la convenienza anche in termini di status: i modi del consumo erano diventati fonte di identità anche per quei ceti che fino ad allora avevano fondato su altri fattori le basi del proprio riconoscimento sociale. Sempre più consumatori valutavano anche le caratteristiche immateriali della produzione e l'essenza del prodotto di moda non si riscontrava più nel mero aspetto esteriore (buon rapporto qualità prezzo e aderenza alle tendenze di moda prevalenti), ma nella sua anima più profonda, in uno 'stile' che era il riflesso di una personale scelta culturale. Tra coloro che più di tutti si erano dimostrati attenti a questi cambiamenti, poi, spiccavano le donne e soprattutto i più giovani, ormai entrati a pieno titolo nei meccanismi del consumo. Si tratta di una presenza quantitativamente e qualitativamente rilevante, che aveva determinato due significative conseguenze: l'emergere di una domanda nuova in termini di gusto e di prezzo e l'inversione di tutto il processo culturale: il punto di riferimento non era più la signora dell'alta società, ma la donna giovane e dinamica.

In questo nuovo scenario l'alta moda, la moda boutique e la confezione di grande serie – le tre anime che nel decennio precedente avevano prosperato senza particolari necessità di collaborazione – si trovavano sempre più ai margini. Le prime due non solo per gli alti prezzi, ma anche per il rigido modello sociale che di fatto rappresentavano e che soprattutto le generazioni più giovani mettevano ormai in discussione. La confezione di grande serie, al contrario, godeva di un ottimo rapporto qualità/prezzo, ma il marchio delle principali aziende, pur garanzia di qualità e durata, non era appetibile come il nome di un importante couturier. In sostanza, nell'Italia dei primi anni Sessanta mancava un livello produttivo intermedio capace di coniugare, senza rinunciare alla qualità, il valore della griffe (evocativa di uno stile ben definito) con un livello di prezzi competitivo. Come se non bastasse, la dittatura dell'alta moda stava entrando in crisi. I tempi utili per programmare una moda erano ormai superiori alla rapidità con la quale le diverse fogge nascevano e morivano e per i couturier era difficile rinnovarsi costantemente. L'industria, che doveva impostare la produzione con largo anticipo sulla stagione di riferimento, non poteva pertanto attendere le sfilate di alta moda. A questo si aggiungeva il crescente successo di pubblico di un livello produttivo intermedio quale era quello del prêt-à-porter. La catena di diffusione della moda si stava quindi invertendo: a dettare linee e tendenze non era più quella 'alta', ma quella 'pronta'.

In questo scenario le industrie dovevano puntare tutto sulla flessibilità. Una flessibilità che in modo particolare voleva assecondare le strategie dei negozi riservati ai più giovani, volti a rinnovare pressoché settimanalmente l'offerta. La formula vincente per il successo di una collezione era riuscire a combinare i vincoli tecnico-organizzativi della produzione in serie con i gusti del pubblico e le variazioni delle mode. Ed è proprio durante gli anni Sessanta che si cominciarono a sperimentare nuove soluzioni. In particolare, alcune aziende avviarono collaborazioni con designer esterni per la creazione di campionari d'avanguardia da etichettare con nomi nuovi e promuovere con opportune campagne pubblicitarie. Profondo conoscitore dei vincoli tecnico-organizzativi dell'industria e delle esigenze del pubblico, coordinatore di tutta la filiera produttiva (dalla scelta delle materie prime fino alla definizione delle strategie per la promozione del prodotto finito), creatore di stili e di modelli di vita. Questa sarebbe stata l'essenza di quel fashion designer – o, meglio, 'stilista' – il quale, nel decennio successivo, avrebbe raggiunto il vertice del successo grazie proprio a questa pluralità di funzioni, vero e proprio collante di una nuova organizzazione del sistema italiano della moda.

L'esperienza professionale di Cleonice Capece, che prese forma proprio in un decennio di intenso fermento come i Sessanta, può essere considerata anticipatrice di quel complesso percorso che portò al successo internazionale dello stilismo. Fu infatti proprio tra gli scaffali delle small boutiques londinesi sopra ricordate che «the seed of fashion took root» nel cuore di Cleonice Capece. E fu sempre nella capitale inglese che Cleonice Capece mosse i primi passi nel campo della moda, sfruttando i legami con alcune importanti fashion houses romane al fine di diffondere oltremanica Italian fashion e accessori. Collaborando con importanti buyers, entrò in contatto con numerosi suppliers and designers e fu questo costante confronto che la spinse, pur senza esperienza diretta e formazione specifica, a creare la sua prima summer collection. Non solo la qualità della materia prima di produzione italiana – e, in particolare, quella dei tessuti – rese tutto più semplice. Cleonice Capece aveva capito quella che sarebbe stata la strada da seguire: materie prime di qualità, linee semplici, prezzi competitivi, tempi rapidi e un'offerta completa, che andava oltre l'abito. Cleonice Capece, infatti, disegnava anche tessuti e accessori. In sostanza, Cleonice Capece offriva un suo personalissimo total look, così contribuendo a gettare le basi di un modo di fare moda che nel decennio successivo sarebbe diventato la cifra del prêt-à-porter italiano: unità di stile e nuovi modelli produttivi fondati su una diversa concezione del rapporto tra progettazione e produzione, per uscire definitivamente dall'atelier ed entrare in fabbrica.

Vorrei concludere con una breve considerazione personale. Ho avuto la fortuna di conoscere Cleonice e di averne apprezzato l'amore per il proprio lavoro. Credo che questo libro, oltre che una ricca autografia di una protagonista della stagione probabilmente più vivace della moda italiana, sia soprattutto una testimonianza limpida e sincera di questo sentimento.

The Discovery of Fashion

Il mio nome è Cleonice Capece. Cleonice viene dalle parole greche Cleos e Nike, che vogliono dire 'gloriosa vittoria'. La mia battaglia, che qualche volta mi portava a una vittoria e qualche volta a una sconfitta, era quella di far pronunciare agli inglesi il mio nome correttamente. Alla fine mi sono rassegnata a essere chiamata semplicemente Cleo.

Non mi meraviglio se, dovendo contendere con questo difficile nome, io abbia sviluppato delle doti di creatività, improvvisazione e capacità di recupero.

Il cognome della mia famiglia, Capece, è di origine napoletana, ma vivevamo nella vicina città di Caserta, famosa per la sua magnifica Reggia, disegnata da Luigi Vanvitelli e costruita dai re di Napoli, i Borboni, come residenza di caccia e campagna.

Ho frequentato le scuole magistrali poi decisi di trasferirmi a Roma per lavorare presso le Linee Aeree Italiane (LAI). Mi accorsi subito che era essenziale parlare inglese se avessi voluto far carriera, quindi presi un periodo di aspettativa e venni a Londra. Era l'anno 1957. Avevo ventuno anni.

Alloggiavo in un convento di suore, ma il sabato sera riuscivo ad andare con due amiche di scuola in uno swinging jazz club dove ho visto esibirsi alcuni dei migliori jazzisti dell'epoca, come Ronnie Scott. Questo club esiste ancora al numero 100 di Oxford Street.

Una delle cose che fece su di me tanta impressione fu la nebbia, il suo odore, il suo colore/incolore e come restasse addosso alla gente. Alle nove del mattino sembrava di essere nel cuore della notte – edifici sospesi tra il grigio e il nero, senza mai vedere il sole.

Negli anni '60 Londra era come due città in una, ma completamente diverse. Da una parte Kings Road - a Chelsea - era stata presa completamente d'assalto dai giovani, con nuove idee nell'arte, nella musica, nella moda. Da piccolo villaggio frequentato da artisti poveri, negli anni '60 era diventato il posto giusto per i giovani dove riunirsi, vedere e farsi vedere.

Cominciavano a nascere tante piccole boutique improvvisate che vendevano un po' di tutto: cappotti militari, vestiti e accessori di qualsiasi tipo e provenienza. Molte di queste boutique non avevano mobili o appendiabiti, ma solo enormi cuscini per terra, fatti di tanti colori. Tutto era appeso al muro con i chiodi. Si potevano trovare boa di piume, cappelli a tesa larga; si potevano comprare un quadro, un paio di calze o un disco. Le ragazze passeggiavano lungo la Kings Road indossando abiti succinti, qualche volta trasparenti, malgrado il freddo. I ragazzi erano più scarmigliati, spesso portavano giacche e cappotti militari. Ma a poche vie di distanza c'era un'altra Londra. Knightsbridge, con Harrods, era l'esatto opposto di ciò che accadeva a Kings Road. Chi faceva lo shopping da Harrods? Le signore della classe medio alta, l'aristocrazia, la famiglia reale. Queste signore passavano quasi tutto il giorno da Harrods; tra lo 'shopping', il parrucchiere, il pranzo con le amiche e il tè pomeridiano nel 'Georgian Restaurant', e guardavano le sfilate di moda sedute su sedie e divanetti di seta. Couturiers inglesi e francesi sfilavano lì le loro collezioni – Norman Hartnell e Hardy Amies, Balmain, Dior, e Balenciaga. Da buona e curiosa osservatrice, notai l'assenza di couturier italiani.

Dopo tre mesi, mi piaceva talmente tanto stare a Londra che decisi di rimanere. Per mantenermi finanziariamente trovai lavoro in un fantastico negozio chiamato Indiacraft, al numero 51 di Oxford Street. Qui la mia vita cominciò a prendere un taglio diverso. Indiacraft era una catena di negozi che vendeva esclusivamente merce indiana: oggetti in ottone come candelabri, piatti, gioielli e, soprattutto, una superba collezione di sari, la tradizionale veste femminile indiana, in bellissime sete stampate e in voile di cotone lavorati a mano con disegni in rilievo in argento e oro.

Lavorando in questo negozio, dove George Harrison avrebbe poi comprato il suo primo sitar nel 1965, mi innamorai di questi incredibili sari, scoprendo la cultura dell'India, la sua arte, i suoi colori e il 'karma'. Fui ispirata a creare una nuova vetrinistica e chiesi ai proprietari di mettere le mie idee in pratica. Ero così entusiasta di questa avventura che partecipai alla competizione del quotidiano 'Daily Telegraph' per la migliore vetrina a Oxford Street, vincendo il primo premio.

Ma nonostante il mio lavoro, il seme della moda cominciava a mettere le radici in me.

Londra mi mancava moltissimo e ci tornavo appena possibile. Mi mancava il Victoria & Albert Museum, la vibrante Kings Road con le sue boutique così originali, completamente diverse da ciò che si vedeva nelle vetrine di Roma; le ragazze con il loro taglio di capelli a caschetto e con i loro succinti abitini; e più di tutto mi mancava Harrods, il mio 'department store' preferito.

Durante uno di questi weekend a Londra successe qualcosa che cambiò la mia vita. Passavo davanti a Harrods con alcuni amici che ormai sapevano del mio crescente amore per la moda. Scherzando, mi sfidarono, dicendo che avrei potuto vendere la moda italiana a Harrods e perché non andare a parlare con il direttore? Per un attimo pensai che era una follia, ma fu esattamente ciò che feci.

Harrods era molto diverso da quello che è oggi, forse allora anche più magnifico. In ogni modo accettai la sfida e armata di coraggio, mi infilai nel labirinto dei vari reparti fino ad arrivare alla segretaria del direttore. Le chiesi un appuntamento immediato. Le dissi che ero a Londra per poche ore e che avevo una proposta molto interessante da fare al suo direttore. In tutta onestà, pensavo che mi avrebbero buttata fuori. Invece, con mia grande sorpresa, la segretaria mi fece accomodare, perché il direttore generale, Mr Anthony, mi avrebbe ricevuto di lì a poco. Infatti, dopo una breve attesa fui ammessa nel suo ufficio. Era un gentiluomo piacevole, molto inglese, molto gentile e mi chiese cosa poteva fare per me. Ovviamente ho cominciato a balbettare poi facendomi coraggio, espressi il desiderio di vendere moda italiana a Harrods. Gli dissi che conoscevo diverse case di moda a Roma e che pensavo che le loro collezioni sarebbero state perfette per Harrods. Lui mi sorrise calorosamente, mi offrì una tazza di tè e mi spiegò che i loro acquisti passavano attraverso una rete di compratori, che in Italia erano rappresentati dall'AMC, Associated Merchandising Corporation, con sede a Firenze. Tutti i loro acquisti italiani passavano attraverso questa organizzazione. Il disappunto che provai mi si leggeva in viso – in realtà non avevo idea di come fare a realizzare ciò che stavo proponendo – così che Mr Anthony ebbe pietà di me e mi informò che la loro merchandise manager, Mrs Veronica Horsfield, sarebbe venuta a Roma a breve e che lui avrebbe organizzato un incontro tra lei e me. Poi tutto sarebbe dipeso da me. Lo ringraziai moltissimo, mi congedai e raggiunsi i miei amici, felice di questo contatto fortuito. Ripresi la mia vita romana, pensando che nulla sarebbe mai risultato da quell'incontro.

Tornata a Roma, un paio di settimane dopo il mio grande exploit con il direttore di Harrods, ricevetti una telefonata inaspettata. Una voce gentile mi disse: 'Buongiorno sono Mrs Horsfield di Harrods, sono a Roma con due delle nostre buyers, per acquistare abiti da pomeriggio e sera, e tailleur e cappotti. Vorremmo vedere le collezioni di cui ha discusso con Mr Anthony'. Dopo un momento di grande panico e pochi secondi di respirazione profonda per raccogliere i pensieri e mantenere la calma, le chiesi di darmi tempo per elaborare un programma e che l'avrei richiamata al più presto. Chiamai l'ufficio e mi detti malata. Velocemente feci un giro di telefonate per organizzare degli appuntamenti con due case di moda: Tita Rossi e Renato Balestra, due marchi emergenti della scena italiana dell'alta moda alla fine degli anni '50 con epicentro a Roma. Presi anche un altro appuntamento per quel pomeriggio per mostrare loro una collezione di cappotti e tailleur che un amico mi aveva segnalato. Cercando di apparire calma – quando, confesso, ero nel panico – andai a prendere Mrs. Horsfield con le sue 'buyers' in albergo e le accompagnai a vedere le prime due collezioni. A loro piacquero entrambe e fecero ciò che fanno i compratori in queste circostanze: presero nota dei materiali e dei prezzi dei loro potenziali acquisti e dissero che avrebbero inviato successivamente le conferme degli ordini. Fui molto soddisfatta dei risultati di queste due prime visite e mi augurai che lo stesso accadesse per la collezione che saremmo andate a vedere nel pomeriggio! Beh, io stessa rimasi molto sorpresa. Ancora oggi ricordo la presentazione di questa collezione di cappotti e tailleur di una ditta di Reggio Emilia – la bellezza e la qualità dei tessuti, i colori, gli stand divisi per colore e disegno. Anche Mrs Horsfield e la compratrice Ms Jean McKenzie rimasero colpite quanto me. Presero molti appunti. Vollero sapere se la ditta già esportava in Inghilterra. Ricevendo una risposta negativa, chiesero se l'azienda sarebbe stata interessata a firmare un contratto in esclusiva con Harrods. Naturalmente lo era. Lasciammo lo showroom, dicendo che saremmo ritornati il giorno dopo con l'ordine. L'azienda in questione era Max Mara, che stava per diventare una delle icone del Made in Italy. Al rientro dalla visita a Max Mara invitai Mrs Horsfield e le compratrici a cena da Meo Patacca, una tipica trattoria romana nel cuore della vecchia Trastevere. Dissero che era un'ottima idea e Mrs Horsfield mi chiese di passare dal suo albergo un po' prima, perché voleva parlarmi. Istintivamente trovavo Mrs Horsfield molto piacevole e capace oltre che bella, un incrocio tra Zsa Zsa Gabor e Doris Day. Parlò apertamente: mi chiese di punto in bianco cosa stessi guadagnando dall'aiuto che le davo, dato che Harrods non poteva remunerarmi direttamente per via del contratto con l'AMC di Firenze, l'ufficio attraverso il quale operavano in Italia. Le dissi che non ero veramente sicura di ciò che avrei guadagnato o che speravo di ottenere, dal momento che non sapevo nulla delle procedure commerciali, commissioni ed altri dettagli del settore della moda.

Bevendo un gin & tonic, mi disse che Harrods non poteva accettare che lavorassi gratuitamente, per cui sarei dovuta andare alle case di moda che avevo presentato loro a chiedere una commissione del 5% su tutti gli ordini che avrebbero ricevuto da Harrods. Questa donna meravigliosa fece ancora di più per tutelare i miei interessi, mi disse che avrebbe confermato gli ordini solo quando le avessi mostrato un impegno scritto da parte delle case di moda. Disse anche che con Max Mara avrebbe sottoscritto un grosso ordine con diritti esclusivi a Harrods, mentre per le altre due case di moda avrebbe fatto un ordine più limitato, perché i loro bellissimi abiti erano alta moda e quindi più costosi.

Le fui molto grata, e ancora di più, una volta capita l'importanza del suo gesto. Feci quanto mi suggerì e non incontrai alcun problema con le case di moda a ottenere un accordo scritto.

La mia nuova vita ebbe inizio allora, e così pure la mia amicizia – che a tutt'oggi dura – con Veronica Horsfield. L'accordo con Harrods fu un grande successo. Gli abiti si vendettero bene, e la merce era più giovane e più originale di ciò che avevano acquistato finora. Da Harrods erano felici del mio lavoro, tanto che anche i compratori degli altri reparti collegati alla moda, come scarpe, borse, gioielli, guanti e maglieria, volevano essere presentati da me a fornitori italiani. Fu dunque l'assenza di couturier italiani a Londra che mi catapultò nel mondo della moda nel 1961. Riuscii, tramite varie conoscenze, a iniziare il lavoro con Harrods come freelance, mettendoli in contatto con case di alta moda romane come Renato Balestra, Tita Rossi e Patrick De Barentzen.

Naturalmente vedendo questo successo iniziale e confidando nel futuro, lasciai il mio lavoro e mi dedicai esclusivamente all'esportazione di moda italiana e accessori, lavorando con i compratori e organizzando le loro visite ai vari fornitori e case di moda. Ottenni un elenco di singoli artigiani e produttori interessati all'esportazione delle loro merci dall'Istituto Italiano per il commercio estero (ICE), ente pubblico istituito nel 1926 e ricostituito nel 2011 come Agenzia di promozione del commercio italiano. L'ICE aveva lo scopo di promuovere i prodotti italiani all'estero, fornendo informazioni e consulenza alle imprese italiane e aiutandole a farsi conoscere a livello internazionale attraverso conferenze, seminari, fiere e mostre. Non solo cominciavo a guadagnare, ma mi stavo godendo profondamente questo lavoro. Con grande orgoglio mi comprai una Fiat 600, con cui portavo i compratori nei vari posti – a Torre del Greco per i coralli, a Napoli per i guanti, in Umbria per la maglieria e così via. Ma naturalmente non tutto è senza problemi.

Venni a sapere che l'AMC non era felice che i compratori di Harrods preferissero acquistare con la mia mediazione piuttosto che la loro, anche se l'AMC riceveva comunque le commissioni su quello che loro acquistavano. La sede principale dell'AMC a New York chiamò Mr Anthony per protestare. Mr Anthony aveva apprezzato il fatto che avessi portato a Harrods nuove idee, nuovi produttori, nuovi designers e anche che lavorassi in modo indipendente. La mia preoccupazione principale era ottenere qualità e stile per Harrods. Ero diventata amica dei vari compratori e dopo il lavoro si passava un po' di tempo assieme visitando qualche museo o facendo dello shopping personale.

Un giorno la buyer di Harrods per le borse, Christina Bentinck, mi chiamò inaspettatamente. Era a Roma ed era alla ricerca di una nuova linea di borse. Mi chiese se potevo aiutarla a visitare dei nuovi fornitori. Conoscevo una giovane artigiana, Graziella, che faceva borse davvero belle e interessanti fatte di strisciolina di pelle lavorate a intreccio. Andammo al suo laboratorio, al quartiere Prati, ma purtroppo aveva solo qualche campione perché aveva appena fatto una consegna di borse a un negozio di via Piave. A Christina piacque molto questo tipo di lavorazione e così decidemmo di andare in questo negozio. La proprietaria, una signora molto gentile, ci fece vedere tutta la merce e la buyer decise di fare un grosso ordine. Il nome del negozio era Fendi e la proprietaria era Adele Casagrande Fendi.

L'ICE era per me una fonte costante di informazioni. Li chiamavo spesso per nuovi nomi di produttori che volevano esportare, così da poterli incontrare. Un giorno mi suggerirono di andare a Salerno dove c'era un artigiano che voleva esportare e che faceva dei bellissimi e originali abiti dipinti a mano. Alcuni giorni dopo, piena di aspettative, con la mia Fiat guidai fino a Salerno. Arrivata all'indirizzo segnalatomi dall'ICE – una specie di ampio garage – non potei credere ai miei occhi. Al centro del garage c'era un tavolo lungo come tutto il locale, ricoperto da una stoffa di popeline di cotone bianco. A terra, intorno al tavolo, c'erano secchi di pittura di ogni tonalità immaginabile: turchese, rosa, fucsia, grigio, rosso, nero – un arcobaleno di colori. Un uomo in tuta immergeva pennelli di diverse dimensioni in questi secchi. Stava dipingendo quel popeline di cotone come se fosse un muro, ma con striature di vari colori. Mi sembrava di assistere a un happening di un pittore astrattista. Già la sua tuta mi sembrava un dipinto di Jackson Pollock. Gli feci i complimenti per la bellezza del tessuto e gli chiesi di vedere la collezione di abiti. Mi disse che non c'era una collezione perché lui dipingeva solo le stoffe. Molto delusa mi rimisi in macchina per rientrare a Roma. Avevo già fatto un quarto di strada quando, malgrado fossi stanca per avere guidato su e giù per un'Italia, all'epoca ancora senza autostrade, girai la macchina e tornai al laboratorio di Salerno. Ero così presa dalla bellezza del prodotto di quest'uomo che decisi di acquistare tutti i rotoli di tessuto che potevo permettermi con il denaro che avevo a disposizione. Non ero sicura di quello che avrei fatto con queste stoffe, ma una cosa era certa: le comprai perché le volevo. Le pennellate mi ricordavano l'arte informale, al centro della scena artistica internazionale di quegli anni e accolta nel giro della moda con particolare entusiasmo. Livio De Simone, a Napoli, fu tra coloro che sperimentarono su stoffa la pittura gestuale e alla fine degli anni '50 la casa di moda delle Sorelle Fontana aveva chiesto ad artisti quali Carla Accardi, Salvatore Scarpitta, e Nuvolo di dipingere dei tessuti per le loro collezioni. Sulla via del ritorno, con la mia piccola Fiat piena fino all'orlo, iniziai a formulare alcune idee su cosa fare. A Roma, presi tutti i sari che avevo accumulato durante le mie visite a Londra a Indiacraft e i tessuti dipinti a mano che avevo appena acquistato, con l'intenzione di creare una collezione estiva da presentare a Veronica Horsfield durante la sua prossima visita a Roma.

La mia prima collezione! Follia forse, ma molto emozionante. Decisi allora di entrare in un mondo di cui sapevo poco e del quale non avevo alcuna esperienza. Ma i bellissimi sari indiani e i tessuti dipinti a mano, oltre all'esperienza che avevo acquisito nell'ottenere le collezioni per Harrods, mi fecero capire che era nel mondo della moda che volevo entrare. Non sapevo disegnare, ma in qualche modo dovevo tradurre le mie idee, che erano tantissime, in disegni. Come trasformare il mio sogno in realtà? Presi una saggia decisione: mi trasferii con tutti i tessuti dalla mia sarta spiegandole il mio piano e dicendole del poco tempo a disposizione. Ci mettemmo immediatamente al lavoro per produrre ciò che avevo in mente. Non mi preoccupava il fatto che se fossi riuscita ad avere un ordine avrei avuto bisogno di un'organizzazione per produrlo – e produrlo alla perfezione – dare un prezzo a ogni singolo capo, consegnarlo entro i limiti del contratto e fare il tutto in tempi molto ristretti. Quando arrivò Veronica Horsfield a Roma per il suo consueto viaggio di acquisti, dopo aver visitato le case di moda con le quali avevo predisposto i vari appuntamenti, le chiesi di venire a casa mia per vedere la piccola collezione che avevo messo insieme con le mie idee, dicendole quanto avrei apprezzato il suo parere. Lei accettò con entusiasmo. Avevo disposto su uno stand gli abiti realizzati in sari indiani ai quali avevo dato un look elegante. Avevo anche dato un nome a ogni capo – Nepal, una tunica corta con spacchi laterali; Mandalay, un abito a metà ginocchio con collo alto; Patna, un abito a due pezzi con collo sbieco; Agra, un due pezzi con scollatura a barca e con un grande bottone sul davanti; Assam, un abito cocktail monospalla e lunghezza al ginocchio; Delhi, un due pezzi con manica corta, collo a cravatta e gonna a pieghe; Katni e Rampur, abiti con collo cravatta; e Punjab, un tubino a collo alto, con il dietro aperto e tenuto insieme da tre strisce. Sari e prodotti tessili indiani avevano ricevuto una crescente attenzione dagli anni '50, apprezzati per il loro design fluido e facile che li rendeva particolarmente adatti alle collezioni crociera e a un pubblico giovane. Penso di essere stata tra i primi designer italiani a capire l'enorme potenziale di tale tendenza, che esplose negli anni '60 in una varietà di manifestazioni – dalla cultura hippie alla giacca Nerhu che i Beatles portarono nel 1965. Su un altro stand avevo messo la collezione di capi da spiaggia e abiti che avevo creato con i cotoni dipinti dall'artista di Salerno. Bikini, top, shorts, bermuda, camicie, abiti, tuniche e pareo, che potevano essere abbinati uno all'altro e che insieme sottolineavano il carattere femminile. A partire da questa idea di femminilità, diedi a ogni capo dei nomi di donna che iniziavano con la F: Flavia, Franca, Fortuna, Fedora, Fabiola, Filomena. Questo tipo di collezione divenne emblematica per il mio futuro lavoro. La progettazione del beachwear contribuì alla crescente fama internazionale dello stile italiano, diffuso dagli anni '50 da Positano, Amalfi e Capri con le loro piccole boutique e negozi artigianali dove si potevano comprare i cosiddetti pantaloni Capri o sandali di pelle che producevano al momento.

In silenzio, Veronica esaminò con attenzione ogni pezzo della collezione. Poi mentre prendevamo un tè, disse semplicemente: 'Cleonice, questa è una collezione molto bella, originale e degna di Harrods, complimenti'. Affermò che mi avrebbe senz'altro fatto un buon ordine, ma anche che era un po' preoccupata perché, come lei mi spiegò e volle che io capissi chiaramente, una volta ricevuto l'ordine sarei stata sola e avrei dovuto rispettare le date di consegna, a prescindere da quali problemi avessi incontrato. Inoltre, la qualità della produzione avrebbe dovuto essere perfetta. Le dissi che capivo, anche se dentro di me non avevo ancora nessuna idea di come soddisfare l'ordine. Ma, che diamine, mi buttai in questa grande avventura, nella vita emozionante che stavo intraprendendo!!!

Rimasi ancora più sotto shock quando ricevetti l'ordine, che era di 200 capi. Non potevo credere al mio successo iniziale. Cominciai subito a organizzarmi e contattai la sarta per avere i dati giusti per la produzione e tutti gli accessori necessari per iniziare. Non era una cosa semplice: tutti i sari di seta dovevano essere accoppiati a una fodera altrettanto leggera e nella stessa tonalità di colore.

Un paio di giorni dopo aver ricevuto questo mio primo ordine per Harrods, un'amica che lavorava per un'importante casa di moda mi chiamò per dirmi che le compratrici del famoso department store Lord & Taylor di New York erano all'Hotel Hassler. Mi suggerì di contattarle per mostrare loro la mia collezione. Seguii il suo consiglio, le chiamai e anche se non sembravano interessate, insistetti sul fatto che avrebbero dovuto vedere la collezione prima di dire definitivamente di no. Alla fine accettarono, probabilmente più per liberarsi di me che per un interesse genuino. Non dissi loro che le stavo portando a vederla nel mio appartamento sulla via Cassia, lontano dal centro storico di Roma. Per fortuna, la collezione piacque molto, si entusiasmarono, specialmente per il kimono in sari di seta in corto e lungo, per il quale fecero un grosso ordine. A New York mi assegnarono un 'corner' dedicato alla collezione 'Cleonice Capece of Rome'. Ero sotto pressione per completare questi due ordini e consegnarli in tempo guadagnandomi così fin dall'inizio un'ottima reputazione per qualità e puntualità. Nel marzo del 1963 British Vogue pubblicò uno di questi modelli, il Punjab, su una pagina intitolata 'L'Oriente ispira l'Occidente' sponsorizzata da Harrods, che utilizzò anche vari abiti in seta di sari indiani per allestire una della grandi vetrine frontali.

Ai compratori piacque molto la collezione di cotoni dipinti a mano che, insieme a quella di sari indiani, creava due look completamente diversi, offrendo così una grande scelta. Oltre alla combinazione di colori e disegni piaceva molto l'effetto di queste pennellate, che rendeva l'aspetto della collezione di cotone così nuovo e speciale. Lo trovarono anche molto pratico perché con un tessuto e un disegno si poteva creare un gruppo di pezzi coordinati, da indossare al mare o la sera in città. Usando un solo colore, il pittore era riuscito a creare con il pennello un disegno che partiva da una tonalità leggerissima fino a raggiungere una maggiore intensità, come nel caso dell'abito stile pareo che era parte di questa collezione.

Per la collezione estiva del 1965 usai dei sari in voile di cotone, con motivi in oro e argento stampati a mano in rilievo. Per creare questa nuova collezione dovetti cercare degli artigiani specializzati che sapevano come produrre bikini e camicie, essendo questi, capi speciali. Gli artigiani che trovai erano molto felici di lavorare con questi splendidi tessuti, che non avevano mai visto prima. Nel giro di sei mesi ricevetti altri ordini da department store quali B. Altman di New York e Jordan Marsh a Palm Beach e Miami, Florida. La mia idea di usare i sari di voile di cotone, anche con questi motivi in oro e argento, fece della collezione un successo enorme. Questa offriva un 'look completo' che includeva bikini, shorts, camicie corte e maxi camicie, chemisier in corto e lungo, e tuniche da portare come miniabiti o con pantaloni pigiama foderati di una leggerissima mussola di cotone nello stesso colore dei sari.

Via Gregoriana, Roma

Divenne per me molto importante trovare uno spazio dove allestire laboratorio, ufficio e showroom, non solo per portare a termine gli ordini già esistenti, ma anche per soddisfare il mio desiderio di creare nuovi modelli e nuove collezioni. Avevo bisogno di essere al centro di Roma, vicino a Piazza di Spagna, dove si trovavano la maggior parte delle altre case di moda e dove i compratori giravano come in un'orbita. La mia strada preferita era via Gregoriana, che collega Trinità dei Monti con piazza di Spagna e via Condotti. Via Veneto – con i suoi alberghi, bar, ristoranti, e nightclub popolati da sirene dello schermo – era proprio dietro l'angolo e alle due del mattino era trafficata come in pieno mezzogiorno. Fotografi – gli originali paparazzi – inseguivano le stelle del cinema, le principesse oppure qualsiasi celebrità e non, che si trovavano in via Veneto tra Harry's Bar, Doney, Café de Paris e Hotel Excelsior. Tutti bevevano whisky e Coca Cola e le ragazze usavano bocchini lunghissimi come negli anni '20 o fumavano piccole foglie di tabacco arrotolate a imbuto che venivano dalla Svizzera. Fred Buscaglione era solito esibirsi dal vivo e andavamo tutti a ballare il cha-cha-cha alla Rupe Tarpea con Abbe Lane e Xavier Cugat. Il 'look' era alta moda e gli abiti su misura riflettevano l'immagine italiana di stile, eleganza e qualità. Questa alta qualità proveniva da una lunga tradizione di sarti ed artigiani che hanno giocato un ruolo importante nello sviluppo dell'economia italiana. All'inizio degli anni '60, dopo i difficili anni del secondo dopoguerra, la qualità della vita a Roma cominciava a migliorare. Nel 1960 Roma ospitò le Olimpiadi – una forza molto importante per modernizzare e sviluppare la città. La RAI fu la prima televisione al mondo a trasmettere le Olimpiadi in diretta, ma a quell'epoca pochi italiani possedevano la televisione, per cui tutti gli eventi importanti si andava a vederli al cinema. Nel frattempo Roma stava diventando una destinazione favorita per accademici, artisti, registi, attori e per chiunque voleva cimentarsi nel campo letterario o artistico.

Film importanti erano diretti e filmati negli studi di Cinecittà, a partire da Fellini con La dolce vita. Produzioni americane giravano film come Vacanze romane, Sabrina e colossal storici come Spartacus e Cleopatra, portando così occupazione e un benessere finanziario che Roma non aveva mai conosciuto.

Stilisti come Roberto Capucci, Tita Rossi, Renato Balestra, Patrick De Barentzen, Valentino e Simonetta avevano i loro atelier in via Gregoriana, che rappresentava la strada dell'alta moda italiana. In via Gregoriana queste case di moda presentavano le loro collezioni a dive del cinema, principesse, attrici, e signore dell'alta società, tutte necessariamente ricche. Un vanto delle case di alta moda era la quantità di manichini su misura delle varie clienti: più manichini individualmente modellati con il nome della cliente scritto sopra si possedevano, più era assicurato il successo della casa. A quell'epoca, le sfilate avvenivano tutte nelle case di moda degli stilisti stessi, i cui saloni opulenti erano riccamente decorati di velluto e broccati di seta, con grandi specchi e lampadari di cristallo, divani in raso e cornici dorate. Durante le sfilate ogni casa affittava delle delicate sediolone in stile Rococò, così che spesso le clienti e la stampa si ritrovavano seduti sulle stesse sedie nelle varie sfilate di moda. Non tutti i couturier venivano dall'Accademia Koefia di Alta Moda e Costume di Roma. Alcuni erano sarti artigiani che avevano imparato l'arte del taglio e del cucito all'interno dell'azienda di famiglia o avevano conseguito un diploma di sarto di alta moda. Altri, come me, sono entrati nel campo della moda per caso. Questo accadde, per esempio, a Emilio Pucci, che faceva parte della squadra olimpica italiana di sci. Mentre si esercitava a Saint Moritz nel 1947, la fotografa Toni Frissell lo ritrasse nella tenuta da sci che Pucci aveva disegnato e fu così che il suo skiwear divenne famoso dopo essere apparso l'anno seguente sulle pagine di Harper's Bazaar.

Oltre alle case di moda, via Gregoriana aveva diversi negozi artigianali, che lavoravano creando cappelli, guanti, piume, passamanerie, bigiotteria e ricami. Calzolai di alta qualità creavano propri modelli e collaboravano con le case di moda. A mio avviso Dal Co' fu uno dei più artistici e originali calzolai dell'epoca. Il suo negozio era vicino a via Veneto e divenne una destinazione per le celebrità di tutto il mondo. I grandi couturier di via Gregoriana disegnavano e producevano con lui le loro collezioni di scarpe e borse. Proprio dietro l'angolo, in via Sistina, c'era Pancaldi, una delle mie boutique preferite. Visto che molte case di moda erano in via Gregoriana: decisi che dovevo esserci anch'io. Per mia fortuna, a cavallo tra il 1962 e 1963 trovai ciò che volevo al numero 12 di via Gregoriana. Il mio obiettivo non era diventare una stilista di alta moda e fare abiti su misura per signore durante tutto l'anno, ma creare una collezione due volte l'anno da presentare e vendere in quantità ai grandi magazzini di tutto il mondo. Così, quando mi trasferii in via Gregoriana 12, la targa sul portone fu: 'Cleonice Capece Ready-to-Wear Couture'.

La prima cosa pratica che feci fu di assumere Gillian, un'indossatrice inglese che viveva a Roma, non soltanto sfilava ma lavorava anche come segretaria. Dato che il novanta percento della mia corrispondenza doveva essere in inglese, Gillian divenne una risorsa molto importante.

Non avevo ancora finito di sistemarmi nei nuovi uffici/showroom, organizzarmi e riprendermi un attimo da tutto ciò che avevo intrapreso in così poco tempo, che i compratori cominciarono a chiedermi le date di presentazione della collezione invernale 1963-64. Non ci potevo credere. Non avevo neanche cominciato a pensare a una nuova collezione, figuriamoci una invernale. Mi misi a lavorare con alacrità. Mi fu subito ovvio che non avrei potuto adoperare solo i sari di seta, quindi feci delle ricerche e presi visione di diverse collezioni di tessuto. Scelsi un jersey di lana un po' pesante insieme a dei bellissimi velluti di cotone stampato e tinta unita di Falconetto per una collezione da relax e dopo-sci, ampliando così la gamma della mia collezione per il tempo libero che stava avendo così grande successo insieme a quelle estive. I tessuti Falconetto erano molto famosi negli anni '60 e '70 per la loro stupefacente creatività e combinazioni di colori e disegni stampati su velluto.

Per la mia prima collezione invernale avevo creato dei completi, con giacche foderate col tessuto dei sari di seta stampati, mentre per gli abiti avevo utilizzato dei volants fatti con i bordi dei sari, con un filo d'acciaio nell'orlo per un effetto spettacolare. Dato che in via Gregoriana c'erano anche molti artigiani, cominciai a sperimentare nuovi modi per accessoriare questa mia prima collezione invernale. Per esempio usai petali di fiori fatti di chiffon e li cucii agli abiti e alle stole. Collaborai molto con un'artigiana di nome Nucci che faceva bellissimi e coloratissimi accessori nel suo piccolo laboratorio di via Gregoriana, accanto al mio portone. Con lei creai bottoni gioiello, cinture elaborate e bellissimi orecchini. La mia vita diventava sempre più eccitante. Era interessante che in quasi tutti i casi fossi io la persona più giovane tra i miei contatti personali e tra coloro che lavoravano per me. Grazie ad una lista di boutique internazionali che mi fu data dall'Istituto del Commercio con l'Estero (ICE), decisi di espandere la mia cerchia di compratori, mandando inviti a varie boutique e grandi magazzini nel mondo con le date di presentazione della mia nuova collezione. La conseguenza delle visite dei loro buyer fu che le mie collezioni vennero vendute per la prima volta a un'importante boutique di Zurigo e Saint Moritz (Modelia), Francoforte (Wiener Moden) e Londra (Nora Bradley). L'ICE cominciò a invitarmi a presentare le mie collezioni a speciali sfilate e mostre che sponsorizzava in varie capitali europee. Cosi, insieme all'ICE, cominciai a presentare le mie collezioni due volte l'anno – primavera-estate e autunno-inverno – a Londra, Parigi e Dusseldorf. Mi fu suggerito di assumere degli agenti/distributori nei vari Paesi. Nessun problema trovarne uno per la Germania (Alfred Mayer-Salm), ma esitavo per la Gran Bretagna perché ormai contavo diversi amici tra i compratori inglesi e mi piaceva presentare loro la collezione personalmente. Tuttavia, clienti e ordini aumentavano, quindi capii che avevo bisogno di una rappresentanza locale. Misi un annuncio sulla rivista commerciale per la moda 'Draper's Record' e, dopo aver ricevuto diverse richieste, mi decisi per i coniugi Damman, che avevano un attraente ufficio e showroom a Grafton Street. Quest'ultima interseca Bond Street, una delle vie dello shopping più prestigiose al mondo. Rimasero i miei agenti per lungo tempo, presentando le mie collezioni non solo ai grandi magazzini, ma anche a molte boutique, e aprendo il mercato della Scozia e dell'Irlanda alle collezioni Cleonice Capece.

Ero ormai ero al numero 12 di via Gregoriana da qualche tempo e lo spazio stava diventando troppo piccolo per accogliere produzione, magazzino per tessuti e accessori, uffici e showroom, quando mi si presentò l'occasione di affittare locali molto più grandi, sempre in via Gregoriana, al numero 56.

Decisi quindi di traslocare. All'inizio fui presa da una grande ansia in quanto il nuovo spazio comprendeva otto grandi stanze e tre saloni, di cui uno molto grande. Il tutto era così grande che si estendeva dall'edificio di via Gregoriana a via Capo le Case e a via Francesco Crispi. Capucci aveva la sua casa di moda al piano sopra il mio. Fortunatamente potei rimanere al numero 12 abbastanza a lungo per aver tempo di trovare tutti i mobili e tutto quello che ci voleva per arredare secondo il mio gusto lo showroom, gli uffici e il laboratorio del numero 56. Mi feci aiutare da alcuni amici e andai alle case d'asta. In una di queste riuscii a acquistare un'intera serie di mobili da ufficio del tribunale: sedie e poltrone altissime di pelle con enormi braccioli e sedute. Minuta come sono ci scomparivo dentro! Il lotto comprendeva anche un'enorme scrivania con il piano rivestito di pelle e ancora sedie e altri mobili per il resto degli uffici. Feci rivestire i divani del vecchio showroom in similpelle bianca. Questi divani hanno una loro storia: li avevo comprati dalla stilista Simonetta dopo che aveva chiuso il suo showroom a via Gregoriana per andare prima a Parigi e poi in India. Coprii tutti i muri con centinaia di metri di tela di cotone color ocra e feci tingere la moquette nello stesso colore. Divisi in due il grande salone, creando una passerella rialzata semicircolare di fronte alla quale feci collocare un divano appositamente realizzato, anch'esso semicircolare, rivestito di similpelle bianca, creando così, con un gioco di asimmetrie, una scena fantastica per le sfilate. Feci ricoprire le sedie di cotone ocra. Ironicamente usai la stessa similpelle bianca per creare delle minigonne e stivali da far indossare alle modelle nell'atelier insieme a camicie di pura seta stampate a colori vivaci. Alla fine fui molto contenta del risultato. Tutto era ocra e bianco. Le porte, le finestre e i mobili di legno erano bianchi, mentre la parte superiore della mia scrivania era rivestita di tessuto ocra e coperta da un vetro pesante. In ufficio appesi un ritratto che mi aveva fatto il principe Francesco Caracciolo, un caro amico che mi aveva anche aiutato ad allestire lo showroom e a realizzare alcune fotografie. Avevo acquistato con poco dei lampadari di vetro e ottone, copie dei grandi candelabri veneziani, e ne avevo fatto verniciare l'ottone di bianco. Il lampadario per il grande salone era enorme, con 36 porta lampade, che io rimpiazzai con candele, facendo nascondere fari nel soffitto per illuminare lo showroom principale, la boutique e le altre sale più piccole. Ero felice e pronta per la nuova grande avventura che mi si prospettava, ma assolutamente non pronta a confrontarmi con i vari problemi e riconoscimenti che vengono con il successo! Ebbi subito bisogno di assumere più persone all'interno dell'azienda e organizzare molti più laboratori esterni al fine di soddisfare gli ordini in aumento, ma anche di preparare le nuove collezioni. Dopo il rientro di Gillian in Gran Bretagna avevo bisogno di una nuova segretaria e misi un annuncio sul Daily American, il quotidiano in inglese che a quel tempo era stampato a Roma. Si presentarono in molte, ma scelsi Mavis Augusto, una signora indiana che oltre a parlare perfettamente inglese e italiano arricchiva con la sua grazia naturale i bellissimi tessuti indiani che adoperavo per la produzione. La descrizione del lavoro sull'inserzione sembrava fatta su misura per lei. Ormai contavo su uno staff di circa trenta persone tra via Gregoriana e vari piccoli laboratori indipendenti a Roma e nei dintorni. Due persone erano per me molto importanti: la segretaria indiana Mavis, che era efficiente e a cui nulla sfuggiva; e Lina Saggese, responsabile della produzione e del controllo di tessuti e accessori, della preparazione della produzione da distribuire alle varie sarte esterne e della merce da spedire nelle varie parti del mondo. Tullia era la capo tagliatrice e Paola, la venditrice si occupava dei compratori e delle clienti private che venivano in boutique. C'era un laboratorio con 15 ragazze e un grande magazzino gestito da un'addetta. Non avendo potuto investire un grande capitale nell'azienda i soldi erano sempre pochi e lavoravo quindi con una 'gap' di sei-otto mesi prima che la merce fosse pronta, consegnata e pagata. Alcuni clienti pagavano a sessanta giorni, ma fortunatamente avevamo molte lettere di credito e su queste e su presentazione della fattura proforma, la banca concedeva il credito, perché negli anni '60 era più facile avere accesso al credito bancario usando gli ordini dei clienti come garanzia. Di questo si occupava il mio amministratore, Carfagna. Sempre più compratori venivano a Roma a vedere le collezioni. Dovetti impiegare due indossatrici o 'house-model', come venivano chiamate, che oltre a sfilare per i compratori facevano anche altri lavori, come scrivere a macchina, occuparsi della rassegna stampa, insomma aiutandomi in tutti i modi nelle tante cose da fare. Tra le modelle, Roberta, con un trucco d'avanguardia alla Peggy Moffit, e Gabriella, una vera bellezza romana, sempre sorridente, rimasero con me a lungo. Ma c'era un'altra presenza fondamentale in via Gregoriana, ed è la storia di un mio improvviso amore che ebbe inizio a Londra in una mattina nebbiosa. Lasciato il mio albergo, stavo attraversando Hyde Park per andare a una riunione da Harrods con vari compratori, quando mi trovai davanti a una tipica scena inglese: una governante passeggiava nel parco spingendo una carrozzina o meglio la Rolls Royce delle carrozzine, con un bambino nella sua culla e un cane al guinzaglio. Il cane era speciale, non ne avevo mai visto uno simile. Aveva un corpo lungo lungo con zampe molto corte, orecchie lunghe che si trascinava e occhi languidi.

Fu amore a prima vista. Decisi lì per lì che dovevo averne uno a tutti i costi. Arrivata da Harrods, nell'ufficio di Mrs Veronica Horsfield, cominciai a parlarle di questo cane. Veronica capì che mi ero presa una cotta e prima ancora di discutere la mia collezione e i loro ordini, mi accompagnò al reparto animali domestici, dove si poteva trovare qualsiasi tipo di animale, comprare qualsiasi accessorio per gatti e cani, dai cappottini di cachemire ai collari tempestati di diamanti. Dopo aver ascoltato la mia descrizione del cane, il direttore del reparto mi assicurò che non poteva trattarsi che di un Basset Hound, un po' raro in Inghilterra. Mi disse che anche se era considerato inglese, le origini di questo cane erano francesi, e aggiunse che benché non ne avessero al momento a disposizione, se avessi voluto comprarne uno me lo avrebbero senz'altro procurato. Tornata a Roma, avevo già dimenticato l'episodio, quando tre mesi dopo ricevetti una telefonata dal direttore del reparto animali di Harrods per dirmi che avevano disponibile il Basset Hound che faceva al caso mio. Mi disse di non preoccuparmi perché me lo avrebbero mandato a Roma per via aerea, occupandosi loro di tutta la documentazione. Il nome del Basset Hound, che arrivò con un pedigree incredibile, era Sweet Pea Sugarloaf (dolce pisello pan di zucchero), ed era femmina. Andai all'aeroporto a sdoganarla e a prenderla presso la British European Airways, come si chiamava allora. Sweet Pea prese subito il sopravvento su tutto e cominciò lei a governare tutti noi in via Gregoriana. Ne seguì un grande caos in ufficio perché tutti volevano giocare con questo dolce animale che a sei mesi pesava già' quindici chili. Le cambiai nome e la chiamai BEA, in memoria della compagnia aerea che l'aveva condotta a Roma. Spesso la portavamo a passeggiare giù per la scalinata di piazza di Spagna o su per Trinità dei Monti e a Villa Borghese. Più tardi, quando ebbe più di un anno, le fu trovato un partner ideale a Roma. Il suo nome era Treno, ovviamente per la sua lunghezza, anche lui con un pedigree impressionante. Da quell'unione fra due rari Basset Hound a Roma nacquero tredici splendidi cuccioli.

'Made in Italy' in the Making

Nel frattempo la mia clientela aumentava. Durante le mostre sponsorizzate dall'ICE in tutta Europa, ma soprattutto al Salone Internazionale del Prêt-à-Porter che si teneva alla Porte de Versailles di Parigi, venivano molti compratori di lussuose boutique – dalla Francia, ma anche dalla Spagna, Belgio, Olanda e dai paesi del Sud America – spesso accompagnati dai miei agenti. Le mie collezioni diventavano sempre più eleganti, con una maggiore attenzione ad un 'look' da città. Col tempo guadagnavo esperienza e prediligevo materiali più pregiati, principalmente in tinta unita, in contrasto con i tessuti indiani stampati a mano. Decisi quindi di lavorare molto sulla scelta dei tessuti, sul taglio e sugli accessori. Cominciai a usare materie prime come seta cruda, seta stretch, shantung di seta, lino e lino stretch.

Nell'ottobre del 1966 ero a Londra per una sfilata al Dorchester Hotel organizzata dall'ICE per il Festival Italiano della Moda. Presentai la mia collezione con una passerella di modelle in completi da spiaggia, abiti e pigiama per la crociera e un lungo abito di seta multicolore con grandissimo scialle a lunghe frange. Fu un vero successo. Avevo appena partecipato a varie mostre, a Monaco di Baviera, Dusseldorf e Parigi, ma adoravo tornare a Londra. Ormai avevo molti amici e con loro andavo a teatro, alla Royal Academy e al mio museo preferito, il Victoria & Albert. Nel settembre del 1967 partecipai alla "Boutique and Ready-to-Wear Exhibition" a Stoccolma, sponsorizzata dall'ICE. Presentai una collezione di abiti in tessuto mikado a grosse righe baiadera nei colori turchese e beige, bianco e rosa, marrone e bianco. Nel 1968 questi capi a larghe strisce ebbero un grande successo, che si ripeté a ottobre e novembre quando mostrai la collezione rispettivamente a Londra e a Parigi. A quest'ultima mostra, ricevetti il mio primo ordine da un gruppo di compratori giapponesi. Avevo fatto in poco tempo dei progressi giganteschi nel mondo della moda e del prêt-à-porter di lusso. Nel mio showroom di via Gregoriana venivano star del cinema e nobildonne, come la principessa Maria Beatrice di Savoia al tempo della sua relazione con l'attore italiano Maurizio Arena e le attrici Carroll Baker e Giovanna Ralli indossavano i miei capi. In Italia, i miei modelli erano venduti in alcune boutique, tra cui il negozio di artigianato e tessuti indiani che Sonali Dasgupta, partner del regista italiano Roberto Rossellini, aveva aperto in via della Vite e che era diventato molto noto tra le celebrità. Ero sempre indaffaratissima, con le collezioni da preparare, decisioni da prendere, la stampa, i servizi fotografici, l'amministrazione, i dipendenti. Ricordo un giorno, nel mio showroom in cui avevo tre appuntamenti molto importanti: con Holt Renfrew da Montreal, Canada; Martha, buyer e proprietaria di bellissimi negozi a New York e Palm Beach e Wiener Moden da Francoforte.

Avevo percorso una lunga strada in brevissimo tempo. Nella seconda metà degli anni '60 esponevo le mie collezioni a New York presso l'agenzia 'Feder Fashion' – la stessa dei couturier italiani Irene Galitzine e Alberto Fabiani – nel distretto più famoso per la moda, chiamato dagli americani 'rag trade'. Con gli agenti americani le mie vendite aumentarono. Tra i clienti, annoveravo famosi department store come I. Magnin, Bergdorf Goodman e Saks, mentre tramite il mio agente canadese Johnny Strauss vendevamo a molte boutique e department stores del Canada. Fin dall'inizio della mia carriera avevo lavorato con vari 'buying offices' di Firenze che rappresentavano department stores e negozi di tutto il mondo per l'acquisto della moda italiana. A metà degli anni '60 i compratori che non riuscivano a venire nel mio atelier di Roma potevano vedere la mia collezione presso lo showroom fiorentino di Maria Teresa Ghini, in via Santo Spirito 11. L'ufficio acquisti più importante era quello di Giovan Battista Giorgini, con cui avevo lavorato fin dall'inizio della mia attività. Ricordo in particolare l'autunno del 1966 a Firenze. Pioveva in tutta l'Italia, ma ininterrottamente in Toscana e tutti erano preoccupati per il fiume Arno che attraversa la città. La mattina del 4 novembre, sentii la terribile notizia che il fiume era straripato. Tutto il centro storico di Firenze era allagato. Ci furono molte vittime e migliaia di capolavori d'arte andarono distrutti. Naturalmente le sfilate furono cancellate e tutti, dagli acquirenti alla stampa, si unirono ai volontari di tutto il mondo per cercare di salvare il più possibile del patrimonio storico della città. Riuscimmo, qualche giorno più tardi, a mostrare la nostra collezione ai compratori nelle camere dell'albergo Baglioni, accanto alla stazione, uno dei pochi posti dove era possibile arrivare, dopo il ripristino del servizio ferroviario, anche se con forti ritardi.

Quell'anno, il 1966, fu anche un momento cruciale nella storia della moda italiana, con le passerelle di Firenze che cominciarono a essere specificamente designate per le collezioni boutique, prêt-à-porter e maglieria di alta moda, mentre le collezioni di alta moda sfilavano negli atelier romani.

Quando fui invitata dalla Camera Nazionale della Moda Italiana – a quel tempo con sede a Roma – a partecipare alle sfilate di Palazzo Pitti. Fu una grande gioia e un privilegio per me vedere sfilare le mie collezioni nella grande sala Bianca di Palazzo Pitti, davanti ai compratori e alla stampa di tutto il mondo. Come da tradizione, dopo le sfilate ci si trasferiva a Palazzo Strozzi per due giorni, nelle stanze che ci erano state assegnate, dove veniva la stampa e dove i compratori potevano rivedere le collezioni e fare i loro ordini. Fui invitata a presentare la collezione come Moda Boutique. Questo significava che la collezione doveva essere giovane, originale e, al tempo stesso, pratica e facile da vendere, non costosa come la 'Haute Couture'. Doveva essere interessante sia per i compratori, sia per la stampa.

La posta in gioco era alta, non potevo rischiare – l'insieme doveva essere diverso dalle collezioni che avevo già fatto: sari indiani, tessuti africani, reti e tessuti dipinti a mano – anche se queste collezioni avevano avuto un grande successo proprio per la loro originalità e per l'elevato standard della produzione. Dopo febbrili ricerche decisi per una collezione che sarebbe stata bianca, - o con una base di bianco, - dall'inizio alla fine, e con un arcobaleno di colori forti nella parte centrale della sfilata. Questa fu la mia collezione per l'estate del 1969. Scelsi un piqué di cotone bianco goffrato e un bellissimo shantung di pura seta chiamato mikado, anch'esso bianco, e varie stampe di organza di seta con motivi floreali che sembravano un quadro impressionista. Mi misi subito al lavoro, ma non riuscivo a metterla insieme: riuscivo solo a pensare all'effetto che avrebbe dovuto produrre. Avevo a disposizione un massimo di sedici modelle e dieci minuti per la sfilata e, in questi dieci minuti, dovevo catturare l'attenzione dei compratori e della stampa. Finalmente la collezione cominciò a prendere forma e quando le modelle vennero per l'ultima prova decisi l'ordine della sfilata: prima la serie di cotone goffrato di piqué bianco, seguita da una serie di abitini di vari colori, ma che si abbinavano ai lunghi abiti floreali; gli abiti di mikado bianco avrebbero chiuso la sfilata. I modelli di piqué avevano un dettaglio speciale. In un negozio di ferramenta dove ero andata per altri motivi, avevo visto alcuni anelli di metallo dorato, forgiati a mano. Catturarono la mia attenzione, ne comprai un po' e decisi di inserirli come ornamento nei tagli di abiti e pantaloni. Progettai ogni modello con un taglio diverso e con inserti di metallo sulla pelle nuda. Il metallo stava emergendo nella moda europea di fine anni '60, soprattutto a causa del provocante uso che ne faceva Paco Rabanne. Per la produzione, i vestiti furono fatti anche in nero e in alcune stampe molto belle, con grande successo di vendite in tutto il mondo e con recensioni molto positive da parte della stampa internazionale. Ovviamente, per la sfilata di Palazzo Pitti usai solo il piqué bianco. Non riuscivo a decidere che tipo di scarpe le modelle avrebbero dovuto indossare per la sfilata, così con gli anelli dorati creai dei sandali da gladiatore. Ricordo ancora quanto duramente dovemmo lavorare per prepararli, comprando vari tipi di pinze al fine di garantire che non si aprissero durante la sfilata. Questa idea ebbe un grande impatto e la stampa chiamò la collezione 'Chain Bondage'.

Chain Bondage suggerì una nuova idea di lusso sensuale, gli inserti di metallo erano negli abiti o come parte della cintura dei pantaloni per esporre i fianchi nudi, o risplendevano sulle gambe nude. La collezione 'Mikado' era impreziosita da una decorazione di piccoli fiori con perle al centro, dipinti su tuniche corte e lunghe, alcune con grandi maniche a farfalla, da portare con pantaloni – il tutto estremamente elegante e con un taglio molto pulito. I fiori erano tutti dipinti a mano dalla stessa pittrice che aveva dipinto i pesci e le farfalle per la collezione con la rete 'Estate 1964'. Decisi di dare agli abiti in mikado un tocco orientale, in omaggio ai nuovi acquirenti giapponesi. Così dipingemmo sul tessuto una grande quantità di quei fiori per poi tagliarli, inamidarli e usarli come decorazione per i capelli delle modelle che avrebbero sfilato a Firenze. Finalmente eravamo tutti pronti per l'entrata nella Sala Bianca di Palazzo Pitti. La sfilata iniziò e ci fu un silenzio totale, nemmeno il più piccolo applauso. 'O mio Dio', mi dissi, questa è la fine, la collezione è un flop totale'. Non avrei potuto sbagliarmi di più, perché la reazione fu incredibile. Una delle modelle mi disse che erano tutti impegnati a scrivere, stampa e compratori, e questo spiegava la mancanza di applausi. La mattina dopo a Palazzo Strozzi, si presentò una scena incredibile: compratori e stampa davanti al mio stand. A quell'epoca i compratori, per venire a vedere le sfilate, dovevano pagare un deposito di 800 dollari, poi utilizzato come pagamento parziale per i loro ordini. Alla fine di quei due giorni, avevo ricevuto 12 o 13 di quei depositi ed ero quindi entusiasta, perché sapevo che mi sarebbero serviti per far fronte alla grande produzione che mi aspettava. I compratori giapponesi erano venuti a vedere le sfilate ed anche a discutere con me la possibilità di acquistare alcuni modelli in esclusiva per il Giappone. La collezione piacque loro moltissimo e oltre a fare importanti ordini per i loro 'department store' scelsero anche tre modelli da riprodurre e distribuire in Giappone. Di questi tre modelli dovetti fare il campione e i cartamodelli nelle taglie giapponesi adatte al loro mercato nazionale. Mi chiesero di andare in Giappone per supervisionare i prototipi e approvarli prima che andassero in produzione. Incredibile come riuscirono a riprodurre questi capi così perfettamente – perfino nei bellissimi dettagli dei bottoni gioiello fatti a mano – da non poterli distinguere dagli originali. Questa produzione 'Cleonice Capece Made in Japan' fu distribuita con grande successo da Intermode – parte del grande gruppo Toray Industries – e attraverso i grandi magazzini di moda, Isetan e Matsuya. La pubblicità era molto importante per l'identità del marchio in Giappone e miei ritratti fotografici apparvero in tutte le vetrine di questi grandi magazzini.

Agli acquirenti della società svizzera Juvena Cosmetici, piacquero molto la collezione Mikado e la serie dei piqué di cotone con l'inserimento degli anelli. Decisero, oltre a fare un grosso ordine, di pubblicizzare alcuni miei modelli nei loro bellissimi cataloghi di prodotti di bellezza. Il risultato fu uno splendido servizio fotografico. I miei capi furono venduti nei loro negozi di Baden Baden, Berlino, Amburgo e Vienna, comparendo in molte riviste di moda dell'epoca. Viaggiavo in tutta Europa per incontrare gli agenti e presentare le mie collezioni alle varie mostre. Nel frattempo, la mia produzione si era moltiplicata e impiegavo più lavoranti sia interne, che esterne. Alla fine degli anni '60 fui contattata dagli organizzatori del Salone Mercato Nazionale dell'Abbigliamento (SAMIA) a Torino, i quali stavano organizzando una nuova mostra specificamente dedicata al ready-to-wear con un contenuto di alta moda. Moda Selezione, questo era il nome della manifestazione, fu inaugurata a Torino il 18 aprile 1969, una settimana dopo le sfilate di Palazzo Pitti a Firenze. Si sussurrava la partecipazione di molti grandi nomi e ci furono molte chiacchiere tra le varie case di moda e la stampa riguardo a una presunta rivalità tra Firenze e Torino. Dopo molte esitazioni, decisi di partecipare anch'io ma con una collezione diversa, più commerciale in stile e prezzo, pur mantenendo lo stesso aspetto. Decisi anche di dare un nome diverso alla collezione, chiamandola 'Capecissimo'. Con questa nuova etichetta, senza saperlo, avrei ideato per prima, qualcosa che sarebbe poi emerso negli anni '80, quando molte case di moda crearono una seconda linea. Moda Selezione fu un grande successo per me: i compratori erano diversi da quelli di Firenze, con un maggior numero di department store di lusso e, cosa importantissima, la manifestazione di Torino aprì il mercato italiano alle mie collezioni, che a quell'epoca erano in vendita in Italia solo su piccola scala. All'inizio degli anni '70 emersero i temi dell'individualismo e dell'espressione di sé. La moda cominciò ad adottare dei 'look' diversi. Le gonne divennero più lunghe e furono chiamate midi o maxi. I pantaloncini corti divennero 'hot pants' indossati con maxi gilet e cappotti, la mini diventò maxi, e tute-pantaloni, caftani, cappotti afgani e poncho si affermarono sulla scena della moda, insieme a sofisticati 'gipsy look' con volants e plissettati. Per la sera, i lunghi maxi abiti chemisier con colli a punte lunghe ricevettero entusiastiche recensioni, così come le tute. Decisi quindi di portare a Torino le due linee Cleonice Capece: la collezione che avevo presentato a Firenze e la mia nuova seconda linea, 'Capccissimo'. Quest'ultima fu presentata come una collezione di prêt-à-porter di lusso. L'immagine che scelsi per il lancio della collezione primavera estate 1970 di 'Capecissimo' era caratterizzata da un insieme di esotici e freschi coordinati con fazzoletti in stile pirata, bikini e bermuda.

Nella collezione autunno inverno 1970-71 inclusi due modelli principali: un abito di chiffon di seta marrone a maniche larghe tipo kimono; e un abito da sera in broccato oro/arancio con un elemento di ispirazione giapponese: un corpetto 'obi'.

Era un periodo frenetico. Gli agenti chiedevano che le collezioni uscissero con un anticipo sempre maggiore rispetto alle date già stabilite. I miei ordini con il Giappone aumentavano sempre di più e superavano quelli di tutte le boutique e department store dell'Europa. Cresceva anche il numero dei modelli da riprodurre in Giappone. Nel 1972 l'ICE organizzò per sei case di moda italiane una serie di mostre e sfilate a Hong Kong, Tokyo e Manila, nelle Filippine. Quando atterrammo a Manila, con nostra sorpresa, fummo circondati da militari e messi su un bus che aspettava di portarci in albergo. Una volta arrivati, la polizia ci informò che non avremmo potuto lasciare l'albergo, che non ci sarebbe stata nessuna mostra e che avremmo dovuto essere pronti a lasciare le Filippine su loro ordine. La ragione di tutto questo era che il giorno precedente Ferdinand Marcos, il dittatore delle Filippine, aveva dichiarato la legge marziale per contrastare una rivolta contro il suo governo. Una situazione caotica che ci tenne lì tre giorni. Purtroppo, in quel caos, persi parte della collezione, il gruppo beachwear in arancio e fucsia e tutte le foto professionali fatte a Tokyo e Hong Kong, lasciandomi con le poche polaroid che avevo scattato personalmente.

Tra il 1968 e il 1972, su invito dall'ICE, presi parte a molte mostre e sfilate non solo in Europa, ma anche in Australia e Giappone. Combinando design e imprenditorialità, esportavo a quell'epoca in più di trenta paesi. I miei clienti comprendevano Harrods, Fortnum & Mason, Liberty, Peter Jones, Nora Bradley di Londra, Modelia, Martha Boutique, B. Altman, Jordan Marsh, Neiman Marcus, Saks, Bonwit Teller, JC Penney, Isetan, Matsuya. Avevo acquisito anche una bella clientela in Estremo Oriente, dove ero felice di tornare stagione dopo stagione con le nuove collezioni. Naturalmente, qualcosa andava anche storto, come quella volta che arrivai a Singapore per una sfilata insieme alla casa di moda Brioni e mi fu detto di un errore sui manifesti che erano stati affissi in tutta la città. Era accaduto che la mia collezione era stata annunciata come collezione da uomo e quella di Brioni come collezione da donna. Ero molto arrabbiata e, una volta in albergo, dopo una doccia scesi dal parrucchiere e mi feci tagliare i capelli corti corti. Perché lo feci ancora oggi non so spiegarlo, ma fu questa la mia reazione. Ovviamente tutti i giornali parlarono del grande "mixup", facendo accorrere stampa e fotografi e creando un successo mediatico. Per me, che mi ero appena tagliata tutti i capelli, non fu certo il momento migliore per essere fotografata da tutti i giornali di Singapore e Hong Kong.

Fashion as Happiness

Nei miei disegni ho sempre amato sperimentare materiali non convenzionali. Usavo molti tipi di cotone, dai tessuti etnici all'ultima invenzione della chimica e anche tessuti per tende, di carta e metallo. Tra il 1962 e il 1963 cercavo un tessuto per fare le tende nel mio atelier di via Gregoriana, sul retro dove c'erano i laboratori, perché in estate faceva caldo. Volevo un tessuto molto leggero e trasparente, perché doveva esserci abbastanza luce per le lavoranti. Tra le varie cose, vidi un tessuto di rete nei colori più eclatanti: verde, rosa, arancio, fucsia, blu, nero e turchese. Mi piacquero moltissimo tutti quei colori messi assieme, colori di fiori e di frutta estiva. Questa rete mi incuriosiva e ne comprai diversi metri per ogni colore, da tenere come campioni. Me ne dimenticai per un po', ma quando cominciai a lavorare alla collezione per l'estate 1964 mi ricordai della rete e decisi di usarla. Sopra ai bikini in popeline di cotone, feci delle tuniche e camicie con la rete, per la collezione mare. E poi mi venne un' idea: dipingere pesci e farfalle su un tessuto di panama bianco e poi coprirlo con la rete. Avevo un solo problema: non avevo nessuna idea di come dipingere il tessuto! Così pensai di rivolgermi all'Accademia delle

Belle Arti di Roma, dove fortunatamente trovai un'insegnante molto contenta di intraprendere il lavoro. Non riuscii a credere al risultato: ogni abito sembrava un dipinto e, i colori - così belli - si mescolavano perfettamente ai colori della rete. Il tessuto di rete divenne per me anche un modo per svelare il corpo e offrire la mia interpretazione del 'nude look' degli anni '60. Per esempio, feci una camicia di rete con tasche sul petto, collo, polsi in popeline di cotone, così che poteva essere indossata sia sopra un bikini, che come normale camicia. Feci anche una tuta interamente realizzata in rete. Convenzionalmente, la storia della moda collega il nude look al nome di Yves Saint Laurent, ma questo era in realtà un fenomeno molto popolare, come il mio lavoro dimostrava. Nel 1964 la bellissima attrice Giovanna Ralli fu fotografata sulle pagine della rivista Il Tempo indossando una mia tuta di rete rosa. Una camicia di rete dello stesso colore apparve nel 1965 sulla copertina di un disco 45 giri. L'uso dei colori da caramella assicurò il successo di questa collezione vitale e spensierata, lontano dall'immagine della pin-up con calze di rete nera.

Dopo il successo della collezione autunno/inverno 1963-64 cominciai la ricerca di nuovi tessuti da aggiungere ai sari e alle collezioni dipinte a mano. Scelsi alcune stoffe indiane tessute a mano, a strisce e in tinta unita da abbinare; poi mi imbattei in alcuni tessuti africani stampati a mano, fatti in Olanda da Vlisco. Così fui in grado di aggiungere diversi stili e tessuti alla collezione dell'estate 1964. Ai compratori piacquero e li acquistarono, anche se continuavano a riordinare il beachwear e il cruisewear realizzati con i sari indiani. Stagione dopo stagione aggiungevo nuovi modelli e tessuti alla collezione estiva, pur continuando a produrre la collezione in voile di sari di cotone, che erano i più venduti: bikini, shorts, bermuda, pantaloni lunghi e corti, camicie corte e lunghe, chemisier da città corti e lunghi. La loro peculiarità era che davano sempre l'impressione di una nuova collezione, in quanto sia i disegni che i colori, essendo fatti tutti a mano, erano diversi dai precedenti. Questi furono chiamati 'I Coordinati di CC'.

Per l'estate 1968 trovai dei bellissimi tessuti italiani stampati con motivi d'ispirazione africana e dai colori e disegni sorprendenti. Usai il twill di cotone per pantaloni, bikini, mini abiti e con il cotone leggero feci camicie, abiti lunghi e kaftani, che nella collezione divennero un'entità a se stante. In questo gruppo spiccava un kaftano nero lungo, con scollatura a barca e lunghe maniche vaporose e in sbieco, in uno stampato beige, marrone e nero che fu molto fotografato.

A metà degli anni '60 fui affascinata da un cotone stampato rivestito di PVC, all'epoca un nuovo materiale, lucido e impermeabile. Sotto la sua superficie gli stampati sembravano dipinti astratti dai bellissimi colori, che mi facevano pensare alle carte lucide e colorate delle caramelle.

L'ICE di Londra mi chiese di progettare un capo originale da presentare alla stampa per la nuova Ready-to-Wear Exhibition che avrebbe avuto luogo nell'ottobre del 1967. Decisi di utilizzare il cotone in PVC a grandi fiori e preparai un completo beachwear (per modo di dire), cioè un insieme fatto di bikini e hot pants, completato da foulard, mantella e stivali per la pioggia inglese. Tra i tanti giornali che fotografarono e parlarono di questo completo mare/pioggia, il Liverpool Daily Post lo intitolò 'Willy Willy Wear'.

A metà degli anni '60 ebbi l'opportunità di usare un nuovo tessuto giapponese che stava per essere immesso sul mercato mondiale. In quel periodo c'era molto interesse per gli abiti fatti in 'tessuto carta', che era poi una cellulosa rinforzata con rayon. Questa moda ebbe un successo fulmineo e i negozi di Carnaby Street vennero presi d'assalto, facendo sì che questo tessuto perdesse di interesse per il mercato della boutique di lusso. Con il materiale messomi a disposizione da una fabbrica di tessuti giapponesi, ne feci alcuni prototipi - che erano anche lavabili in lavatrice – io però non ci provai. Nel mio archivio ci sono alcune immagini di metà degli anni '60 dove ne indosso uno, ritratta assieme al personale del mio atelier ed un amico canadese, un fashion designer che a quel tempo lavorava con Patrick De Barentzen.

Un po' di anni dopo comparve il tessuto Alcantara. All'inizio degli anni '70, l'industria giapponese Toray e l'industria chimica Eni avevano avviato una joint venture per la produzione di questo tessuto similpelle, lavabile e molto simile al camoscio. Fu promosso come un tessuto molto prestigioso per macchine di lusso, interior design e moda per uomo e donna. Ricordo ancora il grattacielo appena fuori Milano dove c'erano gli uffici di Toray e dove andai per diversi incontri organizzati con l'intento di immettere sul mercato un'intera collezione in

Alcantara. La collezione – che includeva cappotti, tailleur, pantaloni e chemisier – ebbe successo e fu venduta molto bene.

A Roma, i rappresentanti di tessuti e accessori delle migliori fabbriche italiane venivano a mostrarmi tutte le novità per la stagione successiva. Questo avveniva due volte l'anno e qualche volta ordinavo un disegno speciale in esclusiva. Non andavo a molte fiere di tessuti, magari qualche volta a Francoforte o Parigi. Ma andavo sempre alla Mostra di Tessuti specializzata nella seta, a Villa d'Este, un bellissimo albergo sul lago di Como, dove rimanevo per un po' di giorni dopo la mostra a rilassarmi nel grande lusso. Era lì che mettevo giù la maggior parte delle idee, anche in base ai tessuti che avevo scelto per la collezione successiva.

Ho sempre considerato i tessuti un elemento chiave per i miei disegni e ho lavorato con le migliori industrie italiane: Enrico Terraneo; Braghenti; Sisan per molti tessuti incluso il Lurex; Lisatex per il Qiana; Scacchi; Stehli per la seta; Nordtessile per la serie del Mikado, e Falconetto per i velluti stampati.

CC sono le iniziali del mio nome, ma anche i due concetti su cui ho basato l'identità delle mie collezioni: coordinati e chemisier. Inizialmente i miei coordinati erano le camicie e i bikini nello stesso tessuto, ma compresi subito che con pochi pezzi si poteva avere un guardaroba completo per il mare, la città, per andare fuori a cena, a ballare o in crociera. Ogni capo si coordinava con gli altri creando un total look dal mattino al mare fino alla sera. Era un'idea semplice, ma che coniugava lo stile italiano allo stile di vita americano. I miei coordinati degli anni '60, fatti interamente con i sari indiani di cotone di voile, rappresentavano la collezione base che i compratori insistevano ad acquistare stagione dopo stagione, con il risultato che erano venduti ovunque, da Capri a Palm Beach.

A ogni stagione, davo un nuovo look alla mia collezione, mantenendo in pieno la sua identità. Le mie collezioni avevano come base lo chemisier, un tipo di abito che combinato con bikini o costumi da bagno, ha caratterizzato i miei modelli fin dall'inizio. Ma non solo: diventavano abiti da cocktail, per andare a cena o abiti da sera. Fatto di cotone leggero o seta pregiata ricamata a mano, lo chemisier è stato una presenza costante nelle mie collezioni. Mi piacevano molto e io stessa li indossavo spesso perché erano eleganti e sexy. Dalle camicie agli abiti lunghi da sera, le mie collezioni avevano sempre un'attitudine leggera. Potrei quasi dire che ho disegnato un solo stile nella mia vita: lo chemisier. Il Made in Italy deve gran parte della sua reputazione al taglio sartoriale di tailleur e cappotti, ma penso che lo stile e il sofisticato 'leisurewear' – specialmente i coordinati e gli abiti chemisier – hanno giocato un ruolo molto importante. Questo diventò il mio dominio.

Il mio stile guadagnò focus anno dopo anno in un processo di graduale raffinatezza che sottolineò un cambiamento di identità nella collezione e nel marchio, contribuendo a rinforzare il mio nome. Nell'ottobre 1970 presentai la collezione 'Escape', caratterizzata dalla presenza di tessuti a fondo bianco con stampe a colori. Nella primavera del 1971 introdussi il 'Soft Look'. Il payoff della collezione era 'Un morbido invito all'estate'.

Un giorno mentre guardavo un campionario di tessuti italiani per una nuova collezione, vidi un tessuto di seta con una stampa a pois, quasi a forma di disegno negativo/positivo che mi ricordava una cometa. Cominciai a formulare un'idea e chiesi al rappresentante se questo disegno avrebbe potuto eventualmente essere sviluppato in altri tessuti e colori. Il rappresentante sembrò entusiasta dell'idea. Ero una cliente importante in quanto la mia produzione aumentava di stagione in stagione – e così anche gli ordini dei tessuti – quindi mi dette il suo ok a procedere. Decisi di far stampare lo stesso disegno su un tessuto di lycra per bikini e costumi da bagno; chiffon di seta per gli abiti da sera; e twill di seta per kaftani e foulard. La collezione includeva un abito da sera completamente plissettato, chiuso al collo e che si apriva a raggiera fino a ricoprire il corpo come una lunga morbida cappa. Diedi a questa collezione una nuova identità, pur mantenendo la stessa linea per la quale ero diventata famosa. Scelsi anche un altro disegno a pois per creare un 'look' da sera più sofisticato in una bellissima galassia di colori e bellissime cinture/sciarpe molto lunghe, ricamate a mano con paillettes e abbinate al tempo stesso a capi in tinta unita. Tutti questi completi ebbero un ottimo successo sulle passerelle delle varie sfilate che si tenevano a Londra, Copenaghen, Monaco, Firenze, Parigi e Torino.

La storia del 'CC Look' inizia nel 1969, quando disegnai una speciale spilla in metallo dorato da far portare su alcuni completi alle venditrici del mio atelier durante il periodo della collezione autunno inverno 1969-70. La prima collezione 'CC Look' fu caratterizzata da una linea semplice e dall'uso di classici tweed e Principe di Galles per la mattina; eleganti abiti in un bellissimo triple crepe in bianco e nero (ormai questi erano il simbolo delle mie sfilate); e per la sera, abiti morbidi, romantici e molto femminili, realizzati in una serie di bellissimi tessuti. Due volte l'anno, la preparazione delle collezioni creava un lavoro intenso, sia nel laboratorio sia negli uffici.

Per la collezione autunno inverno 1971-72, disegnai un nuovo invito usando il logo CC. Da allora, cominciai a fare uso dello stesso invito e comunicato stampa ad ogni stagione, cambiando soltanto le date di sfilate e mostre. Ridussi la scelta di tessuti per semplificare la produzione. Per la sera scelsi un filato di lurex d'oro, il Cromoflex, e introdussi la maglieria per la prima volta. Così creai una collezione 'knitwear' per la sera che comprendeva shorts, t-shirt, camicie, soprabiti, gonne, abiti lunghi e gioielli, il tutto abbinato. Questa collezione 'CC Look' per l'inverno 1972 – creata all'insegna del relax, cocktail, cene romantiche al lume di candela – fu presentata a Monaco, Firenze, Parigi, Torino, Amsterdam, Melbourne e Sidney.

Nel 1971, mentre preparavo la collezione per l'anno successivo, sentii che avrei dovuto creare qualcosa di nuovo in completo contrasto con il beachwear e i coordinati di sari indiani. Volevo un nuovo tipo di beachwear, che doveva essere originale, eccitante e al tempo stesso a prezzi ragionevoli. Inutile dire che era una cosa tutt'altro che facile. Volevo un concetto nuovo, diverso. Continuavo a guardare i campionari che mi portavano i vari rappresentanti: c'erano bellissimi stampati, ma nulla di così originale come lo erano stati per me i sari fino a quel momento. Ero in difficoltà, incapace di prendere una qualsiasi decisione su cosa scegliere per ciò che avevo in mente. Inoltre, cominciavo a essere in ritardo per le sfilate che mi aspettavano a Tokyo, Hong Kong e Manila. Finalmente mi decisi: niente stampati, ma un tessuto in tinta unita. Scelsi un crepe di cotone molto leggero, in quattro diversi colori: arancio, fucsia e poi azzurro e verde come colori marini, rosso e blu; il bianco come base per la collezione. Feci tingere in questi colori un tessuto in lycra per bikini e costumi da bagno e ordinai del twill di seta per fare i foulard che avrebbero accompagnato la collezione. Tuttavia questi colori, pur molto belli, mi lasciavano indifferente e non riuscivo ad andare avanti. Dentro di me sapevo che, cambiando completamente genere, avrei dovuto creare qualcosa di veramente speciale. Le mie collezioni nei bellissimi stampati indiani erano sempre piaciute e sicuramente una collezione beachwear in tinta unita non sarebbe stata tipica del mio stile. Dovevo cercare un modo di combinare questi colori e materiali. Provavo e riprovavo a combinare i tessuti, senza mai venire fuori con un'idea che mi soddisfacesse, finché non ebbi l'idea di tagliare il tessuto diagonalmente e unirlo mettendo insieme due colori contrastanti, con grande effetto. Immediatamente, entusiasta di questo nuovo risultato, decisi di creare anche dei capi dipinti a mano sul cotone di crepe bianco da coordinare ai tessuti arancio, fucsia, azzurri, verdi, e rosso/blu. Provammo diversi disegni e scelsi un motivo a cerchi di varie dimensioni, che ricordavano i cerchi dei giochi Olimpici. Questa collezione fu chiamata 'CC Look Estate 1972 – Una donna in azione'. Come molti designer fanno, creavo anche quello che mi sarebbe piaciuto indossare, come quando il settimanale Gente mi fotografò nel 1972 in uno dei miei lunghi kaftani con i cerchi dipinti a mano in arancio e fucsia. La foto fu scattata in Toscana, a Porto Santo Stefano all'Argentario, luogo al quale ero particolarmente affezionata e dove, negli anni '60 e '70, VIP e celebrità arrivavano in barca e alloggiavano nei vari lussuosi alberghi come l'Hotel Torre di Cala Piccola. In questo hotel avevo aperto una boutique a metà degli anni '60, seguita nel '71 da un'altra boutique all'Hotel La Corte dei Butteri, sempre sulle coste dell'Argentario. Ad occuparsi delle due boutique e di promuoverle con varie sfilate organizzate negli alberghi era la Signora Galassia Papadia. Io, quando potevo, mi ritiravo nella mia bella casa di Ansedonia, e ricordo le bellissime estati trascorse all'Argentario tra yacht, party e balli di stagione, ovviamente indossando gli ultimi capi delle mie collezioni. Alcuni giornali del tempo mi proclamarono tra le tre donne più eleganti dell'Argentario e tra le prime venticinque di Cortina.

Lo slogan che creai per il lancio della nuova collezione autunno inverno 1972-73 fu: 'Per una donna bella, raffinata e felice. Felice, soprattutto nel rivelare la sua femminilità'. I modelli di questa collezione rispecchiavano lo stile di vita per il quale li avevo creati. Come recitano i comunicati stampa dell'epoca, la collezione era completamente dedicata al cocktail pomeridiano e alla sera, ore in cui la donna scacciava le ansie della folla frenetica in lotta col traffico e cercava di definire se stessa con il giusto tocco di femminilità, rivelando il suo volto rilassato, con il giusto makeup e perfettamente vestita e pettinata. Una vera e propria esplosione di romanticismo, ma anche inteso per 'un caldo e pigro inverno'. Brunetta, la celebre illustratrice di moda, mi prendeva in giro perché durante le interviste parlavo della mia romantica e sofisticata collezione invernale e poi mangiavo pane e mortadella nella suite imperiale di un albergo di lusso di Firenze, dove ricevevo i compratori dopo le sfilate, durante la campagna vendite. Continuando a riflettere sulla complessità della femminilità contemporanea, intitolai la mia collezione estate 1974 'I quattro volti di Eva'. L'accento era sul comfort, ma lo stile decisamente femminile. Eva come persona attiva, ma non dedita soltanto al lavoro. Per i suoi ricevimenti e cocktail avevo disegnato abiti di seta stampata e per l'elegante Eva avevo utilizzato i migliori crepe de chine, broccati, twill di seta e chiffon stampati, tutto abbinato a shantung di seta in tinta unita.

Back to London

Poi arrivò il 1968. Le donne avevano una nuova libertà e cominciavano a seguire le tendenze della moda in ogni dettaglio, dalla mini alle parrucche, toupet, makeup molto pesante per gli occhi, con labbra molto pallide.

A quel tempo, insieme a altre note case di moda, stavo avendo un grande successo, portando la moda italiana nel mondo con mostre e sfilate sponsorizzate dall'ICE. In Italia, invece, iniziava un periodo di disordini civili, che si intensificò negli anni '70. Il buon clima sociale e il benessere economico cominciavano a scomparire, mentre disoccupazione e inflazione aumentavano. C'erano scioperi in tutta Europa, con gravi problemi in Italia. Cominciai a interrogarmi, tra le altre cose, sulle conseguenze ecologiche delle nuove tecnologie. La scena politica italiana diventò turbolenta, con primi ministri che si succedevano a intervalli frequenti, spesso a pochi mesi dalle elezioni. Tutto ciò contribuì a una mancanza di stabilità del paese. A questa condizione si aggiunse il preoccupante aumento della criminalità e del terrorismo politico. Si formarono le Brigate Rosse, un'organizzazione di estrema sinistra destinata a destabilizzare l'Italia con bombe, rapimenti e omicidi. C'erano anche organizzazioni di estrema destra che facevano esattamente la stessa cosa, facendo esplodere banche, stazioni e linee elettriche con conseguenze terribili. La microcriminalità diventò opprimente. Spesso le donne erano derubate in mezzo alla strada, oppure banditi entravano nei ristoranti e sottraevano ai clienti portafogli, pellicce e gioielli. Tutto ciò creò un clima di terrore che la polizia e il governo sembravano incapaci di contenere, controllare e fermare. La gente non usciva più la sera. Ristoranti, cinema, teatri, caffè cominciarono a chiudere per fallimento. La forza lavoro, guidata da belligeranti sindacati, faceva scioperi, danneggiando quelle poche industrie ancora in grado di produrre. Molti giovani intellettuali emigrarono in America, nel Regno Unito, in Francia, ovunque ci si potesse rifare una vita e vivere in relativa pace. L'Italia soffrì molto di questa fuga di cervelli, perdendo talenti manageriali. Le cose sembravano di andare di male in peggio.

Noi, da Cleonice Capece, in qualche modo, tra uno sciopero e un altro, cercavamo di far fronte a tutti i problemi, anche se le cose diventavano sempre più difficili. Non potevo mandare avanti la produzione perché a causa degli scioperi alle manifatture di tessuti e accessori mancava la materia prima per potere eseguire in tempo gli ordini e rispettare le date di consegna.

La collezione 'I Quattro Volti di Eva' era stata presentata a Firenze nel 1973 con buoni risultati e ottime vendite. Così con gli ordini delle sfilate nell'Estremo Oriente insieme agli ordini della nuova collezione, mi ritrovai con tanta produzione da eseguire. La mia situazione era simile a quella di tutte le altre case di moda di via Gregoriana e dintorni con una differenza: mentre le altre case sospesero molte lavoranti, io le tenni tutte facendo loro produrre un surplus di stock per le mie boutique di Cala Piccola e Corte dei Butteri. Passammo mesi in questa situazione infruttuosa fino a quando, con grande gioia, tessuti e accessori ricominciarono ad arrivare.

Diedi al personale tutte le istruzioni necessarie e stabilii le priorità per gli ordini da produrre in modo da cominciare la lavorazione. Alcuni giorni dopo, Mavis, la mia assistente, venne nel mio ufficio per dirmi che la capo tagliatrice e la capo laboratorio volevano parlarmi. Era un fatto normale, perché si discuteva abitualmente il programma di lavoro, quale parte di produzione da dare all'esterno, quale da produrre internamente. Invece, con mia immensa sorpresa, mi annunciarono che tutto il personale era d'accordo a chiedere un aumento prima di riprendere a lavorare. Le guardai con un'aria completamente stordita ed ebete, non potendo credere a ciò che mi avevano appena comunicato. Alla fine ritrovai la voce e dissi loro che non avrei nemmeno preso in considerazione la loro richiesta. La loro risposta fu semplice: nessun aumento, nessun lavoro: se ne sarebbero andate lasciandomi a bocca asciutta e con tutta la produzione da fare. Ancora oggi non capisco cosa mi prese, forse ero esausta e non troppo entusiasta di tutto il lavoro che mi attendeva. Presi il telefono, chiamai il mio amministratore, Carfagna, e gli dissi di venire immediatamente nel mio ufficio. Gli chiesi quali sarebbero state le conseguenze se la forza lavoro se ne fosse andata, nel caso in cui non avessi accettato le loro richieste. Era anche lui sotto shock e non poteva credere a quanto gli avevo detto, sapendo che avevo tenuto tutto il personale durante la crisi. Alla fine mi disse, imbarazzato e deluso, che se tale era la loro richiesta, avevo tutto il diritto di lasciarle andare, senza conseguenze legali. E così feci. Ero sconvolta, sola nel mio ufficio, con la mente che mi scoppiava. Non potevo credere a quello che era appena successo, né potevo credere alla mia determinazione di lasciare andare tutto, malgrado l'offerta ricevuta dai giapponesi della Toray Industries interessati a comprare la mia azienda. In pochi anni, dal nulla, avevo costruito con successo un business a livello mondiale ma, vedevo anche che in questo mio paese scosso da disordini politici, violenza e scioperi, per me non c'era futuro. E ciò che stava accadendo mi faceva capire che ero diventata schiava di me stessa all'interno dell'azienda, prigioniera del mio successo.

La mattina dopo, tornata in atelier, l'atmosfera era cambiata. Le lavoranti erano tutte al lavoro nei laboratori e non si parlava più di aumenti o di andar via. Ero molto preoccupata per gli ordini da eseguire e spedire. Ma ero vuota, senza alcun entusiasmo. Decisi allora che dovevo andar via per schiarirmi la mente e pensare al futuro. Feci una riunione con amministratore, magazziniera e segretaria e diedi loro le necessarie istruzioni su come mandare avanti l'atelier – benché fossero comunque capacissimi – e completare gli ordini. Lasciai la direzione alla mia assistente Mavis e tutti gli aspetti della produzione a Lina Saggese. Poi annunciai che sarei andata per qualche tempo alle Bahamas e che sarei tornata quando tutti gli ordini fossero stati eseguiti, consegnati, e pagati.

Cinque mesi dopo, nel marzo 1974, ritornai dalle Bahamas riposata e più determinata che mai sul futuro di Cleonice Capece come azienda e persona. Tutti gli ordini erano stati eseguiti e la produzione completata e consegnata. Indissi una riunione nel mio ufficio con l'amministratore e l'avvocato. Mi accertai che tutti i fornitori fossero stati liquidati e che tutto il personale fosse stato pagato fino all'ultimo centesimo, e a quel punto dissi loro che avevo deciso di chiudere l'attività.

Così fu la fine di Cleonice Capece Ready-to-Wear di via Gregoriana. Triste per me che l'avevo amata tanto, ci avevo messo passione, lavoro, creatività e impegno. Come avrei potuto continuare a essere serena e creativa, disegnare nuove collezioni, mostrarle e venderle, in un'atmosfera come quella che c'era in Italia in quel periodo? Molte case di moda decisero di trasferirsi a Milano segnando così la fine dell'alta moda romana e l'inizio di una nuova epoca. Ma io sapevo che c'era solo un posto dove avrei potuto vivere e lavorare: questo posto era Londra che era sempre stata parte di me.

É qui che ho ricominciato la mia vita.

Ref
TL
152
C569

FEB 9 1977

FOR REFERENCE
Do Not Take From This Room